Ben Bachmair

Medienwissen für Pädagogen

Für Angela und Xaver

Ben Bachmair

Medienwissen für Pädagogen

Medienbildung in riskanten Erlebniswelten

VS VERLAG FÜR SOZIALWISSENSCHAFTEN

Bibliografische Information der Deutschen Nationalbibliothek
Die Deutsche Nationalbibliothek verzeichnet diese Publikation in der Deutschen Nationalbibliografie; detaillierte bibliografische Daten sind im Internet über <http://dnb.d-nb.de> abrufbar.

1. Auflage 2009

Lektorat: Stefanie Laux

VS Verlag für Sozialwissenschaften ist Teil der Fachverlagsgruppe Springer Science+Business Media.
www.vs-verlag.de

Umschlaggestaltung: KünkelLopka Medienentwicklung, Heidelberg
Druck und buchbinderische Verarbeitung: Krips b.v., Meppel
Gedruckt auf säurefreiem und chlorfrei gebleichtem Papier
Printed in the Netherlands

ISBN 978-3-531-16305-5

Inhaltsverzeichnis

1 Medienbildung in riskanten Erlebniswelten, ein Überblick

Bildung basiert auf dem Verhältnis der Menschen zu sich selber (Innenwelt) und ihrer sozialen, kulturellen und faktischen Umgebung (Außenwelt). Bildung ist also ein reflexives Verhältnis, das vom Nachdenken über das Lernen bis zu Ängsten, Alltagsroutinen und Lebensbrüchen reicht. In diesem Verhältnis von innen und außen spielen Kulturgüter eine wesentliche Rolle. Heute sind es vor allem die Güter des Alltagslebens, die ob ihrer Einbindung in Konsum und Unterhaltung wenig gemeinsam mit den Kulturgütern der Hochkultur haben. In der Schulperspektive bestimmen die Kulturgüter der Hochkultur dagegen traditionell die Vorstellung von Bildung. Medien in der Bandbreite von Buch, Film und Fernsehen über das Internet bis zum MP3-Player und dem Handy haben als Güter der Alltagskultur jedoch Bildungsfunktionen übernommen, und zwar indem die Medien in das Innen-Außen-Verhältnis der Menschen eingreifen. Die Außenwelt mit ihren Medien und Sozialformen ändert sich gerade. So sind Medien in die aktuellen tief greifenden gesellschaftlichen Umbrüche eingebunden. Stichworte dazu sind Globalisierung, Gesellschaft der individualisierten Risiken, Subjektivierung des Erlebens, Lebensstile. Weil sich die Außenwelt ändert, ändert sich auch die Art und Weise, wie sich die Menschen selber erleben, wie sie denken, lernen oder sich in der komplexen Konsumwelt orientieren.

Dieses Buch zeigt diese kulturellen Änderungen, wobei die Medienentwicklung und die Einbindung der Medien in die Lebenswelt im Vordergrund stehen. Diese Einbindung, Stichwort hierzu ist Alltagsästhetik, ist mindestens so wichtig wie sich neu etablierende Medien wie das Handy. Das Handy ist ein brandneues Phänomen, dessen medialen Charakter wir gerade erst erahnen. Was heißt nun beim Handy Bildung? Es geht um einen pädagogischen Zugang, der mehr meint, als Kindern oder Jugendlichen Lernziele wie Medienkompetenz zu vermitteln. Beim neuen Computer in den 1990er Jahren und dem verwirrenden Internet war das Ziel der Medienkompetenz unumstritten. Beim Handy, das sich bislang vergleichsweise einfach bedienen lässt, ist das Ziel Medienkompetenz weder hinreichend noch angemessen. Hier geht es deutlich darum, Medienbildung als Zusammenhang von Persönlichkeitsentwicklung, Sozialisation, Veränderung von Kultur und gesellschaftlichen Ansprüchen usw. herauszuarbeiten, um damit

Kinder und Jugendliche in ihren Möglichkeiten der Alltags- und Lebensbewältigung sowie Alltags- und Lebensgestaltung zu fördern. Dementsprechend erörtert eine Pädagogik, die sich auf Medienbildung ausrichtet, die Alltags- und Lebensbewältigung sowie die dazugehörigen Gestaltungschancen in einer Kultur und Gesellschaft mit einflussreichen bis dominanten Medien.

Ein wesentliches Merkmal der Kultur unserer Industrie- und Konsumgesellschaft ist, Medien mit dem Konsum von einer Fülle von Produkten, Dienstleistungen und Unterhaltungssituationen zu verknüpfen. Was mit dem Buch zur Fernsehsendung begann, ist heute die verknüpfte Präsentation eines Programms wie *Popstars* im Fernsehen, zu dem Live-Events, z.B. eine riesige Party im Flugzeughangar, Bewertung von Stars mit SMS und der CD der letztendlich gekürten Popstar-Band gehören, die sich über *iTunes* auf den MP3-Player von Apple downloaden lässt. Um solch eine Entwicklung angemessen zu beschreiben, hilft der Terminus *Alltagsästhetik;* ein Terminus, den die Kultursoziologie in den 1990er Jahren propagiert hat. Wegweisend war hierzu sicherlich die Arbeit von Gerhard Schulze: Erlebnisgesellschaft (1992). Im Mittelpunkt steht dabei die Verschiebung und die neue Gewichtung der Wirklichkeitspole *Welt* und *Subjekt.* Seit der Renaissance, sie begann als unsere europäische Moderne in Florenz im frühen 15. Jahrhundert mit der Zentralperspektive, gehen wir letztlich davon aus, dass die Menschen sich die Welt aneignen, indem sie als Subjekte der Welt als Objekt gegenüberstehen. Dabei dominiert die Wirklichkeit der objektiven Welt. Schulisches Wissen wird in dieser Logik als objektives Wissen angeboten. Kinder als lernende Subjekte eignen sich die objektive und vorgegebene Welt so an, wie es den Welt-Sachverhalten entspricht. Die bildende Kunst, mit deren Darstellungsweise der Zentralperspektive das moderne Verhältnis von Mensch und Welt, von Subjekt und Objekt begann, hat sich z.B. schon mit Pablo Picasso vor ca. hundert Jahren von dieser Weltsicht verabschiedet. Im Alltagsleben änderte sich mit dem Konsum das Renaissance-Verhältnis von Subjekt und Objekt. Konsum ist die individuelle Verfügung über standardisierte Güter und Dienstleistun-gen im Rahmen der persönlichen Lebenswelt, die unsere Gesellschaft, unsere Kultur und unser Leben prägt.

Heute, in einer vom Konsum und individueller Verfügbarkeit bestimmten Welt, liegt das Schwergewicht, wie Wirklichkeit entsteht, bei den Menschen und ihrer persönlichen Art, die Welt in ihrem Sinne zu erleben. Das ist ein hoch riskanter Prozess, bei dem jeder Einzelne sich eine Welt aufbauen kann, die voll *danebenliegt.* Die falsche Berufsausbildung, noch dazu zu spät abgeschlossen, das kulturelle Umfeld, das ‚mega-out' ist, bis zu den Kleinigkeiten wie den falschen Klamotten, der überholten Szene oder dem peinlichen Handy.

1.1 Kulturelle Umbrüche: Individualisierung der Risiken und Subjektivierung des Wirklichkeitserlebens

Gewichtige gesellschaftliche Umbrüche haben Alltag und Bildung verändert, wobei neben den besonders auffallenden wie die Schulleistungsdefizite (so die PISA-Ergebnisse: *Programme for International Student Assessment*) vieles im Alltäglichen und damit eher unauffällig geschieht. Bildung im Verhältnis zu Medien gehört zu den meist unauffälligen Veränderungen. Bislang schien es deshalb auch ausreichend, Medienkompetenz als kritisch bewussten und kontrollierten Umgang sowie als kreativ gestaltende Nutzung von und mit Medien zu vermitteln. Die Bildungsprobleme liegen beim aktuellen kulturellen Umbruch jedoch tiefer, als dass kritisch kreative Medienkompetenz als Ziel hinreichend wäre.

Um sich diesem Umbruch anzunähern, ist einleitend hilfreich, sich die Spannung zwischen Bildung und Schule einerseits sowie Medien und Unterhaltung andererseits anzusehen. Bildung und Schule ist eine geläufige Paarung. Aber Bildung und Medien, und zwar Bildung im Verhältnis zu den Medien des Alltags, passen sie zusammen? Wie passen sie zusammen? Nur als Anpassung von Bildung an die trivialen Medienunterhaltungsangebote oder als Korrektur des banalen Medienalltags z.B. im Alltagsrhythmus von Schule und Entspannung? Dieses Buch stellt solche Sorgen über die Anpassung von Kultur an Massenkommunikation und Massenkonsum weder an den Anfang noch in den Mittelpunkt. Die leitende Frage richtet sich vielmehr auf die fragmentierten und damit riskanten Erlebniswelten heutiger Kinder und Jugendlicher und welche Bildungschancen und Bildungsaufgaben sich für die Kinder und Bildungseinrichtungen daraus ergeben. Es sind Fragen eines Pädagogen, die zu stellen die Kultursoziologie anregt, insbesondere die von Ulrich Beck (1986): *Risikogesellschaft. Auf dem Weg in eine andere Moderne*. Dabei steht nicht das Risiko im Vordergrund, an entwicklungsgefährdende Medien mit Gewalt- oder Pornodarstellungen zu geraten. Es geht um etwas Subtileres, als sich per Handy in der Schuldenfalle zu verfangen. Riskant ist es beispielsweise, nicht an ein *iPhone* zu kommen, obwohl es von einem der Meinungsmacher in der Schule herumgezeigt wird. Riskant ist ebenso, das *iPhone* ergattert zu haben und sich dann wegen des zu teuren Exklusivvertrages verlachen zu lassen. Riskant ist, nicht zu kapieren, wie die neue Benutzerführung funktioniert.

Solche mit dem Handy verflochtenen Risiken sind auf den ersten Blick marginal, vergleicht man sie mit den Risiken junger Menschen, keine Kontinuität in die Arbeits- und Einkommenssituation zu bringen, so ein Ergebnis der Jugendstudie des Deutschen Gewerkschaftsbundes (DGB-Bundesvorstand 2007), die die unsicheren Jobs mit befristeten Arbeitsverträgen, Minijobs, Teilzeitarbeit und Zeitarbeit aufzeigt. Es gibt also ein Dauerrisiko für die berufliche

Entwicklungsplanung. Davon ist die Explosion einer immerwährenden Interaktion mit dem Handy nicht unabhängig, die jeden in eine mobile Kommunikation einbindet und damit Sicherheit auf dem schlichten Niveau bietet: *Hier bin ich! Wo bist du? / Mich gibt es! Gibt es dich auch noch?* Diese Sicherheit alltäglicher Selbstvergewisserung ist in eine kulturell angetriebene Fragmentierung eingebettet, die unter anderem über die unterschiedlichen Handys läuft, beispielsweise über das richtige Handy. Damit ist die banal marginale Frage: *iPhone* oder nicht, Teil der Individualisierung, die für die Einzelnen wie für die Gesellschaft einschneidende Umbrüche verursacht.

Neben dem Hinweis auf die Individualisierung der Risiken in Lebensläufen und Alltag kommt eine weitere Anregung aus dem Bereich der Kultursoziologie. Sie betont das persönlich subjektive Erleben als den Wirklichkeitsanker in unserem Konsum- und Lifestyle. „Erlebnisrationalität" in der „Erlebnisgesellschaft" sind dazu die Schlüsselbegriffe (Gerhard Schulze 1992). „Erlebnisrationalität" bedeutet umgangssprachlich formuliert: *Die Welt in meinem Sinne*. In der alle Lebensbereiche erfassenden Individualisierung entsteht eine persönliche Welt. Sie ist ein mit anderen geteiltes Lebenswelt-Fragment; sie ist sozusagen meine persönliche Lebenswelt. Dieses Lebenswelt-Fragment entsteht, weil es für mich wichtig und für mich erfahrbar ist. Dabei spielen die Konsumobjekte des Alltags wie z.B. das Handy ihre Rolle, insofern eine bestimmte Marke, Funktion oder Design in mein Lebenswelt-Fragment passt oder in meiner Welt albern ist, weil ich in einer anderen Generation mit dem Telefon aufgewachsen bin und das Handy nur als mobile Telefonzelle nutze.

Meine Zielsetzung ist, in dieser kulturellen Gemengelage der Gesellschaft der individualisierten Risiken die Bildungschancen der Kinder und Jugendlichen aufzudecken und dabei nach der Rolle der Medien zu fragen. Das ist möglich, weil Medien – vom Fernsehen bis zum Handy – in der Konsum- und Erlebnisfülle unserer Gesellschaft Kulturprodukte unter vielen sind, mit deren Aneignung Kinder und Jugendliche sich in ihrer Persönlichkeit ebenso entwickeln wie ihre soziale Einbindung und ihre Weltsicht. Dieser Gedanke ist für die Definition von Medienbildung prägend und besteht aus den folgenden beiden Elementen:

- *Aneignung* von Medien als Kulturprodukte,
- *Persönlichkeitsentwicklung* im Kräftefeld der angeeigneten Medien mit deren jeweiliger Sozialform und Weltsicht.

Da Medien integrierter Teil unserer Kultur sind, ist Medienbildung kaum anders zu denken und zu definieren als Bildung in der Alltagswelt. Bildung heute hat für die Kinder- und Jugendgeneration ein spezifisches Profil, nämlich das, sich vor allem auf die subjektive Aneignung der vielfältigen kulturellen Produkte in einer fragmentierten Sozialwelt auszurichten. Diese subjektive Aneignung der vielfältigen kulturellen Produkte in einer fragmentierten Sozialwelt verlangt von den Kindern und Jugendlichen unter anderem drei Leistungen:

- Sich eigensinnig zu orientieren.
  Sich in einer komplexen, fragmentierten Welt zurechtzufinden, verlangt Orientierung und auch die Kompetenz, Ordnung zu schaffen. Was meint dabei eigensinnig? Eigensinnig ist ein Wortspiel, jedoch mit klarem sachlichen Hintergrund. Zum einen müssen die Menschen heute den Kulturprodukten um sie herum ihren persönlichen, eigenen Sinn und ihre persönliche Bedeutung geben. Das Schlüsselwort hierzu ist *Bedeutungskonstitution.* Zum anderen sollen die Kinder und Jugendlichen mit ihrer Bedeutung nicht nur die Absichten der Produktanbieter erfüllen, sondern auch sperrig und eigenständig, eben eigensinnig sein.
- In eigenen Kontexten auch ohne institutionelle Anleitung zu lernen.
  Lernen findet in vielfältigen Lebens- und Alltagssituationen statt. Die Schule bietet zwar besonders wichtige Lernsituationen. Mit der fortschreitenden Individualisierung und Fragmentierung werden jedoch auch Lernsituationen mit Medien außerhalb der Schule relevant. Stichwort hierzu ist *informelles Lernen.*
- Zwischen den fragmentierten Sozialwelten zu übersetzen.
  Die vielen kleinen persönlichen Welten brauchen ein gemeinsames Band. Der Ruf nach Werten ist einer der Versuche, einen gemeinsamen Fixpunkt zu finden, was im Prozess der Individualisierung und Fragmentierung so einfach nicht gelingen kann. Stattdessen braucht es den Beitrag aller, die eigene Welt für die anderen und Außenstehenden verständlich zu machen. Das ist eine Aufgabe, die der Übersetzung in verschiedene Sprachen recht ähnlich ist.

Kinder und Jugendliche brauchen, um diese Aufgaben zu bewältigen, mehr als nur Medienkompetenz. Sicherlich sind auch die alten und neuen Kulturtechniken der Literalität dazu hilfreich, insbesondere um an der Gesellschaft als Gleiche selbstbestimmt teilzuhaben. Literalität ist eine Schlüsselidee für Medienbildung.

1.2 Entwicklung des kulturellen Feldes

In welchem kulturellen Feld geht es um die Bildungschancen neuer Literalität, für die eine eigensinnige Orientierung, Lernen in neuen Kontexten und Übersetzung zwischen fragmentierten Sozialwelten wichtig sind? Es ist die Kultur der Alltagsästhetik, in der Medien auch Definitionsmacht über Bildung haben. In dieser alltagsästhetischen Kultur funktioniert die Mediennutzung nur, weil die Menschen den Medien wie allen anderen Konsumangeboten ihre Bedeutung mitgeben. Diese Bedeutungskonstitution ist typisch für Mediennutzung. Dabei ändert sich auch das, was uns als Öffentlichkeit bekannt und vertraut ist.

Ein Blick in den Alltag zeigt, wie das abläuft, z.B. über eine TV-Casting-Show wie *Popstars*, die aus mehr als zwei Dutzend Elementen besteht, bei denen sich jeder nach eigenem Geschmack z.B. ein anderes Leitelement heraussucht, z.B. die Casting-Situation vor Publikum und Jury oder die TV-Sendung, den Internet-Chat oder die Großparty. Mit der Auswahl eines Leitelements legen die Nutzer auch ihre Lesart des gesamten Programmangebots fest. Als weiteres Beispiel für Bedeutungskonstitution, hier die Auswahl eines Handys. Das Handy verlangt bei der Fülle der heute angebotenen Funktion zu bestimmen, welche Funktionen im Vordergrund der eigenen Nutzung stehen. Solch eine persönlich relevante Funktion wird auch deshalb ausgewählt oder als unwichtig abgetan, weil jemand z.B. GPS als doofe Spielerei abtut und deswegen nach einem Handy *ohne alles* sucht oder gerade GPS haben will, weil es der Präzision des eigenen Jobs entspricht. Je nachdem nimmt man dann die entsprechende Werbung wahr oder eben nicht. Natürlich ist die soziale Umgebung der Bezugsrahmen für die Bedeutungskonstitution. Passt mein Wunsch nach einem GPS-Handy in meine Bezugsgruppe oder ecke ich damit an?

1.2.1 Alltagsästhetik, der stilistisch vielfältig gegliederte Zusammenhang von Medien, Waren, Kommunikation und Lebensgestaltung

Solch kleine oder große Widerhaken des Alltagslebens wie die bei der Auswahl des angemessenen Handys sind in weiträumig angelegten Entwicklungen eines kulturellen Wandels verankert, der sicher nicht zufällig zeitlich mit der wirtschaftlichen Globalisierung zusammenfällt. Dabei fällt deutlich die Einbindung bislang isolierter Einzelmedien wie Film oder Fernsehen in multimediale Programmsysteme auf. Ja, es geht wesentlich über Programmsysteme hinaus, denn zu den multimedialen Programmsystemen vom Typ *Popstars* gehören: Events, Kleidung, Kosmetika und etliche andere Waren. *Medienkonvergenz* ist hierzu das eingängige Stichwort. Konsum, Waren und Medien sind mit dem Alltagsleben zu einer vielfältig gegliederten Einheit verschmolzen. Dazu gehört der Wandel des Internet zum interaktiven und sozialen Instrument vom Typ *YouTube*, ein Wandel, der gerade alltäglich und selbstverständlich wird. Das Stichwort dazu ist *Web 2.0*, das mit dem Handy sein allgegenwärtiges, die Engländer sagen, sein ubiquitäres Verbindungsinstrument bekommt. Diese Entwicklung läuft zusammen mit einer Fragmentierung nach Lebensformen, Lebensstilen und Handlungsmustern, die sich eines entsprechenden Medien-, Waren- und Handlungsangebotes bedienen. Dieser vielfältig gegliederten Einheit von Lebensformen, Lebensstilen, Handlungsmustern einerseits und Medien-, Waren- und Handlungsangeboten andererseits hat die Kultursoziologie das Etikett *Alltagsästhetik* gegeben. *Alltagsästhetik* bezeichnet den stilistisch vielfältig gegliederten Gesamtzusammenhang von Medien, Waren, Kommunikation und auch Lebensgestaltung. Die Vielfalt entsteht durch ästhetische und stilistische Muster, die es uns heute ermöglichen, ja es erzwingen, subtil zwar, uns in der hochkomplexen Welt der Medien, Waren und Dienstleistungen erkennbar zu machen, uns mit anderen flexibel zusammenzutun und uns von anderen ebenso flexibel abzugrenzen. Damit dies funktioniert, man könnte dieses Funktionieren mit einem Schlagwort als flexible kulturelle Vergesellschaftung in der überbordenden Waren- und Medienwelt bezeichnen, braucht es spezifische kulturelle Fähigkeiten.

Der Kultursoziologe Gerhard Schulze (1992) hat diese Fähigkeit als *Erlebnisrationalität* bezeichnet; eine Fähigkeit, bei der wir die Konsum- und Sozialwelt, ihre vielfältigen und eher verwirrenden Angebote in unserer vor allem subjektiven Sicht ordnen und gewichten. Wir ordnen und gewichten die Konsum- und Sozialwelt, indem wir sie in unserer subjektiven Erlebnisweise aneignen oder auch, indem wir sie links liegen lassen. Damit geht eine vorgegebene und verbindliche soziale und kulturelle Wirklichkeit verloren. Je nach persönlichem Erleben werden die Dinge und Ereignisse, die Medien und Waren, die Dienstleistungen und Events um uns herum und in unserer persönlichen Lebenswelt für uns wirklich. (Schwerpunkt liegt auf: *um uns herum für uns wirklich und in unserer persönlichen Lebenswelt.*) Die Waren- und Medienwelt und die sie tragende soziale und kulturelle Welt wird real, indem wir sie uns subjektiv aneignen. Das heißt, indem wir zum Beispiel das *richtige* Handy oder den *richtigen* Klingelton aus dem riesigen Angebotsfeld aussortieren oder indem wir *YouTube* als Internetportal für selbstproduzierte Videos wahrnehmen. Beim Videoportal reicht die Bandbreite für das, was in die Rationalität des subjektiven Erlebens fällt, vom Stichwort „Columbine“ (das Amok-Attentat in einer Schule in den USA) bis zur Mathe-Hausaufgabe auf *YouTube* (http://de.youtube.com/group/MathTutor).

1.2.2 Definitionsmacht über Bildung und neues Lernen

Wenn Alltagsleben und Multimedia-Systeme sich mit einer nach Stilen gegliederten Alltagskultur durchdringen, dann ist Bildung nicht davon abgekoppelt. Drei Merkmale lassen sich identifizieren:[1]

1 Anregend für diese drei Dimensionen war der Vortrag „Learning and Environment of Learning“ des Londoner Semiotikers und Pädagogen Gunther Kress (2007) mit seinen Hinweisen auf die „sich ändernde Welt der Medien und Darstellungsweisen (changing world of representation)“.

- *Diversifizierung von Bildung*: Es gibt eine deutliche Entwicklung weg von einem monokulturellen Bezugsrahmen für Lernen und Erziehung. Das Schlagwort dazu heißt *Wissensgesellschaft*. Die Diversifizierung von Bildung geht auch Hand in Hand mit der Globalisierung und ihren Migrations-, Waren- und Medienströmen. Zu dieser Diversifizierung trägt auch der Unterhaltungssektor unserer Kultur bei, der ungewohnte Maßstäbe z.B. für die Definition von Lernen liefert, was Günther Jauch in *Wer wird Millionär?* zu so etwas wie dem erfolgreichsten deutschen Lehrer macht.
- *Medien definieren Bildung*: Die vielen und zueinander in Konkurrenz stehenden Welten der Darstellungsweisen und ihrer jeweils bevorzugten Medien definieren, was im Allgemeinen oder im jeweiligen Bezugsrahmen als Lernen und Unterricht, was als Erziehung oder Bildung gilt. Die Angebote des Unterhaltungssektors sind in einem dramatischen Veränderungsprozess, was sich unter anderem an der Verschiebung vom Fernsehen hin zu Internet und Handy festmacht. Der *Podcast* als Verschmelzung des mobilen MP3-Players *iPod* und der altbekannten Rundfunksendung *broadcast* ist dazu das aktuelle Phänomen. Aber auch die medialen Teile der Arbeit oder der Information sind im Umbruch mit Folgen für das, was wir als Bildung verstehen wollen oder müssen. Deswegen richtet sich der Blick auf alltagsästhetische Phänomene, exemplarisch auf das Handy und die dazu relevante Lesekompetenz. Dazu gehört jedoch auch darüber nachzudenken, welche Bildungsvorstellungen und Lernpraktiken zu den neuen und von vielen als prekär wahrgenommenen Kulturen gehören. Das sind Lebensbereiche, die unter anderem wegen ihrer finanziellen Möglichkeiten, ihrer Art mit traditionellen Werten oder innovativen Zielen umzugehen, außerhalb des gängigen oder als gängig eingeschätzten Rahmens liegen.
- *Vom Lernen zur Bedeutungskonstitution*: Je mehr verbindliche kulturelle Rahmen wegfallen, indem sich das kulturell vertraute und erprobte Gefüge von Darstellungsmitteln, Darstellungsweisen und Medien verändert, verschiebt und auch auflöst, umso mehr sind die Nutzer gefordert, sich ihrer individuellen oder gruppenspezifischen Bedeutung zu stellen. Die Verschiebung der Programmherstellung und Programmausstrahlung von professionellen Rundfunk- und Fernsehsendern zu Podcasts und Programmplattformen vom Typ *YouTube* ist dafür typisch. Diese Entwicklung, Bedeutung innerhalb der persönlichen Lebenswelt selber herzustellen, ja, die Welt als subjektive Bedeutungswelt herzustellen, verlangt von Kindern und Jugendlichen enorm viel Energie. Diese Energie steht nicht mehr für die tradierten Lernprozesse zur Verfügung. Aber auch Lernen unterliegt der kulturellen Fragmentierung, was über die Definition, was ein Kind zu lernen hat, hinausreicht. Es werden Lernformen wichtig, die sich auf unterschiedliche

Kontexte ausrichten. Deshalb lässt sich am Handy ein gewandeltes und bestimmendes Lernmuster festmachen: die Verbindung informellen Lernens außerhalb von Institutionen und formellen, institutionell schulischen Lernens sowie das Lernen in Kontexten, die Lernende selber herstellen.

Zwar kommt aus dem künftigen Berufsleben die Forderung, auf traditionelles Lernen großen Wert zu legen, meist in der erstaunlich schlichten Form, möglichst viel Stoff zu pauken. Diese Forderung ist vor allem ein Indikator, dass die Gesellschaft der individualisierten Risiken auch Lernen, Schule und Ausbildung erfasst hat. Im Fall prekärer Kulturen laufen die neuen informellen Lernformen solchen ergebnisbezogenen und berufsbezogenen Lernmodellen sogar zuwider.

Mein Blick auf alltagsästhetische Phänomene ist nicht der des Kultursoziologen oder des Medienwissenschaftlers. In diesem Buch geht es um pädagogische Zusammenhänge, also um Fragen, wie Kinder in der von der Elterngeneration vorgegebenen Welt mit alltagsästhetischer Ausprägung aufwachsen, wie sie sich in dieser Welt behaupten, wie sie sich in dieser Welt verstehen und wie sie sie verändern. Dennoch, ohne eine genaue Erklärung dessen, was in einer alltagsästhetisch verfassten Kultur passiert, genauer gefragt, welcher Logik Multimedia und Lifestyle-Events folgen, lassen sich weder angemessen die Muster des Kinder- und Jugendalltags verstehen noch pädagogische Ideen und Vorschläge skizzieren.

1.3 Medienbildung, der Rückgriff auf Wilhelm von Humboldts Gedanken der kulturellen Manifestationen

Die innere Verbindung von Medien in der alltagsästhetisch organisierten Kultur als Teil der Diversifizierung von Bildung und die Definitionsmacht von Medien über Bildung ist deutlich. Aber wie pädagogisch darauf reagieren? Resignativ oder optimistisch auf die Selbstregulation einer Kultur oder der Kindergeneration hoffen, weil diese mit ihren Erfahrungen ja die künftige Generation der Eltern und Lehrerinnen bzw. Lehrer werden? Oder kritische Medienkompetenzförderung in Schulen, Sozialpädagogik und Familienerziehung einfügen? Der Blick zurück in die Tradition der Erziehungswissenschaft, zurück an das Ende des 18. und des beginnenden 19. Jahrhunderts zu Wilhelm von Humboldts Bildungsideen verhilft zu mehr medienpädagogischen Anregungen als nur zum Lernziel des kritisch kreativen Unterrichts der Medienkompetenzförderung. Wilhelm von Humboldt beschrieb im Denken des Idealismus eine kulturelle Dynamik, die sich heute in den kulturellen Zeiten der Alltagsästhetik als ausgesprochen hilfreich erweist, um die Bildungsdimensionen von Medien, Waren oder Dienstleistungen freizulegen. Humboldt ging davon aus, dass eine Kultur ihre Welt mit den Manifestationen des menschlichen Geistes erstellt. Wir neigen heute nicht dazu, von *Manifestationen des menschlichen Geistes* zu reden, sondern sehen die kulturelle Welt eher als Ausdruck und Ergebnis unser aller Handelns, wobei die einzelnen Handelnden oder handelnde Gruppe recht unterschiedlich sind in ihrer Macht, mit ihrem kulturellen Beitrag die Welt zu beeinflussen oder sogar zu prägen. Trotzdem, indem Kinder und Jugendliche das Handy in unseren Alltag einbinden und das Handy zum Teil unserer spezifischen Umgangsformen machen, greifen sie in die kulturelle Entwicklung ein. Sie bzw. die Erwachsenen tun das in der für den Massenmarkt typischen Weise mit einer stilistischen Ausrichtung, z.B. indem wir uns vom *iPhone* elitär-traditionell abwenden („Ich brauche ein Handy nur zum Telefonieren“) oder indem man bzw. frau sich elitär-modernistisch für viel Geld einen exklusiven T-Online-Vertrag für das *iPhone* besorgt. Dazwischen und daneben gibt es eine Palette von Aneignungsformen für das ubiquitäre Multimedia-Instrument Handy, mit dessen Hilfe der aktuelle Schub der Medienkonvergenz läuft.

Die Anregungen von Wilhelm von Humboldt aufzugreifen hilft, die Aneignung von Medien, Konsumprodukten und Events in einer alltagsästhetisch organisierten Welt als Ausgangspunkt für Medienbildung zu verstehen. Ausgangspunkt ist folgende Kernüberlegung: Bildung entwickelt sich in einem reflexiven Verhältnis der Kinder zu ihrer sozialen, kulturellen und dinglichen Umwelt und zu ihrer emotionalen und kognitiven Innenwelt. Ich habe versucht, die mir für dieses reflexive Verhältnis wichtigen und auch aktuell wichtigen Leitlinien aus Humboldts Texten zu destillieren.

- Bildung ist die Entfaltung der Kräfte der Kinder, indem sie sich die kulturelle Umwelt aneignen und sie gestalten.
- Bildung zielt auf mannigfaltige Ganzheit.
- Bildung heißt zudem, mit eigenen Spuren die kulturelle Welt zu gestalten.
- Freiheit ist Bedingung für Bildung.
- Bildung ist Realisierung der Vernunft.

1.4 Bildung in der neuen Form der Öffentlichkeit mit non-linearer Massenkommunikation

Vor oder zu Beginn der Industrialisierung war die kulturelle Umwelt völlig anders als heute mit Globalisierung, sozialer Individualisierung und Fragmentierung oder mit vielfältigen Konsum-Events. Der Hinweis auf dramatische Unterschiede über einen Zeitraum von 200 Jahren bleibt banal, wenn man nicht zudem auch nach Gemeinsamkeiten fragt. Wilhelm von Humboldt verstand Sprache oder Buch als kulturelle Manifestation und machte diesen Gedanken zu einem der Ausgangspunkte seiner Argumentation. Die Generation der Kinder ins Griechische oder Lateinische einzuführen, war angeleitet von der Hoffnung, dass diese Sprachen die humanistischen Ideen in sich manifestierten und damit u.a. die politische Absicht der Polis der Gleichen denkbar und diskutierbar machen. Bücher und Bibliothek als kulturelle Manifestationen lassen Gemeinsamkeiten mit der heutigen Medienwelt entdecken. So bietet die Vorstellung, Kinder in eine Bibliothek zu führen, in der sich Wissen, Poesie, Rätsel in den Regalen stapeln, auch heute Denkmöglichkeiten, Kindern aktuelle Archive des Wissens und der Erfahrungen im Internet zu öffnen. Das Bild der Bibliothek – heute ist es die unübersichtliche, grelle Sammlung von Medien-Texten – hat pädagogisch großen Reiz. Dazu brauchte es damals wie heute Orientierungshilfen, muss man die vielfältigen Sprachen kennen und lesen lernen. Orientierung in unserer alltagsästhetischen Welt ist etwas anderes als vor 200 Jahren in der Herzogin-Anna-Amalia-Bibliothek in Goethes Weimar. Dennoch ist die Aneignung dieser wesentlich verschiedenen Textsorten und Medien ohne Orientierung kaum möglich.

1.4.1 Von einer Lese- und Aufklärungskultur zu Massenmedien und Massenkultur

Mit dem Hinweis auf die Bibliothek kommt die Dimension der Öffentlichkeit, ihre kulturhistorische Veränderung und Bewertung in die Diskussion um Medienbildung. Dies ist eine Argumentation, bei der man sich auf die Untersuchung von Jürgen Habermas' „Strukturwandel der Öffentlichkeit" von 1962 und deren Aktualisierung im Vorwort von 1990 verlassen kann. In Schlagworten kurz die kulturelle Entwicklung: Im 18. Jahrhundert entstand mit „Bildungsvereinigungen" und über eine Lese- sowie Diskussionskultur die „Aufklärungsgesellschaften" (Habermas 1990; S. 14) mit einer kritisch bürgerlichen Öffentlichkeit. Es war eine „bildungsbürgerliche und literarisch bestimmte, kulturräsonnierende Öffentlichkeit", die sich im 20. Jahrhundert zu „einer durch Massenmedien und Massenkultur beherrschten Sphäre" (S. 15) wandelte. Der Humboldt'sche wie der gängige Bildungsbegriff ist von der Lese- und Aufklärungskultur der zweiten Hälfte des 18. Jahrhunderts geprägt. Die Konsum- und Warenwelt der zweiten Hälfte des 20. Jahrhunderts in den westlichen Industriegesellschaften und die aktuelle Umgestaltung von Bildung im Rahmen der Globalisierung erscheint dagegen als Verfall „einer durch Massenmedien und Massenkultur beherrschten Sphäre".

Diese Bewertung als Verfall hält sich heute in zwei soziokulturellen Milieus mit deutlicher Traditionsorientierung. Mit dem Gedanken der soziokulturellen Milieus greife ich die Ergebnisse der Lebensweltanalyse von Sinus Sociovision GmbH (2001, 2007) auf, die die Lebensstilgliederung unserer Gesellschaft in den zwei Dimensionen: „Soziale Lage" (Einkommen, Beruf, Bildung) und „Grundorientierung" (Werteorientierung) erfasst. Die empirischen Ergebnisse zeigen traditionsorientierte Milieus, die sich jedoch nach ihrer sozialen Lage unterscheiden. In einem der beiden *traditionsorientierten Milieus* gibt es gut Ausgebildete mit hohem Einkommen. Sie neigen zu einer bildungsbürgerlichen Nostalgie und beklagen den von Habermas beschriebenen Wandel zu „einer durch Massenmedien und Massenkultur beherrschten Sphäre" und die Definitionsmacht von Medien über Bildung als Kulturverfall. Die Mitglieder dieses Milieus halten stattdessen ein Hochkulturschema auch für den Bereich der Bildung für notwendig. Um dieses Hochkulturschema aufrechtzuerhalten, erscheint ihnen ein verpflichtendes, mimetisches, d.h. wiederholendes und schulisch klar angeleitetes Lernen als die richtige Basis. Im zweiten traditionsorientierten Milieu, zu dem Leute mit einfacher schulischer Bildung und mit Berufen ohne hohe Einkommen gehören, gibt es eine Wertorientierung, in deren Mittelpunkt Pflicht und Ordnung stehen. In diesem Milieu schätzt man nicht das bildungsbürgerlich gymnasiale Curriculum, bevorzugt jedoch ebenfalls ein angeleitetes, verpflichtendes und mimetisches Lernen. Auf der Basis dieser kulturellen Schemata lässt sich nur schwer Unterstützung dafür gewinnen, die Bildungschancen „in der Massenkommunikation und Massenkultur" auszuloten und dafür auch auf Medien und Konsumprodukte als kulturelle Manifestationen im Sinne von Wilhelm von Humboldt zurückzugreifen.

Theoretische Unterstützung bekommt man auch von den sogenannten *Cultural Studies,* um sich aus der Beschränkung zu befreien, Bildung nur im Rahmen eines Hochkulturschemas zu erörtern. Raymond Williams, einer der Denk-Väter dieses Ansatzes (1958/1999), bezog Kultur bzw. den jeweils vorherrschenden Begriff von Kultur auf die jeweiligen Lebensverhältnisse, die in der Zeit nach dem 2. Weltkrieg einen tiefgreifenden Wandel durchliefen. Mit dieser Sichtweise öffnete sich der Blick auch für die Kultur der Arbeiterklasse (1999; S. 64), wobei neben dem „Herrschaftsraum einer Klasse" auch deren „Sprachraum" sichtbar wurde. Mit dieser Öffnung wurde der Kulturbegriff demokratisiert und sozialisiert, so betont es einer der Protagonisten der *Cultural Studies*, Stuart Hall (1999; S. 116). Kultur definiert sich so gesehen als gemeinsame Sinnstiftung und gemeinsamer Bedeutungsfundus einer Gesellschaft sowie als deren gesamte Lebensweise (Stuart Hall 1999; S. 116 f.).

Dieser Gedanke von Kultur als gemeinsamer Sinnstiftung mit einem gemeinsamen Bedeutungsfundus ist auch für Bildung in einer alltagsästhetisch organisierten Kultur wichtig, auch wenn das bei der Logik der Erlebnisrationalität und der Gliederung in Milieus neue Antworten wie die des *Eigensinns* und der *kulturellen Übersetzung* verlangt.

Für die politische Dimension der kulturellen Übersetzung hat der Soziologie und Philosoph Jürgen Habermas 2001 einen bemerkenswerten Vorschlag formuliert. Habermas ist sich sicher, dass der aktuelle gesellschaftliche Umbruch und Konflikt dem des Übergangs von der religiös geprägten Ständegesellschaft zur säkularen Industriegesellschaft entspricht. Als gelungen sieht er den damaligen Übergang der Deutungsmuster an, den es heute, bezogen auf den Konflikt mit den Deutungsmustern der muslimischen und der westlichen Industriegesellschaft, ebenfalls zu meistern gilt. Er sieht als aktuelle historische Aufgabe die *Übersetzungsarbeit*, eine kulturelle Übersetzungsarbeit, die an den ehemaligen Bruchlinien von Mythos und kirchlich verfasster Religion ebenso gelungen ist wie an der Bruchlinie der Säkularisierung der Industriegesellschaft:[2]

> Die postsäkulare Gesellschaft setzt die Arbeit, die die Religion am Mythos vollbracht hat, an der Religion selbst fort. Freilich nicht in der hybriden Absicht einer feindlichen Übernahme, sondern aus dem Interesse, im eigenen Haus der schleichenden Entropie der knappen Ressource Sinn entgegenzuwirken. Der demokratisch aufgeklärte Commonsense muss auch die mediale Vergleichgültigung und plappernde Trivialisierung aller Gewichtsunterschiede fürchten. Moralische Empfindungen, die bisher nur in religiöser Sprache einen hinreichend differenzierten Ausdruck besitzen, können allgemeine Resonanz finden, sobald sich für ein fast schon Vergessenes, aber implizit Vermisstes eine rettende Formulierung einstellt. Eine Säkularisierung, die nicht vernichtet, vollzieht sich im Modus der Übersetzung. Das ist es, was der Westen als die weltweit säkularisierende Macht aus seiner eigenen Geschichte lernen kann.

Diese Übersetzungsarbeit zwischen Kulturen dürfte so notwendig werden wie eine Übersetzungsarbeit zwischen den Generationen oder zwischen den neuen Sozialformen der Fan-Gruppen, Milieus, Szenen und Lehrerinnen und Lehrern, die in traditionellen Sozialformen denken.

---

2 Auszug aus dem Text der Rede von Jürgen Habermas in der Paulskirche vom Oktober 2001. Frankfurter Rundschau vom 15.10.01: „Der Riss der Sprachlosigkeit. Nach den Terrorakten: Der Friedenspreisträger des deutschen Buchhandels, Jürgen Habermas, über die Bedeutung der Säkularisierung in modernen Gesellschaften."

1.4.2 Die Trends der ökonomisch bestimmten Sphäre von Alltagsästhetik und Medien

In der Alltagswelt gibt es mehr Abwehr als Verbündete, um das kulturelle Bildungspotenzial einer Massenkultur zu heben, in der sich die Waren, Dienstleistungen mit Medien in der stilistisch gegliederten Lebenswelt durchdringen. Trotzdem kommt man nicht umhin, im Sinne von Jürgen Habermas (1990; S. 36) die „Gesellschaft als Lebenswelt und System" zu analysieren. Hierbei geht es darum, sowohl den „systemischen Eigensinn" von Ökonomie und staatlichem Bildungswesen zu durchschauen als auch die Chancen (S. 34): „des kommunikativen Handelns" das „Vernunftpotenzial" „freizulegen", das „in der kommunikativen Alltagspraxis selbst angelegt" ist. In diesem Buch über Medienbildung geht es darum zu verstehen, wie Alltagsästhetik und Medienkonvergenz funktionieren, wie sie sich mit dem kommunikativen Handeln der Kinder und Jugendlichen überlagern, vielleicht diesem zuwiderlaufen oder es unterstützen. Dazu hilft es, mit so ungewohnten Modellen wie dem der *Kulturzirkulation* umzugehen (Hall 1980). Dieses Modell beschreibt die Beziehung von Medienproduktion und Mediennutzung als Zirkulation von Medien (allgemein: von Kulturprodukten) zwischen den Produktionsfeldern unserer Gesellschaft einerseits und den Feldern des Alltagslebens andererseits. Bei der sich wandelnden Massenkommunikation bekommt das Alltagsleben viel mehr Gewicht als bisher, weil die Herstellung von Bedeutungen mindestens so wichtig ist wie die industrielle Herstellung von Medien. Das Kulturzirkulationsmodell zeigt auch, welche Kompetenzen im Alltag notwendig sind, z.B. die Kompetenz, mit verschiedenen Lesart umzugehen.

Welchen Trends folgt die Entwicklung von Medien und Massenkommunikation?

- Individuelle Verfügbarkeit und Miniaturisierung.
  In der Massenkommunikation hat sich der langfristige Trend durchgesetzt, die individuelle Verfügbarkeit zu erhöhen. Das geschieht u.a. durch Geräte und eine Netz-Infrastruktur, die zur individuellen Mobilität passen. Das sind Kleinstgeräte wie das Handy in Netzen wie dem Internet, die z.B. mit UMTS keinen fixen Standort benötigen. Stichworte zu diesem Trend sind: Minimalisierung, Flexibilität, nachhaltige Infrastruktur in Netzen.
- Innovation durch Überlagerung mit kulturell Vertrautem.
  Diese Entwicklung baut auf einem Funktionswandel im Rahmen stetiger kultureller Entwicklungen auf, bei der kulturell Vertrautes mit Neuem überlagert wird. Beispiel ist der Computer, der die Schreibmaschine mit dem Fernsehbildschirm verbindet, dabei die vielfältigen kulturellen Erfahrungen mit der Technologisierung aller möglichen Aktivitäten, von der Fortbewegung bis zur Ernährung, weiterführt. Die Verbindung von Mini-Telefon,

Mini-Computer, Display als Mini-Bildschirm und dem Internet im Handy nutzt die Vertrautheit mit Telefon, Computer und Bildschirm.

- Alltagstauglichkeit.
  Auch in der Globalisierung behält der Alltag die Funktion der prägenden Wirklichkeit, ein Phänomen, das oft schlagwortartig die Bezeichnung Glocal (global+local) bekommt. Technologische wie kulturelle Veränderungen entsprechen der Logik des Alltagslebens, das sich von einem Ort (local) nicht so einfach lösen kann. Sobald der Prozess der Individualisierung den Alltag erreicht hatte, passte sich die Medien- und Kommunikationstechnologie z.B. mithilfe von Miniaturisierung an. Deswegen ist von entscheidender Bedeutung, ob das Handy mit seinen Funktionen wie SMS, Klingeltonauswahl, Photo- und Videofunktion oder aktuell mit Internet, TV- oder der Geografiefunktion GPS in den Alltag der Kinder und Jugendlichen integriert ist.
- Nutzergenerierte Medieninhalte und non-lineare Mediennutzung auf der Basis von Archiven.
  Das Kräftefeld der Massenkommunikation verschiebt sich zur non-linearen Mediennutzung und nutzergenerierten Inhalten. Internetplattformen für Videos wie *YouTube* oder *MySpace*, für die die Plattformnutzer Videos mit dem Handy aufnehmen, ergänzen und ersetzen die von professionellen Redakteuren hergestellten TV-Sendungen. Blogs tun das in Bezug auf die Zeitung. Die lineare Verbreitung von einem Sender/Medienhersteller zu einem Massenpublikum bekommt mit Podcasts (iPod+broadcast) eine neue Verteillogik, bei der Medienarchive unabdingbar sind. Die bisherige Aufgabe der Sender, ihr Publikum zu erreichen (Push-Strategie), wird abgelöst von Aktivitäten im Alltag, bei denen sich die Nutzer aus eigenem Antrieb aus Archiven bedienen (Pull-Strategie).

Gibt es bei dieser Entwicklung der Öffentlichkeit die Chance der „demokratischen Eindämmung der kolonialisierenden Übergriffe der Systemimperative auf die lebensweltlichen Bereiche?“, so die Fragestellung von Jürgen Habermas (1990; S. 36). Dieses Ziel der „demokratischen Eindämmung der kolonialisierenden Übergriffe“ sollte man z.B. auf die Alltagsebene herunterbrechen und es bei banalen Phänomenen wie der Werbung für Handy-Klingeltöne, *Popstars, Wrestling* oder die *Love Parade* anwenden. Warum bei diesen medialen und massenkommunikativen Banalitäten? Sie sind die austauschbaren, dennoch prägenden kulturellen Produkte unseres Alltags. Jürgen Habermas (1990; S. 34) formuliert dazu die Aufgabe: ... „ein in der kommunikativen Alltagspraxis selbst angelegtes Vernunftpotenzial freizulegen“. In der Perspektive der Bildung steht dabei die Aneignung von Klingeltönen oder Handy-Video (z.B. Lernen, Unterhaltung) und Persönlichkeitsentwicklung (z.B. Lesekompetenz und Teilhabe) im Vordergrund.

In einem Gedankengang, in dem ich von Klingeltönen, *Popstars*, *Wrestling* und der *Love Parade* schreibe, widerstrebt mir der altmodische Terminus der kulturellen Manifestationen. Die britische Terminologie der *Cultural Products* passt hier wahrscheinlich doch besser. Mit *Cultural Products* greife ich Argumente der oben kurz angesprochenen *Cultural Studies* auf, die Kultur nicht von den Objekten der Hochkultur, sondern von der gemeinsamen Sinnstiftung und dem gemeinsamen Bedeutungsfundus einer Gesellschaft her bestimmen. Diese Sinnstiftung und der gemeinsame Bedeutungsfundus sind heute in die Alltäglichkeit des Konsums und die alltagsästhetische Gemengelage von Waren, Dienstleistungen, Events und Medien eingebunden. In diesem Alltag sind auf recht merkwürdige und einseitige Weise Gleichheit, Teilhabe und Selbstbestimmung verwirklicht, die Jürgen Habermas (1990; S. 26) als demokratische Merkmale herausstellt. Die Ziele von Demokratie: Gleichheit, Teilhabe und Selbstbestimmung leiten auch Medienbildung. Die pädagogische Frage richtet sich heute deshalb auch auf die Teilhabe an und mit der Internetplattform *YouTube*, auf die eine riesige Menge von Menschen tagtäglich ihre Videos stellt oder abruft. Teilhabe ist eine Form der Literalität. Welche Chancen und welche Defizite sind mit der Teilhabe an *YouTube* verbunden?

1.5 Die Bildungsperspektive für die Themenfelder Medien, Alltagästhetik und riskante individuelle Erlebniswelten

Was heißt Bildung in einer Medienwelt, in der Medien sich in einer Gemengelage anderer kultureller Produkte zu stilistischen Einheiten verbinden? Was heißt Bildung in einer Erlebniswelt, in der fortschreitende Individualisierung die Welt zum subjektiven Erlebnisfeld macht, dabei das Risikopotenzial jedem Einzelnen auflastet? Die Individualisierung der Risiken heißt zum Beispiel, sich im falschen Erlebnisfeld anzusiedeln, das z.B. nicht mit schulischem Lernen und Berufserfolg korrespondiert. Jungen neigen im Moment dazu. Videobeispiele aus *YouTube* belegen diesen Trend. Die Segmentierung in soziokulturelle Milieus gibt Kindern und Jugendlichen recht unterschiedliche Medien zusammen mit anderen stilistisch arrangierten Kulturprodukten an die Hand, die deren Ressourcen für die Teilhabe in spezifischen Feldern unserer Gesellschaft bilden; oder die sie von der Teilhabe abhalten, vielleicht sogar ausschließen.

Das Bildungskonzept, das Wilhelm von Humboldt Ende des 18. und zu Beginn des 19. Jahrhunderts in Zeiten eines radikalen gesellschaftlichen und kulturellen Umbruchs umrissen hat, weist den kulturellen Produkten einer Gesellschaft („kulturelle Manifestationen“) zentrale Bildungsaufgaben zu. Das geschieht, weil sich die Menschen mit den vorgegebenen Kulturprodukten auseinandersetzen. Dabei eignen sie sich in spezifischer Weise das an, was in den Kulturprodukten angelegt ist. Mit der Aneignung werden Kulturprodukte subjektiver Teil der persönlichen Innenwelt, die die Möglichkeit eröffnen sich auszudrücken und im sozialen, kulturellen und faktischen Umfeld zu handeln. Mit Ausdrucksmitteln in der Lebenswelt zu handeln, heißt letztlich, diese Welt auch zu gestalten. Diesem Gedanken folgend stellt sich eine Reihe von Fragen, wie Aneignung und Gestaltung mit Medien im kulturellen Gefüge der Alltagsästhetik möglich ist. Wie entwickeln sich Aneignung und Gestaltung in den neuen fragmentierten Bezugsrahmen der Lebensstile? Wie interveniert das, was in den Medien angelegt ist, mit der Beziehung zur Innen- und Außenwelt der Kinder und Jugendlichen? Entstehen medienbezogene Handlungsmuster in einer unübersichtlichen Gemengelage von Medien, Konsumprodukten, Dienstleistungen und Handlungsräumen (z.B. Events), weil Kinder wie andere Nutzer auch kontinuierlich einordnen, bewerten und entscheiden müssen? Weitere Fragen ergeben sich aus dem aktuellen gesellschaftlichen und kulturellen Umbruch; gängiges Stichwort dazu ist *Globalisierung*. Dahinter steht, wie gesagt, die Individualisierung der Erlebnisweisen und die Zuordnung von Entscheidungs- und Handlungsrisiken, die dem subjektiven Erleben in alltagsästhetischen Arrangements folgen.

Auch heute entwickelt sich Bildung wie eh und je als reflexives Verhältnis der Kinder und Jugendlichen zu ihrer sozialen, kulturellen und dinglichen Umwelt und zu ihrer emotionalen und kognitiven Innenwelt. Indem sich Kinder und Jugendliche ihre Umwelt aneignen, z.B. indem sie sich orientieren, indem sie lernen, indem sie kaufen, verinnerlichen sie Aspekte oder Teile ihrer Umwelt. Indem sie ihre Kaufentscheidungen, ihr erworbenes Wissen, ihre Hoffnungen, Ängste oder Fantasien mitteilen oder handelnd in ihre Umwelt tragen, entwickeln sie sich. Die heute dominanten kulturellen Produkte sind in eine stilistisch geordnete Gemengelage des Alltags eingebunden, zu der auch Medien in vielfältigen Formen und Funktionen gehören. Was in diesen medialen Formen und Funktionen des Alltagslebens angelegt ist, kann in das Verhältnis der Kinder und Jugendlichen zu ihrer Innenwelt und Umwelt eingehen mit Folgen für die individuelle und generationstypische Persönlichkeitsentwicklung, Alltagsbewältigung und Lebensentwicklung.

Im Vordergrund von Medienbildung steht unsere heute vom Alltag dominierte Kultur. Medien in den alltagästhetischen Kontexten sind kulturelle Ressourcen, die in die Innenwelt und in die Sichtweise und Teilnahme an Welt eingreifen. In den einflussreichen und dominanten Medien sowie in ihrem kulturellen Rahmen sind Chancen und Zwänge der Persönlichkeitsentwicklung ebenso angelegt wie Chancen und Zwänge bei der Alltags- und Lebensbewältigung oder

der Teilnahme und Gestaltung der Kultur. Wie lassen sich Bildungsaufgaben im Rahmen einer alltagsästhetischen Kultur konkretisieren? Dazu die Leitfrage: Was ist in den dominierenden Medien und in ihren alltagsästhetischen Kontexten an Möglichkeiten oder an Zwängen für Persönlichkeitsentwicklung, Alltags- und Lebensbewältigung sowie für die Teilnahme und Gestaltung von Kultur und Gesellschaft angelegt?

Welche praktischen Aufgaben ergeben sich aus der Einbindung heutiger Medien in Persönlichkeitsentwicklung, Alltagsbewältigung, Lebensbewältigung und kultureller Gestaltung für die Generation der Eltern und für die Schule? Um zu solchen Bildungsaufgaben zu kommen, schlage ich vor, an zwei Zusammenhängen von Bildung und Medien anzuknüpfen. Damit beziehe ich mich auf die Anregungen von Wilhelm von Humboldt, die ich im 3. Teil dieses Buches zu einem Modell verdichte. Zum einen basiert Bildung auf der Aneignung der Medien als Kulturprodukte, die auch die Ressourcen einer Kultur für Persönlichkeitsentwicklung, Alltagsbewältigung, Lebensbewältigung und Gestaltung sind. (Dazu der folgende Punkt A.) Zum anderen entwickelt sich Persönlichkeit mit den für uns heute typischen Medien. (Dazu der folgende Punkt B.)

Denkpfade und Aufgaben der Medienbildung

(A) Medien und ihre Umgebung als kulturelle Ressourcen für die Teilhabe an der Gesellschaft und für Gestaltung von Kultur und Gesellschaft

Weil Bildung sich im Verhältnis der Kinder und Jugendlichen zu den vorrangigen kulturellen Ressourcen entwickelt, ergeben sich aus den heute in den Alltag eingebundenen Medien als kulturellen Ressourcen auch aktuelle Bildungsaufgaben. So brauchen Kinder und Jugendliche pädagogische Unterstützung, um als frei handelnde Subjekte in einer demokratischen Gesellschaft die verfügbaren kulturellen Ressourcen zu nutzen. Das schließt vor allem ein, alte und neue Kulturtechniken der Literalität zu beherrschen, um an der Gesellschaft als Gleiche selbstbestimmt teilzuhaben. Im Mittelpunkt steht also die Chance, Literalität für die Verwirklichung der demokratischen Ziele der Selbstbestimmung, Teilhabe und Gleichheit zu fördern. Literalität mit den alten Kulturtechniken des Lesens und Schreibens oder mit neuen Kulturtechniken wie dem Gebrauch des Computers ist unmittelbar mit der Teilhabe an Kultur verbunden. Zum demokratischen Gedanken der Teilhabe gehört der pädagogische Gedanke, Medien als Ausdrucks- und Gestaltungsmittel zu nutzen. Typisch für die Kultur der Alltagsästhetik sind die großen Unterschiede, wie die Menschen mit kulturellen Ressourcen umgehen. Unterschiede sind zwar im Sinne von Lebensstilen wählbar, sie sind jedoch auch über sozialökonomische Lebenslagen eher schicksalhaft vorgegeben.

(B) Medien und ihre Umgebung als Vorgaben für Persönlichkeitsentwicklung, Sozialleben und Weltsicht

In die Medien und ihre alltagsästhetischen Kontexte sind Vorgaben für die Aneignung der Außenwelt, für Verarbeitung der Medien und für das Handeln in der Außenwelt eingeschrieben. Da Medien im Kontext der Alltagsästhetik, ihrer Erlebnisrationalität und der damit verbundenen Umgestaltung der Massenkommunikation eine zum Teil dramatisch neue soziale und kulturelle Umwelt mit hoher Komplexität und riskanten individuellen Handlungsweisen schaffen, brauchen Kinder die Möglichkeit, sich zu orientieren. Das ist eine *eigensinnige* Leistung des Herstellens von eigenen Bedeutungen in einem doppelten Sinne. Es geht um die Doppelbedeutung des Herstellens von Bedeutung und um die Sperrigkeit der persönlichen Sinnperspektive. Kinder entwickeln einerseits ihre eigenen Sinnperspektiven, müssen sich andererseits dabei eigensinnig gegen Fremdbestimmung sperren. Zudem prägen Medien mit ihren Kulturkontexten das Lernen. Lernen bleibt zwar weiterhin eine herausragende Weise der Weltaneignung, bekommt jedoch neue und außerschulische Formen hinzu. Stichwort hierzu ist *informelles Lernen.* Im Vordergrund steht, in vielen Kulturkontexten, also auch außerhalb der Schule und ihren Lernformen, zu lernen. Zum Verstehen und Handeln in einer Welt, zu deren Herstellung die Menschen viel beitragen müssen, gehören Maßstäbe, die Kinder und Jugendliche schon lange nicht mehr als vorgegeben verinnerlichen und dann anwenden können. Stattdessen liegt es heute bei ihnen selber, sich reflexiv in ihrer Welt zu entwickeln und zu erproben. Geht es darum, die Qualität eines Mediums zu bestimmen, dann ist dafür dessen möglicher Beitrag für die reflexive Entwicklung von Maßstäben wichtig. Was heißt reflexiv? Reflexiv zielt darauf ab, ob Kinder bzw. Jugendliche die Chance bekommen, Maßstäbe in Bezug zur eigenen Person und Lebenswelt ebenso zu bedenken und diesen nachzuspüren wie in Bezug zur Lebenswelt anderer. Weil es keine aus der Tradition vorgegebenen und abgeschlossenen Welten, sondern verschiedene milieuartige Lebenswelten gibt, braucht es die Fähigkeit, zwischen den fragmentierten Sozialwelten kommunikative Beziehungen herzustellen und zwischen verschiedenen alltagsästhetischen Ausdrucksweisen zu übersetzen.

1.6 Die weiteren Teile des Buches

Der 2. Teil mit dem Thema *Alltagsästhetik* präsentiert eine Reihe von Phänomenen, die zeigen, wie Bildung heute als reflexive Beziehung von Kindern bzw. Jugendlichen zu ihrer Innenwelt und Umwelt aussieht oder aussehen kann. Erörtert werden Handy-Klingeltöne, die Diskussion um Mediennutzung der sogenannten neuen Unterschicht, die *Streetparade* in Zürich 2006. Welche Bildungsrelevanz hat das *Web 2.0* als eine soziale Organisation des Internet? Um darüber nachzudenken, liefert die Internetplattform *YouTube* mit seinen auf dem Handy aufgenommenen Videos viel Stoff.

Der 3. Teil zum Thema *Bildung* beginnt mit der Darlegung des Bildungsbegriffes und fragt, wie Bildung als Medien-Bildung zu denken ist. Dabei steht der humanistische Bildungsbegriff Wilhelm von Humboldts vom Ende des 18. und dem beginnenden 19. Jahrhundert im Mittelpunkt. Bildung entwickelt sich in einem reflexiven Verhältnis der Kinder zu ihrer sozialen, kulturellen und dinglichen Umwelt und zu ihrer emotionalen und kognitiven Innenwelt. Heute stehen dabei Ordnen und Orientierung in einer dramatisch neuen Form als Bildungsaufgabe an. Was bedeutet Lernen in einer Welt des Konsums, der Medien und der Events? Lehren kann doch hier nicht zu einer Dienstleistung neben vielen anderen werden! Die britische und amerikanische Diskussion zum informellen Lernen und situativen Lernen ist hierzu ausgesprochen hilfreich, ebenso die Diskussion zur *Digital Literacy*. Der Gedanke der kulturellen Übersetzung ist dazu anregend, ebenso die Möglichkeit, das Alltagsmedium Handy als Lern-Ressource einzusetzen.

Der 4. Teil mit dem Thema *Erlebniswelten* führt in die Struktur der Lebenswelt der „Risikogesellschaft" und ihrer semiotischen Organisation ein. Erlebniswelten entstehen als Folge der aktuellen Enttraditionalisierung der Industriegesellschaft, die ihre eigenen symbolischen Formen, das ist Alltagsästhetik, hervorbringt. *Multimediale und multimodale Repräsentation*, obwohl auf den ersten Blick ein abstoßendes Wort-Monster, hilft zu erschließen, wie sich Medien verändert haben. Die Medien verändern sich, weil sich die Massenkommunikation verändert, beispielsweise weg von der zentralen Medienproduktion in Redaktionen (Push-System) hin zu Medieninhalten und Medienumgebungen, die die Nutzer selber herstellen (user generated contents and contexts). Pädagogisch interessant wird es, wenn es um die Lesart von Kindern in diesen neuen Kontexten geht.

Der 5. Teil mit dem Thema *Analyse* stellt exemplarisch vor, wie man in einer alltagsästhetischen Herangehensweise Medienanalysen durchführen kann. Die Beispiele reichen von der Analyse der Programmelemente von *Popstars* über die Frage nach Mustern, wie Medien aufeinander verweisen, zu der Art und Weise, wie Medien oder andere alltagsästhetische Produkte ihre Nutzer als Experten ansprechen und sie mit entsprechenden Materialien ausstatten. Die komplexeste Form der Analyse ist die von Lebenswelten am Beispiel von Kinderzimmern in Lebensstilmilieus.

1.7 Angebote zur Weiterarbeit

1.7.1 Schlüsselbegriffe und Thesen

Alltagsästhetik bezeichnet den stilistisch vielfältig gegliederten Gesamtzusammenhang von Medien, Waren, Kommunikation einerseits und der stilistisch ausgerichteten Lebensgestaltung andererseits. Die riesige Fülle konsumierbarer Waren, Dienstleistungen, Medien oder Events ist mittels alltäglicher ästhetischer Formen stilistisch geordnet. Diese stilistische Ordnung korrespondiert mit den Stilen der Lebensgestaltung der Menschen. Das geläufige *Lifestyle* verweist auf die heute übliche stilistisch ausgerichtete Lebensgestaltung in voneinander getrennten soziokulturellen Milieus. Die Vielfalt der Lifestyles entsteht durch ästhetische und stilistische Muster, die es uns heute ermöglichen, die hochkomplexe Welt der Medien, Waren und Dienstleistungen zu ordnen. Mit dieser Ordnung tun wir uns mit anderen flexibel zusammen und grenzen uns ebenso flexibel ab.

Schwerpunkte bei der Umgestaltung der Massenkommunikation

- Individuelle Verfügbarkeit und Miniaturisierung,
- Innovation durch Überlagerung mit kulturell Vertrautem,
- Alltagstauglichkeit,
- Nutzergenerierte Medieninhalte und Medienkontexte, non-lineare Mediennutzung auf der Basis von Archiven.

Erlebnisrationalität ist eine Fähigkeit, mit der wir die Konsum- und Sozialwelt, ihre vielfältigen und eher verwirrenden Angebote vor allem in unserer persönlichen und subjektiven Sicht ordnen und gewichten. Umgangssprachlich formuliert bedeutet Erlebnisrationalität: *Die Welt in meinem Sinne.* Mediennutzung ist Teil des Lebensstils, der wiederum Ausfluss der subjektiven Erlebnisweise ist.

Modell der Kulturzirkulation

Dieses Modell beschreibt die Beziehung von Medienproduktion und Mediennutzung als Zirkulation von Medien und Kulturprodukten zwischen den Produktionsfeldern unserer Gesellschaft einerseits und den Feldern des Alltagsleben andererseits. Bei der sich wandelnden Massenkommunikation bekommt das Alltagsleben viel mehr Gewicht als bisher, weil die Herstellung von Bedeutungen mindestens so wichtig ist wie die industrielle Herstellung von Medien. Das Kulturzirkulationsmodell zeigt auch, welche Kompetenzen im Alltag notwendig sind, z.B. die Kompetenz, mit verschiedenen Lesart umzugehen. Das Modell der Kulturzirkulation hat der Brite Stuart Hall (1980) im Rahmen der sogenannten Cultural Studies als „Encoding/Decoding"-Modell entwickelt.

Basismodell von Bildung
Bildung entwickelt sich als reflexives Verhältnis der Kinder und Jugendlichen zu ihrer sozialen, kulturellen und dinglichen Umwelt sowie zu ihrer emotionalen und kognitiven Innenwelt. Die heute dominanten kulturellen Produkte sind in eine stilistisch geordnete Gemengelage des Alltags eingebunden (Alltagsästhetik), zu der auch Medien in vielfältigen Formen und Funktionen gehören. Was in diesen medialen Formen und Funktionen des Alltagslebens angelegt ist, kann in das Verhältnis der Kinder und Jugendlichen zu ihrer Innenwelt und Umwelt eingehen mit Folgen für die individuelle und generationstypische Persönlichkeitsentwicklung, Alltags- und Lebensbewältigung.

Leitfrage zur Medienbildung
Was ist in den dominierenden Medien und in ihren alltagsästhetischen Kontexten an Möglichkeiten oder an Zwängen für Persönlichkeitsentwicklung, Alltags- und Lebensbewältigung sowie für die Teilnahme und Gestaltung von Kultur und Gesellschaft angelegt?

Denkpfade und Aufgabenschwerpunkte der Medienbildung
(A) Medien und Medienumgebungen als kulturelle Ressourcen für Teilhabe und Gestaltung von Kultur und Gesellschaft
Im Mittelpunkt steht die Frage, welche Form der Literalität Medien und ihre Kontexte nahelegen oder festschreiben und welche Chance die durch Medien und ihre Kontexte definierte Literalität für die Verwirklichung der demokratischen Ziele der Selbstbestimmung, der Teilhabe und der Gleichheit bietet. Der Angelpunkt für Selbstbestimmung, Teilhabe und Gleichheit ist die Option der Medien und ihrer Kontexte für Ausdruck und Gestaltung. Welche Aufgaben ergeben sich für Bildungseinrichtungen, vor allem für die Schule? Welche Handlungschancen bieten Medien und ihre Kontexte?

Die bildungsrelevanten Funktionen der kulturellen Ressourcen sind:
- Literalität,
- Teilhabe und Selbstbestimmung,
- Ausdruck und Gestaltung.

(B) Medien und ihre Umgebung als Vorgaben für Persönlichkeitsentwicklung, Sozialleben und Weltsicht
Was in den Medien und ihren alltagsästhetischen Kontexten angelegt ist, geht strukturierend als Vorgaben in die soziale Einbindung der Kinder und ihre Weltsicht ein. Persönlichkeitsentwicklung, Sozialleben und Weltsicht brauchen Reflexivität. Reflexivität auch in der Welt der Medien und Alltagsästhetik zu er-

möglichen, gehört zu den Aufgaben der Medien selber, aber auch zu denen der Medienpädagogik. Stichworte zur Konkretisierung sind:

- Sich eigensinnig zu orientieren und zu ordnen,
- in unterschiedlichen Kontexten zu lernen und die Kontexte zu verbinden,
- Maßstäbe im Verhältnis zur Innenwelt, eigenen Lebenswelt zu entwickeln,
- zwischen verschiedenen Lebenswelten zu übersetzen (kulturelle Übersetzung).

1.7.2 Literaturvorschlag zum Weiterlesen

Jürgen Habermas (1990): Vorwort zur Neuauflage von „Strukturwandel der Öffentlichkeit" (1962). S. 11–50

2 Alltagsästhetik

Worum geht es bei Alltagsästhetik? Beide Bestandteile des Begriffs *Alltags-Ästhetik* sind uns vertraut, wobei das übliche Verständnis von Ästhetik in Alltags-Ästhetik irreführend ist, da es nicht um die Definition von Schönheit in einer alltäglichen Welt geht. Im Vordergrund steht vielmehr die Frage, wie denn die Menschen in einer Gesellschaft hoher Individualisierung Ordnung z.B. in ihren Konsum bringen. Eine heute wichtige Möglichkeit ist, Konsumangebote aufgrund eines gemeinsamen oder unterschiedlichen Stils auszuwählen und eine Kaufentscheidung u.a. davon abhängig zu machen, ob die Kleidung, Bücher, Freizeitangebote, Medien-Technik, Medien-Programme mit dem eigenen Lebensstil zusammenpassen. Alltagsästhetik meint die stilistische Ordnung von Konsumangeboten und Lebensweisen. Lebenspraktisch formuliert geht es darum, ob Jugendliche ihr verfügbares Geld für einen sündhaft teuren, jedoch *perfekten* iPod ausgeben wollen oder einen billigen No-Name MP3-Player anschaffen. Grundschulkinder akzeptieren das No-Name-Gerät, in der Pubertät gibt es die Auseinandersetzung um das Finanzbudget, um an den *richtigen* MP3-Player zu kommen. *Richtig* ist dann, was Werbung und Peer Group auf die Tagesordnung setzen. Das erworbene MP3-Produkt hat alltagsästhetisch zur bevorzugten Musik, zum eigenen Lebensstil inklusiv der favorisierten Bezugsgruppe zu passen. Ist man mit dem Klingelton des eigenen Handys in oder out, ist es cool oder prollig? Das ist keine Frage des Gebrauchswerts, da der oder die Handy-Besitzerin unabhängig vom Stil des Klingeltons bei einem Anruf immer alarmiert wird.

Medien spielen bei diesem alltagsästhetischen Zugang nur eine Rolle im systemischen Zusammenspiel der Konsumobjekte und der Lebensweisen. Medienbildung bekommt deshalb auch eine breite Aufgabenpalette. Für Pädagoginnen und Pädagogen steht dabei im Vordergrund, die heutige Konsumwelt und die Lebensweisen von Kindern und Jugendlichen danach zu befragen, ob und wie Kinder und Jugendliche in der alltagsästhetisch organisierten Welt zurecht kommen, welche kompensatorischen Anregungen oder Hilfen, welche Gestaltungs- und Lernräume sie brauchen, um sich sinnvoll zu entwickeln.

Da in der alltagästhetischen Welt alles mit allem zusammenhängt, stellt sich die Frage, wie sich theoretisch in die alltagsästhetische Gemengelage Ordnung und Übersicht bringen lässt. Dazu die erste Frage nach dem Trend zur Vereinheitlichung. Hier ist der Begriff der Medienkonvergenz hilfreich. Einzelmedien vom Stil des Selbstläufers beim Buch oder Film werden randständig. In den Mittelpunkt des Medienmarktes wie des Alltags rücken Medienverbünde; genauer gesagt: multimediale Verbünde. Diese multimedialen Verbundsysteme vom Typ Film plus Spiel plus Magazin plus Event plus Internetplattform plus Blog verknüpfen deren Nutzer mit ihren eigenen und typischen Handlungs- und Nutzungsmustern. Die zweite Frage richtet sich auf die andere Seite der Alltagsästhetik; das ist die Vielfalt, das Bedienen von Unterschieden oder das Herstellen von Unterschieden. Es geht um eine Ordnung, bei der die Abgrenzung mit spezifischen Handlungsmustern wichtig ist. Gibt es bei den alltagsästhetisch erzeugten Unterschieden auch die Chance für Gleichheit, Teilhabe und Selbstbestimmung? Diese zweite Seite der Alltagsästhetik, gesellschaftliche Unterschiede zu organisieren, führt zum Thema der kulturellen Ressourcen. Begibt man sich in eine Bildungsperspektive, dann wird die Frage nach Literalität als Teilhabe in alltagsästhetisch bestimmten Lebenswelten ebenso bedeutsam wie die nach prekären Kulturen. Zu beidem, Literalität als kulturelle Teilhabe und prekäre Kulturen als eigenständige Lebenswelten, passt das weiter unten vorgestellte Beispiel von Handy-Videos, mit denen Jugendliche Obdachlose auf der Internetplattform *YouTube* bloßstellen.

2.1 Medienkonvergenz, ihre Medieninstrumente und Nutzungsmuster

Medien sind nicht mehr Einzelereignisse, sie sind kaum noch Selbstläufer wie der eineinhalbstündige Hollywoodfilm. Sie sind vielmehr Elemente eines mehr oder weniger kalkulierten Programmsystems, das mit dem Buch und der Website zum Film oder zur Fernsehsendung begann. Hierfür sind Stichworte wie *Multimedia* oder *Medienkonvergenz* hilfreich. Sie verweisen auf eine Fülle von Medien, Konsumgütern, Dienstleistungen, soziale Situationen wie Events, Partys, die oft gezielt aufeinander abgestimmt und marktgerecht produziert werden. Anschauliche Beispiele hierfür sind Casting-Shows wie *Deutschland sucht den Superstar* oder *Popstars*. Das sind Programmsysteme, in deren Mittelpunkt Fernsehen steht. Ein anderes typisches Beispiel ist *Harry Potter*, ein Arrangement, das vom Buch ausgeht. Hierzu gehören nächtliche Launching-Parties in der Buchhandlung, der Film zum Buch, die Website, das Computerspiel, die Verkleidungsklamotten und vieles mehr. Aber auch auf Seiten der Medienkonsumenten, die einst als stabiles Zuschauerpublikum vor den Bildschirmen saßen, auf denen nur wenige Programme liefen, hat sich etwas verändert. So entstehen z.B. Fangruppen um Medienangebote wie *Yu-Gi-Oh*, das ist eine Mischung von Strategiespiel mit Karten und Fernsehcartoons. Fangruppen oder umfangreiche, eher unstrukturierte Szenen finden sich über gemeinsame Stile und Vorlieben zusammen. Gleiches gilt für die großflächigen soziokulturellen Milieus. In diesen Sozialformen stellen die Menschen stilistisch abgestimmt mit Hilfe von Medien, Kleidung, typischen Ritualen und einer weiten Palette von Konsumobjekten ihre eigene Lebenswelt her.

Trends der Medienkonvergenz
In der Fülle der Beispiele lassen sich drei Trends der Konvergenz erkennen, so die Systematisierung von Oehmichen und Schröter (2000): die Konvergenz

- „der technologischen Basis, die Geräteentwicklung“,
- „der Inhalte und Angebote, die Anbieterseite“ und
- „der Nutzung, die Nachfrageseite“.

Im Folgenden steht zur Diskussion, wie diese dreifache Konvergenzbewegung im Alltagsleben der Kinder und Jugendlichen erscheint, zum einen als Technik und Programm, zum anderen als Nutzungs- und Aneignungsformen. Zuvor noch ein Blick auf die sehr kurze historische Entwicklung der Konvergenzdiskussion, die von der Europäischen Kommission Ende der 1990er Jahr mit der Systematisierung konvergenter Angebotswege begann, womit Aspekte der Technik- und Programmentwicklung im Vordergrund standen.

Mit einem „Grünbuch zur Konvergenz der Branchen Telekommunikation, Medien und Informationstechnologie und ihren ordnungspolitischen Auswirkungen“ von 1997 hatte die Europäische Kommission (1997) auf die Konvergenz von „Kommunikationsdiensten“ als Folge der Digitalisierung von „Daten, Tönen und Bildern“ über Netze regiert (Konvergenz der Technologie). Ziel war, auf diese „Konvergenz der Kommunikationsdienste und der neuen Wege wirtschaftlicher und gesellschaftlicher Interaktionen“ regulierend einzuwirken. Als Beispiele führt das Grünbuch folgende „Produkte und Dienste“ auf:

- „Home-Banking und Home-Shopping über das Internet;
- Sprachtelefonie über das Internet;
- E-mail, Zugang zu Daten und dem World Wide Web über mobile Telephonnetze sowie die Nutzung von drahtlosen Verbindungen zu Wohnhäusern und Unternehmen, um diese mit fixen Telekommunikationsnetzen zu verbinden;
- Datendienste über digitale Rundfunkplattformen;
- On-Line-Dienste, die über Systeme wie zum Beispiel Web-TV mit dem Fernsehen verbunden werden, sowie die Übertragung mittels digitaler Satelliten und Kabel-Modems;

- Webcasting von Nachrichten, Sport, Konzerten und anderen audiovisuellen Diensten." (Grünbuch S. ii)

Bei dieser Liste fällt auf, dass es sich um Produkte und Dienste handelt, die auf der Digitalisierung aufbauen und die traditionelle Medien oder Anbieter wie z.B. Banken miteinander verbinden. Die Beispiele zeigen, wie sich die Europäische Kommission die Informationsgesellschaft vorstellte. Es ist der Blick auf großtechnologische und breite wirtschaftliche Zusammenhänge. Schaut man sich diese Produkte und Dienstleistungen genauer an, dann lassen sich keine tradierten Grenzziehungen zwischen Medien, Rundfunkanbietern, Kommunikationsbereichen mehr erkennen (siehe Hasebrink, Mikos, Prommer 2004).

2.1.1 Wie erscheint Medienkonvergenz in der Welt der Kinder und Jugendlichen?

Denkt man an die Produkte des Kindermarktes z.B. *Pokémon*, es ist der Makro-Blick auf Kinderkultur und Ökonomie, dann fällt die Globalisierung als ein wesentlicher Rahmen dieser Konvergenz auf. Konvergenz läuft hier über eine vertikale und eine horizontale Integration (Buckingham 2008a). So integriert sich die Kulturindustrie vertikal, indem eine kleine Zahl von global agierenden Unternehmen Hardware, Software und Vertriebswege in einer Hand haben. Dazu gehören im Kinderbereich z.B. Disney, Fox Kids (Murdoch), Nickelodeon (Viacom), Cartoon Network (AOL Time Warner). Daneben läuft eine horizontale Integration, bei der mit *Power Ranger* und *Ninja Turtles* beginnend über *Pokémon* und *Harry Potter* oder *Yi-Gi-Oh* eine Geschichte oder ein Spiel multimedial vermarktet werden, was bekanntermaßen von der TV-Serie über die Spielkarten zu Spielzeug, Kleidung usw. reicht.

Erfolgsstruktur horizontaler Integration, die Elemente Alter, Gender und Kulturübergreifend

Die britischen Medienpädagogen David Buckingham und Julian Sefton-Green (2003) untersuchten bei *Pokémon*, welche Strukturen dem Angebot unterlegt sind und wie Kinder damit handelnd und kompetent umgehen (Kinder als „Agency"). *Pokémon* ist seit 1999 auf dem Markt und erbrachte schon im ersten Jahr fünf Milliarden US-Dollar. Im Mittelpunkt von *Pokémon* stehen das Spiel auf der Spielkonsole *Game Boy,* die Tauschkarten zu den Phantasiefiguren der *Pokémon*-Spielwelt, die Fernseh-Cartoons, die Musik-CD mit dem Soundtrack und das *Pokémon*-Handbuch, Magazine, Sticker sowie ein Fülle von Merchandising-Produkten wie die weiche Puppe *Pikachu*, zudem im Internet die offizielle

Website und eine große Zahl inoffizieller Computerspiele. Dieser gewaltige wirtschaftliche Erfolg beruht auf drei Strukturmomenten, so Buckingham und Sefton-Green (2003; S. 382 f.). Erstens erreicht *Pokémon* verschiedene Altersgruppen der Kinder, zweitens zudem sowohl Jungen als auch Mädchen und drittens funktioniert es kulturübergreifend.

Da *Pokémon* unterschiedlich komplex aufgebaut ist, wählen die verschiedenen Altersgruppen auch die für sie typischen Angebote. Das sind für die unter Fünfjährigen das Soft-Spielzeug, für die Vier- bis Neunjährigen die TV-Cartoons, für die Sechs- bis Zehnjährigen die Tauschkarten, für die Sieben- bis Zwölfjährigen die Computerspiele. Die wesentlichen Spielthemen bzw. Spielaktivitäten wie Sammeln und Konkurrieren, Versorgen und Trainieren bieten zudem Anknüpfungspunkte für die für Kindheit heute stereotyp getrennte Mädchen- und Jungenwelt. Gesammelt werden die 150 Phantasietiere (mittlerweile sind es mehr), die Training brauchen. *Ash* der Protagonist muss in Kämpfe ziehen. Dafür ist die Kooperation zwischen Spielern über verkabelte *Game Boys* notwendig. Einige der Phantasietiere wie *Pikachu* sind niedlich und zum Kuscheln da; andere sind kämpferisch und so grotesk, so dass sie sich nicht für Nähe und Zuwendung eignen. Mit dieser bipolaren Anlage lassen sich Gender-Erwartungen sowie unterschiedliche kulturelle Vorlieben und Zuschreibungen abdecken, und zwar in einer Art und Weise, die die Nutzer aktiv werden lässt, zum Beispiel indem sie sammeln, was wiederum die Konsumaktivitäten und den Gewinn des Anbieters *Nintendo* bzw. der Lizenznehmer steigert.

Die Produktpalette dieser horizontalen Integration ist mittlerweile voll im Alltag der Konsum- und Industriegesellschaft angekommen und selbstverständlich, ja vertraut. Die angebotenen Medien und Produkte arrangieren sich Kinder und Jugendlichen zu Konglomeraten, die in ihre Lebenswelt passen. Konkret sieht das so aus, dass die Produkt-Arrangements im jeweiligen Kinderzimmer auftauchen. Es entstehen Medienensembles und Medienmenüs als wichtiger Teil der Lebenswelt der Kinder und Jugendlichen (vgl. Wagner u.a. 2004, Wagner, Theunert 2006). Vom Kinderzimmer und Medienmenüs ausgehend bieten sich zwei Modelle an, um die Medienkonvergenz in der Lebenswelt zu beschreiben. Zum einen entstehen Räume wie das Kinderzimmer oder soziale Netzwerke. Zum anderen entwickeln Kinder oder Jugendliche ihre Handlungsmuster und Wege durch das Angebot. Diese Pfade sind Muster der Aneignung und Nutzung der vielfältigen Medien und Programmangebote.

Doppelstruktur für die Entwicklung von Aneignungsmustern: Globale Jugendkultur und regional orientierte Traditionskultur

In welcher Struktur entwickeln sich diese Räume, Pfade und Aneignungs- bzw. Nutzungsmuster? Es ist vor allem eine Doppelstruktur.

Mit einem kulturübergreifenden Blick auf Europa und deren Kinderkultur gab es Ende der 1990er Jahre eine internationale Vergleichsstudie, der vor allem ein material räumliches Modell der Medienkonvergenz zugrunde lag (Livingstone, Bovill 2001). Diese Untersuchung fragte nach den „Media Environments" der Kinder in Europa. Sonja Livingstone (2001, S. 331) stellt eine kulturelle Doppelstruktur der Medienaneignung fest, regionale kulturelle Traditionsstrukturen plus globale Jugendkultur:

Kulturelle, insbesondere regionale Traditionsunterschiede

- Kulturelle Unterschiede bei dem, was als Medienumgebung für Kinder gewollt und akzeptiert ist.
- Kulturelle Unterschiede in den Traditionen von Freizeitgestaltung und Familienleben, die den Rahmen für Medienumgebungen von Kindern und Jugendlichen liefern.

  Muster einer und Zugänge zu einer traditionsungebundenen und länderübergreifenden Jugendkultur, die in Westeuropa (das war der europäische Untersuchungsrahmen) dem spätmodernen Prozess der Individualisierung folgt und übernational dem Alltagsleben der Kinder und Jugendlichen den Bezugsrahmen liefert („the late modern processes of privatization, individualization, and globalization ... transnational culture as it contextualizes the everyday lives of children and young people"). Zu diesem überregionalen Jugendkultur-Muster gehören Stärke und Einfluss des Jugendmarktes, die Ausweitung und Diversifizierung des Freizeitbereiches sowie die weit verbreitete englische Sprache.

Dieses Ergebnis entspricht der im 1. Teil formulierten These: *Innovation durch Überlagerung*. Es überlagern sich bei der Konvergenzentwicklung und deren Integration in die Lebenswelt also regionale kulturelle Traditionsstrukturen mit denen der globalen Jugendkultur. Das zeigt sich unter anderem an den Unterschieden zwischen jüngeren Kindern und Jugendlichen. Die konvergente Mediennutzung erreicht die Kinder und Jugendlichen unterschiedlich, was sicher auch mit den von Sonia Livingstone angesprochenen Traditionsrahmen für Kinder- und Jugendkultur zu tun hat. So stellen Böcking u.a. (2004) im „Medienrepertoire" der Vorschulkinder immer noch die „drei klassischen Medien Fernsehen, Video, Kassetten und (Bilder)Bücher" fest, die im „Alltag der Kinder auch heute noch einen großen Stellenwert" (S. 293) haben. Trotz geringerer Bedeutung von Computerspielen und CDs hat deren Nutzung zugenommen. Die Medienangebote ergänzen sich für die Vorschulkinder. Dennoch vergrößert sich das Medienzeitbudget insgesamt kaum. Auch die Nutzungsart der Vorschulkinder ist traditionell geblieben. Sie nutzen die Tonkassette als Klangkulisse und die audiovisuellen Medien als Familienereignis. Sobald sich die Kinder für die typische Jugendkultur interessieren, werden für sie auch komplexe *Medienmenüs* und *medienübergreifende Auswahlstrategien* wichtig, was jedoch nicht einheitlich geschieht, sondern auf der Basis von Mustern wie Medienmenüs und Pfaden durch die Medienangebote.

Konvergenz in der Nutzerperspektive
Richtet sich der Blick auf die Mediennutzer und ihre Aktivitäten in den konvergenten Medien- und Programmangeboten, dann lassen sich, so Uwe Hasebrink (2002; S. 96 ff.), folgende Formen der „Konvergenz aus der Nutzerperspektive" feststellen:

- „*Medienmenüs*: Die Mediennutzer stellen sich im Alltag verschiedene Medien zusammen, sie lassen sie zu individuellen Medienmenüs ‚konvergieren'. Innerhalb dieser Menüs oder Nutzungsmuster erfüllen die einzelnen Medienangebote jeweils komplementäre Funktionen." Die meisten Nutzer integrieren alte und neue Medien in ihre Medienmenüs.
- *Kinderzimmer*: Denkt man bei dieser Form der Konvergenz vor allem räumlich, dann entsprechen den Medienmenüs die Zimmer der Kinder und Jugendlichen, in denen sie ihre persönliche kleine Lebenswelt als Arrangements von Medien wie Postern und Kaufprodukten wie die Tasse zur Lieblingssendung herstellen. (Die Kategorie „Kinderzimmer" ist in Hasebrinks Liste der Konvergenz in der Nutzerperspektive nicht enthalten.)
- *„Medienübergreifende Auswahlstrategien*: Aus der Sicht der Nutzer entsteht auch dadurch ein Zusammenhang zwischen verschiedenen Medien, dass sie dort jeweils die gleichen Themen suchen."
- *„Nutzung konvergenter Angebote"*: Es werden konvergente Angebote genutzt. Beispiel: „Onlineangebote zu einzelnen Fernsehsendungen" mit vielfältigen Verweisen zwischen beiden.
- *„Nutzung von Angeboten mit intertextuellen Bezügen*: Das gesamte Medienangebot ist von zahlreichen intertextuellen Bezügen geprägt. Die verschiedenen Angebote verweisen aufeinander, zitieren, imitieren und kritisieren sich. Spezielle Sendungen oder Rubriken, die sich mit anderen Medienangeboten beschäftigen oder Akteure aus anderen Medien in ihr Angebot integrieren, haben Konjunktur. Auch in diesem Sinne konvergieren die verschiedenen Medien im Bewusstsein der Nutzer, indem sie einen kulturellen Gesamtzusammenhang ergeben."
- *„Parallelnutzung verschiedener Medien*: Ein spezielles Verständnis von Konvergenz bezieht sich auf die unmittelbare Zusammenführung verschiedener Medien, in dem sie von den Nutzern in ein und derselben Situation

miteinander kombiniert werden. Dies ist nicht neu, die Parallelität von Radiohören und Zeitunglesen gehört zum Medienalltag der meisten Nutzer. Besonderes Gewicht im Rahmen der Konvergenzdebatte bekommt dieser Aspekt durch die Multifunktionalität neuer Geräte, die zunehmend die Möglichkeit bieten, auf ein und demselben Computer zeitgleich Bilder einer Fußball-Live-Übertragung, eine Musik-CD sowie das Internet zu nutzen."

2.1.2 Wege durch die Medienangebote – Wie Kinder und Jugendliche mit konvergenten Medienumgebungen umgehen

Wagner u.a. (2004) haben auf der Basis einer breiten Stichprobe von 573 9- bis 19-Jährigen bzw. 60 Kindern und Jugendlichen in vertiefenden Einzelfallstudien vier „typische Wege konvergenter Nutzung des Medienensembles" gefunden. Es gibt zur Zeit vier Typen, die sich in ihrer Art und Weise unterscheiden, mit den aufeinander bezogenen Medienangeboten umzugehen: die „Breitnutzenden", die „Musikfans", die „Actionfans" und die „Vielspielenden". Was die Studie als Wege oder Pfade bezeichnet, stellt eine unterschiedliche Strategie von Kindern dar, mit Komplexität und Vielfalt umzugehen. Dabei geht es um die Ausrichtung auf die Fülle der Medien („Breitnutzende") oder auf die Konzentration und Spezialisierung auf bzw. bei bestimmten Mediengenres (Musikfan, Action, Spiele):

- Die *Breitnutzenden*, sie haben einen hohen schulischen Bildungshintergrund, es sind etwa gleich viel Jungen und Mädchen, sie starten von ihrem PC und gehen ins Internet. Von hier aus suchen sie in ihrem vielfältigen Interessenspektrum u.a. von Musik und Wissensgebieten nach den für sie relevanten Angeboten (Wagner u.a. 2004; S. 80 ff.).
- Die *Musikfans* suchen im gesamten Medienangebot nach der von ihnen favorisierten Musikrichtung oder ihrer bevorzugten Musikgruppe. Dabei unterscheiden sich die Musikfans mit einer Ausrichtung auf den Mainstream der Musik von denen, die etwas Besonderes suchen. Die Fans des Musik-Mainstream finden ihre Favoriten in Radio, Printmedien und im Fernsehen. Von diesen Medien ausgehend suchen sie im Internet nach Informationen und der Musik selber (Wagner u.a. 2004; S. 86 ff.).
- Die *Actionfans*, es sind vorwiegend Jungen, durchforsten die Medienangebote mit dem klaren Ziel vor Augen, Action zu finden. Vorrangig sind dabei die audiovisuellen Medien, attraktiv ist auch die Kombination von Action im Film mit Action im Computerspiel. Das Herunterladen einschlägiger Videodateien aus dem Internet ist wichtig (Wagner u.a. 2004; S. 98 ff.).

- Die *Vielspieler*, zu dieser Gruppe gehören vor allem Jungen, setzen ihre Priorität auf das Spielmedium, also auf den Computer, die Spielkonsole und die Spielplattform im Internet. Alle ergänzenden Informationen oder Zusatzangebote zu ihren Spielen wie in Zeitschriften oder im Internet sind gefragt. Zudem vernetzen sie sich über das Internet mit anderen Spielern (Wagner u.a. 2004; S. 93 ff.).

Diese vier typischen Pfade durch die Medienangebote sind nur eine Momentaufnahme und lassen sich auch nicht als zuverlässiges Voraussageinstrument zu nutzen. Sie sind jedoch schon recht hilfreich, um die Lebenswelt verschiedener Jugendlicher besser zu verstehen. Wichtig ist, es handelt sich um Pfade, die nicht ausschließlich von einer Gruppe Jugendlicher begangen werden. Es sind Optionen, zu denen Jugendliche mehr oder weniger Nähe haben.

Schaut man sich genauer an, wie Kinder und Jugendliche auf diesen möglichen Pfaden agieren, zeigen sich „Muster der Medienaneignung" des vielfältigen Medien- und Programmangebotes (Wagner, Theunert 2006). Auch für die Ergebnisse dieser qualitativen Studie gilt die Einschränkung für Explorationsstudien; man darf den Geltungsbereich der Ergebnisse nicht zu weit fassen. Die untersuchte Altersgruppe umfasst 11- bis 17-Jährige. Mit den 11-Jährigen beginnt eine klare Orientierung an einer globalen Jugendkultur, die regionalen kulturellen Traditionsmuster treten in ihrer Bedeutung zurück (siehe dazu oben die Ergebnisse von Sonia Livingstone 2001; S. 331).

Eine weitere Untersuchung der *Bayerischen Landesanstalt für Neue Medien* von 2003 und der gleichen Forschergruppe (Wagner u.a. 2006) führte zu fünf Typen von Kindern und Jugendlichen, die sich die Medien- und Programmangebote spezifisch arrangieren. Bei diesen Typen handelt es sich um Strategien von größeren Kindern und Jugendlichen, sich den durch Medienangebote vorgegeben *Kulturraum* (Marotzki 2003) anzueignen. Dabei liefern die verbundenen Medien den Raum für die Entwicklung der eigenen Interessen („Spezialisierungsraum"), für Konsum, als Erweitung ihres sozialen Feldes und den Raum, um ihre Vorlieben zu präsentieren, oder die konvergenten Medien funktionieren als medialer Gestaltungsraum:

„Die Integrierenden – Medien als Spezialisierungsraum"
Diese Gruppe leitet das Interesse an einem Thema wie Fußball oder Naturwissenschaft. Diese Kinder und Jugendlichen suchen sich in den Medienangeboten das zusammen, was im Sinnes ihres Interesses der „Optimierung der eigenen Kenntnisse und Fähigkeiten dient", was ihre „Identität stabilisiert" und ihrer „sozialen Einbettung" dient. Sie suchen „begeistert das Angebotsspektrum" ab oder holen sich das aus dem Medienangebot, was ihnen „pragmatisch" einen „Zusatznutzen" verspricht (Wagner u.a. 2006; S. 85 ff.).

„Die Außengeleiteten – Medien als Konsumraum"
Diese Kinder und Jugendlichen bewegen sich auf „präformierten Wegen", die ihnen ihr „soziales Umfeld" oder die „intermedialen Verweise" nahe legen. Startpunkt ist üblicherweise ein medialer Ausgangspunkt wie eine Fernsehserie, zu der sie sich Internetseiten oder Bücher besorgen (Wagner u.a. 2006, S. 91 ff.). Sie nehmen entweder mit, was medial „auf dem Weg liegt" (S. 92), oder, die andere Möglichkeit z.B. für Action-Fans, sie „bauen planvoll das eigene Erleben aus" (S. 95).

„Die Expandierenden – Medien als Lebensraum"
Diese Gruppe der Kinder und Jugendlichen verlagert mit der breit gefächerten Mediennutzung „einen Teil ihres Lebens in die konvergente Medienwelt". Sie beschäftigen sich intensiv mit den Angeboten und „tauchen tief" in deren „inhaltliche Welt" ein. Mediennutzung nimmt bei dieser Gruppe viel Zeit in Anspruch und bestimmt einen Teil ihres Soziallebens. Hier gibt es die Möglichkeiten, sich „einer Kultwelt zu zuordnen", z.B. *Star Wars*, „in eine Fantasiewelt einzutauchen" oder in Chats oder Foren „sich eine Welt anzulegen" (Wagner u.a. 2006; S. 99 ff.).

„Die Missionierenden – Medien als Präsentationsraum"
Diese Gruppe trägt in ihre „realen sozialen Kontexte", was sie in den Medienangeboten gefunden hat. Sie handeln als „Experten" z.B. des Ego-Shooter-Spiels *Counter-Strike* und geben ihrer sozialen Bezugsgruppe „Tipps" und „Anleitung". Sie zeigen z.B. auch mit ihrem Kleidungsstil, dass sie sich mit ihren Medienerfahrungen in eine „jugendkulturelle Szene" einordnen und in der „öffentlichen Debatte" z.B. zu Computerspielen eine Position haben. Sie wollen z.B. das „Image von Counter-Strike-Spieler und –Spielerinnen verbessern" (Wagner u.a. 2006; S. 99 ff.).

„Die Kreativen – Medien als Gestaltungsraum"
Diese Gruppe „verzahnt" die einzelnen Medien der von ihnen favorisierten Medienpalette. Sie schneidet beispielsweise Videos am Computer oder besorgt sich Schnittsoftware, um japanische Popmusik zusammenzustellen oder Spiele zu adaptieren. So stellt ein 17-Jähriger mit hohem Bildungshintergrund *Counter-Strike-Movies* her (Wagner u.a. 2006; S. 119 ff.).

Die Aneignungswege und Aneignungsmuster des Alltags in der Schule
Diese Aneignungswege sind deutlich in die Alltagsbewältigung eingebunden, sicherlich immer in die Doppelstruktur: regionale Traditionskultur/globale Jugendkultur, wobei der globalen Jugendkultur mit zunehmendem Alter ein höheres Gewicht zukommt. Wichtig ist, dass sich Kinder oder Jugendliche in der Perspektive ihrer eigenen Interessen orientieren, was recht unterschiedlich ausfallen kann.

So gibt es ein breit oder ein eng angelegtes eigenes Interesse, eng bei den Fans von Action, Spielen und Musikangeboten, breit bei denen, die in den Medien nach ihren Interessen suchen. Aber auch bei den Spezialisierten stehen die eigenen Interessen im Vordergrund. Bei allen Pfaden sind die subjektiven Sichtweisen leitend. Sie sind recht eng bei den Fans, breit bei denen, die ihr Interessenspektrum sowieso offen angelegt haben. Die Fülle des Medienkonsumangebotes wird subjektiv geordnet. Es gibt also typische Aneignungsmuster, mit denen sich größere Kinder und Jugendliche orientieren. Es war zu erwarten, dass die *Erlebnisorientierung* der *Gesellschaft der individualisierten Risiken* auch die Aneignung der ausdifferenzierten und deregulierten Medienmärkte leitet. Diese Aneignung ist ein recht aktives Unternehmen, bei dem sich Kinder oder jugendliche Mediennutzer mit Pfaden ihren Weg durch konvergierende Medienwelten bahnen und sich auf ihre Weise den konvergenten Medienmarkt erschließen.

Die typischen Pfade durch die konvergenten Medienensembles, die sich deutlich von einander unterscheiden, bieten auch Andockpunkt für schulisches Lernen, wenn sie explizit in die Schule hereingenommen werden. Dann ergibt sich die Chance, zwischen den verschiedenen Pfaden der konvergenten Mediennutzung von Kindern bzw. Jugendlichen und dem tradierten Lernen in der Schule zu vermitteln. Diese Vermittlung ist auch eine Übersetzungsarbeit zwischen Kulturen, hier insbesondere zwischen der tradierten Lernkultur der Schule und ihrer Medien sowie der Jugendkultur und ihren verschiedenen, auf Medien bezogenen Handlungsmustern. Hilfreich ist dafür die Kompetenz bei der Mediennutzung, die Kinder und Jugendliche in ihren Alltag entwickeln und nutzen. Zu dieser Alltagsmedienkompetenz gehört, dass sie ihre typischen Pfade durch die vielfältigen Medien- und Konsumangebote anlegen.

Die unterschiedlichen Aneignungsmuster und Pfade brauchen einen gemeinsamen Rahmen, sollen sie nicht nur in abgeschotteten und fragmentierten Sozialwelten funktionieren. Hier kommt, wie gesagt, für die Schule die Aufgabe der kulturelle Übersetzung ins Spiel. Das ist keine leichte Aufgabe, da sich Schule auf Lerntraditionen ausrichtet, die konvergente Medienwelt mit ihren multimedialen Medien- und Ereignisarrangements außen vor lässt oder sogar ablehnt. Nur die jüngeren Kinder, so die Schlussfolgerung aus Sonia Livingstones Ergebnissen zur Doppelstruktur der Medienkonvergenz, leben mit ihrer Mediennutzung in einer tradierten Kulturwelt, zu der die Schule mit ihren bekannten Curricula und Unterrichtsmethoden passt. Für die älteren Kinder jedoch gilt es, zwischen Schule und Medienwelt zu übersetzen. Die Aneignungspfade bieten dafür Ansatzpunkte.

Versetzen wir uns in eine Lehrerin einer 6. oder 7. Klasse. Sie will sich die Mediennutzung der Jungen und Mädchen vor Augen führen, um z.B. einordnen zu können, wie die Medienpräferenzen in der Schule auftauchen. Die Schülerinnen und Schüler tragen ihre Präferenzen z.B. als Folgekommunikation in die Schule, indem sie sich im Unterricht über Medien unterhalten. Es ist eine Gruppenbildung zu erwarten, die diesen Pfaden (Breitnutzende, Musikfans, Actionfans, Vielspieler) entspricht. Die Jungen und Mädchen, die die Fülle der Medien und Programme breit angehen, sind auch die, die sich in Wissensgebieten bewegen, die Nähe zum Lernstoff der Schule haben und diesen bereichern können. Dieser Schülergruppe Hausaufgaben zu geben, bei denen sie recherchieren sollen, dürfte auf ihre Gegenliebe treffen. In jeder Schulklasse sitzen jedoch auch diejenigen, deren Hauptwege sich auf Musik oder Spiele oder Action ausrichten. Sie muss eine Lehrerin erst für Recherchen gewinnen, die den *Breitnutzern* geläufig sind. Wie bekommt man die Gruppe der Spieler dazu, eine Hausaufgaben-Recherche zu machen? Vermutlich nur dann, wenn sie nach Lernspielen, die zum Unterrichtsthema passen, suchen sollen. Die Musikfans zu einer Recherche zu bringen, bei der sie auf vertrauten Pfaden durch ihr Medienensemble wandern und den damit verbundenen Spaß in den Unterricht tragen, ist nicht so einfach zu realisieren, wie die Suche nach Lernspielen, die es zuhauf gibt. Für den Englischunterricht liegt die Verbindung zur Musik auf der Hand. Auch für Sport ist die Beziehung zur Musik da, vor allem wenn es um Rhythmus geht. Aber was ist mit Biologie, Physik?

In der Schulpraxis gibt es erfolgreiche Beispiele, die bei den Medienvorlieben und den von den Kindern benutzten Pfaden ansetzen, um so auch die von den Lehrplänen gesetzten Aufgaben zu erfüllen. Ich erinnere mit Vergnügen an den Bericht eines Grundschullehrers, der die Mädchen einer 4. Klasse einlud, PowerPoint-Folien zur Musikgruppe *Tokio Hotel* anzufertigen. Was die Mädchen im Internet recherchiert und reflektiert hatten, wie sie ihre Schwerpunkte bei der Bewertung setzten, wie sie knapp und angemessen für die Folien ihre Ergebnisse verschriftlichten, war gerade auch für den wenig informierten Erwachsenen erhellend und faszinierend. Die Bild- und Sprachgestaltung war ausgesprochen anspruchvoll, wenn auch nicht fehlerfrei. Bei der Produktion der Folien konnten die „Breitnutzer" ebenso gezielt und kompetent im Internet recherchieren, wie die „Integrierenden" ihre Themenspezialisierung im Feld der Medienangebote zu *Tokio Hotel* als ihr Spezialwissen einsetzen durften. Beide Nutzergruppen waren wirklich erfolgreich, als es darum ging, ihre im Medienalltag bewährten Muster im Unterricht zu verwenden.

Die verschiedenen Muster mit Medien als „Spezialisierungsraum", „Konsumraum", „Lebensraum" und „Präsentationsraum", „Gestaltungsraum" sind unterschiedlich offen für die Schule. Die Muster der an Themen interessierten Kinder und Jugendlichen, die sich die für sie relevanten Kenntnisse im für sie zugänglichen Medien-Set suchen, die ihre Fähigkeiten optimieren wollen, also die Gruppe der Integrierenden, ebenso wie die Gruppe der kreativen Nutzer haben Anknüpfungspunkte mit der Schule und den traditionellen Lernformen. Eine Lehrerin hat also keine Probleme, von ihnen Hausaufgaben vom Typ „bitte zum Thema xy recherchieren" zu erwarten. Wenn sie, wie der Grundschullehrer in Sachen *Tokio Hotel,* auch den Kreativen die Möglichkeit einer schicken PowerPoint-Präsentation bietet, dann sind sie auch auf ihrer Seite, d.h. sie sind motiviert zu recherchieren.

Yvonne, außengeleitet im Konsumraum der Medien und Events

Was ist mit den „Außengeleiteten“, die im „Konsumraum“ der Medien oder der Events oder all der anderen coolen Produkte bleiben wollen? Wie lassen sich diese Spezialisten für Konsumprodukte in die schulische Welt des Wissen und der schulischen Kompetenzen einbinden? Dazu ist eine Voraussetzung wichtig. So sollte eine Lehrerin als erstes solch ein Mädchen mit ihrem „Eigensinn“, mit dem sie sich in ihrer Konsumwelt zurecht findet, wahr- und ernstnehmen, um in einem zweiten Schritt in die Übersetzungsarbeit zwischen Schule und Konsumwelt einzusteigen. Ideen, wie sich das tun lässt, liefert die Untersuchung über die „Neuen Wegen durch die konvergente Medienwelt“ (Gebel 2006; S. 51).

Yvonne, 14 Jahre alt, die Untersuchung ordnet sie der Gruppe mit niedrigem Bildungshintergrund zu, bekommt eine größere Zahl von Bildkarten mit leicht verständlichen Bildern oder Symbolen für Mediengeräte wie Fernseher, MP3-Player, Bücher, Tonbandkassetten, Zeitschriften, Kino, also für das gesamte Medienrepertoire; zudem Bilder bzw. Symbole für Präferenzpersonen und Präferenzorte wie „zu Hause“, „Eltern“, „Freundinnen/Freunde“, „Internet-Cafe“, „Arbeit/ Praktikum.

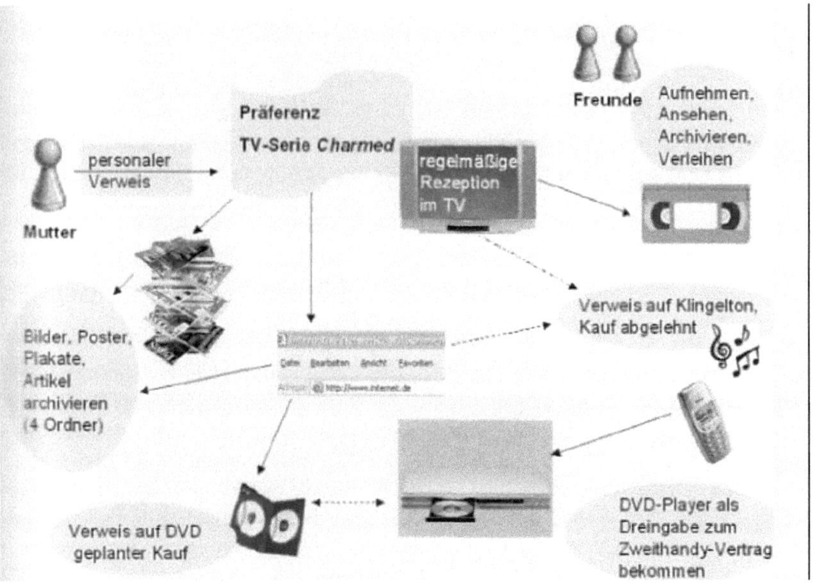

Yvonne gehört zur Gruppe, die sich außengeleitet durch die Mutter und Freunde breit ein eigenes Medien-Ensemble aufbaut (Pfad: breitnutzend).

> Die 14-jährige Yvonne wählt ihre bevorzugte Fernsehserie Charmed, um im Interview darüber zu sprechen. Sie kam zu der Serie durch einen Hinweis ihrer Mutter. Diese wusste, dass Yvonne früher gern die Serie Buffy gesehen hatte, eine thematisch ähnliche Serie wie Charmed. Yvonne sieht Charmed regelmäßig. Sie nimmt sie außerdem immer auf Video auf, um eine vollständige Sammlung zu erhalten. Die Videos verleiht sie auch an Freundinnen. Sie wünscht sich zusätzlich die kompletten Staffeln der Serie auf DVD. Seit kurzem besitzt sie einen DVD-Player. Diesen hat sie als Dreingabe zu einem Handyvertrag bekommen. Den Vertrag hat sie wegen dieses Bonusangebotes abgeschlossen, obwohl sie bereits ein Karten-Handy besitzt, mit dem sie sehr zufrieden ist. Den Hinweis auf die DVDs hat sie im Internet gefunden, wo sie nach Bildern und Hintergrundinformationen zu Charmed und den zugehörigen Schauspielerinnen suchte. Sie hat im Internet und im Fernsehen auch Verweise auf den Klingelton wahrgenommen, der sie jedoch nicht interessiert. Ihr gefällt der Klingelton zu Buffy besser, den sie sich bereits besorgt hat. In Zeitschriften findet sie Artikel, Poster und Bilder und heftet sie in Ordnern ab. Auch im Internet sucht sie nach Material zu Charmed, druckt es sich aus und heftet es ebenfalls ab (Gebel 2006; S. 50 f.).

Yvonne lässt sich von Mutter und Freundinnen beeinflussen, nicht jedoch von der Werbung. Sie recherchiert auch im Internet, sammelt und ordnet. Es sind recht schulbezogene Aktivitäten. Wenn die Lehrerin dieses Muster wahrnimmt, weiß sie auch, dass sich mit Yvonne immer reden lässt, dass Yvonne ihr zuhören und auch ihrem Rat folgen wird, um ihre Fähigkeiten, im Medienfeld zu sammeln und zu ordnen, auch für ihre schulische Arbeit nutzbringend einzusetzen. Falls die Lehrerin in Yvonnes Klasse eine Pinnwand anbietet und alle Schülerinnen und Schüler ihr Medien-Set, ihre Präferenzpersonen und Präferenzorte mit Hilfe der Symbolkärtchen auf der Pinnwand abbilden, dann haben die Schülerinnen und Schülern die Gelegenheit, Übersetzungs-Gespräche zwischen verschiedenen Aneignungsmustern und Zugangswegen zu führen. Die Lehrerin ist zudem in der Lage, Verbindungen zum typischen Lernen zu entdecken und entsprechende Anregungen an Yvonne und die anderen Kinder zu geben.

Fazit: Die Verschränkung des Angebots von Medien, Waren, Dienstleistungen und Events führt auf Seiten der Kinder und Jugendlichen zu unterschiedlichen, jedoch typischen Aneignungsmustern. Die empirisch gefundenen Muster sind sicher noch sehr vorläufig, dennoch hilfreich. Der erste Typ von Mustern: „Breitnutzende“, „Musikfans“, „Actionfans“, „Vielspielende“ (Wagner u.a. 2004), zeigt die unterschiedlichen Strategien von Kindern, mit Komplexität und Vielfalt umzugehen. Dabei geht es um die Ausrichtung auf die Fülle der Medien („Breitnutzende“) oder die Konzentration und Spezialisierung auf bzw. bei bestimmten Mediengenres (Musikfan, Action, Spiele).

Ein zweiter Typ von Mustern bezieht sich auf den Kulturraum, den die Medienangebote schaffen. Diese Muster zeigen, wie unterschiedlich Kinder und Jugendliche diesen Raum nutzen, und zwar als Raum für Spezialisierung, Konsum, Sozialleben, für die Präsentation der eigenen Vorlieben oder als eigenen medialen Gestaltungsraum (Wagner u.a. 2006). Es zeichnet sich jedoch ab, dass sich Kinder und Jugendliche mit diesen Mustern die von den Anbietern vorstrukturierte Angebotsfülle perspektivisch bzw. *eigensinnig* aneignen, indem sie diese Angebote gestaltend in ihren Alltag und ihre Lebensbewältigung integrieren. Inwieweit sich auf der Basis künftig stabiler Aneignungsmuster Subkulturen mit eigenen Kommunikations- und Lebensstilen etablieren, wird sich zeigen. Diese Muster sind Teil der Medienkompetenz, die Kinder und Jugendliche in ihrem Alltag entwickeln. Sie tun dies nicht gezielt, nicht als beabsichtigtes Lernen, sondern beiläufig und informell.

Kinderwelten, der Bezugsrahmen für Aneignungswege und Aneignungsmuster
Wie die Muster mit der Medienfülle und Vielfalt umzugehen, aussehen, hängt nicht nur mit den Medienangeboten zusammen. Viel Prägekraft dürften die Handlungsmuster besitzen, die die Kinder in den Familien erwerben und die die Kinder anleiten, sich für *die Welt* zu öffnen und sie aktiv zu strukturieren oder sich der Welt zu verschließen. Dazu gibt es Ergebnisse aus den sogenannte *Kinderwelten-Studien* von SuperRTL (2000 und 2002). Die Studie von 2000 (S. 74 ff.) hat folgende Elterntypen und Erziehungsstile gefunden, die augenfällig machen, wie diese Typen und Stile den Zugang zur Welt mit Konsum, Medien, zu anderen Kinder und auch zum Lernen prägt. (Die folgenden Prozentangaben zeigen die Menge der entsprechenden Eltern, für die die Aussage zutrifft.):

a. Pädagogisierende Eltern, darunter die „Aufpasser“ (7%), die „Behütenden“ (16%) oder die „Widersprüchlichen“ (11%),
b. Engagierte Eltern, darunter die „Aufgeschlossenen“ (17%), die „Großzügigen“ (18%),
c. Distanzierte Eltern, darunter die „wenig Familiären“ (12%) und die „Gleichgültigen“ (19%).

So vorstrukturiert wenden sich Kinder typischerweise folgendermaßen der Welt zu, die für einen Teil eine „arrangierte Welt“ (37%) ist oder eine „Fantasiewelt“ (26%), eine „bunte, weite Welt“ (23%), eine „gesellige Welt“ (6%), eine „häusliche Welt“ (5%) oder eine „schwierige Welt“ (5 %). Wie handeln Kinder typischerweise in diesen Erlebniswelten? Sie handeln unterschiedlich bzw. ähnlich in zwei Dimensionen, in der Dimension ‚Aktionsgrad‘ und der Dimension ‚Außen- bzw. Innenorientierung‘. Es gibt die „Passiven“ (22%) mit „wenig Eigenaktivität“, jedoch mit viel „actionreichem Fernsehkonsum“, die „Spielkinder“ (22%), mit viel Spielzeug und Märchengeschichten“, die „Intellektuellen“ (16%), die sich auf „mehr Wissen für den leistungsorientierten Vorsprung“ konzentrieren, die „Gamer (16%) mit viel Spiel, Spaß und Spannung", die „Unauffälligen" (15%) mit Tierliebe und Offenheit für Neues sowie die „Fun & Action-Kids" (7%). Sie sind „jung, dynamisch und selten allein" und „die Allrounder" (11%) mit „Führungsanspruch", „Ecken und Kanten" (SuperRTL 2000, S. 58).

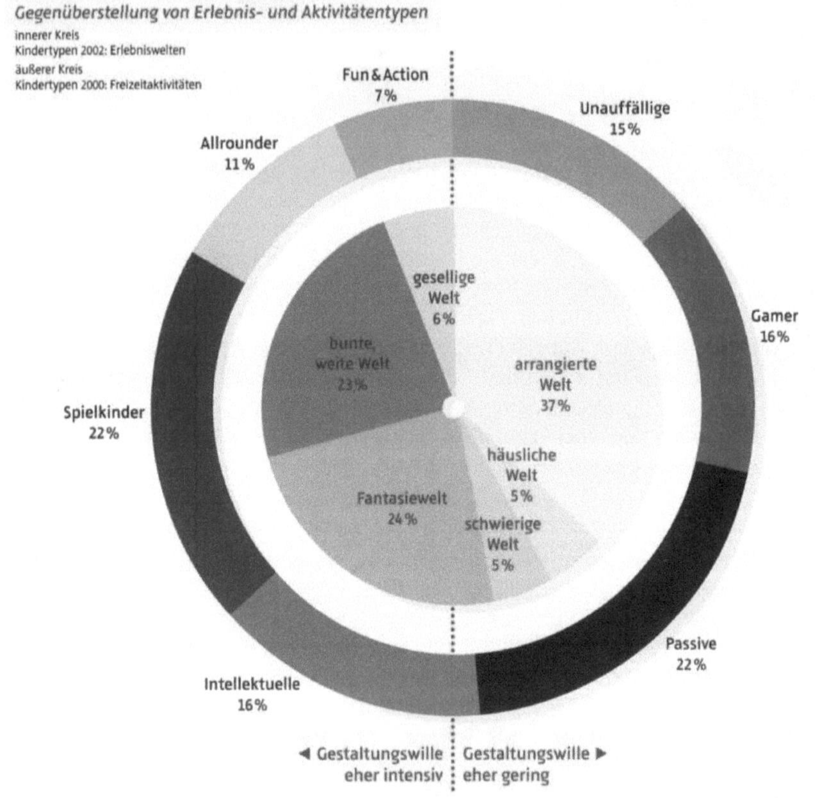

Die empirischen Daten der Konvergenzstudien und der Untersuchung der *Kinderwelten* sind nicht passgenau, so dass sich die Strategien von Kindern und Jugendlichen, mit der Fülle aufeinander bezogenen Medienangebote umzugehen, nicht direkt mit den Mustern der Familienwelten in Beziehung setzen lassen.

2.2 Bildungschance: Kulturelle Übersetzung und kulturelle Teilhabe am Beispiel von Migranten

Medien sind kulturelle Ressourcen, die heute in alltagsästhetische Gebilde eingebunden sind und zu deren Nutzung Kinder und Jugendliche unterschiedliche Pfade und Aneignungsmuster entwickeln. Jürgen Habermas hat in den beginnenden 1960er Jahren und in der Auseinandersetzung um den Übergang von einer kulturräsonnierenden Öffentlichkeit zu einer Öffentlichkeit der Massenmedien und der Massenkultur die Frage nach den demokratischen Zielen der Gleichheit, Teilhabe und Selbstbestimmung gestellt. An den von der Konvergenz-Studie herausgearbeiteten Pfaden und Mustern lässt sich auch etwas Typisches für Teilhabe, Gleichheit und Selbstbestimmung ablesen. Andere Studien zeigen die soziale Ungleichheit und das Phänomen des sogenannten *Digital Divide* (vgl. Bonfadelli 2005, Otto u.a. 2005). *Digital Divide* meint die Ausgrenzung vom Internet beispielsweise, weil das Familieneinkommen nicht ausreicht, um sich den Internetzugang leisten zu können. In diesem Zusammenhang ist es für Bildung eine wichtige Aufgabe, die kulturelle Teilhabe mit den alten und neuen Kulturtechniken der Literalität zu fördern, dabei auch die Selbstbestimmung als Gestaltung, Ausdruck und Reflexion zu unterstützen, die sich auf einem höherem Niveau als dem des auswählenden Kaufens und Verbrauchens bewegt.

Eine Form der Teilhabe ist die Übersetzung zwischen Medienwelten und Schulwelt. Die Teilhabe an der Schulkultur unterliegt, wie wir seit den internationalen Schulleistungsuntersuchung wissen, in Deutschland in hohem Maße dem Sozialstatus der Kinder und Jugendlichen sowie ihrer Einbindung in die deutsche Sprache. Für den Sozialstatus bedeutsam ist auch das Einkommen. Alltagskultur in Verbindung mit Einkommen hat in den letzten Jahren zur Entwicklung prekärer Kulturen geführt, die deutlich die Teilhabe an der Gesellschaft, z.B. in der Form sich ein Einkommen selber zu erarbeiten, reduziert. Diese neuen Teilkulturen resultieren nicht nur aus der jeweiligen Finanzsituation, sie definieren sich auch über einen spezifischen Umgang mit Medien und Konsum. Hier Übersetzungsoptionen zu schaffen wäre eine echte Aufgabe. Zuerst jedoch die Frage, wie sich jugendliche Migranten kulturell verorten und welche Verbindungschancen es gibt.

2.2.1 *Kulturabhängig mit dem Medienangebot umgehen, Ergebnisse einer Schweizer Studie zum Umgang mit Medien in unterschiedlich orientierten Migrationskulturen*

Geht man in gesellschaftliche Lebensbereiche wie denen der Migranten, dann zeigt sich auch ein Bild der Teilhabe an der Konsumwelt, die dem Muster von Yvonne entspricht: *Außengeleitet im Konsumraum der Medien und Events.* Gleichheit reduziert sich jedoch deutlich, was auch eine Folge der Kommunikationsmöglichkeiten ist. Kommunikationsmöglichkeiten sind im Sinne des oben aufgeführten Befundes von Sonia Livingstone von einer kulturellen Doppelstruktur sowohl in Traditionszusammenhänge als auch in die globalisierte Jugend-, Unterhaltungs- und Konsumkultur eingebunden. Der Umgang mit Medien und Kommunikation wurzelt immer noch tief in der jeweiligen regionalen oder nationalen Kulturtradition. Um diese Spannungen zu verstehen, richtet sich im Folgenden der Blick auf jugendliche Migranten in der Schweiz, die unterschiedlich an ihre Herkunftskultur gebunden sind. Sie müssen sich sowohl auf die Schweizer Kultur ihrer Umgebung einstellen als auch auf die typische internationale, ja global gültige Jugendkultur und ihr vielfältiges Medienangebot.

Der Schweizer Soziologe, Medien- und Bildungsforscher Heinz Bonfadelli untersuchte die Mediennutzung Schweizer Jugendlicher mit und ohne Migrationhintergrund, nicht zuletzt um die Beziehung zu Bildungserfolgen zu klären (Bucher, Bonfadelli 2007). Hier ein Schlüsselergebnis:

> Jugendliche sind vor allem Jugendliche, nicht vorrangig Schweizer, eingewanderte Türken usw. Sie haben die für ihr Alter typischen Vorlieben. Es gibt jedoch auch Unterschiede, die jedoch weniger mit den Medieninhalten als dem Umgang mit Medien zu tun haben, mit der „Mediennutzungssprache sowie bei der Anschlusskommunikation" (Bucher, Bonfadelli 2007; S. 244).

Dieses Ergebnis passt in die von Sonia Livingstone formulierte Doppelstruktur.

- Kulturelle, insbesondere regionale Traditionsunterschiede. Das sind die ursprünglichen Heimattraditionen der Migrantenfamilien, auf die sich die Jugendlichen unterschiedlich beziehen. Hier sind unterschiedliche Medienumgebungen und die Einbindung in Sprache und Kommunikationsgewohnheiten einschlägig, z.B. Folgekommunikation zu Medienerlebnissen.
- Traditionsungebundene und länderübergreifende Jugendkultur.

Die Schweizer Ergebnisse sind u.a. deswegen interessant, weil die Schweiz als mehrsprachiges Land unterschiedliche lokale Kulturen mit eigenen Sprachen wertschätzt. Diese Schweizer Daten sind nicht nur hilfreich, weil sie ziemlich aktuell sind (Befragung Sommer 2003), sondern weil sie, gegen Populismus gefeit, sich nicht auf Vielseher und starke Mediennutzer ausrichten, statt dessen die Mediennutzung im sozialen und kulturellen Umfeld von 1468 12- bis 16-jährigen Schülerinnen und Schülern aus 88 Schulklassen zeigen. Dazu wurden mit Hilfe eines Fragebogens Daten zu folgenden Zusammenhängen ausgewertet:

- „Medienzugang, Mediennutzung, Freizeitaktivitäten: Stellenwert der Medien im Kontext anderer Freizeitaktivitäten, Nutzungsdauer und Nutzungshäufigkeit verschiedener Medien(typen), Mediennutzungssprache(n), Mediengratifikationen.
- Soziales Umfeld: Mediale und nichtmediale Interaktionen in Familie und Peergroup.
- Migration: Eigener Migrationskontext, Einstellung zum Zusammenleben verschiedener Kulturen.
- Persönliche Werte und Einstellungen: Einschätzung von Medienleistungen, Zukunftspläne, politische Einstellungen, Werteinstellungen.
- Soziodemografie: Geschlecht, Alter, SES, Bildung, Religion, Familiengröße, Position in der Geschwisterreihenfolge“ (Bucher, Bonfadelli 2007; S. 228).

34% dieser Kinder und Jugendlichen hatten einen typischen Schweizer Lebenszusammenhang und 66% einen Migrationshintergrund. Dabei handelt sich um Kinder und Jugendliche, deren beide Eltern oder ein Elternteil in einem anderen Land als der Schweiz (Ex-Jugoslawien, Türkei und Italien) geboren und aufgewachsen sind.

Hier ausgewählte Ergebnisse der Studie und einige Schlussfolgerungen.

(a) Formelle und informelle Bildungschancen
Die Bildungschancen von Schweizer Kindern sind besser als die der Gleichaltrigen aus Migrantenfamilien.

> Kinder, deren Eltern ein „hohes Bildungsniveau aufweisen“, besuchen zu 71% die Sekundarstufe A und zu 29% die Sekundarstufe B. Dieser Anteil ist bei „Migrantenkindern, deren Eltern das gleiche Bildungsniveau aufweisen, lediglich je 38%, weitere 22% von ihnen besuchen gar die Sekundarstufe C. Die gleichen Unterschiede zeigen sich auch für Schüler, deren Eltern ein mittleres oder tiefes Bildungsniveau aufweisen: auch hier sind es jeweils die Schweizer, welche bessere Bildungschancen haben“ (Bucher, Bonfadelli 2007; S. 230).

Wenn man Bildungschancen weiter fasst als nur für den Bereich der Schule, wenn man die beiläufigen, informellen Lernprozesse von Kindern und Jugendlichen betrachtet, dann spielt dabei das soziale Umfeld eine wichtige Rolle. Auch hier zeigt sich ein Defizit für die Migrantenkinder. Migrantenkinder bzw. – jugendliche reden mit ihren Eltern weniger über das, was sie gelesen haben als die Schweizer Kinder. Es gibt also eine reduziertere Form der Folgekommunikation. In Sachen neuer Medien sind in Schweizer Familien die Väter die Gesprächspartner. Mit den Gleichaltrigen reden die Migrantenkinder im gleichen Maße, wie es die Schweizer tun.

Folgekommunikation ist eine wichtige Alltagsform der Reflexion, bei der Kinder oder Jugendliche die angeeigneten Medieninhalte kommunikativ nach außen tragen und sie in ihrer Peergroup erörtern. Diese Mediengespräch mit den Gleichaltrigen zu fördern, ist zugleich eine Förderung informeller Bildung, wenn man Bildung als Form der reflexiven Aneignung definiert und nicht nur als Übernahme von Wissen. Die Reflexion der Freunde und Gleichaltrigen verläuft natürlich in engen Grenzen. Wenn man sich z.B. die Befunde des *Kriminologische Forschungsinstitut Niedersachsen (*Pfeiffer et al 2006) für viel sehende Jungen aus Migrationsfamilien ansieht, dann bestätigen sich die Jungen gegenseitig z.B. vor allem in der Auswahl ihrer digitalen Spiele und ihrer sonstigen bevorzugten Medienthemen, die sich eher auf Gewaltdarstellungen ausrichten. Dieser auf die bestätigende Peergroup beschränkte Folgekommunikation fehlt die Reflexion in der Form einer Bewertung, die nicht nur der Mehrheitsmeinung folgt, die Action-Gewalt auch *bescheuert* findet und alternative Medieninhalte und Freizeitaktivitäten bevorzugt.

(b) Medienzugang in der Familie und im Kinderzimmer

Bei den Printmedien haben die jugendliche Migranten ein Defizit in ihren Haushalten: „Vor allem Bücher, aber auch Zeitschriften sind im Haushalt und im Kinderzimmer weniger präsent als bei Schweizer Familien". Das führt erwartungsgemäß dazu, dass diese Printmedien auch weniger gelesen werden. Es gibt jedoch eine Ausnahme: Gratiszeitungen gibt es in Migrantenfamilien häufiger. Zudem werden in den Kinderzimmern von Migrantenfamilien mehr „Kurzinformationen auf Privatsendern" gesehen als in Schweizer Familien. Radio läuft bei Schweizer Kindern und Jugendlichen länger als bei Migrantenkindern.

Bei „PC und Internet fällt auf, dass bei Migrantenfamilien elektronische Geräte häufiger als in Schweizer Familien im Kinderzimmer stehen, d.h. speziell für die Kinder angeschafft werden, ohne dass die Eltern ebenfalls Nutzer sind" (Bucher, Bonfadelli 2007; S. 243). Dieses Ergebnis ist einem Kulturunterschied geschuldet. Eine bürgerlich deutsche Medienkultur geht davon aus, dass Zugangskontrolle und die Verfügungsmacht über Unterhaltungsmedien bei den Eltern liegen, dass zudem die Eltern ‚irgendwie' für die Verarbeitung von Medienerlebnissen zuständig sind. Das ist nicht so im Kulturzusammenhang von Migrantenfamilien. Die Kinder verfügen über die Medien selber, weil sie in ihrer unmittelbaren Reichweite, also im Kinderzimmer stehen. Sie finden in der Familie jedoch keine Partner für ihre Folgekommunikation. Da auch die Schule nicht für die Folgekommunikation offen ist, beschränkt sich die Folgekommunikation und die damit verbundene Verarbeitung der Medienerlebnisse sowie die damit einhergehende Bewertung auf die Freundesgruppe, die vor allem dem eigenen Sprachkontext angehört. Unter diesen Bedingungen ist schwer, die Fokussierung auf bestimmte Genres wie Action und die passive Rezeption zu überwinden. Das Vielsehen spezifischer Programme bahnt sich so an.

Was bietet sich an fördernden medienbezogenen Aktivitäten z.B. für die Schule an? Da es Zeitung in Migrationsfamilien gibt, fällt einem deutschen Medienpädagogen sofort das Jahrzehnte lang erfolgreiche Projekt des Zeitungsverlegerverbandes *Zeitung in der Schule* ein. Tageszeitungen laden Schulen ein, für eine ihrer Ausgaben eine eigene Zeitungsseite zu produzieren. Was liegt näher, als Schulen nicht nur zu ermutigen, bei diesem Projekt mit Migranten-Kindern mitzumachen, sondern auch erfahrene Pädagogen mit Werkaufträgen auszustatten, um Migranten-Kinder besonders zu fördern. Dabei sollte man die kostenlos verteilten Werbezeitung nicht ausschließen, weil solche Zeitungen in Migrantenhaushalten vorhanden sind. Weiterhin kommen Lehrerinnen und Lehrer nicht umhin, die Präferenzverschiebung von den Print- zu den elektronischen Medien in Migrationsfamilien ernst zu nehmen, dabei auch die Verfügungshoheit der Kinder über die elektronischen Medien im Kinderzimmer.

Was legen die Schweizer Ergebnisse nahe? Schule kann eine Brückenfunktion zwischen dem Medienkinderzimmer und dem gedruckten Text in der Schule übernehmen. Für diese Brückenfunktion bietet sich die sogenannte Folgekommunikation zum Medienkonsum an. Gerade Migrantenkinder reden über das, was sie in den Medien sehen und hören, vor allem mit Gleichaltrigen. Diese Gespräche gehören in die Schule, und zwar als Teil der Motivationsphase für weitere Recherchen oder um Geschichten weiter zu spinnen, um von dort zum Schreiben zu kommen. Lehrer sind aufgefordert, die zugrunde liegenden Themen der Kinder und Jugendlichen festzustellen und dazu die entsprechenden Bücher und Jugendmagazine in die Schulbibliothek einzustellen.

(c) Zeitbudget und Inhalte

„Die *Mediennutzung* der Jugendlichen mit Migrationshintergrund unterscheidet sich bezüglich dreier Merkmale“:

- „Jugendliche mit Migrationshintergrund hören deutlich seltener und weniger lang Radio,
- verbringen mehr Zeit vor dem Fernseher und

- weisen bezüglich Internetnutzung eine größere Kluft zwischen Nicht-Usern und Vielnutzern auf als Schweizer Jugendliche“ (Bucher, Bonfadelli 2007; S. 243).

Über diese Unterschiede bei der Nutzung von Fernsehen und Internet sollte man als PädagogIn nachdenken, weil die vor dem Fernseher und im Internet verbrachte Zeit weniger Zeit für die Teilhabe an anderen Kulturformen bedeutet. Meines Erachtens ist hier hilfreich, die Folgekommunikation zu unterstützen, statt von außen die Mediennutzungszeiten zu regulieren. Für Folgekommunikation spricht, dass sie mit ihren Verarbeitungsmöglichkeiten hilft, auch einfache Formen der Reflexion zu entwickeln und Distanz zu ermöglichen, die mittelfristig sicher auch zur Distanz zu den eigenen Mediengewohnheiten beiträgt. Wichtig ist dabei, auch die hier vorliegenden Kulturdifferenzen wahrzunehmen. Migrantenfamilien übernehmen nicht die im deutschen Mittelschichtkontext selbstverständliche Wächter- und Zugangskontrollfunktion in Bezug auf Medien. Das beinhaltet auch Chancen für die Familienorganisation in Sachen Medien. Ich meine, dass der Freiraum der Migranten-Kinder in Bezug auf Unterhaltung, Konsum und Medien ihnen Erfahrungsmöglichkeiten eröffnet, vorausgesetzt die Kinder machen sich auch mit entsprechenden Reflexions- und Verarbeitungsformen vertraut. Auch hier dürfte der Folgekommunikation eine Schlüsselfunktion zukommen, an der sich Migranten-Eltern jedoch nicht spontan beteiligen.

(d) Information und Unterhaltung in Radio und Fernsehen
Radiohören zu fördern, könnte an Ansatzpunkt sein, um der Attraktivität des Fernsehens in Migrantenfamilien etwas entgegenzusetzen:

> „Schüler mit Migrationshintergrund hören signifikant weniger oft und weniger lange Radio als Schweizer Schüler, schauen aber signifikant länger fern als ihre Schweizer Schulkollegen“ (Bucher, Bonfadelli 2007; S. 233).

Nachrichten zu sehen, braucht Unterstützung vermutlich von der Schule:

> „Von 20% der Schweizer Schüler und von 26% der Jugendlichen mit Migrationshintergrund wurden keine Informationssendungen genannt. Wird das Fernsehen informationsorientiert genutzt, so steht an erster Stelle das Sehen von Nachrichtensendungen. Während ca. 12% der Schüler nicht weiter explizieren, um welche Nachrichtensendung es sich dabei handelt, sind es unter den Schweizer Schülern 36%, die Nachrichten privater Sender schauen, und 35%, die sich hierfür öffentlich-rechtlichen Programmen (insbesondere SF DRS) zuwenden. Unter den Jugendlichen mit Migrationshintergrund werden mit 52% vs. 15% Nennungen Nachrichten deutlich häufiger auf Privatsendern als auf öffentlich-rechtlichen Kanälen geschaut. 13%

> von ihnen informieren sich zudem auch auf fremdsprachigen Kanälen über das tagesaktuelle Geschehen“ (Bucher, Bonfadelli 2007; S. 236).

Sport ist eher ein Schwerpunkt der Schweizer Schüler; Musikkanäle eher einer der Migranten, was Abschottungstendenzen in kulturhomogenen Freundschaftsgruppen fördert:

> „Deutliche Unterschiede zwischen Schülern mit und ohne Migrationshintergrund zeigen sich nur bezüglich dem Bereich Sport, welcher häufiger von Schweizern zur Unterhaltung geschaut wird (30% vs. 15%) und bezüglich Musikkanälen (MTV, Viva) welche vermehrt von Jugendlichen mit Migrationhintergrund als Lieblingsunterhaltung angegeben werden (32% vs. 18%)“ (Bucher, Bonfadelli 2007; S. 236).

(e) Internet
In Sachen Internet zeigen sich zwei wichtige Trends: Unter den Migrantenkindern befinden sich mehr, die keinen Zugang zum Internet haben. Der sogenannte *Digital Divide* ist unter den Migrantenkindern also deutlicher. Wenn Migrantenkinder jedoch Internetzugang haben, dann nutzen sie das Internet signifikant länger als Schweizer Kinder- und Jugendliche. „Die Kluft zwischen Internetnutzern und solchen, die keine Erfahrung damit haben, ist demnach unter den Schülern mit Migrationshintergrund ausgeprägter als unter den Schweizer Schülern“ (Bucher, Bonfadelli 2007; S. 233).

(f) Mediennutzungssprache
„Printmedien werden von den meisten Schülerinnen und Schülern mit Migrationshintergrund in deutscher Sprache genutzt. Betrachtet man dies vor dem Hintergrund der Tatsache, dass die Printmedienausstattung in den Migrantenhaushalten tief ist, so liegt der Schluss nahe, dass der Umgang mit der Kulturtechnik Lesen vor allem in der Schule – also in Deutsch – eingeübt wird.

Bezüglich TV lässt sich festhalten, dass Migrantenkinder zu 50% (auch) in der Herkunftssprache fernsehen. In gleichem Maße werden auch Medien, die dem interpersonellen Kontakt dienen, in der Herkunftssprache genutzt“ (Bucher, Bonfadelli 2007; S. 237 f).

(g) Kulturelle Orientierung
Eine Stärke der Schweizer Untersuchung ist die Frage nach der „kulturellen Orientierung“ der Migrantenfamilien. Es ist nicht nur wichtig, welche Unterschiede oder Gemeinsamkeiten bei Medienausstattung und Mediennutzung vorliegen. Wesentlich ist auch deren Einbettung in kulturelle Wünsche und Hoffnung. Es gibt Familien mit einer Orientierung hin zu ihrer Schweizer Umgebung oder zu ihrem Herkunftsland. Zudem gibt es Familien, die sich als „Dualisten“

oder kulturell „Ungebunde fühlen". Es zeigen sich Unterschiede zwischen den Generationen und zwischen den Migranten aus unterschiedlichen Herkunftsländern.

Kulturelle Orientierung				
	Schweiz-Orientierte	Dualisten	Herkunfts-Orientierte	Ungebundene
Ex-Jugoslawien Kinder	41	27	25	7
Ex-Jugoslawien Eltern	18	35	45	2
Italien, Kinder	41	23	29	7
Italien, Eltern	20	30	48	4
Türkei, Kinder	41	28	24	7
Türkei, Eltern	10	31	57	2

Tab.: Kulturelle Orientierung

> „Der Anteil an Schweiz-Orientierten ist mit 41% über alle hier ausgewerteten Nationalitäten-Gruppen hinweg sehr stabil und macht jeweils die größte Gruppe aus. Rund ein Viertel der Migrantenkinder können als Dualisten und ein weiterer Viertel als Herkunfts-Orientierte bezeichnet werden, Ungebundene machen hingegen nur einen kleinen Anteil aus. Weiter fällt auf, dass die Eltern (nach Angaben ihrer Kinder) unabhängig vom Herkunftsland jeweils stärker herkunftsorientiert sind als ihre Kinder, wobei sich auch hier je nach Land kaum Unterschiede in der Verteilung auf die verschiedenen Typen ausmachen lassen" (Bucher, Bonfadelli 2007; S. 238).

Die bevorzugte Mediensprache hängt erwartungsgemäß mit der kulturellen Orientierung zusammen.

> „[Es] besteht eine signifikante Korrelation zwischen Orientierung an der Schweiz und Mediennutzung in Deutsch bei gleichzeitiger negativer Korrelation mit Mediennutzung in anderer Sprache oder in zwei Sprachen. Dualisten hingegen nutzen Medien in zwei Sprachen oder in der Herkunftssprache und Herkunftsorientierte wenden sich erwartungsgemäß vor allem Medienangeboten in ihrer Herkunftssprache zu" (Bucher, Bonfadelli 2007; S. 238).

Die Kulturorientierung von Migrantenfamilien führt auch zu einer Übernahme der Muster der Schweizer Familien. Das gilt jedoch nicht für eine geringere Ausstattung der Kinderzimmer mit Medien, die man bei einer Kulturorientierung an die Schweiz vermuten könnte. Die Jugendlichen jedoch übernehmen die Ausstattungsvorstellungen der Schweizer Stammbevölkerung, wenn sie sich kulturell an der Schweiz orientieren. Die Mediennutzungsdauer von Schülern aus Migrantenfamilien verringert sich nicht, wenn diese sich an der Schweiz kulturell orientieren.

Auf der Hand liegt, dass die kulturellen Orientierung auf die Sprache der Mediennutzung ausstrahlt. Mit der Orientierung an der neuen kulturellen Umgebung steigt die Mediennutzung in deutscher Sprache. Zudem gibt es eine Konvergenz bei der Mediennutzung hin zur Schweizer Umgebung. Trotzdem statten auch die an der Schweiz Orientierten wie alle anderen Migrantenfamilien ihre Kinder deutlich mehr mit elektronischen Medien aus. Recht unabhängig von der kulturellen Orientierung bevorzugen Kinder und Jugendliche aus Migrantenfamilien Fernsehen, PC, Internet und Radio. Es gibt jedoch, wie schon erwähnt, die Unterausstattung beim Internet, also einen *Digital Divide*.

Ein differenzierender Blick lohnt sich: Dualisten „lesen gar länger als die Schweizer Jugendlichen und unterschieden sich somit deutlich von Herkunfts- oder Schweiz-Orientierten jugendlichen Migranten“. Die Herkunftsorientierten lesen dagegen kaum. Hier bietet sich der Schule und ihrer Leseförderung eine Chance.

2.2.2 Fazit: Medienkultur jugendlicher Migranten, Aufgaben für die Schule

Die Schweizer Studie zur Mediennutzung in Migrationskontexten zeigt, wie die kulturelle Doppelstruktur von international gleichartiger Jugendkultur und Mediennutzung in traditionsgebundenen kleinen, abgegrenzten Kulturwelten funktioniert. Die Rolle der Eltern als Zugangswächter zu Medientechnik und Medieninhalten ist deutlich abhängig vom jeweiligen traditionellen Bezugsrahmen, ebenso die Art, wie Kinder und Jugendliche mit den Medienerlebnissen umgehen (Folgekommunikation). Ebenso gibt es bei der Verfügbarkeit über Medien, z.B. bei Zeitungen, und beim Zeitbudget für die Nutzung einzelner Medien kulturtypische Unterschiede. Eine Bildungsaufgabe besteht darin, Kindern und Jugendlichen zu helfen, mit den dabei entstehenden Spannungen umzugehen. Bei kulturellen Spannungen sind zwei Trends zu bedenken. So orientiert sich Schule vor allem am deutschen Traditionskontext und bietet Schülern bzw. Schülerinnen z.B. wenig bis keine Chancen der Folgekommunikation in der Schule. Ebenso gibt es wenig oder keinen Ausgleich für Medien, die zu Hause im Vergleich zu deutschen Kindern oder Jugendlichen häufiger oder wesentlich geringer genutzt werden oder gar fehlen. Folgekommunikation, der Umgang mit kostenintensiven Printmedien oder Erfahrungen mit Hörfunkangeboten gehören nicht zu der im Alltag erworbenen Medienkompetenz. Dagegen gibt es Vertrautheit mit Privatfernsehen und deren Informationsangeboten sowie mit kostenlosen Zeitungen. Hier bieten sich Anknüpfungspunkte zwischen Alltagmedienkompetenz und Schule, die nicht auf Defiziten, sondern auf kompetenten Medienerfahrungen beruhen.

Ein zweiter Trend zu einer Spannung zwischen Schule und Medienkultur ergibt sich aus der Orientierung aller Jugendlichen, ebenso der älteren Kinder, an der internationalen Jugendkultur mit ihren schnell wechselnden Medien- und Ereignisarrangements mit schnellem Konsum und viel Unterhaltung. Diese Spannung wird nicht leichter, wenn Schule die internationale Jugendkultur z.B. mit dem Verbot von *Pokémon* oder Handys ausschließt. Statt dessen wäre es möglich, sich der Bildungsaufgabe einer kulturellen Übersetzung zu stellen. Kulturelle Übersetzung beginnt damit, dass Kinder und Jugendliche ihre Medienvorlieben und damit ihre Pfade in der konvergenten Medienwelt in der Schule darstellen dürfen. Das ist beiläufig mit Symbolkärtchen an einer Pinwand möglich, wie das Yvonne für ihr Medienset macht (siehe weiter oben).

Eine pädagogische Anmerkung: Was lässt sich Lehrerinnen und Lehrer ans Herz legen?

Erkan, der elfjährige Junge aus einer Familie der ersten Migrantengeneration, von dem weiter unten berichtet wird, hat sich mit seiner kulturellen Orientierung an seinem türkischen Opa sein Bildungsleben reichlich kompliziert gemacht. So ist die klare kulturelle Orientierung seiner Eltern an der deutschen Sprache und der deutschen kulturellen Umgebung für ihn eher ein Stressfaktor und Ursache für emotionale Unordnung. Er bleibt in der deutschen Bildungswelt allein und fühlt sich wahrscheinlich auch so. Wie die Schweizer Untersuchung deutlich macht, sind für ihn elektronische Medien in der eigenen Kinderzimmer-Verfügungsmacht. Im Gegensatz zu den allgemeinen Daten hat er jedoch einen Papa, mit dem er seine Medienerlebnisse bespricht. Sie haben ein gemeinsames Thema: Autos. Und diese Folgekommunikation läuft auf Deutsch. Schade, dass keine Lehrerin und kein Lehrer das bisher entdeckt hat. Vermutlich ist er in seiner Bildungsbiographie vor allem auf solche Lehrerinnen gestoßen, für die das erzählende oder informierende Buch der Königsweg und das einzig wahre Ziel von Literalität ist. Deshalb bleibt es letztlich bei Erkan, selber die Passung von Schul-Lesen und Familien-Lesen herzustellen, eine Passung, die die Lesesozialisationsforschung heute für so wichtig hält. Das kann und will er jedoch nicht.

Ein Defizit für diese Passung ist die Unterausstattung von Migrantenfamilien mit Printmedien. Das gilt auch für diejenigen mit einer Orientierung an der Schweizer bzw. der deutschen Umgebung. Wenn zu Hause beispielsweise eine Zeitung verfügbar ist, dann eine kostenlose Werbezeitung. Lehrerinnen und Lehrer kommen nicht umhin, diese Präferenzverschiebung von den Print- zu den elektronischen Medien in Migrationsfamilien ernst zu nehmen, ebenso die Werbeblätter als Leseanlass zu akzeptieren, zudem auch ernst zu nehmen, dass die elektronischen Medien im Kinderzimmer in der Verfügungshoheit der Kinder sind, wobei üblicherweise kein Erwachsener mit den Kindern oder Jugendlichen über deren Medienerlebnisse redet. Erkans Papa ist hier ein Ausnahme. Schule kann eine Brückenfunktion zum Medienkinderzimmer und gedrucktem Text in der Schule übernehmen. Für diese Brückenfunktion bietet sich vor allem die Folgekommunikation zum Medienkonsum an. Auch Migrantenkinder reden über das, was sie in den Medien sehen und hören, jedoch tun sie das vor allem mit Gleichaltrigen. Diese Gespräche gehören in die Schule, und zwar als Teil der Motivationsphase für Recherchen oder um Geschichten weiter zu spinnen und von dort zum Schreiben zu kommen. Lehrer sind aufgefordert, die zugrunde liegenden Themen der Kinder und Jugendlichen festzustellen und dazu die entsprechenden Bücher und Jugendmagazine in die Schulbibliothek zu stellen. Dann könnte Erkan zu Hause mit seinem Papa auf Deutsch Sport- und Autosendungen erörtern, um dieses Fachwissen und seine persönliche Expertenkompetenz beim Lesen von Ergebnislisten in der auf einen 11-Jährigen zugeschnittenen Fachliteratur der Schule zu vertiefen. Vertiefen beginnt mit Bildern und führt über Listen zu kürzeren geschlossenen Texten.

2.3 Vom Rundfunk zum Internet und dem aktuellen Konvergenzinstrument Handy

Bei den komplexen Angeboten von Medien, Waren, Dienstleistungen und Events als Konsum- und Handlungssituation gibt es eine Ordnung, die Medienkonvergenz. Ihr entspricht auf Seiten der Kinder und Jugendlichen deren Aneignungsmuster, mit denen sie Ordnung in der Perspektive ihrer Lebenswelt in die Angebote bringen.

Auf der Angebotsseite gibt es aktuell eine Verschiebung bei den medialen Instrumenten, die die Angebotsfülle ordnen. Die Konvergenzleistung, die Ende der 1990er Jahre das Internet erfüllte, geht zunehmend mehr auf das Handy über. Damit ist eine höhere Individualisierung im Sinne einer Integration der Angebote in die einzelnen Lebensvollzüge des Alltags möglich. Die ubiquitäre Teilhabe, so die englischsprachige Bezeichnung, bietet den zeitlich wie räumlich immerwährenden Zugang zu Medien-, Waren- und Ereignisarrangements. Dabei bleibt das Internet wichtig, reduziert sich jedoch mittels des mobilen sprach- und bildfähigen Mini-Computers *Handy* auf die Infrastruktur der Konvergenz, wobei das Handy vom Telefon zum offensichtlichen und erlebbaren Konvergenz- und Handlungsinstrument mutiert.

Diese Aussage stimmt so nicht. Die neuen Sozialfunktionen des Internet, die Bezeichnung Web 2.0 steht dafür, bringen eine neue Dynamik in die Entwicklung des Internet, bei der sich das Verhältnis von Handy als ubiquitärem Medium und dem Internet auch neu einspielt. Videoplattformen mit Inhalten, die deren Nutzer auf ihrem Handy aufgenommen haben, zeigen in diese Richtung, z.B. im Zusammenspiel sowohl von PC und Handy einerseits und andererseits der globalen Jugendkultur und regionaler Alltagswelt.

2.3.1 Handlungsmuster in der alten Massenkommunikation

Die Mediennutzer hatten auf das *alte* Internet, also das Internet noch ohne Web 2.0-Optionen, eigenständig mit Aneignungsmustern reagiert. Hier ein kurzer Überblick über die empirisch bestätigten Muster (Oehmichen, Schröter 2000, Dehm u.a. 2006). Im Jahr 2000 untersuchten Ekkehardt Oehmichen und Christian Schröter für die öffentlich-rechtlichen Sender die Online-Nutzung. Sie stellten fest, dass es unter den Rundfunkhörern und Fernsehern spezielle Publikumstypen gab, die von den alten und vertrauten Verteilungswegen abwichen und sich Sendungen auch online besorgten. Bei welchen Gruppen war damals schon die neue Pull-Struktur der Massenkommunikation angekommen? Es zeigen sich folgende Online-Präferenzen: Mediennutzergruppen, die sich auf neue Kulturformen oder auf Leistung, Erlebnisintensivierung oder auf Spannung und Action ausrichteten, ließen sich auch auf Hörfunk und Fernsehen über Internet und das Endgeräte Computer ein. Damit zeichnete sich mit der Verschiebung von Endgerät Radioapparat und Fernseher hin zum Computer auch eine Spaltung des Publikums auf der Basis verschiedenartiger Lebensstile ab. Der Teil des alten Rundfunk- und Fernsehpublikums, der innovativ und erlebnisorientiert ist, wandte sich neuen Transportformen zu und auf die Dauer von den alten Formen ab. Diese Ergebnisse werden sich vermutlich bald deutlich ändern.

Hier die Nutzertypologie für Rundfunkmedien von 1998 (Hartmann, Neuwöhner 1999, Oehmichen, Schröter 2000; S. 361).

Charakteristika der „*MedienNutzerTypen*"

- „*Junge Wilde*: Jüngere Personen (Durchschnittsalter: knapp über 20 Jahre), für die persönliche Entfaltung im Mittelpunkt steht und deren Verhalten als aktionistisch, hedonistisch und spannungsorientiert beschrieben werden kann.
- *Erlebnisorientierte*: Im Durchschnitt ca. 30 Jahre alt, unterscheiden sich von den Jungen Wilden durch mehr Realismus und ein höheres Maß an Berufsorientierung. Eine hedonistische Grundhaltung (Spaß haben) bleibt jedoch typisch.
- *Leistungsorientierte*: Weltoffen, urban, karriereorientiert, in ihrer Weltsicht nüchtern und sachlich. Sie verfügen über ein hohes Bildungskapital und sind ökonomisch gut gestellt. Ihr breites Allgemeininteresse schließt Politik, Wissenschaft/Technik und Kultur ein (Durchschnittsalter: Mitte 30).
- *Neue Kulturorientierte*: Unterscheiden sich von Leistungsorientierten durch ein höheres Maß an kultureller Aktivität (Neue Kulturszene), durch Kreativität und Intellektualität. Sie sind weltoffen, reflexiv und eher postmateriellen Werten verpflichtet (Durchschnittsalter: Anfang 40).
- *Unauffällige*: Gekennzeichnet durch die Orientierung am Privaten, am häuslich-familiären Umfeld, durch einen eher schwachen ökonomischen Status sowie durch ausgeprägtes Desinteresse an Vorgängen außerhalb des persönlichen Bereichs. Medien werden vorrangig zu Unterhaltungszwecken genutzt (Durchschnittsalter: Anfang 40).
- *Aufgeschlossene*: Aktiv, gesellig, bodenständig, bürgerlich, etabliert und zufrieden. Charakteristisch ist ihr breites Interessenspektrum und ihre Aufgeschlossenheit gegenüber allem Neuen (großes Nutzungsspektrum auch im Medienbereich) (Durchschnittsalter: Ende 40).
- *Häusliche:* Äußern ein starkes Bedürfnis nach Sicherheit und Kontinuität im Alltag. Festgefügte, traditionelle Wertvorstellungen und Rollenbilder (Familie, Pflichterfüllung, Bescheidenheit, Heimatverbundenheit) stehen im Mittelpunkt (Durchschnittsalter: Anfang 60).
- *Klassisch Kulturorientierte*: Repräsentieren am ehesten das klassische Bildungsbürgertum: geistig beweglich, weltoffen, selbstbewusst bis elitär, großes Interesse am kulturellen Geschehen (klassischer Kulturbegriff), eher traditionelles und konservatives Weltbild (Durchschnittsalter: Anfang 60).
- *Zurückgezogene*: Repräsentieren das älteste Milieu. Streben nach Sicherheit und Ruhe, Orientierung am Traditionellen, Häuslichen und Bewährten. Der Aktionsradius ist begrenzt (Haus und Garten, Lokales), die Zahl der sozialen Kontakte gering (Isolation). Zwei Drittel dieses Typus sind weiblich (Durchschnittsalter: Mitte bis Ende 60)."

Das Publikum, das sich in diese Typen gliedert, hat eine ausgeprägt unterschiedliche Nutzung von Online-Angebote des traditionellen Rundfunk- und Fernsehangebotes. Die Mediennutzung wird damit Teil des Lebensstils, der wiederum Ausfluss der subjektiven Erlebnisweisen ist. In Bezug auf Medien haben sich empirisch fünf Erlebnistypen finden lassen: Emotionalität, Orientierung, Ausgleich, Zeitvertreib, soziales Erleben (Dehm u.a. 2006; S. 93.). Das heißt, Menschen nutzen Medienangebote, weil

- sie dabei Spaß haben oder sich entspannen usw. (Emotionalität),
- sich orientieren (z.B. Stoff zum Nachdenken bekommen),
- wegen des Ausgleichs zum sonstigen Alltag (beruhigt bei Ärger, lenkt von Sorgen ab),
- als Zeitvertreib oder
- als Teil des Soziallebens („Ich habe das Gefühl dazuzugehören, ich kann am Leben anderer teilnehmen“ (Dehm u.a. 2006; S. 93, Dehm, Storll 2003; S. 429).

Medien-Erlebnistypen beim Internet

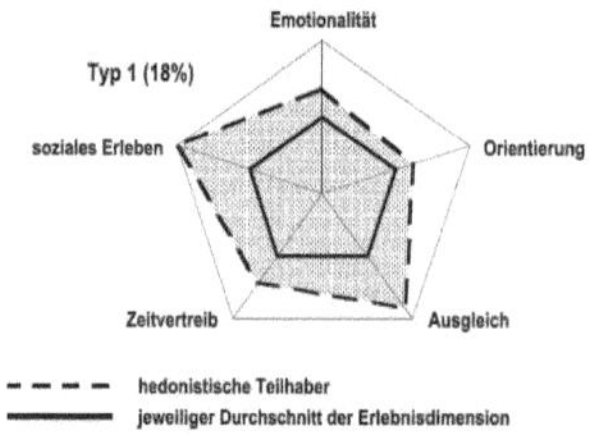

Typ 1: Der hedonistische Teilhaber (18 %)

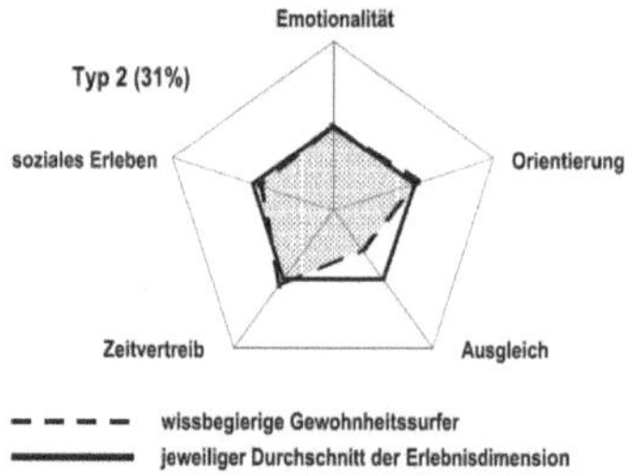

Typ 2: Der wissbegierige Gewohnheitssurfer (31 %)

Diese fünf Dimensionen oder Faktoren, die sich für das Fernsehen empirisch betätigen ließen: Emotionalität, Orientierung, Ausgleich, Zeitvertreib und Soziales Erleben, sind auch für die Nutzung des Internet bedeutsam. Internetnutzer unterscheiden sich von einander in der Art, welche Erlebnismöglichkeiten sie mit dem Internet abzudecken in der Lage sind. Empirisch ließen sich fünf Typen feststellen, die sich in ihrer Art der Emotionalität, des sozialen Erlebens, des Zeitvertreibs, des Ausgleichs und der Orientierung unterscheiden (Dehm et al 2006; S. 97). Wie sehen diese Internettypen und ihre Art des Erlebens aus (Dehm u.a. 2006, S. 97)? Hier exemplarisch zwei Typen mit unterschiedlicher Nähe zum Wissenserwerb. Dem „wissbegierigen Surfer“ geht es nicht um Ausgleich. Dafür hat er oder sie ein Orientierungsinteresse. Ein „hedonistischen Teilhaber“ sucht vor allem „soziales Erleben“ und „Ausgleich“, dagegen wenig Orientierung. Die unterschiedliche Neigung sich zu orientieren, bringt unterschiedliche Nähe oder Distanz zum Erwerb von Wissen, das über soziale Themen und unterhaltenden Ausgleich hinausreicht.

Rundfunk-Online und Internet als kulturelle Umwelt: Welche Sozialbezüge und welche Weltsicht sind angelegt?

Was bedeuten diese Medienerlebnistypen für Medienbildung? Die Erlebnisdimensionen „Orientierung“ und „Soziales Erleben“ betreffen, etwas allgemeiner formuliert, die Themen *Sozialbezüge* und *Weltsicht. Sie* öffnen die Zugänge zu Bildung als reflexives Verhältnis der Menschen zu sich und ihrer Umwelt. Zur Umwelt gehört heute auch die neue Form der Massenkommunikation mit dem Internet als Verbindungsmedium zum Rundfunk und als eigenständiges Medium. Da sich das Internet zur Zeit zum Sozial-Medium entwickelt, wird sich die Erlebnisdimension „Soziales Erleben“ über die Nutzung der Internet-Sozialbereiche wie Blogs, Communities oder Videoplattformen sicherlich verstärken. Lassen sich Vermutungen über andere Schwerpunkte der Weltsicht und des Soziallebens gewinnen, wenn Online-Medien und Internet Teil der kulturellen Umwelt sind und somit auch in die soziale Einbindung und in die Weltsicht eingreifen? Genauer gefragt geht es darum, was im konvergenten Medienangebot, hier: Rundfunk und Fernsehen online und Internet als Konvergenzmedium, angelegt ist für das Verhältnis der Online- und Internetnutzer für ihre Sozialbezüge und ihre Weltsicht.

Eine Einsicht ist nicht unwichtig, und zwar die, dass sich die neuen konvergenten Formen der Massenkommunikation mit dem Internet an die Lebensstilmuster der Mediennutzung einpassen. Wie schon in den einleitenden Thesen zur Umgestaltung der Massenkommunikation im 1. Teil betont, entwickeln sich Innovationen durch Überlagerung mit kulturell Vertrautem und mit dem Alltäglichen. Egal ob Ende der 1990er Jahre sog. „junge Wilde“, „klassisch Kulturorientierte“ oder „Häusliche“ (sie gehören zum Spektrum der „MedienNutzerTypen“, siehe oben) – sie haben die Dimensionen für die Zielrichtung der Mediennutzung gemeinsam: Emotionalität, Orientierung, Ausgleich, Zeitvertreib, soziales Erleben. Nur die Ausprägungsgrade unterscheiden sich. Dies gilt auch für das Konvergenzmedium Internet und dessen Rundfunkangebote. Auf dieser gemeinsamen Basis zeigen sich jedoch dramatische Unterschiede für die Art, wie die Menschen subjektiv mit der Medienumwelt umgehen. Der Internet-Nutzertyp, der im Marketing-Jargon „hedonistischer Teilhaber“ heißt, sucht mit dem Internet vor allem soziales Erleben und

Ausgleich. Der Typ des Surfers sucht während der Freizeit im Internet weniger Ausgleich, sondern stattdessen Orientierung und soziales Erleben. Ebenso suchen Nutzer mit großer Distanz zum Internet, sobald sie sich aufs Internet einlassen, Orientierung.

Wie stabil diese Muster langfristig sind, sei dahin gestellt. Der modische und wenig analytische Jargon, mit denen die Forschungsgruppen üblicherweise ihre Ergebnisse vorstellen, eignet sich auch nicht, um damit konkret pädagogisch aktiv zu werden. Die Gefahr, Jugendlichen ein Etikett wie *hedonistisch* zu verpassen, ist viel groß. Die Ergebnisse legen trotzdem nahe, genau auf ein sich veränderndes Verhältnis der Kinder und Jugendlichen zu sich selber und zu ihrer sozialen sowie kulturellen Umwelt zu achten. Die von der Massenkommunikation vorangetriebene individuelle Verfügbarkeit bleibt recht stetig in der Bahn vorhandener kultureller Muster, was nicht zu der Annahme verleiten darf, es vollzögen sich keine wesentlichen Veränderungen in Sachen Weltsicht und Sozialleben mit alltäglichen multimedialen Mediensystemen. Für eine Bildungstheorie der Medien ist das Tableau der Umgestaltung der Massenkommunikation mit den genannten Mustern tückisch, weil die Veränderungen auf der Basis von Überlagerung von Altem und Neuem schwer sichtbar wird. Insbesondere das gespannte Verhältnis zum Traditionsmuster des schulischen Lernens erscheint dabei eher als vernachlässigbar.

2.3.2 Das Handy als kulturelle Ressource: Lesekompetenz

Das Handy als Konvergenzinstrument passt bestens in das Umgestaltungsmuster von Massenkommunikation:

- Individuelle Verfügbarkeit und Miniaturisierung,
- Innovation durch Überlagerung mit kulturell Vertrautem,
- Alltagstauglichkeit,
- Nutzergenerierte Medieninhalte und non-lineare Mediennutzung auf der Basis von Archiven.

Die Miniaturisierung des Telefons und damit seine Verfügbarkeit an allen Orten zusammen mit der Vertrautheit des Telefonierens sowie die Offenheit für eigene Botschaft empfahl das Handy, so der Blick zurück, als Konvergenzmedium. Nach einer anfänglichen Aufregung über das Handy als Schuldenfalle und über Prügelszenen auf dem Photo- und Videospeicher (vgl. Grimm, Rhein 2007) hat es sich in wenigen Jahren zum allgegenwärtigen Alltagsinstrument gemausert (vgl. Höflich, Gebhardt 2003, Glotz 2006). Mit dem Handy lässt sich telefonieren, Daten wie Adressbücher und Kalender organisieren, kalkulieren, Texte, Fotos oder Videos erstellen, speichern und verschicken. Man kann sich mit dem Handy ins Internet einwählen und sich mit GPS lokalisieren. Das Handy bekommt diese Funktionen nicht einfach technologisch zugewiesen, sondern im System der Alltagsästhetik. In der neuen Ordnung der Alltagsästhetik verbinden die Menschen die in einander verschlungenen Medien-, Waren- und Dienstleistungsangebote, was der Begriff der Medienkonvergenz zum Ausdruck bringt. Diese Verbindung geschieht mittels Aneignungs- und Nutzungsmustern, die sich auf

- Erlebnisweisen wie sachliche Orientierung oder Leistung,
- Lebensstile mit der Ausrichtung auf traditionelle Werte oder neue Lebensformen

beziehen können.

Die Beziehung zu Erlebnisweisen und Lebensstilen rückt einen Aspekt von Alltagsästhetik in den Vordergrund, bei dem es um erkennbare, sichtbar und erlebbare Äußerlichkeiten geht. Sie sind stilistisch geordnet. Die erkennbaren, sichtbaren Stile sind Ausdrucksmittel unserer Kultur, die soziale Einbindung oder Abgrenzung ermöglichen. Das haben sie mit anderen kulturellen Ressourcen gemeinsam, mit denen wir bewusster und vertrauter umgehen als z.B. mit dem Design eines Handys. Es geht vor allem um den geschriebenen, gedruckten und gelesenen Text, der als kulturelle Ressource mittels Schule zum Gegenstand der Kulturtechnik Lesen wurde, eine Kulturtechnik, die kodifiziert and standardisiert eigentlich die Teilnahme aller an der Gesellschaft möglich machen soll.

Mit dem Gedanken der kulturellen Ressourcen öffnet sich einer der beiden argumentativen Zugänge zu Bildung. Es geht um selbstbestimmte Teilhabe mit Hilfe der Ressourcen unserer Kultur, wozu Literalität wesentlich beiträgt. (Der zweite Zugang bezieht sich auf die Persönlichkeitsentwicklung mit Medien.)

Wie die internationale Schulleistungsstudie *PISA* (Deutsches PISA-Konsortium 2001) zeigt, sind auch Kulturtechniken, die mit Hilfe der Schulpflicht allgemeinverbindlich sind, nicht davor gefeit, zu einer hierarchischen sozialen Gliederung nach Lesekompetenz beizutragen. Wie sieht das nun mit den neuen alltagsästhetischen Ressourcen aus? Gibt es auch hier Unterschiede bei der Lesekompetenz für und mit diesen kulturellen Ressourcen? Dazu eine Besichtigung des Handy!

Lesen mit dem Handy und für das Handy

Im Frühjahr 2006 fiel mir die Werbung für ein Handy mit einem Design auf, das ich mir nie kaufen würde: bronzefarben mit Blumenornamenten (Bild 1). Welche

Käufergruppe hatten die Produzenten dieser Werbung für ein Nokia-Handy wohl als Zielgruppe im Auge? Und wer sollte das *Motorola*-Handy kaufen (Bild 2)? Bei welchem Hersteller hat der Handybesitzer gekauft, von dessen Display die Zeitung im Frühjahr 2006 die als gewalttätig vorgestellte Schulhofszene aufgenommen hat (Bild 3). Daneben die Werbung von T-Online (Bild 4), die sich deutlich von der des Massenvermarkters (Bilder 1 und 2) unterscheidet. Da es hier nicht um Marketing geht, sind die Fragen nach Herstellern und Marken nicht ernst gemeint. Ernst ist die Frage nach den unterschiedlichen Stilen von Handys und Werbung.

Bild 1: Werbung für ein Nokia-Handy

Bild 2: Werbung für ein Motorola-Handy

Bild 3: Bericht der *Augsburger Allgemeinen* über Handy-Gewalt

Bild 4: Werbeflyer von T-Online

Die Werbung des Massenvermarkters in Rot und Gelb ist grell, jedoch mit Spezialterminologie gespickt: *1,3 Megapixel Kamera mit 8fach Digitalzoom* beim *Nokia* Design Handy und *2,0 Megapixel Kamera mit 8fach Digitalzoom* beim *Motorola* UMTS Handy. Die potentiellen Käufer unterscheiden sich, so die Annahmen der Werbung, nicht in ihrer Lese- und Technikkompetenz. Wer das

Motorola kauft, dürfte jedoch noch nicht einmal in Erwägung ziehen, sich mit dem Blumendesign von Nokia lächerlich zu machen. Da hilft auch nicht der *3D Stereo Lautsprecher*. Der Werbeträger, eine grelle Zeitungsbeilage, will in der großen Lesergruppe der Handyspezialisten zwei recht unterschiedliche Käufergruppen finden. Wichtig, beide Werbungen gehen von Spezialisten und Lesekompetenz im Massenpublikum aus. Nicht die technische Ausstattung liefert jedoch den Kaufgrund, denn mit beiden Handys kann man telefonieren und fotografieren; ebenso nicht die technische Kompetenz der Käufer, denn alle Kauf-Adressaten sind in der Lage, mit der Fachsprache umzugehen. Den entscheidenden Unterschied bringt das Design.

Wenn man mich fragt, zu welchem Handy ich neige, dann keinesfalls zum Blumen-Bronze-Design. Zudem mache ich um einen Laden, der mit so aufdringlichen Zeitungsbeilagen im Stil der *Bild*-Zeitung wirbt, eher einen großen Bogen; außer, der Preis ist wirklich unschlagbar. Ich war bei T-Online, denn deren Design kommt mir entgegen. Ich finde das Thema *Papa und Sohn* mit viel Werbetext ansprechend. Erstaunlich ist die stilistische Ähnlichkeit von Papa und Sohn mit Boxhandschuhen bei T-Online mit dem Handy-Foto aus einem Artikel der Tageszeitung über Gewaltinszenierungen mit Handys auf dem Schulhof. Den Ausschnitt aus einem Gewaltvideo auf dem Handy-Display interpretieren die Tageszeitungsjournalisten und wahrscheinlich auch die Nutzer der Video-Handys nicht als Widerspruch zum, wie ich meine, gepflegten Design des zugehörigen Handys.

Der Werbekontext von T-Online: kompetentes Lesen richtiger Texte, Sauberkeit in Weiß, Familienthema, hat mich sicher in meiner Kaufmotivation bestätigt und mich zum ordentlich traditionellen Handy greifen lassen. Peinlich wurde mir mein Handy erst, als der abscheuliche und unlöschbar programmierte Ton beim Hochfahren des Handys nicht abzustellen war. Ich habe nun ein sichtbares Design, das sich sachlich gibt; nutzbar wäre es auch im Kontext von Prügelszenen, jedoch peinlich, wenn man das Handy startet und ein Klingelton der Firma *T-Online* unüberhörbar ist. Da die Klingeltöne für die Sozialfunktion des Handys in den vergangenen zwei Jahren, also wenigstens eine Zeitlang, maßgeblich waren, gab es viel Werbung für Klingeltöne, die, weil frei wählbar wie das sichtbare Design, eine stilistische Zuordnung zu anderen Handy-Nutzern ermöglichten. Man konnte mich als *T-Online*-Kunde identifizieren, wenn ich das Handy startete, als jemanden, der jetzt öffentlich über das Ohr an seine Vorliebe für ein spezielles Werbe-Design erinnert wird.

2.3.2.1 Werbung für Klingeltöne lesen, die *PISA*-Perspektive

Im Folgenden drei Bildausschnitte zur Klingeltonwerbung, die in diesem gedruckten Text zwar für den hörbaren Klingelton stehen, die jedoch auch Hand in Hand gehen mit der Geschmacksausrichtung dessen, was hörbar ist.

Bild 1

Bild 2

Bild 3

Bei diesen drei, im Ausdruck leider stummen Ausschnitten aus Werbetrailern stehen Funktionsunterschiede im Vordergrund. Bild 1 mit dem Teddybären will unterschiedliche Klingeltöne verkaufen, Bild 2 eine Software, um das Handy-Display zu verändern, Bild 3 bietet Speicher für SMS an. Stilistisch gibt es eine große Gemeinsamkeit, vor allem eine Mischung aus Texten und Bildern sowie deutliche Hinweise, an welche Käufergruppe gedacht ist: Teddybär und Radiergummi = Kinder, SMS-Speicher = Männer. Das Design ist recht ähnlich, eher schlicht als anspruchsvoll. Um die Texte lesen zu können, ist eine von der internationalen Schülerleistungsvergleichsstudie *PISA* definierte Lesekompetenz notwendig. Oder, das Publikum dieser Werbetrailer kennt die Aussagen der Texte und braucht sie nicht zu lesen, weil es sich im Vorfeld bei Alltagsgesprächen kundig gemacht hat.

Hier die Zusammenfassung des in der Mitte abgebildeten Ausschnitts aus einem *Jamba*-Werbespot mit Löschfunktion, um den Namen des Netzanbieters auf dem Handy-Display zu löschen (Bild 2). In den Werbespot sind einfach aufgebaute Wortfolgen in Textblöcken eingebaut. Im mittleren Beispiel ist unten folgendes zu sehen:

> Zeile mit Nationalflaggen, Telefonnummern, Website-Adresse, weiß unterlegte Wörter: Super Farbe
> Zeile: 10 Farblogos für € 4,99/Monat als Guthaben in diesem Sparabo
> Zeile: (+Transport), Jederzeit Kündigung: Stoplogo an 33333

Diese Zeilen sind Elemente eines diskontinuierlichen Textes, zu deren Lesefähigkeit die *PISA*-Studie für die 15-Jährigen desillusionierende Aussagen macht. Etwa 23% der 15-Jährigen sind nicht in der Lage, diskontinuierliche Texte im Sinne der folgenden Kompetenz-Dimensionen lesend zu nutzen (Deutsches PISA-Konsortium 2001; S. 80 ff.).

„Informationen ermitteln"
Aufgaben erfordern vom Leser:

- Auf der niedrigsten Kompetenzstufe I: „eine oder mehrere unabhängige, aber ausdrücklich angegebene Informationen zu lokalisieren. Üblicherweise gibt es eine einzige Voraussetzung, die von der betreffenden Information erfüllt sein muss, und es gibt, wenn überhaupt, nur wenig konkurrierende Informationen im Text".
- Auf der höchsten Kompetenzstufe V: „verschiedene, tief eingebettete Informationen zu lokalisieren und geordnet wiederzugeben. Üblicherweise ist der Inhalt und die Form des Textes unbekannt, und der Leser muss entnehmen, welche Information im Text für die Aufgabe relevant ist".

„Reflektieren und Bewerten"
Aufgaben erfordern vom Leser:

- Auf der niedrigsten Kompetenzstufe I: „eine einfache Verbindung zwischen Information aus dem Text und weit verbreitetem Alltagswissen herzustellen. Der Leser wird ausdrücklich angewiesen, relevante Faktoren in der Aufgabe und im Text zu beachten".
- Auf der mittleren Kompetenzstufe III: „entweder Verbindungen, Vergleiche und Erklärungen, oder sie erfordern vom Leser, bestimmte Merkmale des Textes zu bewerten. Einige Aufgaben erfordern vom Leser ein genaues Verständnis des Textes im Verhältnis zu bekanntem Alltagswissen. Andere Aufgaben verlangen kein detailliertes Textverständnis, aber erfordern vom Leser, auf wenig verbreitetes Wissen Bezug zu nehmen. Der Leser muss die relevanten Faktoren teilweise selber ableiten."

Die stilistische Verortung der Lesekompetenz
Die beiden Lesekompetenz-Dimensionen *Informationen ermitteln* und *Reflektieren und Bewerten* sind die Basis der 15-Jährigen, um mehr oder weniger kompetent mit der Werbung der Klingeltöne umzugehen. Nur dann, wenn sich Kinder oder Jugendliche diese beiden Kompetenz-Dimensionen angeeignet haben, lässt sich unterstellen, dass solche Werbespots nicht die „Unerfahrenheit ausnutzen", so ein Kriterium des Jugendmedienschutzes, weil Kinder bzw. Jugendliche die im Werbspot vorhandenen relativierenden Texte lesen und reflektieren können,

um Kaufentscheidungen zu treffen bzw. rückgängig zu machen. Zudem unterscheiden sich die Texte der Schule deutlich hinsichtlich Kontext und Aufbau von denen der Werbespots.

Kontext: Die *PISA*-Texte sind Teile einer Lern- und Prüfungsumgebung, in der die Leseleistungen *Informationen ermitteln* sowie *Reflektieren und Bewerten* über lange Zeiträume hinweg Lerngegenstand waren und in der die Jugendlichen, im positiven Falle, ihre Leseleistung entwickelt und angewandt haben. Die *Jamba*-Werbespots stehen dagegen im Unterhaltungskontext des Fernsehens, was das Lesen eines Textblocks wie den für die Löschsoftware vermutlich auf die generelle Funktion eines Hinweises reduziert wie: Jetzt wird's kompliziert./ Muss man sich nicht genau anschauen. Die *PISA*-Untersuchung besagt, dass zumindest eine Gruppe von bis zu 23% der 15-Jährigen Schwierigkeiten hat, den Text in dem Sinne zu lesen, dass Kinder oder Jugendliche relevante Information lokalisieren (Lesekompetenzstufe 1). Dies gelingt vermutlich nur dann, wenn Kinder oder Jugendliche Kontextwissen, also Genre-Kompetenz, heranziehen, innerhalb derer sich die geschriebenen Texte erschließen.

Aufbau: In Bezug auf den Aufbau unterscheiden sich Werbespot und *PISA*-Texte gewaltig. So ist das Schema eines *PISA*-Textes mit Informationen über Afrika vergleichsweise einfach und sehr übersichtlich aufgebaut. Werbespots sind dagegen ein komplexes Gefüge von Figuren, Musik, Spielabläufen, gesprochenen Kommentaren, geschriebenen Texten mit oder ohne Bewegung sowie anschaulichen Symbolen. Für das Ermitteln von Informationen ist für die Jamba-Werbespots deshalb eine sehr hohe Leseleistung erforderlich, da „verschiedene, tief eingebettete Informationen zu lokalisieren" (*PISA*) sind. Spot-Elemente wie Figuren, Spielabläufe, Musik drängen die geschriebenen Textelemente eher an den Aufmerksamkeitsrand, sodass eine erhebliche Genrekompetenz vorhanden sein muss, um beispielsweise die für den Spot in ihrer Relevanz nachgeordneten Textblöcke überhaupt bewusst zu entdecken. Nur auf der Basis dieser Genrekompetenz dürften Kinder oder Jugendliche in der Lage sein, bei der Laufbildpräsentation die sich bewegenden Texte formulierend zu erfassen, geschweige denn diese Informationen distanzierend und reflektierend für Kaufentscheidungen zu nutzen. Um die schriftlichen Texte in den *Jamba*-Werbespots nicht nur zu identifizieren, sondern abschätzend und bewertend für eine Kaufentscheidung heranziehen zu können, ist eine Leseleistung in der Lesekompetenzdimension *„Reflektieren und Bewerten"* auf dem 3. Niveau notwendig.

Hier schließt sich der Argumentationsbogen zu den schulischen Aufgaben der Förderung von Medienkompetenz. Klingeltöne brauchen Lesekompetenz, so merkwürdig dies auf den ersten Blick auch aussehen mag. Damit liegt das neue Medium im traditionellen Aufgabenbereich der Schule. Zugleich gibt es Risiken, und zwar Finanzrisiken, weil Kinder mit dem Handy zu zahlenden Kunden in einem System werden, dessen Machtausübung sie bestenfalls mit hoher Lesekompetenz gewachsen sind.

2.4 Neue Sozial- und Kulturräume: Stile, Handlungsmuster und Medienstrukturen

Diese Argumentation lässt sich noch nicht ausreichend auf eine Entwicklung ein, die mit der augenblicklichen kulturellen Veränderung einher geht. So entstehen neue Handlungsmuster im Sinne von Lebensstilen, die mit dazu beitragen, mediale Objekte in soziale Situationen einzubinden. Lesekompetenz oder Tauschen von Klingeltönen haben in unterschiedlichen Lebensstilen einen anderen Stellenwert. Steht beispielsweise das Tauschen im Vordergrund, dann müssen Jugendliche die Klingeltonbedingungen nicht lesen, da sie die Bedingungen für das Laden von Klingeltönen im Vertrauenskontext der Gruppe sozial entschlüsseln. Ich tue das z.B. ebenfalls, wenn ich neue Software auf meinen Rechner speichere, aber die Lizenzbedingungen nur anklicke, ohne sie gelesen zu haben. Noch deutlicher ist das, wenn ich bei einem Online-Reisebüro mit der Kreditkarte bezahle. In solchen Kontexten entstehen im Moment auch stilistisch basierte Handlungsmuster. Stilistische Ausrichtungen können mit Nutzungsfunktionen wie SMS zu speichern, Bilder aufzunehmen, das Display zu verändern, korrespondieren oder auch nicht. Unabhängig vom Geschick der Marketing-Strategen, Käufer zu erreichen, wollen sie stilistisch an die Nutzungskontexte im Alltagsleben herankommen. Stilistische Ausrichtungen können mit traditionellen Kulturkompetenzen wie Lesen korrespondieren. Wichtig ist, dass die oben abgebildeten Werbe-Texte dem Publikum auch eine Zuordnung nach Lebensstilen ermöglichen: Gehöre ich zu einer Gruppe, die so ein Handy, solch einen Klingelton verwendet? Diese Wahlmöglichkeiten basieren auf Darstellungsmöglichkeiten, die das Design unterschiedlich nutzen. (Die Medienwissenschaft verwendet für Darstellungsmöglichkeiten den Begriff des *Repräsentationsmodus*.)

Seit etlichen Jahren nutzt die Marketing-Planung idealisierte Käufertypen, denen für ihr Alltagsleben etwas Passendes angeboten wird, passend zu Funktionen und Aufmachungen des Alltagslebens. Hier ein Beispiel für eine Lifestyle-Typologie (Michael, Conrad & Leo Burnett, nach Pepels 1997). In Klammer ist in Prozenten die Häufigkeit des jeweiligen Typs angegeben:

Erika – Die aufgeschlossene Häusliche (10% der Befragten)
Erwin – Der Bodenständige (13%)
Wilhelmine – Die bescheidene Pflichterfüllte (14%)
Frank und Franziska – Die Arrivierten (7%)
Claus und Claudia – Die neue Familie (7%)

Stefan und Stefanie – Die jungen Individualisten (6%)
Tim und Tina – Die fun-orientierten Jugendlichen (7%)
Martin und Martina – Die trendbewussten Mitmacher (5%)
Monika – Die Angepasste (8%)
Eddi – Der Coole (7%)
Ingo und Inge – Die Geltungsbedürftigen (7%)

Zu fragen wäre jetzt, welche dieser holzschnittartig beschriebenen Lifestyle-Typen mit welcher Handy-Werbung, mit welchem Handy-Design, mit welcher Funktion des Handy (persönliche Klingeltöne, Display verändern, SMS-Speichererweiterung) korrespondieren. Anders formuliert: Zu welcher denkbaren Lebenswelt und welchem Handlungsmuster passen Werbung, Medienfunktionen, Aussehen?

2.4.1 Sich stilistisch abgrenzen: Die Mikromechanismen der Abgrenzung und Integration mittels Medien, das Beispiel Wrestling

Wrestling, ein Multimedia-Programm der 1990er Jahre, das heute immer noch auf TV-Sportkanälen läuft, war einer der Vorreiter von alltagsästhetischen Angeboten, die Abgrenzung und Integration zuließen. Das alltagsästhetische Angebot von Medien und Ereignissen eignet sich, um mit Hilfe von Stilen Gleichgesinnte zu suchen, sich vorhandener Gruppenzugehörigkeit zu versichern oder sich von Gruppen mit anderen Stilen abzusetzen. So schreibt Inga in einem Brief an den Fernsehsender, sie wolle zur Wrestling-Veranstaltung in eine Großstadt fahren:

> Wir kommen mit ca. sieben Leuten. Einige Freunde und meine Mutter. Sie weiß noch nicht, ob sie dann mitkommt. Wir nehmen sie trotzdem einfach mit.

Lena, sie geht in einer größeren Stadt ins Gymnasium, schreibt, nachdem sie den Moderatoren eine Reihe von Fragen gestellt hat:

> Und nun zu mir: Ich bin gerade 14 Jahre alt geworden. Ich freue mich ganz besonders, denn meine Eltern, mein Bruder und meine Freunde sind auch Wrestling-Fans ... Bei uns in der Klasse sind die Namen Carsten Schäfer und Günther Zapf [das sind die Moderatoren der Sendung] bestimmt genauso bekannt wie Michael Jackson und Helmut Kohl. Eins meiner Hobbys sind Wrestling-Cartoons zu zeichnen.

Während sich Inga nicht sicher ist, ihre Familie mit der Mutter in ihre Fan-Gruppe integrieren zu können, liefert für Lena Wrestling das Band der Gemeinsamkeit nicht nur mit Eltern, Bruder und Freunden, sondern auch mit der Schulklasse, obwohl dort der damalige Megastar der Popmusik, Michael Jackson, und der Bundeskanzler, möglicherweise als Repräsentant für Prominenz, Macht und Beharrlichkeit, auch auf Themen- und Stilunterschiede hinweisen.

Wrestling als Thema in einer Grundschule
Hier die Zusammenfassung eines Berichtes der Engländerin Gemma Moss (1996) zu Themen- und Stilunterschieden, die über einen längeren Zeitraum einer Jungengruppe in einer Londoner Grundschule zusah, wie diese mit dem Programm umging. In dieser Klasse präsentiert sich eine Gruppe neun- und zehnjähriger Jungen als Wrestling-Kenner und -Fans. Damit organisieren sie unter sich eine spezifische Kommunikationsform und setzen sich zudem gegen die Mädchen der Klasse ab, die sich ihrerseits als Fans biederer Mädchenbücher vom Typ *Hanni und Nanni* zeigen.

Für die Jungengruppe ist der primäre Text zu Wrestling nun nicht das Fernsehprogramm, weil sie keinen Zugang zum Satellitenfernsehen haben, wo *WWF*-Wrestling läuft. Es sind auch nicht die Videos, die nur einige der Jungen, nicht alle, haben. Ihre Primärtexte sind dagegen die für alle verfügbaren Magazine, die in der Schule unter ihren Bänken liegen. Gemma Moss interessierte sich in der Rolle der zusätzlichen Lehrerin für diese Jungengruppe und deren in der Schule eigentlich unzulässigen Magazine. Wenn die Jungen in der Gruppe in den Magazinen blättern, dann nutzen sie die Bilder, um sich verbal zu präsentieren. Auf eine Aussage, da hat der Wrestler X dies oder jenes gemacht, gehen nun die anderen nicht ein. Sie nutzen vielmehr das nächste Bild, um selber verbal in der Gruppe aufzutreten. Das Magazin bildet also den medialen Raum, sozusagen eine Art Wrestling-Ring, um sich in der Konkurrenz als kompetent zu präsentieren. Was sie sich von Wrestling angeeignet haben und was sie auf den Bildern des Magazins sehen, bringen sie mit dem Status der sachlichen Information in die Gruppe ein, was ihnen erlaubt aufzutrumpfen, es besser zu wissen und erfolgreich zu konkurrieren.

> „Für die Gesprächsteilhabe ist es weniger wichtig, über Einzelheiten von Wrestling-Ereignissen zu verfügen. Deshalb funktioniert das textbezogene soziale Ereignis als eine Art Schiedsrichtersituation zwischen dem, was die einzelnen Gesprächsteilnehmer zusammengesammelt haben. Es geht also nicht primär darum, was denn jeder einzelne von Wrestling weiß, sondern wie es ihm gelingt, sich damit in die Gruppe einzubringen“ (Moss 1996, S. 168).

Die Wrestling-Inszenierung entspricht also der sozialen Situation der Jungen. Vermutlich entspricht sie ihr nicht nur, sie dürfte auch ein Stück weit die Funktion einer Vorlage haben. Trotz interner Konkurrenz bleiben sie die Eingeweihten, die wissen, wie z.B. extreme Gewalt bei Wrestling zu verstehen ist.

Neils: Ja, es gibt eine Menge Blut in Cage Fights [Kampf in Eisenkäfigen], da gibt es Blut auf den Gesichtern der Leute.
Lehrerin: Also, du denkst, es ist so, weil es so blutrünstig ist.
Alim: Ja, wahrscheinlich.
Neils: Ich glaube nicht, dass Mädchen anschauen wollen, wie Leute ihr Gesicht zerschlagen bekommen, wie das zum Beispiel Virgil passiert ist, er hat einen Schlag auf seine Nase bekommen, die dann gebrochen war.
Das Mädchen Chloe: Igitt!

Chloe bleibt Außenseiterin, weil sie angeekelt, ohne das Wissen der Eingeweihten, alles für bare Münze nimmt. Die Jungen tun auch alles, um die Mädchen ihrer Schulklasse von den Informationsquellen wegzuhalten. Die Briefeschreiberinnen Inga und Janina ließen sich als Eingeweihte hingegen nicht geschlechtsspezifisch ausgrenzen, wie die Jungen eben auch die Lehrerin in der Rolle der Lernenden am Rande der Fan-Gruppe akzeptieren.

Ein Jahr später bekennen die Jungen, dass sie sich nicht mehr für Wrestling interessieren und bedauern ihr damaliges Engagement. Sie distanzieren sich davon, wie wüst sie doch Wrestling nachgespielt hätten:

Neils: Ich bin vom Sofa gesprungen und hab versucht, mit dem Fuß zu schlagen und hab mich dabei selber verletzt. [Sie lachen.]
Richard: Ja.
George: Meine Schwester hatte, als sie klein war, einen Teddybär, der ist ungefähr so groß, es ist ein Stoffhase, und ich habe auf ihn eingeschlagen, Haken oder so was. [Sie lachen.]
Alim: Ja, so was habe ich auch gemacht, das habe ich so gemacht.
Neils: Ich bin auf den Panda wie ein Bulldozer los, nun ist er kaputt. [Sie lachen.]

Ist es nicht tröstlich, dass Wrestling nun als Entwicklungsphase überwunden ist, dass das brutale Gehabe nicht Aggressivität, sondern vorübergehender Stil und Symbolik war?

2.4.2 Öffentliche Abgrenzung und Integration

Was im Kleinen und fast privaten Bereich an Abgrenzung mit Bezug auf einen ziemliche brutale Fernsehszene geschieht, das läuft in der Öffentlichkeit über riesige Events und deren spezifischen Stile.

2.4.2.1 Straßenstile und Street Parade

Wrestling war ein Event neben vielen, der in der Öffentlichkeit statt fand. Die behütete Klassenzimmer-Situation gab eine Möglichkeit, sich seinen eigenen sozialen Raum mit Hilfe von medialen Inszenierungen zu schaffen, dabei seine Peers zu sich zu holen, die anderen draußen zu halten. Wenn man jedoch zu den riesigen Live-Events in großen Arenen mit 5.000 bis 10.000 Menschen ging, dann eröffnete sich ein öffentlicher Raum. Deutlicher war und ist diese Art Öffentlichkeit mittels Medien, Ausstattungen, Genres, Stilen bei dem, was man in Großstädten offensichtlich wahrnehmen kann. Anfang der 1990er Jahre gab es im Londoner *Victoria and Albert Museum* eine Ausstellung über Straßenstile, *Street Style*, in der Ted Polhemus (1994) einen sichtbaren Teil der gesellschaftlichen Veränderungen, damals noch unter dem Stichwort Postmoderne, thematisierte. Im Vordergrund stand die Frage nach der „flüchtigen Authentizität" als aktuelle Krisenerscheinung der Menschen („elusiveness of authenticity as the fundamental crisis of our age"), insbesondere in der Öffentlichkeit. Auf der Straße lassen sich junge Leute nach ihren Stilen erkennen und einordnen. Stile sind über die entsprechende Alltagsästhetik kategorial fassbar, was Ted Polhemus (1994, S. 7) mit seinem Überblick über *Street Styles* exemplarisch deutlich macht. Da gibt es Punks, Skaters, Goths, New Age Travellers, Technos oder die scheinbar beliebige Mischung von Codes mit dem „Supermarket of Styles" (Polhemus 1994; S. 134).

Diese Art, sich in komplexen Gruppenzusammenhängen wie Fangruppen oder Szenen zusammenzufinden, dabei ihre Stil-Gemeinsamkeit zu zeigen, ist kein Phänomen des Flanierens in öffentlichen Straßenräumen geblieben. Die *Goths*, wie sie Polhemus Anfang der 1990er Jahre nannte, treffen sich auch in 2006, beispielsweise in München, zu einem „*Gothic-Markt*". Auf diesem Markt lässt sich alles finden, um die eigene Lebenswelt auszustatten. Das ist sicher mehr als nur eine Inszenierung im Rahmen der anderen Wirklichkeit einer Straße. Dieser Markt wirkt eher als Marktplatz einer gemeinsamen Lebenswelt, eine Lebenswelt, die noch deutlich an andere Lebenswelten wie die mit Weihnachtsmärkten andockt.

Mehr als 10 Jahre nach der Ausstellung *Streetstyle* sind uns auch diese Straßeninszenierungen so vertraut, dass sie weder als etwas Krisenhaftes noch als etwas Flüchtiges erscheinen. Sie sind zudem Massenphänomene wie eine *Street Parade*. Dabei nehmen wir Stile als Möglichkeit wahr, dazu zu gehören und sich abzugrenzen. Etwas abstrakter formuliert, geht es um Stil als Möglichkeit der gesellschaftlichen Differenzierung. Diese öffentlichen Inszenierungen bieten zudem eine Möglichkeit des Ausdrucks, bei der der eigene Körper in der Öffentlichkeit als wesentliches Ausdruckmittel dient.

Es gehört zum Wesen dieser öffentlichen Inszenierungen, dass sie deutlich sichtbar sind. So brauchte es keine großen Anstrengungen, um 2006 in die *Street Parade* von Zürich zu geraten. Bei nassem Wetter waren 800.000 Menschen in ausgefallenen Kleidern unterwegs, die viel Körper zeigten. Es gab einen Umzug mit 30 *Love-Mobiles*. Abends gab es eine riesige Party im Hauptbahnhof, bei der die spezifische Musik extrem laut wummerte, der Drogengenuss an den Pupillen der nicht mehr ganz jungen Leute und an Marihuana-Schwaden deutlich war. Die lokale Presse berichtete von übermäßigem Alkoholkonsum, vermutlich war es nicht Wein und Bier wie ehedem bei Fasching oder Karneval der Elterngeneration.

Erkennbar ist ein gemeinsamer Stil, der direkt erlebbar ist, wenn man sich zum Beispiel als Tourist die *Street Parade* anschaut. Normal gekleidet grenzt man sich deutlich von der Mehrheit ab. Hinzu kommt der Musikstil von *Techno*. Der eigene und der fremde Lebenskontext ist stilistisch markiert und in Lebensperspektiven unterteilt, die sich deutlich damit als Stil voneinander unterscheiden. Kostümausstattung, der Ort der Zusammenkunft (Zürich), Drogen und Alkohol, Musik und Tanz sind Konsumobjekte, die die Teilnehmerinnen und Teilnehmer nicht nur konsumieren. Sie nutzen deren ästhetische Seite, um daraus einen mehr oder weniger kohärenten Stil zu bilden. Stile sind die funktionale Seite der Alltagsästhetik. Sie funktionieren als Vergesellschaftungsmittel zum Zwecke der Abgrenzung und Integration von Szenen und Gruppen. Stile entstehen in Prozessen der Bedeutungskonstitution und basieren auf den alltagsästhetischen Angeboten von Medien, Waren und Dienstleistungen, die in der offenen sozialen Bezugsgruppe der Szene Integrationsfunktion nach *innen* und Abgrenzungsfunktion nach *außen* haben.

Fan-Gruppen und Szenen

Fan-Gruppen und Szenen, bisher beiläufige Sozialformen, treten seit geraumer Zeit in den Vordergrund unserer Gesellschaft (siehe dazu den Überblick bei Hitzler, Bucher, Niederbacher 2001). Medien und Alltagsästhetik sind in dafür typische Formen sozialer Organisation eingebettet, die wenig mit den sozialen Erfahrungen der Eltern- oder Großelterngeneration zu tun haben. Für Gemeinsamkeit heute sind prägnante Sozialformen wichtig wie der Fan-Club und die großräumig angelegte soziale Bezugsgruppe der Szene. Diese Sozialformen entstehen auf der Basis sozialer Beziehungen und mit Hilfe von Kulturprodukten. Die Kulturprodukte kommen als symbolisches Material aus den intertextuell vernetzten Medien, sind vielfältige Konsumartikel und Konsumaktivitäten. Die Mitglieder einer stilbezogenen Sozialform verleihen Medien, Konsumartikeln und -aktivitäten ihre spezifische Bedeutung. Diese Bedeutungskonstitution findet in sozialen Räumen statt, die sich die Menschen mit dem vorfindlichen alltagsästhetischen Material aufbauen und auf die sie sich beziehen. Diese Formen der Vergesellschaftung sind seit Ende der 1980er Jahre deutlich erkennbar, verändern sich jedoch mit den neuen Internetangeboten des Web 2.0.

Soziale Beziehungen und Ereignisse realisieren sich über individuelles Erleben und Handeln. Die Vergesellschaftung, bei der überindividuell soziale Zusammenhänge als etwas Objektiviertes entstehen, läuft in der konsumorientierten Industriegesellschaft über den Aktions- und Erlebniskern der individuellen Subjektivität („Erlebnisrationalität, siehe 4. Teil), zu der die Bildschirmmedien, Internet und neuerdings das Handy eine spezifische Raum-Zeit-Struktur anbieten. Insbesondere die Verfügungsmacht über eine Bilderfolge, die Video den Produzenten wie den Konsumenten eröffnet, bringt die Dominanz der kulturell wie biographisch lang eingeübten Linearität schriftlicher Präsentation ins Wanken. Stattdessen wird nun eine Organisation in Form von Situationen wichtig. Sie entstehen im Zusammenwirken der Mediendramaturgie des Spots mit komplementären Live-Ereignissen wie *Disco Nights,* Medienarchiven und Fan-Gruppen (vgl. dazu die Untersuchungen von Fan-Gruppen durch Eckert, Vogelgesang, Wetzstein, Winter 1989, 1991a, 1991b, Vogelgesang 1991). Die Fan-Gruppe zeigt ein soziales Organisationsprinzip, das schon für die bürgerlichen Lesezirkel vor 200 Jahren wichtig war. In Lesezirkeln waren es die lesenden Menschen, die sich in ihrer eigenen Lebenswelt des privaten Wohnzimmers aus einem gemeinsamen Interesse heraus – also nicht dem des Staates oder einer Religion – als freie Assoziation um ein Buch versammelten.

Mit der Generalisierung der Fan-Gruppe geht eine Verschiebung der Schwerpunkte der Vergesellschaftung einher, die sich als Beziehung zwischen den beiden Brennpunkten einer Ellipse skizzieren lässt; mit dem Individuum als dem einen Brennpunkt und dem Überindividuell-Sozialen als dem anderen. Überindividuelle, soziale Beziehungen, Organisationen, Institutionen entstehen heute in der Reflexion der subjektiven Wahrnehmung, in der individuellen Sinnperspektive der biographischen Themen und des individuellen Handelns. Das hat wenig mit den Vorstellungen eines sozialen Lernens zu tun, bei dem die einzelnen in das allgemeine Sozialleben mit dem Ziel der Teilhabe eingeführt werden. Allgemeines gesellschaftliches Handeln generiert sich heute zunehmend mehr über den Brennpunkt der individuellen Subjektivität. Das begann mit recht simplen Formen, indem sich Menschen Medien-Genres wie z.B. Horror-Videos oder der Serie *Star Trek* unterschiedlich nah oder distanziert zuordnen, z.B. als wohl informierter Spezialist, als gelegentlicher Zuschauer usw. Damit positionieren sich die Menschen in einer Gruppe, deren Organisation sich um und in Bezug auf ein Genre aufbaut. Ebenso lässt sich die Generationsbeziehung als Grenzlinie zwischen Genre-Vorlieben markieren. Wenn Jugendliche sich z.B. in den 1980er Jahren zu Video-Sessions zusammen taten, grenzten sie sich auch von den Erwachsenen ab, die sie mit grauenhaften Programmen schockten.

Stile als Mittel der Differenzierung

Die kommunikations- und informationstechnologische Verbindung von Netzen mit Fernsehen und Computer zum Daten-Highway und zur Multimedia-Anwendung geschieht in einer sich dazu adäquat verändernden Gesellschaft. Immer mehr individuelle Nutzung von und Verfügung über Medien und Informationen sind Teil einer Welt, in der individuelles Handeln nicht nur typisch, sondern auch unabdingbar ist. In der Logik des individuellen Handelns entsteht eine Gesellschaft, die sich nach Lebensstilen differenziert (vgl. Müller 1992, Ferchhoff 1993). Zum Vergleich ein Blick mehr als eine Generation zurück in die Zeit, als das Fernsehen begann: In den 1950er und 1960er Jahren entwickelte sich Fernsehen in einer Gesellschaft, die hierarchisch nach Schichten differenziert war. Fernsehen hatte damals ein Publikum, das sich hierarchisch nach Schichten in Oben/Mitte/Unten gliederte. Kultur, dazu gehörte Fernsehen, passte zu diesen Schichten und ließ sich auch als schichtspezifisches Abgrenzungsmittel einsetzen, weil die Zuschauer schichtspezifisch nach ihren Vorlieben einzuordnen und anzusprechen waren. Zudem unterschieden sich die Schichten nach der Menge an Fernsehzeit (vgl. die Auswertung der Fernsehnutzung im sozialen Wandel, Puleri 2008). Diese vertikale Gliederung nach Schichten verschiebt sich zur Zeit in eine horizontale Gliederung nach Stilen und entsprechenden kulturellen Milieus. Die sogenannten *Sinus*-Milieus (Sinus-Milieus® 2001, Sinus Sociovision 2007) beschreiben auf der Ebene der gesamten Gesellschaft diese neue Milieus, die sich nach zwei Dimensionen unterscheiden, nach sozialer Lage und nach der Werteorientierung in Bezug auf die Modernisierung.

Natürlich ist es immer noch wichtig, ob Kinder in einer bildungs- und sprachorientierten Mittelschichtfamilie aufwachsen und dann auf Lehrer mit einem ähnlichen schichtspezifischen Kulturhintergrund treffen. Wenn man sich jedoch umschaut, zeigt sich daneben eine stilistische Differenzierung nach Mode, Medienvorlieben oder Freizeitpräferenzen, die quer liegt zur Schichtgliederung nach Einkommen, Beruf und Bildung, also nach der sozialen Lage. Kinder, Jugendliche und Erwachsene unterscheiden sich voneinander bzw. finden sich beispielsweise über die Kappen und Jeans, die sie sich kaufen bzw. die sie ablehnen. Dabei sind Kappen und Jeans Teil einer Fülle anderer, ästhetisch jedoch gleichartiger Konsumobjekte, Medien, Freizeitaktivitäten und Handlungsorten.

Wie kommt es zu dieser neuen Form der Abgrenzung und der Integration? Hierfür ist die Konsumorientierung der modernen Industriegesellschaft der Auslöser. Die Menschen bauen sich individuell ihre verschiedenen Lebenswelten auf. Sie verwenden dazu Konsumangebote, gerade auch die Medien, jedoch nicht als eigenständige, isolierte Elemente, sondern als aufeinander bezogene Teile komplexer Arrangements, die unterschiedliche Themen und Kristallisationskerne haben. So kann Sport solch ein Kristallisationskern sein und den Inszenierungsrahmen für stilistisch und thematisch unterschiedliche Szenen abgeben. *Wrestling* und *Streetball* sind hierfür immer noch aktuelle Beispiele, die ihren jeweiligen Fans gegensätzliche Stile bieten. So ist *Wrestling* eine sprachlose und groteske Kampf-Inszenierung, die als Körper-Ritual funktioniert. *Streetball*-Fans handeln dagegen aus, wer, wo, wann, mit wem und wie spielt. Aushandeln oder Ritual ist einer der wichtigen Unterschiede, bei dem es nicht darum geht, oben oder unten zu sein, sondern welche Lebensstile man bevorzugt. Die Kristallisationskerne solcher Szenen scheinen beliebig und nur dem individuellen Geschmack unterworfen zu sein. Wer es nicht mit dem Körper hat, der kann sich unterschiedlichen Musikstilen anschließen und beispielsweise zum *Techno Rave* nach Berlin oder Zürich abschwirren oder, alternativ, sich mit *Hiphop*-Fans treffen. Neben Körper und Musik finden sich Jugendliche über ihren Straßenstil (Polhemus 1994) – beispielsweise als *Punks* oder *Skins* – auf Straßen, Plätzen, Bahnhöfen usw. Weniger sichtbar sind Fan-Gruppen vom Typ der Computer-Hacker oder der Video-Gruppen.

Wer nicht weiß, wo der Unterschied zwischen *Techno* oder *Rap* liegt, wer die diversen Straßenstile einer x-beliebigen europäischen Großstadt oder die Zwitterformen von Sport und Show nicht kennt oder benennen kann, hat sicher mehrere Varianten, mit diesen aktuellen kulturellen Erscheinungsformen umzugehen. Für Pädagogen ist es vielleicht sinnvoll und hilfreich, mit der Idee der Multikulturalität die aktuellen Formen gesellschaftlicher Differenzierung in Augenschein zu nehmen und zu bewerten. Diese gesellschaftliche Differenzierung geschieht im Feld der Kultur und wird damit, auch nach traditionellem pädagogischen Verständnis, zur pädagogischen Aufgabe, die jedoch aus vertrauten Denkmustern herausfällt. Traditionell wird Kultur eher als übergreifender Bezugsrahmen gesehen, den gemeinsame Sprache und Geschichte zusammen mit ihren sichtbaren Objektivationen, z.B. Kunstwerke, abstecken und garantieren. Die Grenzen laufen demnach räumlich zwischen Kulturen und ihren Objektivationen. Multikulturalität ist auch eine Folge von Wanderungsbewegungen der Menschen, bei der die Sprache als kulturelle Objektivation einen Differenzierungs- und auch Abgrenzungsmechanismus einbringt.

Ebenso kann Sprache schichtspezifisch differenzieren und abgrenzen. Als der Brite Basil Bernstein in den 60er Jahren die kulturelle Funktion schichtspezifischer Sprachstile thematisierte (wie sprechen Arbeiterkinder?), begann sich theoretisch abzuzeichnen, dass auch die sprachliche Grundlage einer Kultur immer schon Differenzen beinhaltet. Von Basil Bernstein (z.B. Bernstein, Henderson 1973) lernend, haben Pädagogen der 70er Jahre dann versucht, die Sprache der Unterschichtkinder nicht den unreflektierten Normen der Mittelschichtsprache der Lehrer zu unterwerfen. Diese Sprachdifferenz zwischen Mittel- und

Unterschicht ist heutzutage vergleichsweise gering angesichts der kulturellen Entwicklung in der konsumentenorientierten Industriegesellschaft. In ihr dominiert die Differenz, und zwar als Folge zunehmender Individualisierung und der konsequenten Transformation von immer mehr Lebensbereichen in symbolische Formen, indem immer mehr zeichenhaft wird. Mediatisierung oder Informationstechnologie sind hier relevante Stichwörter. Die neuen Erlebnis- und Ausdrucksformen von Kindern und Jugendlichen, ihre merkwürdigen Lebens- und Kulturformen, sind jedoch nichts anderes als ein Spiegel dieser Entwicklung.

2.4.3 Neue Strukturen des Web 2.0 als Kulturraum

Die Weiterentwicklung des Konvergenzmediums Internet führt zu neuen Strukturen für Kultur. Eines der wesentlichen Merkmale besteht daran, Kulturräume (Marotzki 2003) mit einer breiten Funktionspalette anzubieten, die vom Sozialleben bis zum Lernen reichen.

Überlagerung alter und neuer Strukturen
Diese neuen Kulturräume entstehen auf der Basis dessen, was z. B. für das stilistisch organisierte Sozialleben in Fan-Gruppen und Szenen schon vorhanden ist. Wie gesagt, auch die neue Internet-Kultur entsteht durch Überlagerung der Internet-Strukturen mit den vorhandenen Strukturen, was z.B. zum massenhaften Erfolg einer einfachen Community wie *studieVz.net* führt. *StudieVz.net* ist eine „Plattform, über die Studenten unterschiedlicher Hochschulen miteinander vernetzt werden“, so der Hinweis auf *Alexa.com*, einer Website, die die Reichweiten von Websites erfasst. Nach *Alexa.com* steht *studieVz.net* in der Rangliste der meist besuchten deutschen Websites im Dezember 2007 auf Rang 6.

So bietet *StudieVz.net* das „Kontaktbuch“, das es in der Schule schon als Freundebuch oder Poesiealbum gab. Es gibt „Unterhaltung und Ablenkung: Tratsch und Klatsch“, was sich auf die Erfahrungen mit Boulevard-Formaten stützen kann. *Studivz.net* bietet einfache Sozialformen für den Hochschulbereich, greift dabei auf die Idee der in Hochschulen massenhaft anzutreffenden Schwarzen Bretter und Aushänge zurück.

> **Netzwerk:** Wer kennt wen, über wen, und was sind das für Leute, die man meist vom sehen her schon kennt? Wer ist der coole Typ im Audimax in der zweiten Reihe? Kennt mein Mitbewohner ihn? Wie heisst die WG im dritten Stock des Studentenwohnheims?
> **Kontaktbuch:** Neue Bekanntschaft in der Mensa, aber das obligatorische Nummerntauschen entfällt. Vorname oder weniger(!) genügt und man sieht/findet sich – wenn man mag. Keep in touch (or not) ganz einfach.

Interessenschnittmengen: Wer ist noch aus meiner Heimatstadt (Mitfahrer), wer interessiert sich noch für Quantenelektrodynamik, wer ist in meinem Seminar (Mitschriften, Lernteams)? Wer sind die Freunde meines besten Freundes an seiner neuen Uni und warum?
Gruppenbildung: Wer ist noch interessiert an dem wöchentlichen Zirkel „Modern European History"? Wann trifft sich die invitation-only „Gay Gruppe"? Wer ist in der Gruppe „Salsa tanzen"?
Unterhaltung und Ablenkung: Tratsch und Klatsch? Was ist die Lieblingswebseite von Thomas? Hat er schon die Fotos von seiner letzten WG-Party auf studivz geladen? Über wen kennt Patrick die Melanie? Was schreibt Daniel über sich? Neue Nachricht von Jenny auf meiner Pinnwand? Was kann ich außer spiegel.de noch lesen?! Wer spielt DJ auf der nächsten Feier (Suchfunktion)?
Events & Kommunikation: Was geht: Uni-interne Annoncen, Promotion für Vereine, Wahlen, Demos, Leute für Experimente finden (VWL, Psychologie), Partys etc. Eventplaner (bald!). Das spart Flyer auf dem Campus, die ohnehin oft verboten sind oder gleich weggeworfen werden (ökologischer Aspekt).
Schüler: Bald-Student und möchtest aus erster Hand erfahren, was dich demnächst an deiner Uni erwartet? Was für Profs, welche Dozenten sind cool oder geben gute Noten? Welches Wohnheim ist das Beste?

http://www.studivz.net/nutzen.php, Stand 19.12.07

Auch die folgenden Ränge der Nutzungshäufigkeiten basieren auf der Überlagerung von Internet-Strukturen mit denen vertrauter Kultur wie *Wikipedia*, das „online collaborative encyclopedia", so die Definition auf der Alexa.com-Website. *Wikipedia* ist ein schnell erreichbares Lexikon (ein Lexikon ist etwas Vertrautes), in das man/frau auch sein/ihr eigenes Wissen einspeisen kann, was kulturell neu ist. Auf Platz 1 der Internetnutzung steht die Suchmaschine *Google,* auf Platz 2 das Internetauktionshaus *Ebay* und auf Platz 3 *YouTube.* An diesen Platzhirschen des deutschen Internet sieht man, dass sich das Internet mit unterschiedlichsten, etablierten Alltags- und Lebensfunktionen verbunden hat. *Google* erfüllt die Orientierungswünsche und Orientierungsnotwendigkeiten im Internet. *Ebay* ist eine Möglichkeit des Kaufens und Verkaufens. *YouTube* ist die Onlineversion des Hobby-Videographierens.

Von Pull- zu Push-Strukturen mit den von Nutzern generierten Inhalten und Kontexten

Typisch für die Überlagerung von vertrauten und neuen Strukturen sind Medien-Internetplattformen wie *YouTube* (http://www.youtube.com), auf die jeder, soweit er oder sie weiß, wie es geht, eigene Handy-Videos hoch laden oder auch professionelle Videos (z.B. den Rap von *Bushido* „11. September") besichtigen kann. Solche eine Medienplattform greift die vom Rundfunk vertraute Massenkommunikation auf, verändert sie jedoch dramatisch. Die vertraute Sender-Publikum-Beziehung von Rundfunk und Fernsehen wird dabei zu einer Variante der Massenkommunikation, die mit Medien-Internetplattformen eine zweite Variante hinzu bekommt. Das Push-Modell der Massenkommunikation wandelt sich zum Pull-Modell des Web 2.0. Beim Push-Modell produziert ein Sender mit einer für Programminhalte verantwortlichen Redaktion Programme für ein Zielpublikum. Beim Pull-Modell holen sich Nutzer aus einem Archiv ein dort lagerndes Programm und sehen oder hören es zur gewünschten eigenen Zeit und, mit einem mobilen MP3-Player, auch am selbstgewählten Ort.

Neben der Verschiebung vom Push- zum Pull-Modell gibt es in der Massenkommunikation mit Plattformen wie *YouTube* eine zweite einschneidende Veränderung. Stichwort dazu ist *user generated content.* Jede bzw. jeder, die bzw. der ein Handy mit Videofunktion hat, ist in der Lage, sein Video auf *YouTube* zu stellen. Jeder, der sich dafür interessiert, hat die Möglichkeit, es sich, wann und wo auch immer, anzuschauen.

Ein weiteres Massenbeispiel neben Videoplattformen ist die Fotoplattform Flickr.com (http://www.flickr.com) die mit dem prägnanten Doppelsatz einlädt: „Zeigen Sie ihre Fotos. Sehen Sie der Welt zu." (http://www.flickr.com/tour/ 19.12.2007) Dieses Zeigen und Sehen, so ein Bericht der *Süddeutschen Zeitung* vom 20.11.2007 (S. 13), ist so populär, dass mittlerweile zwei Milliarden Fotos hochgeladen wurden. Die *Flickr*-Website erklärt sich selber folgendermaßen:

> „Was ist Flickr?
> Flickr ist die wahrscheinlich beste Online-Fotoplattform der Welt. Wir sagen Ihnen warum!
> Mit Flickr können Sie Ihre Fotos mit den Menschen teilen, die Ihnen wichtig sind. Und da Basis-Accounts kostenlos sind, gibt es keinen Grund, Flickr nicht weiter zu erkunden.
> *Hochladen*: Laden Sie Fotos von Ihrem Computer, per E-Mail oder direkt über Ihr Fotohandy hoch.
> *Organisieren*: Organisieren Sie Ihre Fotos mit Sammlungen, Alben und Tags.
> *Veröffentlichen*: Veröffentlichen Sie Ihre Fotos in Gruppen und verwenden Sie Datenschutzeinstellungen.
> *Karten*: Verraten Sie, wo Ihre Fotos aufgenommen wurden, und entdecken Sie Fotos, die in der Nähe aufgenommen wurden.
> *Gedrucktes und mehr*: Schöne Karten, Fotobücher, gerahmte Drucke, DVDs usw.
> *In Verbindung bleiben*: Neues von Ihren Familienmitgliedern und Ihren Freunden erfahren."

Ein weiteres Beispiel für das Pull-Modell der Massenkommunikation sind Podcasts. Wer seinen Kindern zu Hause oder in der Grundschule erklären will, wie ein Snowboard hergestellt wird, der kann einen „Vodcast" laden (http://www.wdr.de

/tv/home/videopodcast/vodcast.jsp, http://podcast.wdr.de/maus.xml, 19.12.2007). Wenn es um Seife geht, ist folgender Link hilfreich: http://www.wdr.de/tv/wissen-macht-ah/archiv/kuriosah/seife.phtml. Die Informationen, was es alles an Video-Podcasts gibt, findet sich auf http://www.wdr.de/themen/global/suchen/gs_index.jhtml.

> Egal ob zu Hause oder im Bus, auf den Weg zur Schule oder Uni: Eure Ah!-Sendung ist immer da, wo ihr sie braucht.
> ‚VideoPodcast' auch ‚Vodcast' genannt ist ‚Fernsehen zum Mitnehmen'. Mit dem Angebot könnt ihr Sendungen auf Euren PC runterladen und von dort auf ein tragbares Abspielgerät kopieren. Podcasts haben einen großen Vorteil: Man kann sie abonnieren und eine spezielle Software sorgt für die ständige Aktualisierung auf Eurem PC, so dass Ihr ‚Wissen macht Ah!' nicht mehr verpassen könnt.
> Abonniert die Ah!-Folgen unter http://podcast.wdr.de/wissenmachtah.xml oder ladet Euch die Sendung direkt als mp4-*File* auf Eure Festplatte. Nachdem die Datei heruntergeladen und auf Eurer Festplatte gespeichert wurde, könnt Ihr den Film z.B. über den Quicktime Player anschauen.

Die Info zum Pull-Radio: http://www.wdr.de/radio/home/podcasts (19.12.2007)

> PODCAST-PORTAL
> Das WDR-Radio zum Mitnehmen
> Da läuft gerade die Lieblingssendung im Radio – und man sitzt in der U-Bahn, zieht im Schwimmbad seine Bahnen oder brütet im Büro über den neuesten Umsatzzahlen. Zum Radiohören bleibt da keine Zeit. Dafür haben wir jetzt eine Lösung: Ausgewählte Beiträge aus dem Radioprogramm des WDR gibt es jetzt zum Mitnehmen für Ihren mp3-Player. Als sogenannte Podcasts im Abo oder auch als mp3-Files zum Herunterladen – alles natürlich kostenlos!

Welches sind also die wesentlichen Veränderungen des Web 2.0? Hier eine Zusammenfassung:

- Verbindung mit Alltagsfunktionen. Das reicht vom Kaufen über Online-Banking und Skype-Telephonieren bis zu Lexika.
- Angebot von Sozialräumen wie Chats, Communities, Blogs, Skype-Telefonkonferenzen, Studienplattformen.
- Verschiebung der Schwerpunkte der Massenkommunikation vom Push- zum Pull-Modell mit öffentlich verfügbaren Programmarchiven.
- Verschiebung hin zu Inhalten, die die Nutzer herstellen und gezielt verfügbar machen (user generated content).
- Verschiebung hin zu Nutzungs- und Kommunikationskontexten, die die Nutzer selber herstellen (user generated contexts).

Strukturen der Partizipation und Textstrukturen

Die Beispiele zu neuen Sozialformen erscheinen nicht wirklich neu für Jüngere, die ab den 1990er Jahren aufgewachsen sind. Ihnen sind *Street Parades* und die Abgrenzung bzw. Integration mittels Medienvorlieben bekannt. Auf dieser Basis entwickeln sich mittlerweile neue Medien weiter, beispielsweise das Internet, das über vertraute Sozialformen zu neuen Darstellungsformen und Genres kommt. Stichwort ist hierzu Web 2.0 mit Blogs, Foto-Communities usw. Der Magdeburger Bildungstheoretiker und Medienpädagoge Winfried Marotzki (2000; S. 245 ff, 2002; S. 47 ff., 2004; S. 68 ff.) untersucht diese sozialen Phänomene des Internets und deren Genres als Kulturraum. Er sieht diesen Kulturraum als Raum der Partizipation. In der ersten Näherung greift er den Gedanken der politischen Partizipation von der Europäischen Union auf (2004; S. 69, 2002; S. 47). In einer zweiten Näherung verweist Marotzki auf Künstler seit dem 19. Jahrhundert, die die jeweils neuesten technologischen Medien wie Foto, Film, Video in ihre ästhetischen Konzepte einbezogen (2004; S. 70). Er folgert aus diesen Partizipationsansätzen eine Teilhabe an den Kommunikationsprozessen, die das Internet bietet und die dafür angemessenen „Artikulationsmöglichkeiten im kulturellen Raum des Internet". Dazu gehört, sich „im neuen kulturellen Raum des Internet zu bewegen" und die „Stimme zu erheben". Solche Artikulationsmöglichkeiten schließen auch „aktive Identitätsarbeit" (S. 71) ein. Voraussetzung hierzu ist, so meine Schlussfolgerung, das Internet als kulturelle Manifestation des Soziallebens und der Ausdrucksgestaltung vieler zu begreifen, die für die Nutzer eine Ressource der eigenen Artikulation und der eigenen „aktiven Identitätsarbeit" ist. Diese Artikulationsressource braucht unter anderem die neuen Sozialformen des Internet, die anders als die bisher vertrauten ohne räumliche Einbettung sind (Marotzki 2002; S. 51).

Neu an diesen Sozialformen ist, dass sie „textbasiert" sind. Sich im Kulturraum Internet einzubringen, sich in dieser Umwelt zu entwickeln und zu artikulieren, schließt eine dafür typische Literalität ein. Marotzki spricht hier von der „Textbasiertheit der Konstitution von Subjektivität im Internet" (2002; S. 51). Die dem Internet angemessene Textkompetenz ist eine entscheidende Ressource für die Teilhabe am Kulturraum Internet. Das ist ein gewichtiger Unterschied zur Kindheit der 1970er und 80er Jahre, in den Fernsehen dominierte. Die Literalität des Web 2.0 entspricht in wichtigen Aspekten der Literalität, die Kinder brauchen, um mit der Klingeltonwerbung umzugehen, denn üblicherweise sind dies diskontinuierliche Texte, die aus einer Mischung von Bildern, geschriebenen Informationen, knappen Melodien u.ä. bestehen. Diese Textkompetenz ist Teil der neuen *Kleinen Welten*, wie sie mittlerweile Spielnetzwerke, Blogs oder Communities darstellten.

Die Struktur der Kleinen Welten

Walter Vogelgesang, der schon mit dem einst neuen Medium Video begann, die damit möglichen Sozialformen zu erkunden, spricht vom Internet als einem „jugendkulturellen Erlebnisraum" (2000; S. 363.) und fragt, wie dieser Erlebnisraum einer Jugendkultur von Jugendlichen genutzt und gestaltet wird. Dabei liefert z.B. das Spiel im Internet einen Rahmen (Vogelgesang 2000; S. 367), und zwar die „abgeschlossene Welt des Spielrahmens", in der „die eigenen Fähigkeiten zu beobachten sind". Das hat die „Form einer gruppensportlichen Auseinandersetzung mit anderen Spielakteuren". Dabei entsteht der Typ des „Netzspielers":

> „... es sind „vor allem 14- bis 20Jährige, die in sogenannten Multiplayer-Spielen ihren Erlebnishunger gemeinschaftlich stillen. Denn ganz gleich ob Schach, Fußball, Poker, das Ballerspiel *Quake,* das Kriegsspiel *Command & Conquer* oder das Simulationsspiel *Siedler,* diese Spiele fanden immer häufiger auch auf untereinander (selbst-)vernetzten Computern statt. Von zwei bis über zehn Spielern kann dabei die Gruppengröße reichen. Zwar wird auch in Jugendzentren, Netzwerkcafés oder universitären Computerpools in der Gruppe gespielt, aber *das richtige Spielvergnügen stellt sich erst beim gemeinsamen ‚Heimspiel' ein,* wie dies Timo, ein 15jähriger Spielfreak, umschrieben hat. In gewissem Sinn den von uns Ende der 80er Jahre untersuchten Videocliquen ähnlich, werden auch die Netzspiele verstärkt zum Gruppen-Event. Während die Videokids jedoch ohne große Vorbereitung ihrem Action- und Horrorspektakel frönen konnten, sind die Spiele-Sessions an aufwendige Vorarbeiten geknüpft: *Wir treffen uns meist am Wochenende bei einem aus unserer Clique zuhause. Das ist dann jedes Mal irrsinnig aufwändig, weil jeder seinen eigen PC mitbringt und wir die Geräte dann gemeinsam vernetzen. Das hat am Anfang super Probleme gemacht, weil man ja Zugriff auf den Rechner der anderen hat. Da waren Abstürze vorprogrammiert* (Fabian, 14 Jahre).
>
> Mittlerweile gibt es unter den Netzspielern auch eine Fraktion – meist von älteren Jugendlichen, aber auch von Erwachsenen –, die ihren Spiel- und Erlebnishunger verstärkt im Internet stillen. Denn seit einiger Zeit sind hier Spiele verfügbar, wie etwa *Ultima Online,* wo Tausende von Spielern rund um den Globus eine mittelalterliche Märchenwelt erkunden .... oder bei einer der rund zweihundert virtuellen Fluggesellschaften – wie etwa *Westwind, Nobel Air* oder *Eumstar Aviation* – anheuern, um am häuslichen PC als Flugkapitäne" in einem weltweiten fiktiven Flugnetz nach genauen Zeitplänen abzufliegen" (Vogelgesang 2000; S. 368 f.).

Winfried Marotzki (2007) kategorisiert die neuen Entwicklungen im Internet einmal als Sozialereignisse wie das auch Vogelgesang macht, analysiert zudem die dabei entstehenden Produkte als typisch für eine fortschreitende Internet-Kultur. Was heißt fortschreitend? Das Internet funktioniert heute kaum noch wie eine Zeitung. Es ist nicht mehr der statische Ort für Bilder und Texte, die viele Nutzer dort hineinstellen, lesen und abholen können. Jetzt passiert wesentlich mehr auf und mit dem Internet. Marotzki identifiziert drei Entwicklungen, bei denen, aufeinander bezogen, Sozialformen und Darstellungsmöglichkeiten des Internet sich gegenseitig bedingen und beeinflussen:

- Blogging im Sinne eines gemeinsamen Schreibens und Kommentierens („shared authoring") (Marotzki 2007; S. 3), das „zugleich extensive Fernverbindungen und intensive Nahverbindungen" ermöglicht. Die *Kommentar*-Option bieten Interaktivität und Reflexivität.
- „Kollaboration und Sharing" mit dem massenhaften „Tausch oder dem Mitteilen von kulturellen Objekten" wie „Bookmark-Sharing, Foto-Sharing, Video-Sharing-Communities" (Marotzki 2007; S. 8)
- Transformation von der klassischen Online-Community zum *„Social networking"* (Marotzki 2007; S. 11 ff.). Es entstehen komplexe soziale Netzwerke, die Äquivalente zu eigenständigen und begrenzten Lebenswelten bilden, die z.B. von *YouTube* aus starten und mit Videos eigene Weblog-Peergroups bilden, die einzelne Gruppen dann mit den Sozialkontakten zu ihrer *unmittelbaren* Alltagswelt machen.

Konstitutiv für diese *Kleinen Welten* sind „Strukturmerkmale", wie sie für Online-Communities gelten (Marotzki 2003; S. 155 ff.):

- Eine Online-Community hat eine *Leitmetapher*. Das ist die Aufgabe, die sich die Community gestellt hat, z.B. Fotos zugänglich zu machen (flickr.com) oder Fotoexperten zusammenzuführen und deren Expertenkompetenz fördern (Deviantphoto.de). Diese Leitidee liefert beispielweise die Navigationsstruktur einer Website.
- Es gibt eine *soziographische Struktur*, die sich u.a. aus Zulassung von Mitgliedern und den Regeln für die Anmeldung ergibt (Fotoamateure, Leute, die ein Foto suchen, oder Fotographieexperten). Zu den Strukturmerkmalen gehört, wer im Mittelpunkt und wer am Rande steht, wer Gratifikationen erhält usw..
- Struktur der *Partizipation*: Wer trägt etwas in ein Forum ein, wer hat Schreibrechte, Löschrechte, wer eröffnet ein neues Forum usw.?
- *Kommunikation* der Mitglieder: Die Kommunikation läuft z.B. über E-Mails von einem an alle oder über Mailinglisten von vielen Mitgliedern an viele Mitglieder.
- *Information* zum Leitthema der Community: Der Button FAQ (Freqently Asked Questions) ist dafür eine weit verbreitete Form. Andere Möglichkeiten stellen Link-Sammlungen, Glossare, Wickis (interaktive Informationssammlung analog zu *Wikipedia*), Tutorials dar.

- Selbstpräsentation der Community: Wie stellt die Community ihre Identität auf der Website vor? Wie präsentieren sich die einzelnen Mitglieder (z.B. mit dem vollen Lebenslauf oder mit einer Art von Identitätskarte mit Fotos)?
- *Verhältnis von Online und Offline*: Gibt es auch Treffen der Nutzer, wie werden diese abgesprochen, z.B. per E-Mail? Liefert eine Verkaufeinrichtung Waren, die in der Wohnung der Teilnehmer ankommen?

Lernen als Struktur und Strukturen für Lernen

Informelles Lernen ist zum einen ein Strukturmerkmal des Kulturraums Internet, zum anderen bietet es neue Lernräume wie Online-Communities, die ein arbeitsplatznahes, informelles Lernen ermöglichen. Eine riesige Foto-Community wie *flickr.com* ist auf informelles Lernen ausgelegt (Schule: formelles Lernen). Benjamin Jörissen (2007) hat die Struktur von Foto-Communities darauf untersucht, ob sie auch als Lernorte oder Lernfelder funktionieren. Die von Jörissen auch im Einzelnen untersuchten drei Foto-Communities *flickr.com*, *deviantphoto.de* und *fotocommunity.de* unterscheiden sich deutlich in ihrer Art, mit den intendierten Nutzern umzugehen, was Folgen für potentielle Lernangebote hat. So ist *flickr.com* ein soziales Netzwerk, das einer großen Zahl von Kleingruppen Verbindungsmöglichkeiten bietet. *Deviantphoto* ist ein Internetbereich für Fotoexperten, *fotocommunity* richtet sich an Amateure. Diese unterschiedliche Sozialausrichtung legt auch nahe, mit Lernen in der offenen Netzwerkumgebung anders umzugehen als in der Expertenumgebung oder der Umgebung für Amateure. Im Netzwerk *flickr.com* ist Lernen etwas, das nebenbei laufen kann, nicht ausgeschlossen, aber auch nicht gezielt angeboten wird (Jörissen 2007, S. 219). Der Internet-Ort für Photoamateure *fotocommunity.de* bietet explizites Lernen, um den Amateurstatus in Sachen Foto zu verbessern. Der Experten-Ort *deviantphoto.de* geht implizit von einem hohen Kompetenzstand der Nutzer in Sachen Fotographie aus, bietet dennoch „vielfältige Lernanlässe in der Begegnung mit fotographischen Kunstwerken und dort vorhandenem Expertenwissen“ (Jörissen 2007, S. 219). Diese Unterschiede, Lernanlässe ergänzend in Experten-Aktivitäten mitzuliefern, im Amateurkontext Lernanlässe anzubieten oder im offenen Netzwerk Lernen nebenbei mitlaufen zu lassen, kennen wir auch aus dem tradierten Vereins- und Sozialleben, also aus praxisbezogenen sozialen Vereinigungen (Communities of Practice, Wenger 1998), und ihre Art, mehr oder weniger explizit oder implizit mit Lernen im Rahmen ihrer Zielsetzung und ihrer Nutzerstruktur umzugehen. Dazu verwenden Online-Communities die textuelle „Informationsstruktur“, sodass sich für Zielsetzung und Nutzer spezifische Lernkulturen entwickeln oder, je nach Zielsetzung z.B. bei offenen Netzwerken, Lernen nahezu entfällt. Communities kommen gar nicht umhin, das vorhandene oder angestrebte Wissen bzw. andere Kompetenzen mit Hilfe der Website-

Struktur zu sammeln, das Wissen der Nutzer zu verdichten und zu spiegeln oder verfügbar zu machen. Jörissen (2007, S. 207) fand folgende Möglichkeiten, Wissensbestände zu objektivieren:

- statisches, „kanonisiertes Wissen“: z.B. Glossare, Lexika
- „dynamisches Wissen“ in Foren: z.B. Wikis wie beim Internet-Großprojekt Wikipedia; Nutzer generieren redaktionell verdichtetes Wissen.

Welcher detaillierter Informationsstrukturen bedienen sich die drei unterschiedlichen Foto-Communities?

Das offene Fotonetzwerk flickr.com („Mit Flickr können Sie Ihre Fotos mit den Menschen teilen, die Ihnen wichtig sind.“) bietet u.a. Hochladen und Veröffentlichen von Fotos, Bestimmung der Aufnahmeorte von Fotos, Vertrieb von Fotobüchern usw., Kontakte zu Familienmitgliedern und Freunden. Kurse, die die Fotokompetenz der Nutzer entwickeln helfen, gibt es dagegen nicht. Es gibt kein Informationssystem für das, was die einzelne Foren („flickr-groups“) an Informationen anbieten, diskutieren usw.. *Deviantphoto.de* liefert dagegen explizit solche Foren für die Themenbereiche Fotographie, Bildbearbeitung, Technik. Um sich zurechtzufinden gibt es eine Suchfunktion zu den Teilgebieten der Themenbereiche. Wer etwas erfahren, sich gezielt mit etwas beschäftigen will, das sind alltagsbezogene Formen des Lernens, der kommt auch mit der einfachen Suchfunktion auf der Basis seiner Expertenkompetenz zu den Bereichen mit für ihn bzw. sie relevantem Expertenwissen. Es gibt wenig „Tutorials“, also Foren mit ausgeprägter Lehrintention, was erwartungsgemäß in einen Expertenkontext passen würde. Zum Expertenstatus gehört jedoch die Entwicklung auf hohem Niveau, was nicht einem einfachen Lehr-Lernkonzept mit Lehrern und Schülern entspricht. Die Amateur-Website *fotocommunity.de* führt dagegen über ein detailliertes Hilfesystem u.a. zur Rubrik „Fotowissen“. Hier geht es gezielt um Wissen und dessen Erwerb, also auch in einem engen Sinne um Lernen. In diesem Kontext wird auch erklärt, wie Nutzer zu den Wikis, die dynamisch Wissensbestände objektivieren, kommen und damit umgehen können. (Jörissen berichtet von 633 Wikis.) Die Einladung mitzumachen bei der Bearbeitung von Wikis ist deutlich, die Partizipationsstruktur also ausgeprägt. Die Amateure sollen objektiviertes Wissen nicht nur nutzen, sondern bei deren Generierung mittun.

Fazit: Internet bietet sich als Lernort, anders formuliert, als Lernkontext oder Lernumgebung in unterschiedlichen Ausprägungsgraden an, je nachdem wie deutlich Lehren und Lernen beiläufig oder beabsichtigt stattfindet. Es lassen sich zwei Dimensionen in Bezug auf die Lehr- bzw. Lernabsicht definieren:

d. Informelle bis formell Lernkontexte

Eine Studienplattform versteht sich gezielt als Lehr- und Lernumgebung, ist somit ein formeller Lernkontext. Die Website für Fotoamateure, die gezielt Wissen zu bestimmten Problem- und Wissensfeldern der Fotographie anbietet, ist zwar ein informeller Lernkontext, weil sich weder Anbieter noch Nutzer als Teil einer Fotoschule verstehen. Der Trend zum formellen Lernen ist jedoch augenfällig, insbesondere wenn man solch eine Website bzw. Community mit einem Netzwerk vergleicht, das sich vor allem als öffentliches Fotoarchiv versteht. Auch hier gibt es Wissensangebote, die institutionell von der Website her betrachtet nur informelles Lernen ermöglicht. Die Bestimmung eines Lernkontextes als formell oder informell bzw. als eine Zwischenform geschieht in der institutionellen Perspektive des Anbieters.

e. Zufälliges und unterschwelliges bis gezieltes Lernen

Eine analoge Argumentation gilt für die Nutzer und ihre Nutzungsintentionen, die sich bei einer Studienplattform z.B. gezielt auf Lernen ausrichten. Aber auch ein Fotonetzwerk ohne Lernabsicht setzt erhebliche Kompetenz für deren Nutzung voraus, die die Nutzer, wenn sie sie nicht an anderer Stelle schon erworben haben, erst lernen müssen, bevor sie die Dienstleistungen des Netzwerks nutzen können. Zudem ist in alltägliche Vorgänge, die nicht voll in Routinen ablaufen, üblicherweise etwas Neues, etwas Anderes eingebettet, das die Nutzer per Teilhabe und nicht selten durch Wiederholung lernen. Es ist ein zufälliges und unterschwelliges Lernen.

2.5 Kulturelle Ressourcen prekärer Kulturen

Ob Handy oder Foto-Community im Internet, es handelt sich dabei um Konsumobjekte, Dienstleistungen, soziale Gruppen und Events in komplexen, stilistisch geordneten kulturellen Räumen. Diese Räume sind unterschiedlich weit, z.B. überschaubar als Fan-Gruppe oder riesig als Internet-Netzwerk. Eine der Großstrukturen sind soziokulturelle Milieus, wie sie die *Sinus*-Studien empirisch erfassen (Sinus-Milieus 2001, Sinus Sociovision 2007, 2007a). Diese alltagsästhetische Entwicklung geht einher mit einer zunehmenden Enttraditionalisierung und der Übergabe von gesellschaftlichen Leistungen an die Einzelnen (siehe 4. Teil). Jeder Einzelne muss sich in den großen oder kleinen Kulturräumen seinen Orientierungsrahmen und seine Handlungsmuster suchen und entwickeln, um in der riesigen Angebotsfülle nach den für ihn und in der eigenen Lebensweise sinnvollen Produkt-, Ereignis- und Medienarrangements zu suchen. Dabei entwickelt jeder persönliche Maßstäbe, auch solche für Medienqualität. Lernen ist dabei ständig möglich, meist in der Form des informellen Lernens und außerhalb von Schule im selbstgewählten Medienkontext.

Medien sind kulturelle Ressourcen unter anderen, mit denen sich zum einen in Kulturräumen agieren lässt und mit denen sich zum anderen eigene Kulturräume bauen lassen. Dieses Agieren in und Bauen von Kulturräumen macht unseren Alltag aus und entspringt dem Alltag, ist uns somit vertraut und eher banal, oft jedoch recht fremd, wenn es um die alltagsästhetisch gebastelten Räume der anderen geht.

Mir ist der *Gothic-Markt* der Münchner *Gothic*-Szene mit Kleidern, alten Schallplatten, aktuellen DVDs und Wohnungsausstattung reichlich fremd. Die sicherlich nicht billige Teilnahme an der Züricher *Street Parade* macht ebenfalls augenfällig, dass Alltagsästhetik, Konsumobjekte, Dienstleistungen, Medien und ihre Programmangebote sich äußerlich deutlich unterscheiden, sich von ihrer Funktion her gesehen jedoch entsprechen. So würde ich mich nie dazu entscheiden, am Weltrekordversuch beim Hot-Dog-Essen eine Woche vor der Züricher *Street Parade* mitzumachen. Es ist mir dagegen nachvollziehbar, dass jemand mit traditionellem Werteverständnis mit einem Leserbrief dagegen protestiert. Unter einem Foto in der *Neuen Züricher Zeitung* vom 13.8.06 (S. 19) mit appetitlich gestapelten Hotdogs („Der Weltrekord liegt bei 54 Hot Dogs in 13 Minuten") äußert sich eine Leserin empört angesichts des Hungers in der Welt. Hier steht sportliches Essen gegen moralischen Verzicht. Beide Beispiele enthalten in den Arrangements, hier Fressweltrekord, dort öffentlicher Protest, typische Wertvorstellungen, jedoch neben den gegensätzlichen Wertvorstellungen auch finanzielle Ressourcen und unterschiedliche Ausdrucksmittel. Unterschiedliche Wertvorstellungen bilden eine der beiden Dimensionen der heutigen Gliederung unserer Gesellschaft. Die zweite Dimension dieser Gliederung ergibt sich aus den unterschiedlichen Lebenslagen der Menschen, die eine Folge von Einkommen, Schulbildung und Beruf sind. Mittlerweile haben sich soziokulturelle Milieus entwickelt, die sich nicht mehr auf eine traditionelle Wertorientierung einlassen. Im Rahmen prekärer finanzieller Ressourcen und Berufe entstanden auch prekäre Kulturformen. Zu den Gruppen mit prekären Kulturformen gehören auch bildungsferne Jugendliche mit „verwahrlostem" Medienkonsum (Kübler 2004, Pfeiffer 2006).

Der Kultursoziologe Ulrich Beck bot schon 1986 zur Erklärung dieser kulturellen Entwicklung das Konzept der „Risikogesellschaft" an. Im Mittelpunkt steht das Argument, dass die Strukturen der Industriegesellschaft sich in Richtung einer Gesellschaft wandeln, in der die Einzelnen sich ihre eigene und individuelle Lebenswelt schaffen müssen (Betonung liegt auf: müssen), wozu sie von der Gesellschaft weder ein zuverlässiges Fundament wie Arbeit oder Sozialversicherung noch eine verbindliche Anleitung bekommen. Unsere Kultur bietet jedoch mit alltagsästhetisch aufeinander bezogenen Medien-, Ereignis- und Warenangeboten einen Mechanismus, wie sich die Menschen in einer neuen Form der Kultur wählbar aufeinander beziehen können. Wie das funktioniert, hat u.a. Gerhard Schulze (1992) mit seiner Untersuchung neuer Erlebnisweisen gezeigt, die im Rahmen des Medien-, Dienstleistungs- und Warenkonsums zu alltagsästhetisch verfassten Szenen und Milieus führen (siehe auch 4. Teil). Milieus sind heute die Basis unserer gesellschaftlichen Gliederung. Die zur Zeit gültigen empirischen Ergebnisse der Gliederung unserer Gesellschaft hat *Sinus Sociovision* (2007, 2007a) vorgelegt. Die Daten zeigen, dass sich unsere Gesellschaft, wie schon gesagt, in zwei Dimensionen gliedert, einmal nach der sozialen Lage, die sich vor allem aus Ausbildung und Beruf ergibt. Mit der sozialen Lage verbindet sich in unserer Gesellschaft hierarchisch ein Oben und Unten, was uns als gesellschaftliche Gliederung recht vertraut ist mit Oben: umfangreiche Ausbildung und Einkommen; Unten: wenig oder keine Ausbildung, geringes Einkommen. Die zweite Gliederungsdimension erfasst eine Wertorientierung und zwar gegenüber der Modernisierung und Innovation der Gesellschaft. Diese Einstellung zur gesellschaftlichen Entwicklung und Innovation führt zu einer horizontalen und eher wählbaren Gliederung in Traditionalisten und zwei Typen von Modernisierungsunterstützern. In diesen beiden Dimensionen entstehen die heutigen gesellschaftlichen und kulturellen Lebensstilmilieus.

Hier das Schema der Milieus in der hierarchisch angelegten Dimension der sozialen Lage und in der horizontalen, im Prinzip wählbaren Dimension der „Grundorientierung“ zu Tradition und Moderne (Sinus Sociovision 2007b):

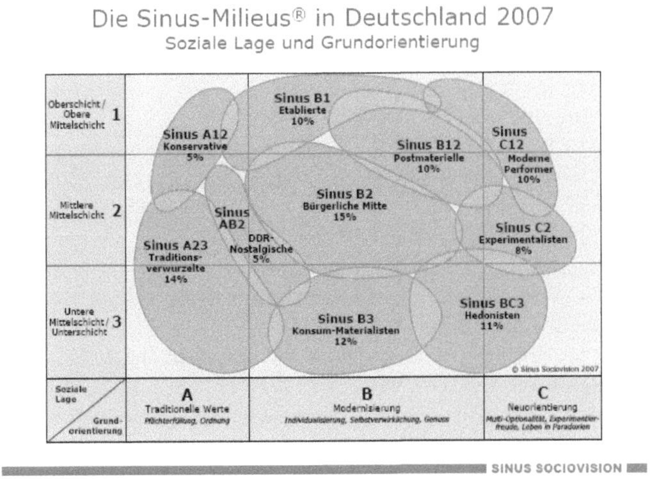

In dieser zweidimensionalen gesellschaftlichen Milieu-Gliederung und im von Ulrich Beck abgesteckten Rahmen der Individualisierung der Risiken müssen sich die Menschen eine persönliche Lebenswelt aufzubauen. Hierbei gibt es Verlierer und Gewinner.

Wie die aktuellen Schulleistungsstudien, vor allem *PISA,* zeigen, trägt die soziale Lage deutlich zum Schulerfolg und damit zur Teilhabe an wesentlichen kulturellen Ressourcen der Gesellschaft bei. Bei der Lesekompetenz konzentriert sich die Wahrscheinlichkeit von über 20% bei denjenigen, die nicht im modernen Sinne Texte erfassen und als Arbeitsmittel benutzen können, auf die Gruppe der Jungen mit nicht-deutschem Lebenskontext und aus der Unterschicht. (Weil auch die Zugehörigkeit zu einer nicht-deutschen Kultur das Schulleistungsrisiko erhöht, werde ich bei der folgenden Diskussion des Zusammenhangs von Medien, Schulleistung und kultureller Teilhabe die Ergebnisse der *Sinus*-Studie zu den Lebensstilen von Migranten in die Erörterung einbeziehen.) Diese Kompetenzdefizite gibt es sowohl bei traditionellen Fließtexten (das ist z.B. eine fortlaufende Geschichte) als auch bei diskontinuierlichen Texten (Listen oder Pläne mit Bildern und Grafiken).

Wie sieht die Lesekompetenz nun bei den neuen kulturellen Ressourcen wie Videoplattformen im Internet aus? (Die Lesekompetenz bei der Werbung für Handy-Klingeltöne wurde schon erörtert.)

Lesekompetenz ist nicht nur ein Aspekt von Schule, sondern ebenso Teil der persönlichen Lebenswelt. Wie die Lebenswelt in prekären Kulturen funktionieren, ist nicht leicht zu durchschauen, doch mittlerweile auch Teil der öffentlichen Debatte. Der folgende Zeitungsartikel der *Süddeutsche Zeitung* (24. Okt. 2006, S. 39) macht augenfällig, dass Armut, Lebensstil und die Teilhabe an kulturellen Ressourcen eng zusammenhängen und zur Kulturform des Prekariats führt. Der Artikel bringt für neue kulturelle Armut das einprägsame Bild des Plattenbaus. Mit der Arbeitslosigkeit, so die Vermutung des Artikels, geht ein „Leben ohne Bezüge" einher: „Viele sind ohne Job, und ihr Alltag spielt zwischen Fernsehen und Suppenküche – dabei ist Geld nicht das Hauptproblem der sogenannten Unterschicht" (Süddeutsche Zeitung vom 24. Okt. 2006, S. 39). Das von der Journalistin recherchierte Beispiel zeigt als Muster eine kleine Welt des Verfügen-Könnens (Miniatur-Sneakers der Marke *Adidas*, moderner PC, Computerspiel), passiven und kostenlosen Konsums (der Fernseher läuft ab morgens um 9 Uhr) mit diversen niedrigen Einkommen in einer Billigwohnung und mit unterstützenden Sozialbezügen.

Was hier als Kulturproblem erscheint, hat also auch andere Dimensionen als nur die Art des Konsums. Der Medienwissenschaftler Lothar Mikos versucht, hierzu den Umgang mit den Fernsehangeboten herauszuarbeiten, was auch für die öffentliche Diskussion ein Thema war, so z.B. mit einem Artikel der *Augs-*

burger Allgemeinen vom 23. Okt. 2006, S. 12: „‚Unterschicht' vermeidet Kultur und Politik im TV. Medienwissenschaftler: Bestimmte Bevölkerungsgruppen grenzen sich selbst aus." Bemerkenswert ist, dass sich direkt neben diesem Artikel zwei Feststellungen befinden, die implizit das Thema Kulturprekariat ausdifferenzieren. Ein kurzer Artikel „Britische Kinder wissen nicht, wo England liegt" beschäftigt sich mit fehlender Allgemeinbildung britischer Kinder. Ein Artikel über eine Breakdance-Weltmeisterschaft zeigt auf einem Bild Jugendliche der Gruppe „Fallen Angelz" bei einer Tanzperformance.

Lothar Mikos schlägt vor, *Prekariat* als Lebensstil zu verstehen, der mit der Fülle der Konsumangebote spezifisch umgeht. So gesehen sind die Wissensdefizits britischer Kinder nur prekär im Sinne eines schulischen, curricularen Wissen, das für Kinder jedoch keine Relevanz mehr haben muss. Die Gruppe „Fallen Angelz" aus Spanien zeigt dagegen die Kompetenzen, die in neuen kulturellen Milieus zählen und die alles andere als defizitär sind. Auch bei *Breakdance* gibt es Experten bis hin zum Niveau der Weltmeisterschaft. Lebensstile, die sich unterschiedlichster Themen und Ausstattung bedienen, sind also in der Dimension der jeweiligen Kompetenz recht flexibel, was vom anstrengungslosen Beschaffen (so die These zur prekären Kultur im Plattenbau) bis zum hochkompetenten Experten einer speziellen Szene wie *Breakdance* reichen kann. Der Blick auf die Expertenkompetenz scheint mir ein Schlüssel, um Kindern und Jugendlichen in prekären Kulturen gerecht zu werden.

Im Folgenden werde ich mich mit zwei Phänomenen *kultureller Armut* und deren Verhältnis zu Medien beschäftigen. Zum einen geht es um Schüler, deren Lesekompetenz sich bei der internationalen Schulleistungsstudie *PISA* als so schwach erwiesen hat, dass sie in einem modernen Sinne nicht mit Texten angemessen umgehen können. Zum anderen stehen Beiträge auf einer Videoplattform von Jugendlichen zur Diskussion, die sich zwar im Kulturraum Internet mit ihren Handy-Videos artikulieren, dies jedoch auf dem Niveau des Pöbelns oder Saufens tun.

Kulturelle Armut oder kulturelle Verschiedenheit?

Das Themen *Medien und kulturellen Armut* ist mit Missverständnissen und Fehldeutungen belastet. Wer weiß schon in der aktuellen Situation des kulturellen Umbruchs, wer kulturell arm ist und was kultureller Reichtum bedeutet. Gibt es nicht auch Lesekompetenz, die sich Kinder informell mit Bildschirmmedien aneignen, obwohl sie sich weigern, ein Buch in die Hand zu nehmen? Hierzu das Beispiel von Erkan, der in der Sportsendung diskontinuierliche Texte, das sind z.B. Ergebnislisten, liest. Warum sollten die *Breakdancer* kulturell arm sein? Die *Breakdancer* orientieren sich in der Dimension der Wertorientierung zwischen Tradition und Modernisierung der heutigen horizontalen gesellschaftlichen Segmentierung deutlich im innovativen Segment. In der Dimension der hierarchischen Segmentierung nach Einkommen, Beruf und schulischer Bildung gehören sie zum unteren Bereich der Gesellschaft.

Eine andere Frage, die einen zögerlich stimmt. Was geschieht kulturell, wenn Migrantenfamilien in ihren Kinderzimmern die Verfügungshoheit über das breite Medienarsenal ihren Kindern und Jugendlichen überlassen? Für eine deutsche Erziehungskultur ist das eher ein Indikator für Vernachlässigung, denn in Deutschland, und vermutlich nicht nur da, bedeutet Medienerziehung für Eltern, im Alltag eine Wächterfunktion auszuüben. Eltern sind für die Nutzungszeiten, die Menge an Medienkonsum und für die Medieninhalte zuständig. Die Verfügungshoheit über Menge und Inhalte des Medienkonsum den Kinder und Jugendlichen zu überlassen, ist ein Kulturphänomen, das vermutlich auch mit einer doppelten Kulturorientierung von Migranten (Herkunftskultur/Kultur der neuen Umgebung) zu tun hat. Diese doppelte Kulturorientierung führt z.B. zu einer unterschiedlichen Bewertung von zu bezahlenden Zeitungen als Lesestoff für Kinder und Jugendliche, ebenso zur Vernachlässigung der Folgekommunikation bei der Mediennutzung als nicht relevant für eine eigenständige Verarbeitung und Aneignung der Medien. Damit liegen Migrantenfamilien nicht so weit von Lehrern entfernt, die Gespräche ihrer Schülerinnen und Schüler über deren Mediennutzung und Medienerlebnisse als Störung erachten. Wer weiß schon, was mit anderen Vorstellungen von medialen Freiräumen für Kinder einhergeht, möglicherweise eine Idealisierung von Erziehungsvorstellungen der alten Heimat oder Skepsis gegenüber der neuen.

Hier erscheint auch das grundsätzliche Bewertungsproblem einer mit alltagsästhetischen Angeboten sich formierenden Gesellschaft, wenn es um die Beurteilung prekärer Kulturen geht. Der Trend, andere Milieus abzuwerten, ist unverkennbar. So arbeiten die schon mehrfach erwähnten *Sinus*-Studien zur Identifikation soziokultureller Milieus mit Bildern typischer Wohnzimmer der jeweiligen Milieus (Beispiele im 5. Teil). Da lassen sich viele Scheußlichkeiten entdecken; ja, scheußlich in der Perspektive eines Milieus mit anderen Lebensstilvorstellungen. Auch die Institution Schule steht milieuspezifischen Kulturbeiträgen unterschiedlich fördernd oder abwehrend gegenüber. Die Schule ist der „bildungsbürgerlich und literarisch bestimmten, kulturräsionnierenden Öffentlichkeit“, so Jürgen Habermas (1962, S. 14), ideologisch doch recht nahe und bewertet alltagskulturelle Leistungen der Unterschicht ohne traditionelle Wertorientierung, so einige der Milieus, eher nicht positiv und auch nicht als förderungswürdig. Die schon angeführten Untersuchungen des Briten Basil Bernstein aus den 1960er Jahren (Bernstein, Henderson 1973) zur Bewertung der Sprache der Unterschichtkinder in der Schule, ist heute, verallgemeinert auf alle Ausdrucks- und Gestaltungsformen der Massenkommunikation und der multimedialen Unterhaltung, immer noch gültig. Bernstein hatte die Beziehung von Sozialstatus („social class differences") und Sprachsozialisation untersucht und dabei die negative Bewertung des sogenannten restringierten Sprachcodes der Arbeiterkinder in der Schule festgestellt. Als Pädagogen sollten wir uns daher die Mühe machen, die Chancen und Begrenzungen der typischen *Codes* und Stile soziokultureller Milieus zu erkunden. Chancen und Begrenzungen verbinden sich mit den Strukturen der Medienangebote im Kulturraum des Internet ebenso wie mit dem neuen Konvergenzmedium Handy.

2.5.1 Medien als kulturelles Risiko und Beitrag zur kulturellen Armut

Die folgende Erörterung zur kulturellen Armut und deren medialen Risiken konzentriert sich auf die Themen: kulturelle Teilhabe und primitive Ausdruckformen auf Handy-Videos. Bei Defiziten der kulturellen Teilhabe, also beim kulturellen Risiko, stehen zwei Phänomene als Eckpunkt einer Bandbreite kultureller Armut im Vordergrund: zu viel und unstrukturierter Medienkonsum einerseits und zu wenig Verfügung über Medien, *Digital Divide*, andererseits. Beides, zuviel an Medien und zu wenig Verfügung über Medien, ist immer eingebunden in soziale und soziokulturelle Kontexte.

Zu den Ergebnissen der folgenden Erörterung hier vorweg zusammenfassende und bewertende Stichpunkte:

- Obwohl Kinder und Jugendliche in alltagsästhetisch, multimedial strukturierten Lebenskontexten ihre Aneignungsmuster entwickeln, gibt es das Risiko, dass sie, eingebunden in den jeweiligen Medien- und Kulturschwerpunkt ihrer Familien oder selbstgewählter Lifestyle-Umgebung, nicht in der Lage sind, die Mediennutzung in ihren Alltag und ihre Lebensbewältigung zu integrieren. Ausschlaggebend dürften hier vor allem Familienmuster sein, die nicht fördernd auf die Entwicklung der Kinder und Jugendlichen eingehen.
- Eine, im Sinne von Jürgen Habermas, kulturräsonnierende Öffentlichkeit, zu der auch Lehrerinnen und Lehrer gehören, deuten banale Medieninhalte und die erlebnisbezogenen Nutzungsformen der traditionellen oder neuen Unterschichten als kulturell verarmt, ohne deren Funktion als kulturelle Ressourcen dieser Bevölkerungsgruppen und ihrer Kinder zu erkunden. Bei dieser Erkundung geht es darum, der soziokulturellen Lage der Kinder und Jugendlichen und zudem ihren jeweiligen Entwicklungsthemen gerecht zu werden, dabei deren *Eigensinn* in Sachen Mediennutzung und Medieninhalte ernst zu nehmen.

- Die auf das persönliche Erleben in der eigenen Lebenswelt ausgerichtete Mediennutzung ist zuerst einmal weit weg von einem Lernen, das die Sachlogik der Lernobjekte ins Zentrum stellt. Das heißt nicht, Lernen gäbe es in diesen erlebnisorientierten Kontexten nicht. Wichtig ist, Prozesse informellen Lernens zu entdecken und Gelegenheiten für eine Anknüpfung an die Schule zu schaffen. Dabei gilt es, die für die soziokulturelle Lage der Kinder und Jugendlichen typische Alltagsmedienkompetenz als Ressource für schulisches Lernen zu nutzen. Hier liefert die Folgekommunikation zu den bevorzugten Medien gute Anknüpfungspunkte. Die Folgekommunikation bietet zudem echte Chancen, zwischen den heutigen kulturellen Welten, zu einigen scheint die Schule den Kontakt verloren zu haben, und ihren Ausdruckformen zu *übersetzen*.

Zu viel und unstrukturiert. Gibt es das Risiko einer Medienverwahrlosung?
Mit Hilfe der *PISA*-Daten (Deutsches PISA-Konsortium 2001) lässt sich eine Risikogruppe von über 20 Prozent der 15-Jährigen identifizieren, denen es nicht gelingt, in einem modernen Sinne erfolgreich mit gedruckten Texten umzugehen. Demnach gibt es eine Risikogruppe „schwacher und extrem schwacher Leser" in der Altersgruppe der 15-Jährigen von rund 23 % (Deutsches PISA-Konsortium 2001; S. 401), die sich vor allem zusammensetzt aus

- den Jungen aus
- Familien, die eingewandert sind,
- einfache Bildung haben und
- dem unteren sozialen Viertel zugehören.

Für diese Gruppe gilt auch die Vermutung, dass sie zu den Vielnutzern von Unterhaltungsmedien gehört. Es geht also um die Beziehung von Schulleistung und Medienkonsum außerhalb der Schule. Natürlich interessierte sich die *PISA*-Studie auch für den Alltagskontext von Lesekompetenz (Tillmann, Meier 2001) und befragte die 15-Jährigen zum Komplex „Freunde, Freizeit, Medien" (S. 481):

> „Diese Aktivitäten lassen sich als typisch für die befragten 15-Jährigen bezeichnen, weil sie von etwa Dreiviertel der Jugendlichen regelmäßig, (d.h. mit wöchentlich mindestens einer Stunde) betrieben werden: Musikhören, Fernsehen und Videoschauen, Zeitungen und Zeitschriften lesen, Sport treiben, Veranstaltungen besuchen, etwas mit Freunden oder Freundinnen unternehmen" (S. 485).

Ergebnis: „Schülerinnen und Schüler, die in ihrer Freizeit besonders aktiv sind, zeigen auch die besseren Leseleistungen. Entsprechende korrelative Zusammenhänge finden sich in allen Schulformen außer dem Gymnasium" ... (S. 486). Die

PISA-Ergebnisse legen jedoch nahe, „dass die Nutzungszeiten allein in keinem Zusammenhang mit dem Kompetenzerwerb stehen. Nicht die Zeit vor dem Bildschirm, sondern die konsumierten Inhalte sind hier von Bedeutung" (S. 487 ff.), wofür die *PISA*-Studie jedoch keine validen Daten liefert.

Eindeutig ist dagegen die Interpretation der Befragung einer sehr großen Stichprobe von Grundschulkindern durch das *Kriminologische Forschungsinstitut Niedersachsen e.V.*. Die Ergebnisse zeigen ein Netzwerk von Beziehungen, in die Mediennutzung und Schulleistungen integriert sind und innerhalb dessen, Mediennutzung auf Schulleistungen einwirkt (Pfeiffer, Mößle u.a. 2006; S. 9). So hängt die Menge der Mediennutzungszeit deutlich mit einem Trend zu Medien mit gewaltbezogenen Inhalten zusammen, was zudem mit dem Geschlecht (Jungen haben dazu größere Nähe), jedoch auch mit der Verfügung über Medien im Kinderzimmer korreliert. Das Ausmaß der Mediennutzungszeiten sowie die damit verbundene Vorliebe für gewaltbezogene Medien haben eine gewisse, wenn auch eher kleine Auswirkung auf die Schulleistungen. (Die *PISA*-Studie hat solche eine Korrelation statistisch nicht belegt.) Bemerkenswert ist der Einfluss einer aktiv geführten Medienerziehung auf den Umfang der Mediennutzungszeit und die „Präferenz für Mediengewaltinhalte". Dieses Einflussgeschehen ist in die Familie eingebunden, weil u.a. mit einem höheren Bildungsniveau ein leichter Trend zu einer „aktiven Medienerziehung" und zu weniger Medien im Kinderzimmer einher geht.

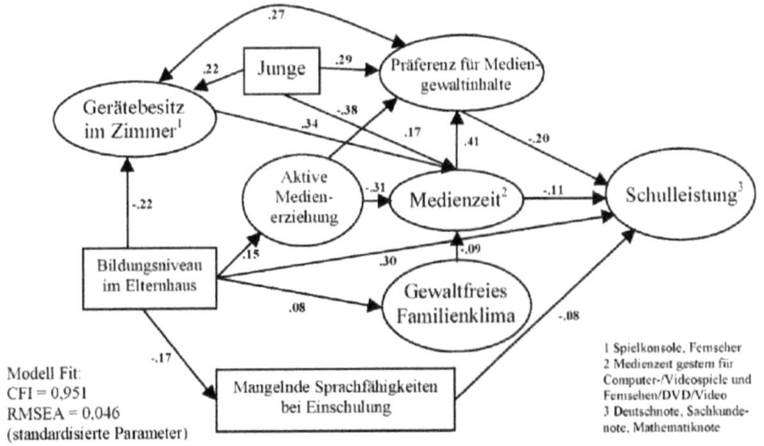

Dieses Einflussgeflecht (Mößle, Kleinmann, Rehbein 2007, S. 99) legt schon nahe, dass Familien ihre Medien- und Lernkultur entwickeln, was mit der Stellung in der gesellschaftlichen Hierarchie sowie mit mehr oder weniger Schulbildung, mit geschlechtspezifischer Erziehung und mit Kontrolle oder Anleitung des Medienumgangs entsteht. Damit ist ein Feld beschrieben, in dem sich auch eine prekäre kulturelle Entwicklung auftun kann. Das sieht möglicherweise so aus: Jungen mit Schulfrust und spezifischen Männlichkeitsbildern bauen um mediale Angebote ihre sozialen Felder, z.B. Fangruppen, auf, die ihre Handys dazu nutzen, um ihre Saufrituale und Protest-Praktiken zu dokumentieren und auf einer Medienplattform zu veröffentlichen.

Ist es angemessen, von Medienverwahrlosung zu reden, wenn in diesem Einflussgeflecht das Verhältnis der Kinder und Jugendlichen zu sich selber, zu ihrer Sozialwelt und der Welt der Kultur so einseitig medienbezogen wird, dass man sich Sorgen macht, ob sie mit der Alltagsbewältigung und der Bewältigung der Aufgaben und Zwänge ihrer aktuellen Entwicklungsphase zurecht kommen? Diese Sorge richtet sich zur Zeit auf die Jungen in der von *PISA* entdeckten Risikogruppe. Medienverwahrlosung ist ein starkes Bild, um diese Sorgen zu formulieren. Die Gefahr solcher Bilder ist nicht unerheblich, weil daraus eine Devianz-Definition wird, die Fettleibigkeit, soziokulturell spezifische Medien-Nutzungszeiten und Genrevorlieben mit Aggressionen und der Abwehr schulischen Lernens verknüpft (vgl. Kübler 2004; S. 2 f.). Dabei liegt die Gefahr auf der Hand, auf die systembezogene Betrachtung des obigen „Pfadmodells" zum Einfluss von Mediennutzung auf Schulleistungen zu verzichten und eine simple Schuldzuweisung auszugeben: Wenn Eltern ihre Erziehungsaufgaben wahrnähmen und es keine Gewaltmedien gäbe, ja dann –. Das entspricht der Hoffnung auf Erziehung und Bildung mit wenigen Einstellschrauben, für die es jedoch keine ernstzunehmenden empirischen Daten gibt. Dahinter steht vielmehr ein theoretisches Modell von Medienwirkung und von Bildung, das auf einer Ursache-Wirkungsbeziehung beruht. Das sind mimetische Modelle, also Abbildungsmodelle, bei denen die Menschen mit ihrem Denken, ihren Emotionen und ihrem Handeln all das spiegeln, was Medien oder die sonstige kulturelle Umwelt vorgibt. Alternativ dazu bietet das Modell von Medienbildung eine hohe Komplexität, die den Subjekten in ihrem Alltag gerecht werden will. Das Medienbildungsmodell erfasst Medien als Teil der kulturellen Umwelt von Kindern und Jugendlichen und fragt nach der medienvermittelten Beziehung der Kinder bzw. Jugendlichen zu sich selber (z.B. das Selbstbild als Junge in einer türkischen Migrationsfamilie), zu ihrer sozialen Umgebung und ihrer kulturellen Umgebung (z.B. Schule oder Konsumangebote). Es geht also nicht nur um die Bewertung empirischer Daten, sondern auch um das Modell, innerhalb dessen die Daten erhoben und interpretiert werden. Die englischsprachige Debatte spitzt diese Frage nach dem angemessenen Modell auf den Gegensatz von „Effect Model" und „Meaning Model" (Bedeutungskonstitution) (Jenkins 2006, S. 21ff.) zu. Wiederholen die Kinder nur, was sie an Medien konsumiert haben (Effect Model) oder drücken sie Medienprogrammen schon mit ihrer eigenen Auswahl ihren subjektiven Sinn-Stempel auf (Meaning Model)? Die vorläufigen Ergebnisse zu Erforschung der Aneignungsmuster in den heutigen multimedialen und konvergenten Medienangeboten legen deutlich nahe, dass das „Meaning Model" greift.

Überforderung statt Verwahrlosung

Gerade im Sinne des „Meaning Model" lässt sich die zugespitzte Frage nach der Medienverwahrlosung stellen, wobei ich zu einer Entdramatisierung neige, die die Überforderung von Kindern und Jugendlichen statt deren Verwahrlosung angesichts einer komplexen multimedial verknüpften Medien- und Konsumwelt betont. Die kulturelle Entwicklung führt zu einer komplexen multimedial und alltagsästhetisch verfassten Lebenswelt, die eine spezifische Dynamik entwickelt, in der Kinder und Jugendliche scheitern können, all die Vorgaben der Konsumwelt mit dem soziokulturellen Muster der Familie, mit Schulanforderungen und mit Formen schulischen Lernens zu verknüpfen. Die empirisch gefundenen Muster der Medienaneignung in den Multimediasystemen des Alltags zeigen jedoch, dass es Kindern und Jugendlichen üblicherweise gelingt, mit dem vielfältig verflochtenen Medien- und Konsumangebot eigenständig, jedoch recht unterschiedlich umzugehen. So entwickeln sie ihre typischen Wege durch die Fülle, indem sie „breitnutzend" die multimedialen Angebote strukturieren, oder indem sie sich auf Musik, Action oder Spiele konzentrieren. Dabei ist im multimedialen Kulturraum neben der Spezialisierung und der Konsumorientierung auch die Nutzung der Angebote für das eigene Sozialleben, die Verwendung von Medien für die Präsentation der eigenen Vorlieben auch das Multimedia-Angebot als eigener Gestaltungsraum (Wagner u.a. 2004, 2006) möglich. Es bleibt jedoch die pädagogische Sorge um die Kinder und Jugendlichen, denen ihre Lebenswelt für solche Aneignungsmuster nicht die angemessene Ausstattung bietet.

Hier das Beispiel eines Jungen, Erkan, aus der *PISA*-Risikogruppe. Es zeigt einen Weg zum Lesen, der angesichts der Schule und ihrer Bildungsdimension ärmlich erscheinen mag, der jedoch in der Multimedia-Welt kommunikative Teilhabe verspricht.

Lesekompetenz beim Fernsehen, der Erfolg eines 11-jährigen türkischen Jungen

Das schon weiter oben erwähnte Beispiel zeigt, wie der 11-jährige Erkan, der in der Schule am Lesen gescheitert ist, seine im Alltag und beim Fernsehen beiläufig entwickelte Lesekompetenz nutzt, um sich mit seinem Vater über das gemeinsame Thema Autos zu unterhalten. Der Junge Erkan gehört zur *PISA*-

Risikogruppe in Sachen Lesekompetenz. Er hat jedoch Themen, die ihm den Zugang zum Lesen öffnen. Schon für seinen Vater sind Autos ein wichtiges Thema, weshalb es nahe liegt, dass Erkan *Formel I*, das Autorennprogramm auf *RTL*, sieht. Hierzu eine Beobachtung, wie sich damit seine Lesekompetenz ändert, nicht für die Schule, sondern im Alltag, in dem der Papa eine herausragende und bestimmende positive Rolle spielt.

Erkan, 11 Jahre alt, Nationalität Türkisch, ist in der Bundesrepublik geboren und aufgewachsen. Seine Schulkarriere ist sowohl in einem politisch schwarzen Süd-Bundesland als auch in einem roten West-Bundesland weitgehend gescheitert. Seine Eltern sprechen sehr gut deutsch, haben sich voll auf Deutschland eingelassen. Sie unterstützen auch alle schulbezogenen Aktivitäten ihrer Kinder. Dieser positive Schulbezug zeigt sich deutlich daran, dass die Eltern bei der Entscheidung, wo die Familie wohnt, die Lage der Schule mit berücksichtigt haben. Dennoch ist es nicht gelungen, ein Bildungsbündnis mit der Schule zu knüpfen. So soll Erkan mit Zwang in die Sonderschule, weil er in der Regelschule nicht mehr mitkommt. Erkan ist vermutlich nie in das deutsche Bildungssystem *eingestiegen*. Er lässt auch keine Alternative zur Idee aufkommen, etwas anderes als sein Großvater sein zu wollen, nämlich ein Türke. Was wundert es, dass er kein deutsches Wort mit einem redet, auch wenn man bei ihm zu Hause im Wohnzimmer sitzt. Statt dessen konzentriert er sich auf den Fernseher. Es läuft *Formel I*, das Autorennen auf *RTL*. Es handelt sich um eine von Jungen dieses Alters favorisierte TV-Sendung. Als der Papa von der Arbeit nach Hause kommt, fasst Erkan in Windeseile die Ergebnisse von *Formel I* zusammen. Papa ist sehr interessiert, denn für Autos wendet er generell viel Zeit auf, kann sie selber reparieren und spricht ebenso gern wie kompetent darüber. Erkan hat bei *Formel I* offensichtlich genau zugesehen und sich die Ergebnislisten gemerkt, die er für seinen Vater versprachlicht und interpretiert, ganz selbstverständlich auf Deutsch.

Lesen hat seine alltagsästhetische Seite, die unter anderem zu diskontinuierlichen Texten in Sportsendungen des Fernsehens führt. Hierzu die folgenden Standbilder aus *Formel I* von *RTL* mit diskontinuierlichen Texten.

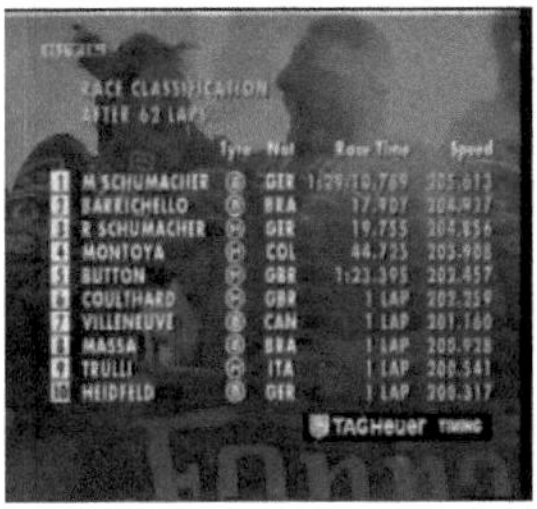

Bild 1

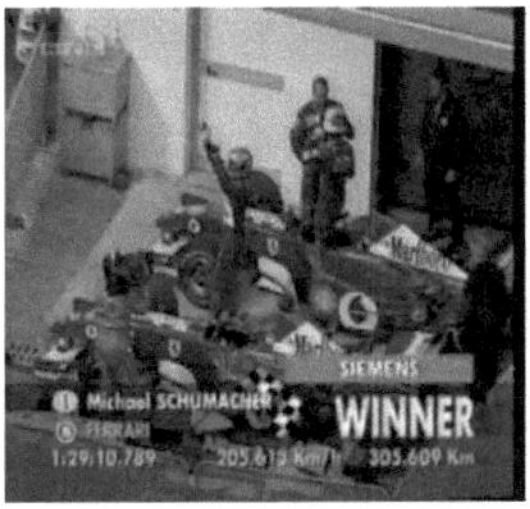

Bild 2

Bild 3

Zu finden sind Namenslisten (Bild 1), in denen Schreibweise und Aussprache weit auseinander klaffen. Den Namen sind Abkürzungen für die Ursprungsländer der Rennfahrer sowie Zeiten und Geschwindigkeiten zugeordnet. Selbstverständlich ist für Sportberichterstattung die Ausgangssprache Englisch, der Kommentar dagegen kommt auf Deutsch. Es gibt nicht nur diese Ergebnislisten, sondern auch schriftliche Erläuterungen mit den Stilmitteln der Liste (Bild 2). Sie gehören zu dem hinter der Schrift liegenden Bild, hier der Ferrari mit dem Gewinner *M. Schumacher* in der Box. Dann gibt es noch zusätzlich verbale Werbung (*Allianz*, Bild 3), die graphisch strukturiert den Bildhintergrund bildet. Dem Podest mit den Siegern entspricht die Zuordnung von Zahlen und Namen.

Der Bildungsrahmen für Lesen und Medien

Wie kommt es zu diesem merkwürdigen Widerspruch? Im Alltag und im Rahmen von Medien funktioniert das Lesen, in der Schule scheitert ein Kind wie Erkan. Erfolgreiches Lesen, natürlich auch erfolgreiches Schreiben ist jedoch eine Schlüsselkompetenz ebenso für Schulleistungen wie für Berufsausbildung und Berufstätigkeit. Eine aktuelle Bestandsaufnahme zur Lesesozialisation (Bertschi-Kaufmann u.a. 2004a) fasst die heute bekannten wesentlichen Bedingungen einer erfolgreichen Lesesozialisation zusammen. Eine davon ist die soziale Erwünschtheit. Die renommierte Schweizer Fachfrau für Mediensozialisation schreibt (S. 24):

> „Während das Lesen heutzutage im Bewusstsein bildungsnaher Schichten einen Höchststand an sozialer Erwünschtheit erreicht hat, sind kritische Stimmen gegenüber den neuen Medien in unserer Zeit fester Bestandteil der Debatte um Bildung und Kultur. Die Kritik hebt auf einen so genannt oberflächlichen und ausufernden Medienkonsum ab und weiter auf den Verfall der bekannten und vertrauten Sozialformen, sie interessiert sich kaum dafür, welche neuen Zugänge zu Texten und Informationen und welche spezifischen Kompetenzen im Umgang mit neuen Medien zu gewinnen sind."

Lehrerinnen und Lehrer sind bildungsbewusst, sie nehmen zudem publikumswirksame Debatten wie die des *Niedersächsischen Kriminologischen Forschungsinstitutes* zu vielfernsehenden und software-spielenden türkischen Jungen und deren Gewaltpotenzials zwar wahr, haben üblicherweise jedoch keinen offenen oder geschulten Blick für die Lesekompetenz eines Jungen aus einer türkischen Familie, die dieser im Alltag und beim Fernsehen hat. Zudem hat sich das Medienangebot und seine Nutzung in den vergangenen Jahren gewaltig gewandelt, und zwar in Richtung multimedialer Systemangebote, bei denen viel zweckbezogenes Lesen notwendig ist. Wäre Erkan ein Fan beispielsweise von *Popstars*, das ist ein Casting-Programm für unbekannte Pop-Musiker, dann könnte er sich auf einer Website kundig machen, ein Fanmagazin lesen, sich über Video-Text zur Fernsehsendung Infos über die von ihm bevorzugten oder abgelehnten Kandidaten besorgen usw..

Einen Überblick über die positive Verbindung von Massenkommunikation und schulischem Lernen geben die Lesesozialisationsforschergruppe Andrea Bertschi-Kaufmann, Wasislis Kassis und Hansjakob Schneider (2004a; S.25 ff.). So bieten z.B. SMS offensichtlich Schreibanlässe. Untersuchungen wie die des schon zitierten Schweizers Heinz Bonfadelli (1999) zeigen, dass viel lesende Kinder und Jugendliche nicht fernsehabstinent sind, sie zudem Fernsehen gezielt einsetzen, z.B. indem sie spezielle Sendungen oder Sendungsteile auswählen und in ihren Wissens- und Erfahrungsschatz einbinden. Multimedia verlangt zunehmend mehr an medialen Integrationsleistungen. Heidtmann und Bischof (2000) haben vor einigen Jahren festgestellt, dass Fernsehangebote wie *Soaps* zum Nachlesen auch gedruckter Bücher und Fotobände anregen.

Eine weitere Bedingung für die Lesesozialisation ist eine zunehmende Orientierung junger Leute auch beim Schreiben an der Mündlichkeit, das sogenannte Parlando-Phänomen. Auch Texte sollen im geschriebenen Zustand flüssig wie die gesprochene Kommunikation sein. Sie sollen die eigenen Themen und die eigene Erfahrung aufgreifen bzw. wiedergeben. In dieser Linie liegt der hohe Anspruch an Direktheit und Authentizität (Sieber 1998; S. 151). Es durchdringen sich in unserer Kultur also Mündlichkeit und Schriftlichkeit. Dabei taucht ein wichtiges Moment für erfolgreiches Lesen auf. So wie man sich über die Dinge und Ereignisse der eigenen kleinen Welt oder der großen spannenden unterhält, so funktionieren Lesen und Schreiben dann gut, wenn sie Spaß machen. Die Lust am Lesen ist wesentlich, und diese Lust auf Texte hat sich gewandelt. Sie ist keinesfalls selbstverständlich auf das Buch ausgerichtet, sondern auf das, was zum eigenen Alltag passt. Für Erkan heißt das, es sind Auto und Sport, damit Bildschirm und die zugehörigen gängigen Druckmedien, die den Kommunikationsstoff liefern. Das Stichwort hierzu ist erneut die Folgekommunikation. Ein richtiges Buch wie *Harry Potter* wird z.B. dann erfolgreich, wenn man sich darüber mit den Freunden unterhalten kann. Wenn die Buchhandlung zudem den Event liefert, sich mitternachts verkleidet zu treffen und die viel beworbene neue Auflage mit vielen anderen Fans in Händen zu halten – dann wird gelesen. Auch Erkan bräuchte solch ein Lese-Event, der jedoch mit seinen Vorerfahrungen und seiner Lebenswelt zusammenpassen muss.

Die deutsche Leseforscherin Bettina Hurrelmann (1997) weist deutlich auf die soziale Einbindung des Lesens hin. Lesesozialisation ist immer Teil des Sozialsystems der Kinder. Dabei spielt die Erfahrung mit dem Lesen in der Familie eine herausragende Rolle. Was wird gelesen und geschätzt in der Familie; die abonnierte Zeitung, das kostenlose Werbeblatt mit Lokalinformation, Bücher, Magazine zu Freizeitaktivitäten? Wie Andrea Bertschi-Kaufmann betont, entwickelt sich Lesen im komplexen sozialen System der Familie mit ihrem spezifischen sozioökonomischen Status, unterschiedlicher Bildungsnähe, typischem Umgang mit Büchern oder anderen gedruckten Texten oder Multimedia-Angeboten, Erziehungsstil, Familienform usw..

Bei Erkan stehen Mündlichkeit, also die Unterhaltung mit dem Papa, und Fernsehen im Vordergrund. Statt Bücher gibt es DVDs. Je nach diesen Vorerfahrungen von Kindern sollte Schule die Motivation zum Lesen wenigstens eines Teils der Bandbreite der heutige vorfindlichen Texte schaffen, bevor eine spezielle Förderung der bildungstypischen Texte wie die der geschlossenen Erzählung beginnen kann. Das heißt z.B. die Verteiler der lokalen Werbezeitung zu bitten, diese auch vor der Schultür abzulegen.

So wie Mündlichkeit und Schriftlichkeit beim erfolgreichen Lesen und Schreiben zusammen wachsen, so spielen die medientypischen Nutzungsweisen beim Lesen eine Rolle. In einer Familie wie der Erkans haben PC und Internet einen wesentlich höheren Stellenwert als Bücher. Weiterhin ist Fernsehen mit vielen Programmen das Leitmedium und das Springen zwischen Programmen mit unterschiedlichen Genres eine selbstverständlich genutzte Medienkompetenz, die im Umfeld von Erkan niemand auch nur andeutungsweise in Zweifel zieht. Ohne diese Kompetenz zu zappen oder zu switchen lässt sich das Internet nicht nutzen. Wer schätzt jedoch in der Schule diese Kompetenz? Das kontinuierliche Lesen, typisch für den Roman, wird in der Schule üblicherweise als das richtige Lesen angesehen.

Thomas Bachmann und Hansjakob Schneider (2004; S. 101) fassen die Bedingungen für Lesesozialisation folgendermaßen zusammen:

> These 1: Bedeutung der Passung der literalen Sozialisationsfelder
> Die Passung der literalen Sozialisationsfelder Schule und Familie beeinflusst die literale Praxis (lesen und schreiben) der Kinder und Jugendlichen. Je stärker die Entsprechungen zwischen der Mediennutzung in Familie und Schule sind, desto erwartbarer ist eine in Art und Umfang reichhaltige literale Praxis – auch und gerade im

außerschulischen Bereich. Die Transfereffekte sind nicht in beide Richtungen gleich stark. Die lebendige literale Praxis im familiären Umfeld unterstützt die literale Praxis und Motivation in der Schule ganz eindeutig. Die motivierte literale Praxis in der Schule wirkt demgegenüber kaum oder nur sehr bedingt auf die literale Praxis in einem lese- und schreibabstinenten familiären Umfeld.

These 2: Bedeutung der literalen Motivation
Eine einseitig auf das Lesen und Schreiben in der Schule gerichtete literale Motivation unterstützt die Ausdifferenzierung vergleichsweise weniger anspruchsvoller literaler Kompetenzen in der Rezeption und in der Produktion. Für die Entwicklung komplexerer literaler Kompetenzen ist die motivierte außerschulische literale Praxis unverzichtbar.

These 3: Bedeutung der literalen Praxis
Art und Umfang der Mediennutzung, insbesondere der literalen Praxis, beeinflussen unterschiedliche Dimensionen der Schreibfähigkeit unterschiedlich ausgeprägt. Besonders ausgeprägt für die Ausdifferenzierung komplexerer Schreibfähigkeiten ist der Nutzen des freiwilligen, intrinsisch motivierten Lesens.

These 4: Unerwartete Ressourcen und ‚Brüche'
Die durch die Thesen 1 bis 3 genährten Erwartungen hinsichtlich der literalen Entwicklung erfüllen sich nicht in jedem Fall. Immer wieder sind Entwicklungen zu beobachten, die nicht immer leicht zu interpretieren sind und z.B. auf unerwarteten Ressourcen von Jugendlichen beruhen können. Dies betrifft interessanterweise gerade die literalen Möglichkeiten von Jugendlichen, welche sich selber als weitgehend lese- und schreibabstinent bezeichnen.

Bedingungen erfolgreichen Lesens
Es gibt nicht nur Unterschiede, wie nahe Menschen an das Lesen als eine Schlüsselkompetenz mit sozialer Prägekraft herankommen. Die Schule hat hierbei eine wichtige Brücken- und auch Kontrollfunktion. Nebenbei existieren noch die *feinen Unterschiede* (Bourdieu 1989) bei der Bewertung dessen, *woraus* Menschen lesen. Möglicherweise verschieben sich jetzt die *feinen Unterschiede* zugunsten Erkans, da *PISA* mit der Operationalisierung von Lesekompetenz der Schule auch dringend nahe legt, diskontinuierliche Texte didaktisch ernst zu nehmen und in den Lesekatalog der Schule aufzunehmen. Damit gelangen auch andere Trägermedien als die des gedruckten Textes in den didaktischen Horizont der Schule.

Die öffentliche Debatte der *PISA*-Ergebnisse hatte sich auch auf die Bildungsungleichheit bezogen, die in der Bundesrepublik mit dem Erwerb der Lesekompetenz verbunden ist. Erkans Schulprobleme sind eben kein Einzelfall. Sie haben etwas mit der Bildungsbeteiligung und der sozialen Lage der Familie eines Kindes bzw. Jugendlichen zu tun. Die *PISA*-Daten legen nahe, den „Löwenanteil der ungleichen Bildungsbeteiligung" dem „gemeinsamen Einfluss von kognitiven Grundfähigkeiten, Lesekompetenz und Sozialschichtzugehörigkeit" zuzuschreiben (Deutsches PISA-Konsortium 2001; S. 168). In diesem Gefüge sind Erkans Karten schlecht gemischt, insbesondere weil die Bildungsbeteiligung für ein Migrationskind von dessen Lesekompetenz abhängt. Mit der entsprechenden Lesekompetenz steigt die Bildungsbeteilung:

> „Für Kinder aus Zuwandererfamilien ist die Sprachkompetenz die entscheidende Hürde in ihrer Bildungskarriere. Bei gleicher Lesekompetenz machen Kinder aus Zuwandererfamilien vom Übergang in einen mittleren oder höheren Bildungsgang tendenziell häufiger Gebrauch als die Altersgleichen, die aus deutschsprachigen Familien stammen" (Baumert, Schümer 2002; S. 199).

Die Sprache ist offensichtlich das „kulturelle Kapital" (Pierre Bourdieu 1989; S. 34 ff., 1991), das für eine aufwärtsführende Bildungskarriere unabdingbar ist, was alles andere als eine neue Erkenntnis ist, denn Pierre Bourdieu hat diesen Zusammenhang schon in den 1960er Jahren empirisch aufgezeigt. In den 1970er Jahren war sich die Pädagogik der Schulrelevanz der von Basil Bernstein beschriebenen elaborierten und restringierten Codes wohl bewusst. In dieser Gemengelage gibt es, wie gesagt, die „feinen Unterschiede". So beschäftigt sich Erkan zwar kompetent mit einer kleinen Auswahl diskontinuierlicher Texte, jedoch nicht mit gedruckten. Noch wichtiger ist, ihnen fehlt der Darstellungsmodus des Buches. Dem Buch wird Erkan jedoch viel Abwehrenergie entgegen setzen. Wenn der Bildschirm mit dem Unterhaltungsprogramm des Fernsehens oder der Bildschirm der Spielkonsole nicht kompatibel mit Schule ist, dann bricht auch diese Verbindungsbrücke zum Lesen diskontinuierlicher Texte weg. Mediale Alltagskompetenz auch in der Schule zuzulassen und in den Erwerb der Lesekompetenz einzubinden, kommt dann hohe Bedeutung zu, was Hans-Dieter Kübler (2002, S. 4) fordert:

> „Außerdem müsste endlich stärker und präziser registriert werden, was Kinder von sich aus lernen, selbst wenn es mancher Norm widerspricht oder gar manches ideale Erziehungsziel konterkariert. Dies gilt nicht zuletzt für das Lernen der Kinder von, mit und durch Medien, ohne dies sogleich als neuerliche emanzipatorische Selbstsozialisation zu verklären."

Die Selbsttätigkeit des Lesens außerhalb der Schule trägt erheblich zur „Habitualisierung der Lesetätigkeit" und zum „Erwerb von Leseexpertise" (Baumert, Schümer 2002; S. 174) bei, weshalb die selbstverständliche Lesekompetenz und nicht-didaktische Leseförderung des Alltagslebens einerseits eine wichtige kulturelle Ressource sein kann, andererseits die Bildungsbeteiligung erheblich zu stören in der Lage ist. Wichtig wird hier sein, Texte in den verschiedenen medialen Darstellungsmodi in die Förderung der Lesekompetenz aufzunehmen. Diskontinuierliche Text in die Prüfung schulischer Lesekompetenz einzubeziehen, hilft schon, um einen der *feinen* kulturellen Unterschiede in der alltäglichen Lesepraxis von Kindern und Jugendlichen zu entschärfen. Die heute üblichen medialen Darstellungsmodi von Texten, vom Fernsehbildschirm bis zum Internet, neben den gedruckten Text zu stellen, fällt den mit dem Buch professionalisierten Pädagoginnen und Pädagogen sicher schwer. Die persönlich erworbene und geschätzte eigene Literalität zu relativieren, ist kein einfacher Prozess.

Zu wenig: Digital Divide

Um das kulturelle Kapital der Medien zu nutzen, braucht es ein unterstützendes Feld, zu dem die Schule gehört. Wobei das Feld der Familie mit ihrer soziokulturellen Definition nach Lebensstil (Modernitätsbezug) und Lebenslage (Einkommen, Ausbildung, Beruf) maßgeblich dafür ist, welche Medien wie geschätzt und welche Funktionen sie im Alltag und in der Lebensentwicklung bekommen, wie sie mit dem schulischen Bildungskontext harmonieren oder diesen stören. Dabei ist viel Ungleichheit im Spiel. Das ist vor allem die traditionelle Ungleichheit, die mit der sozialen Lage einer Familie, deren Ausbildung und dem Beruf der Eltern einhergeht. Das ist die neue und wählbare Ungleichheit der Lebensstile und Milieus.

Familien in ihrem soziokulturellen Bezugsrahmen (hierarchisch gestaffelte soziale Lage, Lebensstil mit Modernitäts- oder Traditionsbezug), mit ihren Nutzungsmustern und Kompetenzen können zwei Ziele an ihre Kinder weitergeben. Zum einen geht es darum, das eigene kulturelle Kapital so zu vermitteln, dass die Kinder den vorhandenen Familienstandard weiterführen. Das ist die Reproduktionsfunktion. Bei der andere Funktion, der Mobilitätsfunktion, setzen Familien ihr kulturelles Kapital dazu ein, um den Kindern zu einer höheren sozialen Lage zu verhelfen (vgl. Georg 2006; S. 127). Auch die vergleichsweise neuen und wählbaren Lebensstilmilieus bieten zusätzlich zur Familie, zumindest für die größeren Kinder und die Jugendlichen, ihren Mitgliedern ihr jeweiliges kulturelles Kapital für die Reproduktion der sozialen Lage und für gesellschaftliche Mobilität. Für Migranten geht es bei der Reproduktions- und Mobilitätsfunktion des kulturellen Kapitals zudem um die Einbindung in die neue Kultur oder um die Anknüpfung an die alte Heimatkultur.

Für die Mobilitätsfunktion sind Zugang zum und Nutzung von Computer und Internet wichtig. Ziel der Diskussion um den fehlenden Zugang von Kindern und Jugendlichen zu Computer und Internet ist es deshalb, Kindern die Teilhabe an der digitalen Informations-Welt zu ermöglichen und damit ihre gesellschaftliche Mobilität zu fördern. Wichtig ist die Teilhabe an den neuen Kulturformen, die insbesondere den Zugang zu aktuellen und umfassenden Wissensreservoirs ermöglichen. Dies ist ein Thema, das schon lange als Wissenskluft-Hypothese bekannt ist. In der Anfangsphase des Internets haben sich die Innovativen das Internet angeeignet, die sich heute im Internet vertraut und selbstverständlich bewegen („Digital Natives"). Diese „Digital Natives" gehören, so das nachfolgende Schema (Gruner+Jahr 2008), zu denen, die für „Neuorientierung" mit „Multi-Optionalität, Experimentierfreude und ein Leben in Paradoxien" stehen. Sie sind es auch, die selbstverständlich mit dem Internet umgehen und sich im Internet wohl fühlen, dabei zu Spezialisten in Sachen Internet werden. Sie gehören auch zu den gesellschaftlichen Schichten mit mittlerem oder höherem Einkommen, die auch die Kosten für PC und Online-Zugang ohne Problem bezahlen. Ihre Kinder werden mit den vielen Seiten und Funktionen des Internet selbstverständlich im Alltagsleben vertraut. An dieser Gruppe zeigt sich, wie das kulturelle Kapital von Lebenslage und Wertorientierung Kindern über Mediennutzung gesellschaftliche Mobilität verschaffen kann. Weniger gesellschaftliche Mobilität ermöglichen Familien der Unterschicht mit traditioneller Wertorientierung oder aus der Unterschicht mit starker Unterhaltungsorientierung ihren Kindern, weil sie zuhause das Internet kaum („die Entschleuniger") oder, im Falle der weniger traditionsorientierten Unterschicht, vor allem als Unterhaltungsmedium kennen lernen („die Unterhaltungsorientierten").

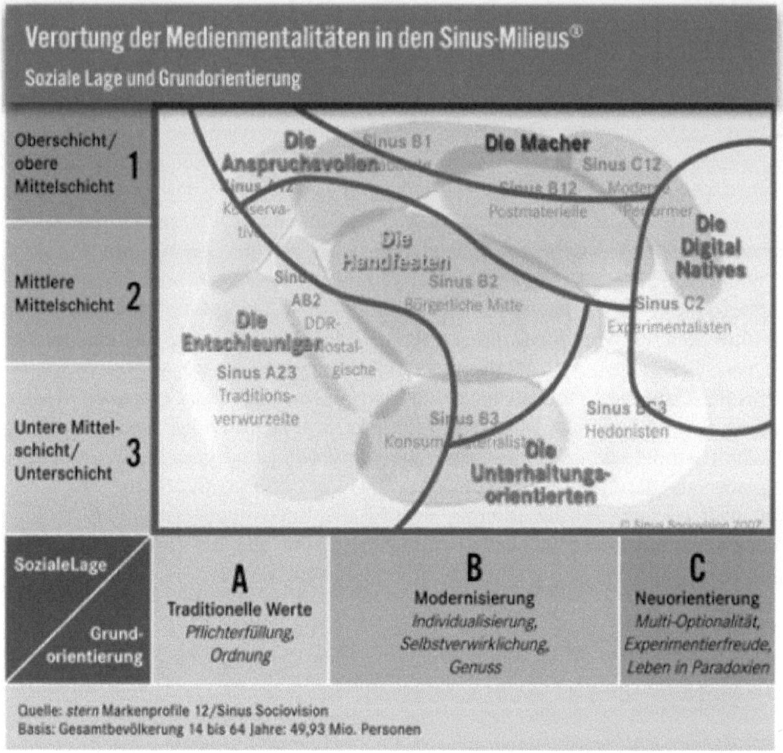

Der Schweizer Mediensoziologe Heinz Bonfadelli (2005) sieht eine Kluft zwischen gesellschaftlichen Gruppen beim Zugang zu Online-Diensten und Online-Kommunikation, die sich jedoch in den letzten Jahren reduziert hat. Er betont jedoch auch die Kluft „auf der Ebene der Nutzungsqualität des Internets" (S. 191), und das hat mit dem Bildungsstatus zu tun, die im Schema von Gruner+Jahr (siehe oben) mit der sozialen Lage zusammenhängt:

> „Mit steigender Bildung verstärkt sich der instrumentelle und aktiv informationsorientierte Umgang mit dem Internet, während bei den wenig Gebildeten die unspezifische und unterhaltungsorientierte Internetnutzung stärker im Vordergrund steht."

Bonfadelli warnt vor voreiligen Schlüssen:

> „Wir wissen ... erst in Ansätzen, ob die Online-Kommunikation letztlich auch die bestehenden Wissensklüfte über öffentliche Belange verstärken wird. Die vorhandenen Befunde weisen in die Richtung ... , dass sich der Zugang zum Internet – wenigstens zur Zeit – nur in einem leichten Anstieg der Informiertheit äußert, sich allerdings unter den Internetnutzern kaum Hinweise in Richtung einer sich weiter verstärkenden Wissenskluft finden lassen. Vielmehr scheint es gerade umgekehrt so zu sein, dass die weniger Gebildeten unter den Internetnutzern von diesem neuen Medium besonders zu profitieren vermögen. Allerdings könnte es auch sein, dass es sich bei der Gruppe der wenig gebildeten Internetnutzer zurzeit um atypische Innovatoren handelt."

Aber auch bei solchen „Innovatoren" sind Lebenslagen und Wertorientierung die kulturelle Basis, die sowohl die Familie als auch die gewählte soziale Umgebung, das sind die Peers und ihr Lifestyle, bereitstellen.

2.5.2 Primitive Ausdruckformen des Pöbelns oder Saufens – Handy-Videos junger Männer auf YouTube

Zum Thema der kulturellen Armut standen bisher vor allem soziokulturelle Strukturen von Familien oder Milieus im Vordergrund. Im Folgenden geht es, wie schon beim Internet als Kulturraum, um medienstrukturelle Vorgaben, jetzt um solche, die sich aus der Verbindung von Handy und Internet als Konvergenzmedien ergeben. Offensichtliches Strukturelement ist die neue Form der Öffentlichkeit bislang privater Videos auf allgemein zugänglichen Videoplattformen im Internet. Offensichtlich ist weiterhin der Massencharakter einer Videoplattform wie *YouTube. YouTube* ist definitiv ein Massenmedium. Auf *youtube.com,* so die Zusammenfassung von Elisabetta Adami (2008, S. 1), werden täglich 65.000 neue Videos geladen und mehr als 100 Millionen besichtigt. Daran beteiligen sich zu 44% Frauen und 56% Männer, vor allem Jugendliche im Alter von 12 bis 17 Jahren. An diesen gigantischen Zahlen zeigt sich die neue Art von Öffentlichkeit im globalen Maßstab. Zugleich ist auch klar, dass, schon ob der schieren Menge, Videoplattformen sowohl als kulturelle Ressource als auch als Vorgabe für Persönlichkeitsentwicklung, Sozialleben und Weltsicht von Gewicht sind.

Ein weiteres offensichtliches Strukturelement ist die Beziehung von Regional und Global. Handy-Videos entstehen im regionalen Kulturkontext und kommen auf die global funktionierende Videoplattform. An diesem Strukturelement Global/Regional mache ich die Auswahl der folgenden beiden Beispiele fest. Für die Auswahl beider Fälle war die Annahme von der kulturellen Doppelstruktur der Medienaneignung leitend: regionale kulturelle Traditionsstrukturen plus globale Jugendkultur (vgl. die Studien von Livingstone, Bovill 2001; Bucher, Bonfadelli 2007). Die Beispiele sollen die Korrelation der neuen globalen Video-Website als Medium einer internationalen Jugendkultur mit regionalen Traditionsmustern zeigen.

Beim ersten, ausführlich diskutierten Beispiel pöbeln junge Männer Obdachlose an, nehmen dies mit dem Handy auf Video auf und stellen es mit dem Titel *Atzen compilation* unter dem Logo *Cyril Pictures* auf *YouTube*. Beim zweiten, knapp skizzierten Beispiel laden junge Männer eines Sportclubs (*Juz Paule*) ihre privaten Sauf-Videos auf *YouTube*. Für die Festlegung dessen, was prekäre Kultur im Web 2.0 ausmacht, habe ich mich auf das Offensichtliche eingelassen. Das ausgiebig erörterte erste Beispiel stammt aus dem Polizeikontext. Die Augsburger Polizei sah grundlegende Persönlichkeitsrechte der Obdachlosen verletzt. Das zweite Beispiel ist das Ergebnis einer Recherche mit der Suchfunktion von *YouTube* und dem Stichwort *Augsburg*. Diese Videos erscheinen auf den ersten Blick ärmlich und ohne jeden Gestaltungsanspruch.

Fünf Strukturelemente der Videoplattform YouTube
„YouTube – Broadcast Yourself", mit diesem Motto eröffnet die Startseite der Videoplattform. *Broadcast Yourself* ist auch die Zuspitzung der aktuellen Umgestaltung der Massenkommunikation von redaktionell erstellten Programminhalten zu Archiven, deren Inhalt das Publikum auf die Plattform stellt. *YouTube* als Medienarchiv enthält neben Amateurvideos ebenfalls professionell erstellte Videos.

„Broadcast Yourself" ist zudem als Motto für die neuen Erlebnisweisen der fortschreitenden Individualisierung zu lesen: Im Mittelpunkt des Internet-Fernsehens als eine der neuen Varianten der Massenkommunikation stehen nicht mehr Information, Bildung und Unterhaltung, wie das für das Fernsehen seit dessen Ausstrahlung ab 1953 in Deutschland galt. Nein, die leitende Funktion von Massenkommunikation und ihrer Medien in der Sicht der Nutzer ergibt sich aus der Dienstleistung für das Handeln der Menschen in ihren persönlichen Lebenswelten.

Was können Nutzer alles tun? Als erste müssen sie sich ohne Identitätsnachweis registrieren. Dann können sie ihre Videos auf die Plattform laden, geschriebene Kommentare dazusetzen, Videos bewerten (raten) und „bookmarks" (das sind Präferenzhinweise) setzen. Sie können sich bei einem „Channel" anmelden und Interessengruppen beitreten. Weiterhin ist es möglich, auf ein Video mit einem Kommentar zu reagieren. Hier die entsprechenden Elemente der Startseite.

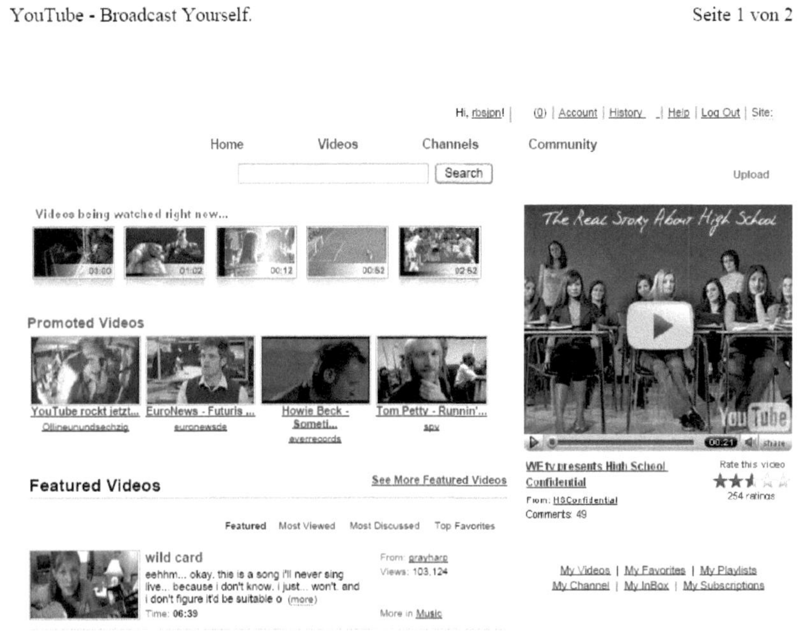

Elisabetta Adami (2008) hat in einer semiotischen, also zeichentheoretischen Perspektive vier Strukturmerkmale von *YouTube* gefunden (S. 10 f.):

- Doppelter Medienzugang mit multimodalen Darstellungen,
- Kommunikative Ordnung,
- Internationale Kommunikation entsprechend der Logik des Internet,
- Vorrang der Darstellungsmöglichkeiten vor den Kommunikationsinhalten.

Diese vier Strukturelemente brauchen meines Erachtens eine Erweiterung durch das Strukturelement der thematischen Perspektive der Nutzer. Zudem verdichte ich im Folgenden Adamis Strukturmerkmale. Die fünf Strukturelemente einer globalen Videoplattform sind Ausprägungen der Strukturmerkmale von Online-Communities, wie sie Winfried Marotzki (2003) formuliert hat und die oben für Lernen im Rahmen von Foto-Communities erörtert wurden. Bei der Diskussion der Funktion einer Videoplattform wie *YouTube* für Mitglieder prekärer Jugendkulturen geht es vor allem um die „sozialgraphische Struktur der Mitglieder“ (prekäre Jugendkulturen) einer Online-Community und das „Verhältnis von Online und Offline“ (Internet und Video).

(1) Doppelter Medienzugang mit multimodalen Darstellungen

Es sind zwei Medien notwendig („double mediation"), zur Zeit sind das Video und Computer, die mit multimodalen Darstellungen arbeiten, also mit Laufbild plus Standbild plus getipptem Text.

Nutzer brauchen Erfahrungen mit

- multimodalen und diskontinuierlichen Texten. Das sind Kombinationen von Bildern und geschriebener Sprache wie auf dem obigen Website-Ausschnitt.
- dem Medium PC im Kontext des Internet.
- der Videokamera bzw. der Videofunktion des Handys, falls sie Videos auf die Website stellen wollen.

(2) Kommunikative Ordnung: Video, Texte und Konversationsketten

Die Kommunikation mittels Video-Plattform ist geordnet. So reagieren Nutzer mit einem Kommentar per Video oder per geschriebenem Text auf ein Video. Auf diese Weise entstehen Konversationsketten („conversational chains"). In der gigantischen Fülle der Videos gibt es also die Möglichkeit einer öffentlichen und deutlich gerichtete Kommunikation, indem jemand zu gezielten Antworten auffordert.

> „Although formally presented as a conversational chain, video-interaction functions as a multiple and public unidirectional reply to a leading request, rather than as a polyphonic discussion developing a given topic. The leading role of the thread initiator is reinforced by the interpersonal content represented in the responses mainly by means of forms of address, while the specific relation of the ideational content to the topical question functions interpersonally in videos and communicates the tuber's peculiar attitude towards both the initiator and the community" (Adami 2008; S. 10).

Elisabetta Adami hat diese Ordnung mit Fragenaufruf und sich daraus bildenden Konversationsketten anhand des Aufrufs „@----Where Do You Tube? ----@" untersucht. Das Video erschien Anfang 2007. Es ist etwa eine Minute lang. Jemand mit dem Namen „ChangeDaChannel", der teilweise sein Gesicht bedeckt hat, schaut in die Kamera. Im Hintergrund sind mehrere PC-Bildschirme. Es läuft eine Heavy-Metal-Musik. Im unteren Bildschirmfenster läuft ein getippter Text:

> „a subscriber said i talk too much in my videos
> so I decided to do this video without talking ;P
> I TUBE FROM CALI USA
> WHERE DO YOU TUBE FROM?

do a video response and let me know where YOU TUBE From 'Vowels' Track by: Titus Kilawatts
And Ill do a sequence Thanks! SUBSCRIBE to catch the final 'WeTube From'
You still here?
Get CrackeN;P"

Zu diesem Videoaufruf gab es nach einem Monat auf der Website über 550 Video-Antworten, fünf Monate später insgesamt 792 Video-Antworten und 6691 geschriebenen Kommentare.

(3) Internationale Kommunikation entsprechend der Logik des Internet mit globalem Englisch und gemeinsamen Zeichenmaterial aus der internationalen Jugendkultur
Diese Kommunikationsketten laufen entsprechend der Logik des Internet international über nationale und geographische Grenzen hinweg, weil sie sich auf ein von einem gemeinsamen Interesse gespeisten Thema her organisieren. Dazu ist neben dem Zugang zum Internet eine gemeinsame Sprache, das ist eine Art globales Englisch, und gemeinsames Zeichenmaterial („shared semiotic resources") notwendig. Ein Teil der Videos kommt aus der internationalen Jugendkultur.

(4) Regionale Kommunikation mit den Video-Möglichkeiten im Amateurstil sowie der thematischen Perspektive der Nutzer einerseits und globaler Veröffentlichung andererseits
Die im Amateurstil erstellten Videos entstehen in und repräsentieren regionale Traditionsmuster. Dafür stehen die nachfolgenden Beispiele *Juz Paule* und *Penner und Atzen regieren Augsburg*. Ausgangspunkt für die Amateur-Videos sind neben den Aufnahme- und Darstellungsmöglichkeiten des Handy-Videos (siehe folgendes Strukturelement 5) die subjektive Handlungs- und Themenperspektive der Amateure. Die videographierenden Jugendlichen stellten ihre relevante Themen im regionalen Traditionskontext dar und stellen die Ergebnisse mit Hilfe der Videoplattform in eine globale Öffentlichkeit.

(5) Vorrang der Darstellungsmöglichkeiten vor den Kommunikationsinhalten
Die Art des verwendeten Zeichenmaterials bestimmt den Verlauf der Video-Kommunikation und ist tendenziell wichtiger für den Kommunikationsablauf als für das Kommunikationsthema („*mode compliance* is more regarded than *topic compliance*", Adami 2008, S. 10 f).

Literalität in der Struktur von Videoplattform und Handy
Im Herbst 2007 berichtete eine süddeutsche Regionalzeitung von Videos auf *YouTube*, die vier Augsburger Jugendliche u.a. von Obdachlosen auf dem Augs-

burger Hauptbahnhof gedreht und auf die Videoplattform unter dem Titel „Atzen compilation" gestellt hatten. Als Leitmotiv der Videos benennt die Zeitung „Jugendliche stellen Obdachlose bloß" und „machen sich vor laufender Kamera über wehrlose Männer", die betrunken sind, „lustig" und erschrecken sie.

Regionale Folgekommunikation mit einem klaren Bewertungsrahmen
Das Strukturelement der regionalen Kommunikation führt zu einer Folgekommunikation von Polizei und Zeitung, die für die Bewertung der veröffentlichten Videos einen klaren Rahmen hat und die beim Website-Autor darauf dringt, die Videos von der Plattform zu entfernen. Hier der Zeitungsbeitrag in der Web-Version:

> Augsburger Allgemeine 06.09.07 (http://www.augsburger-allgemeine.de/Home/Lokales/Augsburg-Stadt/Uebersicht/Artikel,Jugendliche-stellen-Augsburger-Obdachlose-im-Internet-blo%DF_arid,1028623_regid,2_puid,2_pageid,4490.html)
>
> Handy-Videos
> Jugendliche stellen Augsburger Obdachlose im Internet bloß
> Von Sascha Borowski
>
> Es sind hässliche Szenen. Ein älterer Mann, zusammengekauert an einer Haltestelle. Ein Jugendlicher, der feixend in die Kamera grinst, rückwärts zählt, den Schlafenden dann anschreit. Der Obdachlose schreckt hoch – die Jugendlichen amüsieren sich köstlich. Auch als der Mann von der Sitzbank fällt, mühsam versucht, sich wieder hochzuziehen, halten sie mit der Kamera drauf.
>
> „Penner & Atzen regieren Augsburg" heißt das Filmchen, das bei der Internet-Plattform „Youtube" zu sehen ist. Und es ist nicht das Einzige dieser Art: Unbekannte Jugendliche machen sich derzeit einen Spaß daraus, wehrlose Obdachlose in Augsburg vor laufender Kamera zu demütigen. Die Videos ihrer Streifzüge durch die Innenstadt veröffentlichen sie dann, geschnitten und unterlegt mit Musik, im Internet. Drei sind es – bis jetzt.
>
> Schlafend auf dem Gehweg
> Ein alkoholisierter Mann am Moritzplatz, daneben ein witzelnder Bursche. Ein anderes Opfer, schlafend auf dem Gehweg. „Ist alles in Ordnung?", schreien die Jugendlichen – und filmen auch hier direkt auf den Mann. 6.15 Minuten lang ist das Machwerk, das die Unbekannten bei der Video-Plattform „Youtube" eingestellt haben. Ein anderer Film zeigt, wie zwei Wohnsitzlose am Hauptbahnhof in Streit geraten. Ein dritter stellt einen älteren Mann bloß, der nur noch sinnlose Worte von sich gibt.
>
> Geschmacklose, aber harmlose Filme? Der Augsburger Rechtsanwalt und IT-Experte Hagen Hild hat sich eines der Videos angesehen. Sein Schluss: „Die Macher

könnten eine Menge Ärger bekommen." Strafrechtlich wegen Beleidigung – und weil sie die Videos ohne die Einwilligung der Gefilmten veröffentlicht haben. Hild: „Nach dem Kunsturhebergesetz droht dafür Geldstrafe oder Freiheitsstrafe bis zu einem Jahr." Allerdings müssten die Gefilmten selbst Antrag auf Strafverfolgung stellen. Auch zivilrechtlich könnte die Jugendlichen ihr Film teuer zu stehen kommen. Anwalt Hild: „Die Betroffenen haben nicht nur Unterlassungsansprüche, sie könnten auch auf Schadenersatz und Schmerzensgeld klagen."

Die Polizei hat den Film nach den Recherchen unserer Zeitung ebenfalls gesichtet, spricht von einem „geschmacklosen und menschenverachtenden" Werk. Die Möglichkeiten gegen die Veröffentlichungen einzuschreiten, seien aber begrenzt, räumt Manfred Gottschalk ein.

Beim Katholischen Verband für Soziale Dienste (SKM), der unter anderem die Wärmestube betreibt, sorgten die Filme für Empörung. „Es ist erschreckend, wie hier die Hilflosigkeit von Alkoholikern und Wohnsitzlosen ausgenutzt wird", sagt Diözesanreferent Wolfgang Krell. „Wo bleibt da die Menschenwürde?" Der SKM will nun aktiv werden. Einer der Gefilmten sei bekannt. „Wir werden ihn informieren und helfen, wenn er sich rechtlich wehren will."

Drei Tage später berichtet die Zeitung (8.9.2007, S. 48) von den mittlerweile bekannten Jugendlichen: Vier männliche Jugendliche im Alter von 14 bis 17 Jahren mit „Migrationshintergrund". Der rechtliche Hauptvorwurf, so die Polizei, bezieht sich auf die Verwendung des sogenannten Hitlergrußes als ein verbotenes Nazi-Kennzeichen. Einer der gefilmten Obdachlosen überlegt, ob er „Schadensersatz und Schmerzensgeld" haben will.

Protest in der kommunikativen Ordnung der Plattform und mit globalem Vokabular

Das mir zur Verfügung stehende Video trägt das Logo *Cyrill Pictures*. Die Stichworte, die sich auf *YouTube* am 11. Sept. 2007 finden, könnten möglicherweise mit „bimbofighter", „deutsche hooligans", „nazis" den Hinweis der Polizei im Zeitungsartikel vom 8.8.2007 auf einen rechtsradikalen Kontext bestätigen, den der sogenannte Hitlergruß in einem der Videos nahe legt.

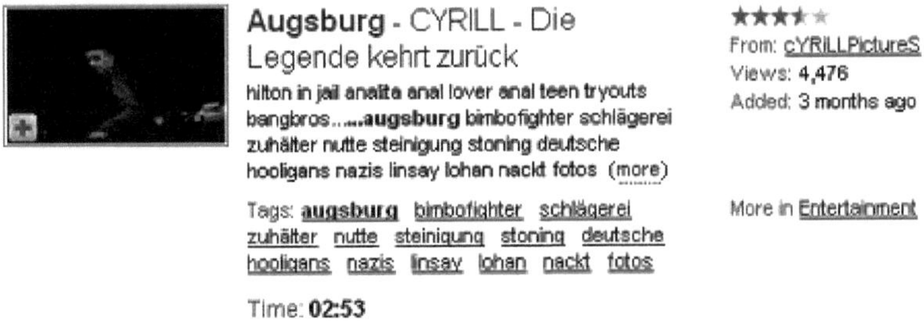

Augsburg - CYRILL - Die Legende kehrt zurück
hilton in jail analita anal lover anal teen tryouts bangbros.......augsburg bimbofighter schlägerei zuhälter nutte steinigung stoning deutsche hooligans nazis linsay lohan nackt fotos (more)
Tags: augsburg bimbofighter schlägerei zuhälter nutte steinigung stoning deutsche hooligans nazis linsay lohan nackt fotos
Time: 02:53
From: cYRILLPictureS
Views: 4,476
Added: 3 months ago
More in Entertainment

Wahrscheinlicher ist, dass *Cyrill* diese Wörter nicht in einem rechtradikalen Sprachkontext nutzt, sondern wegen ihres Provokationspotentials. Dieses Provokationspotential zeigt sich auch im folgenden Text eines anderen Videos von *Cyrill* (http://www.linktakas.net/video/95654/Augsburg_-_CYRILL_-_Die_Legende_kehrt_zur%FCck.html, 9_Jan_2008).

> „Ünlü Videoları
> Taglar: Augsburg - - - CYRILL - - - Die - Legende - kehrt - zurück – A?iklamasi : Nachdem alle meine Videos aus YouTube gelöscht worden sind, hab ich einen neuen C.Y.R.I.L.L TRAILER erstellt peace xxx porn slut Jenny McCarthy Jim Carrey Playboy MTV uncensored Carmen Electra bunny Brad Pitt tits til death cock bikini msn webcam hack camera porn tape sex paris hilton in jail analita anal lover anal teen tryouts bangbros assparade blowjob for free eat nuts suck dick carmen electra jessica alba fantastic four uncensored tits nipple slip pussy vagina stick show tits ups upskirt
> Izlenme: 161 Kere Izlendi“

Dieser Text ist ein deutliches Beispiel für das Strukturelement der internationalen Kommunikation mit Hilfe eines globalen Jargons in einer Art von Englisch. Er ist zugleich Teil einer regionalen Folgekommunikation und reagiert auf Polizei und Zeitung. Der Gestus des provozierenden Protests scheint mir deutlich erkennbar zu sein. Deutsche Grammatik war für den Schreiber nicht relevant, eher die Form der Beschimpfung mit einem Schwall von zum Teil hoch kontextualisierten Wörtern.

Vielfalt und Gestaltungsanspruch der Folgekommunikation

Dass die Folgekommunikation in der Regionalzeitung geführt wird, dürfte die vier Jugendlichen sehr verblüfft haben. Das Internet steht in der gängigen Erwartung für anonyme Öffentlichkeit und nicht für eine kommunikative Ordnung, bei der es um die Grenzüberschreitung 14- bis 17Jährigen geht. Wenn man sich die Folgekommunikation zu *Cyrills* Website auf *MySpace* ansieht, dann ist die Kommunikation alles andere als anonym. Die Reaktionen auf der Website sind alle mit einem Bild versehen und ähneln vom Stil her der Postkarte mit einer Kurzinformation, obwohl man nicht weiß, welche Identität sich hinter den Namen und Bildern wie der von *EbRu* stehen. Die kommunikative Ordnung einer Videoplattform hat viel mit dem Knüpfen von Netzwerken zu tun, was eine Folgekommunikation in Gang setzt. Die Form der Folgekommunikation ist zwar nur das einfache Ranking oder der Kommentar, die in ihrer Menge und Vielfalt Komplexität bekommen. Nutzer von Videoplattformen erwarteten nicht nur Folgekommunikation, sondern setzen ihre Produkte auf mehrere Plattformen, um so auch mehr Reaktionen zu bekommen. Sie bauen eine Art von Netz auf, um

Reaktionen einzufangen. So veröffentlicht *Cyrill* auch auf linktakas.net (http://www.linktakas.net/video/95654/Augsburg_-_CYRILL_-_Die_Legende_kehrt_zur%FCck.html; 9_Jan_2008, siehe Textauszug weiter oben) und *myspace.com (*http://profile.myspace.com/index.cfm?fuseaction=user.viewprofile&friendid=218191230, 11. Jan 08.*)*. Die Folgekommunikation auf *MySpace* sieht beispielsweise so aus:

Bild 1 Bild 2 Bild 3

Ein Junge (Bild 1, oberer Rand) fragt bei *Cyrill* als dem Web-Experten nach. Neben dem Text steht ein einfaches Foto des Fragenden.

> „CYRILL wie hasT du dich selber als hinTERgruND gemaCHt? Sag mal bitte peace."

Eine junge Frau, *Ebru*, mit Foto (Bild 2), die sich als sexy im Bikini oder Unterwäsche im Stil einer Werbung zeigt, bedankt sich:

> "Hey, thanks for your friendrequest!
> I hope you enjoy my music.
> Please leave a comment on my page
> Greeting Ebru"

Diese Kommentare sind recht unterschiedlich, wobei vor allem die Kontexte differieren. So fragt der Junge, der die technische Lösung wissen will, innerhalb eines Alltagskontextes. Bei *Ebru* dürfte Werbung der bestimmende Kontext sein. Um die Kontexte einzuordnen, um z.B. auf eine Frage angemessen zu reagieren, braucht man Kontextwissen. Gleiches gilt für die vom Duden abweichende Groß- und Kleinschreibung. Ist sie zufällig oder stellt sie ein Relevanzkriterium dar?

Verblüffend ist der unterschiedliche Stil der sich als sexy und erotisch darstellenden *EbRu* und des Bildes des jungen Mann *eMKa* direkt darunter (Bild 3). Das Bild, das *Cyrill* von sich auf die Website gestellt hat (siehe die Bilder weiter unten), ist der Darstellung von *EbRu* wesentlich näher als der von *eMKa,* der nur sein Gesicht zeigt. Die Kombination von Foto und Text hat viel Eigenständigkeit, jedoch unterschiedliche Gestaltungskompetenz und vermutlich auch Gestaltungswillen.

Den regionalen Kontext herstellen

Die regionale rechtliche Diskussion und die Wertediskussion, die die Zeitung in Gang gesetzt hat, und mit der zumindest die Polizei die vier Jugendlichen konfrontierte, ist von einem anderen Kaliber als ein Video-Ranking auf der Website oder die Folgekommunikation, die beispielsweise Adami (2008) zum Blogs @----*Where Do You Tube?* ----@ festgestellt hat (siehe weiter oben). Statt banaler Bewertung oder schlichten Fragen auf der Website gibt es im regionalen Kulturkontext die substanzielle Beschäftigung mit Maßstäben, und zwar als reflexive Auseinandersetzung, z.B. indem einer der überrumpelten Obdachlosen die Forderung nach Schadensersatz formuliert. So kommen *Cyrill* und seine Gruppe nicht umhin, sich mit rechtlichen Bewertungen ihres Handelns auseinander zu setzen, z.B. denen des „Staatsvertrag über den Schutz der Menschenwürde und den Jugendschutz in Rundfunk und Telemedien" (§ 4, Punkt 8), der die mediale Verdinglichung von Menschen als Maßstab liefert.

Der Regionalbezug, den das Handy-Video in die kommunikative Ordnung der Internetplattform bringt, knüpft damit an eine lange Kulturtradition der Maßstäbe und des Bewertens an. Hier lässt sich eine pädagogische Chance erkennen, die aus der Spannung regionaler und globaler Kulturmuster erwächst und die mit der substanziellen Verknüpfung der beiden Medien Internet und Handy mit ihren typischen Kontexten einhergeht. Das Handy-Video hat den Kontext Region mit seiner über lange Zeiträume entwickelten kommunikative Ordnung und Werteordnung. Die Internet-Videoplattform bleibt dagegen kommunikativ unverbindlich, lässt all das zu, wogegen sich niemand wehrt; sicher auch deswegen, weil es nahezu keine Handhabe gegen eine Veröffentlichung gibt. In dieser Spannung entsteht jedoch auch die pädagogische Chance, Internetbeiträge in den Regionalkontext der Schule einzubinden und zu bewerten. Es empfiehlt sich, in der Schule Video-Plattformen wie *YouTube* oder *MySpace* auf Beiträge der Schülerinnen und Schüler der eigenen Schule durchzusehen. Um der Gefahr der Aufsicht und der Zensur der Internetvideoaktivitäten von Kinder und Jugendlichen zu entgehen, sollten die Schülerinnen und Schüler diese Regionalisierung und Kontextualisierung in Eigenregie durchführen. Eine Pin-Wand, auch eine auf der Schul-Website zu „Videos, die uns aufgefallen sind", wäre einen Versuch wert, um in die Diskussion von Maßstäben einzusteigen. Diese didaktische Möglichkeit ergibt sich aus der Medienstruktur *Folgekommunikation* und *Regionalbezug.*

Aktive Öffentlichkeit neuer soziokultureller Milieus
Medienplattformen funktionieren global mit Produkten der internationalen Jugendkultur und regional mittels Amateurvideos und Folgekommunikation. Die regionalen Produkte und Aktivitäten wie die *Cyrills* und seiner Gruppe sind in soziokulturelle Milieus eingeordnet, vermutlich in das „hedonistisch-subkulturelle Milieu" von Migranten (Sinus Sociovision 2007a; S. 65). Dafür spricht vor allem der Gestus der provokativen Selbstinszenierung als Underdog. Hier die „Kurzcharakteristik" von *Sinus*: „Die unangepasste zweite Generation mit defizitärer Identität und Perspektive, die Spaß haben will und sich den Erwartungen der Mehrheitsgesellschaft verweigert" (S. 64).

„Grundorientierung" des „hedonistisch-subkulturelle Milieus" von Migranten
- Vor dem Hintergrund generalisierter Ausgrenzungserfahrungen (Selbstbild als „Kanak") einerseits Träume vom Wohlstandsleben in Deutschland: Schnelles Geld, Luxus, Prestige („Kohle scheffeln und Spaß haben"), andererseits Resignation und trotzige Underdog-Mentalität: arbeitslos, chancenlos, mutlos,
- (Teilweise aggressive) Distanz zur Mehrheitsgesellschaft sowie Unangepasstheit im Outfit, im Verhalten und in der Sprache, Konflikte mit Autoritäten (Eltern, Lehrer, Chefs, Polizei); einerseits Ablehnung von Einpassungs- und Leistungsanforderungen, andererseits Wunsch nach Erfolg und Anerkennung, nach einem höheren Einkommen und besseren Beruf,
- Konzentration auf das Hier und Jetzt, kaum längerfristige Zukunftsplanung, unkontrollierter Umgang mit Geld, notorische finanzielle Sorgen; häufig Perspektivlosigkeit und Passivität („Null Bock"), Unsicherheit" (Sinus Sociovision 2007a; S. 65).

Dieses „hedonistisch-subkulturelle Milieu (BC3)" gehört in das soziokulturelle Schema mit den beiden Dimensionen „Soziale Lage" und „Grundorientierung" nach den *Sinus*-Daten der in Deutschland lebenden Migranten (Sinus Sociovision 2007a; S. 19) zur Unterschicht mit geringem Einkommen, wenig schulischer Bildung und einfachen Berufen. Ihre Mitglieder richten sich mit ihrer Wertorientierung und ihrem Lebensstil auf Modernisierung und Innovation aus, bei der Individualisierung im Vordergrund steht.

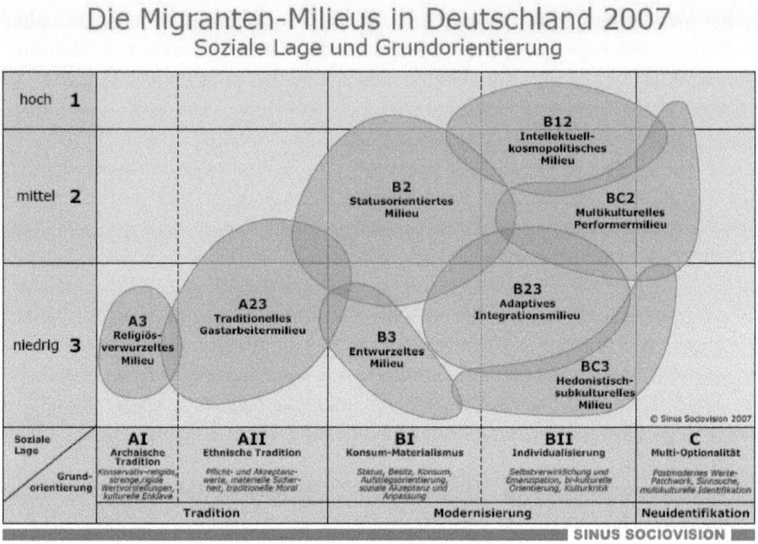

Eine Videoplattform bietet diesem Milieu die passenden Themen und Ausdrucksformen, z.B. einen Rap wie den von *Bushido* „11. September“ auf *Youtube.de. Bushido* liefert im Rap-Stil die Eigenstilisierung eines Ghetto-Underdogs, was für ihn Grenzüberscheitungen in Sprache und Phantasie legitimiert. Dazu nutzt *Bushido* eine Terroristen-Perspektive, was zur Zeit wohl die heftigste Form der Provokation ist und u.a. Provokationsformen wie die von Cyrill legitimiert.

Der 11. September, der Tag der Entscheidung,
ich bin dieser Junge über den man las in der Zeitung,
wenn ich will, seid ihr alle tot,
ich bin ein Taliban, ihr Mißgeburten habt nur Kugeln aus Marzipan.
Der 11.9, der Tag der Verdammnis,
du kannst dich überzeugen, falls du ein Mann bist,
ich lass dich bluten wie die Typen aus den Twin Towers,
meine Freunde tragen Lederjacken und sind stinksauer."

Guck, ich habe zweimal Gold nenn mich Goldschmied,
und Amerika hass ich seit dem Golfkrieg,
du bist jetzt stolz Junge, sieh du hast mit Schwulen Sex,
Ich bin King Bushido, zweiter Name Mohammed.
Ich hab ein Flächenbrand über deine Stadt gefegt,
Mädchen finden, dass ich ausseh wie ein Kraftpaket,
die Zeit im Knast vergeht einfach viel zu langsam Mann,
ich bin ein Cowboy, du ein dummer Hund wie Ran Tan Plan.
All' die Kids da draussen, rappen meine Parts mit,
du siehst aus wie ein Einbeiniger beim Arschtritt.

Cyrills Video aus dem Regionalkontext nutzt also auch Themen- und Darstellungsangebote der internationalen Profi-Jugendkultur, weil sie zu seinem soziokulturellen Milieustil (z.B. selbstverklärende, legitimierende Provokation) passen. Über diese Entsprechung der Stile und Themen von Profis und Amateuren, internationalen und regionalen Beiträgen werden Medienplattformen zur aktiven Öffentlichkeit für Themen und Ausrucksformen soziokultureller Milieus.

Das Handy-Video als persönliche Bearbeitung im Rahmen des soziokulturellen Milieus und der neuen Medienstruktur
Auf der Basis dieser möglichen „Grundorientierung", die einem Rap wie „11. September" entspricht, empfiehlt sich eine Lesart zum Video „Atzen compilation", die die regionale Provokation mit der anonymen Distanz des Internet verbindet.

Verschriftlichung des Videos „Atzen compilation"
Das Video besteht aus 11 Episoden, die mit den einfachen Mitteln einer Handykamera aufgenommen wurden. Die Bildqualität ist teilweise sehr schlecht, der Ton oft kaum verständlich oder unverständlich. Deshalb sind im Folgenden auch nicht alle Aussagen transkribiert. Das Video zeigt vor allem Episoden aus dem Leben Obdachloser auf dem Augsburg Hauptbahnhof, in dessen Wartehalle und auf dessen Vorplatz. Die Jugendlichen, die das Video aufnehmen, tauchen teilweise als Handelnde auf dem Bild auf. Sie stellen aus dem Off Fragen an die Obdachlosen oder kommentieren die Episode. Die Jugendlichen sind im folgenden als Protagonisten gekennzeichnet. Es läuft Musik aus dem Techno-Bereich.

1. Episode: Protagonist spricht einen alten, verwahrlosten Mann an
   Protagonist : Was ist los Atze? Ist alles klar?

2. Episode: Protagonist spricht einen anderen alten, verwahrlosten Mann an, dessen offener, kauender Mund in Großaufnahme zu sehen ist.
   Protagonist: Wo wohnst Du? Ich kann dich mal besuchen
   Mann: Obdachlosenheim
   2. Stimme, Protagonist, leise, klar: Obdachlosenheim

3. Episode: In einer Straßenbahn
   Männerstimme: Fahrscheinkontrolle
   Männerstimme: Servus

4. Episode: Diese Episode knüpft an Episode 2 an. Neben dem alten, verwahrlosten Mann sitzt ein männlicher Jugendlicher, einer der Protago-

nisten, der dem in der Zeitung genannten Alter von 17 Jahren entspricht. Er sieht gepflegt aus. Seine Haare sind in einer Art Irokesenschnitt frisiert. Er trägt eine dicke Schmuckkette eng um den Hals. Diese Situation zwischen dem alten und dem jungen Mann erscheint kommunikativ, ihr fehlt Aggressivität.

Protagonist: Wie heißt Du?

Mann: Anton

Protagonist: Wie?

[Bei der schlechten Tonqualität nicht identifizierbar, es wäre jedoch möglich, dass der Protagonist aus „Anton“ das Wort „Atzen“ macht.]

Protagonist: Was alt bist Du?

Mann: 65. [Er antwortet unverständlich, einmal wegen der schlechten Tonqualität, zum anderen kann sich der kauende Mann kaum artikulieren.]

Protagonist: Schmeckts?

Mann: Ja.

5. Episode: Junger Mann, der unauffällig in einem Parka gekleidet ist. Außerhalb des Bahnhofsgebäudes. Mann der 1. Episode liegt am Boden.

Protagonist: Soll ich dir helfen?

Mann: Nö.

Protagonist: Sicher? Nicht helfen?

Protagonist: Alles klar?

.... Mann: Ja. [Mann steht auf.]

Protagonist: Was ham sie denn getrunken? Setzen sie sich hin.

Protagonist: Wo müssen sie hin?

[Mann sagt etwas Unverständliches.]

Protagonist: Zum Chef?

6. Episode: Der alte Mann aus der 1. und 5. Episode sitzt schlafend auf einer Bank im Bahnhofsgebäude. Ein junger Mann, sehr wahrscheinlich einer der Protagonisten, in unauffälliger Kleidung kommt ins Bild. Sein Gesicht bleibt außerhalb des Bildes. Er bewegt zählend die Hand, schreit dann plötzlich den alten Mann an, der davon aufwacht, jedoch nichts von dem Vorgang mitbekommen hat.

7. Episode: Vermutlich eine Frau in einer Telefonzelle. Ein Mann will in die besetzte Telefonzelle
   Protagonist: Ja Erwin
   [Mann geht zum Geldautomaten.]
   Protagonisten: Lauter Freaks Alter. Der Atze. Der Erwin. Das geht voll geht ab jetzt.
   [Unterhalten sich unverständlich und lachen.]
   [Mann trifft jemanden. Vermutlich wird Geld ausgetauscht.]
   Protagonist: Der schnorrt sich Geld, was passiert sehen sie in der nächsten Folge. [Lachen]
   Protagonist: Jetzt fragt er, ob er Geld hat. Hoffentlich geht der Akku hier nicht leer.
   Protagonist: Aber für den Atzen hasst du was. Komm [gothik-assblow].
   [Kamera zeigt einen Mann, der auf einer Stufe kauert.]

8. Episode: Ein Mann liegt vor einer Stufe. Es ist vermutlich nicht der Mann vom Ende der 7. Episode. Ein Mann liegt auf dem Pflaster.
   Protagonist: Hallo, alles in Ordnung? Hallo. Hallo. [Man hört einen Pfiff, der vermutlich vom Protagonisten kommt.]

9. Episode: Protagonist spricht einen jüngeren Mann an, der ein T-Shirt trägt mit Schriftzug „Brauhaus Riegele Augsburg". Diese Episode hat einen Anflug von Witz.
   Protagonist: Du arbeitest bei Bauhaus Riegele?
   Mann: Nein ich trink Brauhaus Riegele.
   Protagonist: Ach so.

10. Episode: Sie läuft länger als eine Minute und zeigt den Streit in der Bahnhofshalle zwischen zwei betrunken Obdachlosen, die sich gegenseitig bedrohen. Einer davon ist Anton, der alte Mann aus der 2. und 4. Episode. Er bedroht den anderen mit einer Flasche und ruft dabei: Komm her, komm. Der andere scheint ihn herauszufordern, neigt seinen Kopf, zeigt auf seinen Hals, sagt : „Hier" und „Auf die Fresse" und fordert Anton auf, ihn dort zu schlagen. Aus dem Off hört man einen der Protagonisten lachen.

11. Episode: Anton, der alte Mann aus der 2., 4. und 10. Episode kommt ins Bild und wird angesprochen.
    Protagonist: Die Lebensphilosophie.

Mann (Anton): Was soll ich?
Protagonist: Die Lebensphilosophie, die Lebensphilosophie.
Mann (Anton): Was ist das für ne Scheiße.
[Lacht]
Protagonist: George Bush?
Mann (Anton): Ja
Mann (Anton): Wer ist das?
Mann (Anton): [Spricht etwas Unverständli ches.]
Eine Männerstimme(2. Obdachloser): Hel muth Kohl?
Mann (Anton): Kohl, Kohl.
[Der zweite Obdachlose bietet Anton eine Flasche und will singen.]
2. Obdachloser: Is Schnaps.
Protagonist: Ist Schnaps.
Stimme: Der ist weg wie ein Biotop [oder ein ähnlich klingend].
Protagonist: Was? [lacht]
[Mann, Anton, singt grölend.]
Protagonist: [lacht]

In diesen Episoden lassen sich folgende Themen entdecken, die teilweise in die Art integriert sind, mittels einer Videoaufnahme auf Menschen zu blicken. Die Themen sind Teil einer Spannung von Macht und Empathie, Nähe und Distanz, Experte und Amateur.

Macht und Empathie
Im Video ist ein Interesse an Menschen zu erkennen, die sich in einer prekären Lebenssituation befinden, die kaum in der Lage sind, sich zu artikulieren, geschweige ihre Interessen zu formulieren oder diese durchzusetzen. Das Ungleichgewicht zwischen den vier jugendlichen Videoprotagonisten und den beobachteten verwahrlosten Obdachlosen ist deutlich und vermutlich von den Jugendlichen auch so gewollt. Die 6. Episode, in der einer der Protagonisten einen schlafenden Obdachlosen anzählt und rüde aufweckt, zeigt deutlich das ungleiche Herrschaftsverhältnis zwischen den jugendlichen Protagonisten und den obdachlosen Männern. Die Obdachlosen werden als Objekte vorgeführt. Dazu gehört z.B. der mit offenem Mund kauende und sabbernde alte Mann (Anton) in der 2. Episode. Die Unfähigkeit, im Streit der 10. Episode ein Minimum an sozialer Intelligenz zu zeigen, führt die obdachlosen Männer als verwahrlost, sich selbst entwürdigend, debil vor. Sie stehen somit auf der untersten Stufe der Ge-

sellschaft. Wenn der Protagonist in der 11. Episode nach „Lebensphilosophie" und „George Bush" fragt, zeigt das Arroganz gegenüber jemandem, der sich fast nicht mehr artikulieren kann, was die eigene Überlegenheit bestätigt. In diesen Episoden führt das Video deutlich vor, wer der Bodensatz dieser Gesellschaft ist, deutsche Männer. Hier wird klar, dass die Protagonisten sich weit über diesen deutschen Underdogs stehend sehen.

Die 9. Episode belegt, dass sich die Protagonisten nicht nur an Hilflose heranwagen, sondern auch an einen jungen Mann, dem sie eine sozial intelligente und nicht von vornherein brüskierende Frage nach dessen Alkoholkonsum stellen, die dieser mit einem Witz beantwortet. Deutlich ist Empathie in der Frage erkennbar: „Soll ich dir helfen" (5. Episode) und „Hallo, alles in Ordnung? Hallo. Hallo" (8. Episode).

Nähe und Distanz

So zufällig die videographierten Episoden auf den ersten Blick erscheinen, sie lassen sich auf die soziale Randssituation am Bahnhof ein, belegen einen genauen Blick für die Erscheinungsform extremer sozialer Abweichung und deren verschiedenen Spielarten, z.B. indem sie zeigen, wie ein Obdachloser an Geld kommt, wie Männer einen Streit austragen, welche Grade des Sozialabstiegs möglich sind. So ist ein junger Mann ein ernst zu nehmender Gesprächspartner. Die Mehrzahl der Episoden zeigt jedoch vor allem Distanz, indem sie den sozialen Verfall dokumentieren und veröffentlichen. Um dies zu erreichen, lassen sich die Protagonisten auf eine soziale Situation am Bahnhof ein und entwickelt mit Hilfe des Handy-Videos eine Art von distanziertem Expertenblick für Verwahrlosung. Das hat sicher mit dem eigenen Thema der Selbststilisierung als Underdog und Outlaw zu tun, ebenso mit der zum Sozialmerkmal verdichteten Erfahrung, nicht dazu zu gehören und ein Ghetto-Kind zu sein, was die *Sinus*-Studie zu Migranten-Milieus nahe legt.

Experte und Amateur

Aufbau des Videos und Führung der Handy-Kamera bzw. des Handy-Mikrophons liegen auf primitivem Amateurniveau. Oder? Vergleich man diesen Aufbau mit dem Text von @---*Where Do You Tube?* ---@, den Elisabetta Adami analysiert hat, dann zeigt sich so etwas wie der Start zu einer globalen Bildsprache, die die Standards einer billigen Unterhaltungsshow im traditionellen Fernsehen wesentlich unterbietet. Es entsteht dennoch eine bildsprachliche Verdichtung und Generalisierung mit einer neuen ästhetischen Dimension. Dazu gehören Sprachspiele wie „WHERE DO YOU TUBE FROM", Großschreibung als Betonung oder situative Spracherfindungen mit viel Assoziationspotential wie „Get CrackeN;P" als Schlussformel eines Videos @----Where Do You Tube? ----@.

Recherchiert man nach weiteren Beispielen von *Cyrill*, der sich ja mit dem Logo *Cyrill Pictures* selbst den Status eines Profis verleiht, so findet sich auf http://www.myspace.com/cypictures (9. Jan. 2008) eine erstaunlich differenzierte Selbstdarstellung. So ist auf dem folgenden Website-Ausdruck (Bild 1) der Raper aus dem Ghetto zu sehen (oben quer liegend). Darunter zeigt er sich distanziert, eher nachdenklich, im linken Bildteil zudem als sensibler, sich kreativ und hübsch darstellender Junge mit Trend zu einem afro-karibischen Stil. Zudem gibt er ordentliche Informationen zu seiner Person. Bei der Vielzahl der Internet-Bilder, die auch aus der Werbung stammen, braucht es spezielles Kontextwissen um festzustellen, ob *Cyrill* Photos von sich selber verwendet hat. (Eine weitere Erörterung befindet sich im 5. Teil.)

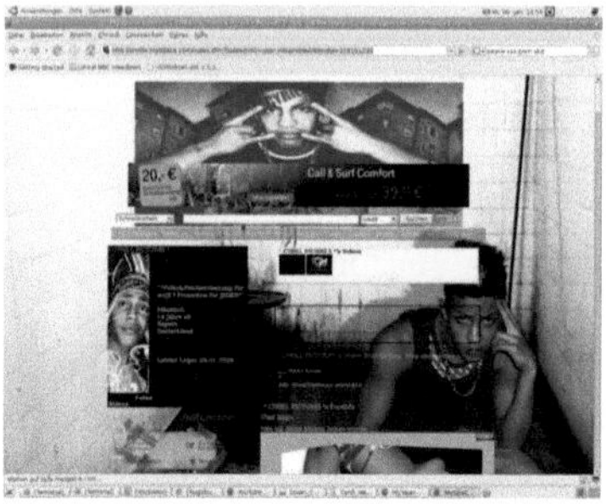

Bild 1

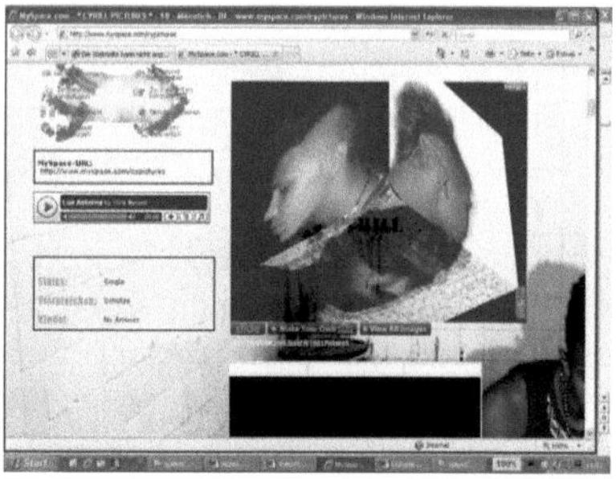

Bild 2

Cyrills Medienliteralität

Die Webpage *Cyrill Pictures* enthält Darstellungsformen des perfekten Werbe-Designs mit ausgefeilten eigenen Bilder auf einem sich drehenden Würfel (oben Bild 2). Gleichzeitig sind schlichte Amateurfotos zu sehen, die sich mit einer minimalisierten und willkürlichen Schriftsprache verbinden. In diesem Kontext hat *Cyrill* den Status des Experten, der jedoch im Regionalkontext des Augsburger Hauptbahnhofs ein Video auf einfachstem Darstellungsniveau dreht. Vermutlich liegt dieser Darstellungsweise im Spannungsfeld von Perfektion und Anspruchslos/Primitiv die Funktion zugrunde, sich in das eigene soziokulturelle Umfeld zu integrieren, und zwar als kompetent in Sachen globaler Jugendkultur und als selbstinszenierter Underdog einer scheinbar primitiven Gegenkultur.

Cyrill stellt in seinem alltagsästhetischen Milieu-Kontext auch mit den Strukturen der Videoplattformen seine Themen dar. Zum alltagsästhetischen Milieu-Kontext gehört die Selbststilisierung, die sich der Spannung von Primitiv und Website-Experte bedient. Zu seinen Darstellungsmitteln gehört die globale

Jugendkultur, die deutlich kontextualisiert ist. Wer nicht weiß, ob *EbRu* Star der türkischen Musikszene ist, ist nicht in der Lage, die auf der Videoplattform angelegte und geordnete Folgekommunikation zu verstehen. Zudem verliert ein regionales Kommunikationsprodukt, also das Video *Atzen compilation,* einen Bezugspol, der die primitive Machart dieses Videos als Teil der Spannung mit dem globalen Expertenstil im Rahmen des soziokulturellen „hedonistisch-subkulturellen Milieu" erkennbar macht.

Cyrill hat ein Aneignungsmuster im konvergenten Medienangebot entwickelt, bei dem er als „Breitnutzender" sich Video und Videoplattform als „eigenen medialen Gestaltungsraum" verfügbar macht (vgl. Wagner u.a. 2004, S. 80 ff). Mit solch einem Aneignungsmuster hat er sich die Basis für die Entwicklung seiner Literalität, auch im traditionellen Sinne einer Schrift- und Buchkultur, geschaffen. In seinem soziokulturellen Milieu wird das in einer Schulperspektive nur dann sichtbar, wenn die dort Handelnden die *Lesekompetenz* für Videoplattformen und deren Strukturvorgaben besitzen. Es kommt eine zweite Voraussetzung hinzu, um den Bezugsrahmen zu haben, ein Video wie *Atzen compilation* einzuordnen. Die alltagsästhetischen Ressourcen in *Cyrills* spezifischem Milieu und seine konflikthaltige, auf Widersprüchen basierende Selbstinszenierung und Selbststilisierung als Ghetto-Kind sind weit weg von der Kultur der Schule und der der Lehrerinnen und Lehrer.

2.5.3 Ausdrucksarmut für Männerthemen

Cyrill hat nicht die Möglichkeit, auf eine für seine Lebenswelt adäquate und etablierte Literalität zurückzugreifen, bedient sich jedoch der Ressourcen der Medienplattform und des Handys, die ihm Material und Formen für seine soziokulturellen Themen bieten. Da Jungen, so die Pisa-Ergebnisse, zu den Kulturverlierern gehören, ist die Frage nicht unwesentlich, ob sie in der Konvergenz-Kombination Medienplattform/Handy auch Ressourcen zur Bearbeitung ihrer Themen finden. Cyrill tut es, was für ihn jedoch mit erheblichen Problemen im Regionalkontext einher geht.

Anspruchlose Selbstdarstellung mit Handy und Medienplattform

Dazu noch kurz ein Beispiel kultureller Armut, die Videos von *Juz Paule* auf *YouTube.* Ausgehend von den Strukturmerkmalen einer Videoplattform des doppelten Medienzugangs und des Regionalbezugs mit Amateurcharakter hatte ich im September 2007 mit dem Suchstichwort *Augsburg* ein sehr kurzes Video *JUZ Paule Zugfahrt Augsburg 1* auf *YouTube* gefunden, das vier gut gelaunte, grölende junge Männer mit Bierflaschen in einem Zug zeigt (http://www.youtu-

(http://www.youtube.com/results?search_query= JUZ+Paule&search=Search, 26. Sept. 2007). Das Video sieht deutlich nach einer spontanen Aufnahme mit einem Handy aus, wirklich ohne jede Art von Gestaltungsanspruch. Die Website, auf dem linken Ausdruck unten, erläutert unter einer Überschrift den Kontext des Videos.

- JUZ Paule Zugfahrt Augsburg 1
  Schönes Trinkgelage mit anschließendem
  Gesang ... JUZ Paule Börndie Junior paulnoing
  flugplatzstraße bj strüth acab giebelstadt Deutsche
  Bahn

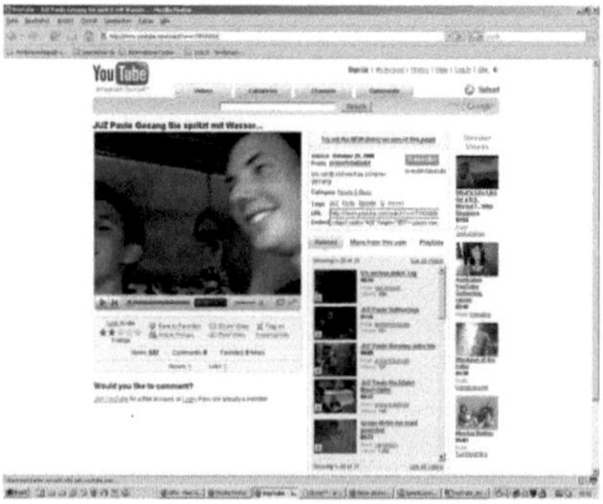

Schaut man sich die Überschriften weiterer *JUZ Paule*-Videos an, dann zeigt sich das Thema Sexualität: „ich wichse jeden Tag“, „spago derb ins Maul gewichst“ und ein Analthema: „JUZ Paule Börndey auf dem Klo“. Auf der Seite mit dem Video „Ich wichse jeden Tag“ (http://www.youtube.com/watch?v=lNNm4IfSCgo&mode=related&search=JUZ%20Paule%20B%C3%B6rndie%

20bj%20paulnoing%20Kleeblatt%20flugplatzstra%C3%9Fe%20giebelstadt, 8. Okt 2007) erscheint eine Videoliste u.a. mit Hinweisen auf „Wulle wichst", aber auch das Bilder zweier Frauen, die sich Küssen: „Porno Kiss".

Die sehr kurzen Videos, die ohne jeden videotechnischen Anspruch mit dem Handy aufgenommen sind, zeigen jeweils eine kurze Szene, in denen sich eine kleine Gruppe junger Männer, nach meinem Eindruck 16 bis 18 Jahr alt, in einer Alltagssituation zeigen, wobei sie vor allem Bier trinken, grölen und wenige Aussagen formulieren. Das Thema Sexualität erscheint nur als Stichwort, ohne Erläuterung, ohne kontextuelle Einbindung. Bezug zu Pornovideos gibt es nur vage über einen Link. Die Videos enthalten keine Art der Erörterung; das Thema erscheint nur als Schlagwort und auf eine Überschrift reduziert.

Da die kurzen Alltagsszenen einen Einblick in die Zimmer der Jugendlichen erlauben, lässt sich – mit großer Vorsicht – das soziokulturelle Milieu im Sinne der *Sinus*-Milieus feststellen. Die Jugendlichen dürften der Gruppe der „Konsummaterialisten" aus der Unterschicht oder unteren Mittelschicht mit einer deutlichen Modernitätsorientierung angehören. Die von dieser Gruppe bevorzugten Druckmedien sind die Boulevardzeitung oder das Werbeblatt, die einfache Themen mittels Schlagzeilen setzen, sie nicht begründen und mit wenig Erörterung auskommen. Mit der komplexen, provokativen Art, sich auf ein Thema wie Obdachlose einzulassen, haben die Videos von *JUZ Paule* wenig zu tun. Sie nutzen jedoch die Videoplattform als Darstellungsmittel ebenso wie die Möglichkeit der Folgekommunikation. Es gelingt ihnen, sich die Video-Möglichkeiten des Handys wie die Strukturelemente der Videoplattform anzueignen und zu nutzen.

In ihrem soziokulturellen Milieu gibt es wenig Motivation, junge Männer zu unterstützen, ihr Spektrum an Darstellungsmöglichkeiten für ihr Thema Sexualität über Saufen, Grölen hinaus zu erweitern. Ob die Lehrer an der Schule das Männerthema aufgreifen, ist eher fraglich. Ob sie dabei auf die Gestaltungsversuche der Jugendlichen innerhalb der Strukturelement der Videoplattform eingehen, setzt voraus, dass Lehrerinnen und Lehrer die brandneuen kulturellen Ressourcen als anschlussfähig für die Schule wahrnehmen.

Deutlich ist, dass sich die Jugendlichen von *JUZ Paule* mit allen Strukturdimensionen einer Videoplattform auseinander setzen und dass sie sie sich alltagspraktisch aneignen:

- Sie nutzen auf sehr einfache Weise den doppelten Medienzugang mit seinen multimodalen Darstellungsmöglichkeiten.
- Sie lassen sich auf die *kommunikative Ordnung* der Website ein, indem sie ihre schulisch erworbene Textkompetenz einsetzen und Konversationsketten als Folgekommunikation nutzen.

- Die *global internationale Kommunikation* beschränkt sich auf einfaches Material aus der Jugendkultur vermutlich mit deutlicher Begrenzung auf einfache Konsummöglichkeiten.
- Im Vordergrund der Gruppe *JUZ Paule* steht die *regionale Kommunikation* mit den Video-Möglichkeiten im Amateurstil. Sie nutzen sie unverkennbar als *Ausdrucksmittel ihres Themas* Sexualität. Da eines der globalen Darstellungsmittel zur Erörterung des Themas Sexualität Pornographie ist, taucht auch mit dem Video *Porno Kiss* der Bezug dazu auf. Wobei die regionale Einbindung des Themas Sexualität deutlich ist und der Schule eine klare Chance gibt, ihre traditionellen Gestaltungsmittel, das sind die reflexive Erörterung vor allem in Literatur und darstellender Kunst, für das Thema Sexualität anzubieten.
- Der *Vorrang der Darstellungsmöglichkeiten vor den Kommunikationsinhalten* ist deutlich, wenn die Jugendlichen das Handy-Video einschalten, um für sie relevante Alltagsszenen festzuhalten und sie dann zu veröffentlichen. Dabei überwiegt die offensichtliche Funktion des Handy-Videos, einfach auf eine Situation *draufzuhalten*, gegenüber der Suche nach einem Ausdrucksmittel für ein relevantes Thema.

Didaktische Chance: Bewertung in regionalen und milieuspezifischen Kontexten
Von der Spannung Regional/Global in *YouTube* ausgehend hatte ich vorgeschlagen, die Beiträge auf einer für die Schule relevanten Videoplattform zu sichten, zum Beispiel eine Pin-Wand oder einen Blog auf der Schul-Website zu „Video-Themen, die uns aufgefallen sind“ einzurichten. Ziel ist, in der Schule und ihrem Kultur- und Bewertungskontext Beiträge auf Video-Plattformen wie *YouTube* oder *MySpace* zu bewerten. Damit klinkt sich die Schule in die von den Schülerinnen und Schülern gesetzten Themen ein und eröffnet ihnen die Chance, dazu die schulischen Formen kennen zu lernen.

Bewertungsmöglichkeiten für Lifestyle-Experten schaffen
Ob sich die Jugendlichen um *Cyrill* oder die Gruppe *JUZ Paule* in einer Schule, in der sie sich als Underdogs inszenieren oder als Ignoranten in Sachen Schrift- und Sprachkultur gelten, an einer solchen Recherche beteiligen? Vermutlich nicht. Was dann als Lehrerin tun? Eignet sich eine bewertende Folgekommunikation wie die der Polizei oder der Zeitung im Fall von *Cyrill*? Vermutlich gelangen solche Bewertungen nicht in den Kommunikations- und Gesprächshorizont dieser Jugendlichen, weil sie in Provokationshaltung gegen die Mehrheitsgesellschaft stehen und ihre Selbststilisierung kaum zu durchbrechen ist. Im Gegensatz dazu will ich eine erste Idee skizzieren, die mit der Folgekommunikation beginnt und in der ich versuchen würde, die Protagonisten des Bahnhof-Videos als Experten für Lifestyles anzusprechen.

Ziel ist, eine Persönlichkeitsentwicklung anzustoßen, indem die Jugendlichen ihre Expertenkompetenz des distanzierten Beobachtens mit Empathie verbinden, wobei sie sich zudem auf andere Lebensstile auf gleicher Augenhöhe einlassen. Es geht also darum, von den Video-Erfahrungen der Jugendlichen ausgehend Anregungen für eine Persönlichkeitsentwicklung zu geben. Ein wichtiges Moment ist, Bewertung im Denk- und Lebenshorizont der Jugendlichen zu ermöglichen. Das Beispiel *Azten compilation* zeigt die Schwierigkeit, zu einer Bewertung und zu Maßstäben in fragmentierten und sich selbstbestätigenden Lebenswelten zu kommen. Maßstäbe lassen sich nicht aneignen, ohne den Lebenswelt- und Persönlichkeitsrahmen mit zu entwickeln. Das ist für das Verhältnis Distanz und Nähe sowie Macht und Empathie in diesem Beispiel augenfällig. Dieses Verhältnis braucht Entwicklung. Dabei spielt das kulturelle Kapital, mit dem Handy in heiklen sozialen Situationen Videos aufzunehmen, sie für eine Videoplattform und ein globales Publikum zu bearbeiten, eine zentrale Rolle.

Mir ist aufgefallen, dass die Techno-Musik auf dem Video weder zur Beobachtung verwahrloster alter Männer passt noch zur Selbststilisierung der Jugendlichen als Underdogs und ihrer Ablehnung der Umgangsformen der Mehrheitsgesellschaft. Ich meine, es ist ein Stilbruch, das Video nicht mit einem Rap auszustatten. Rap wäre meines Erachtens das angemessene Musikgenre. Wenn überhaupt eine Folgekommunikation in der Berufsschule möglich ist, dann über dieses stilistische Defizit. Damit wäre ein Schritt getan, die Jugendlichen in ihrem Ghetto der Selbststilisierung anzusprechen und sie als Experten in Sachen Sozialbeobachtung ernst zu nehmen. Dokumentierende Beobachtung ist eine Stärke des *Cyrill*-Videos. Vielleicht gelingt es den Jugendlichen provokative Jugendszenen per Handy-Video zu dokumentieren und mit der jeweils angemessenen Musik zu unterlegen. Sie blieben in der Rolle der Beobachter, die mit ihrem Video provozieren, sie begäben sich jedoch als Beobachter aus der Machtposition gegenüber Obdachlosen heraus und in die distanzierte Auseinandersetzung mit Jugendkulturen Gleichaltriger. Dazu braucht es einen spezialisierten Video-Blog, den es vielleicht im Kontext politischer Bildung oder auf einer Schulwebsite gibt. Mit viel Zuversicht ließe sich als Ziel anvisieren, die eigenen Lifestyle-Dokumente in Wikis zu verschriftlichen.

Für die Gruppe *Juz Paule* sind reflexive Elemente von Blogs, Video- oder Fotoplattformen eine Möglichkeit, positive Erfahrungen mit jugendkulturellen Medien und Ausdrucksformen zu machen. Ein Blog zur Handy-Videofunktion, an dem sie auch Mädchen beteiligen, könnte ein Erfahrungsschritt in Richtung reflexiven Medienausdrucks sein.

Die Themen des distanzierten Experten erkennbar machen

Auf einem zweiten Weg ginge es bei einer Gruppe wie *Cyrill* und ihr Thema der Provokation um einen eher paradoxen Zugang, der sich nicht über eine Folgekommunikation eröffnet. Selbststilisierung, die einen am Leben vorbei schauen lässt, ist ein wichtiges Thema von Qualitätsmedien. Es schließt beim Muster der vier Jugendlichen an, distanziert den Verfall in dieser Gesellschaft zu dokumentieren und ihn per Videodokument öffentlich als Provokation vorzuführen, dabei leider das selbstgewählte Ghetto zu bestätigen. Der mit dem Oscar prämierte Film von Henkel von Donnersmarck „Das Leben der Anderen" (http://de.wikipedia.org/wiki/Das_Leben_der_Anderen) hat dieses Thema, den anderen aus einer Herrschaftsposition zuzuschauen und dabei das eigene Leben zu verpassen. Aber wie die abgeschottete Protestgruppe junger Migranten an einen Blog zur Filmkultur als Möglichkeit Jugend affiner Reflexion heranführen?

Die Gestaltungskompetenz der globalen Jugendkultur in die Schule hereinholen, kulturelle Übersetzung

Den jungen Männern von *JUZ Paule* sind die in der Schule erworbenen kulturellen Ressourcen fremd geblieben. Dass sich diese Ressourcen auch im Alltagsleben zur Erörterung der persönlichen Themen und zur Selbstdarstellung verwenden lassen, gehört nicht zu den Erfahrungen dieser jungen Männer. Sie verlassen sich eher auf den Sportverein, der sowohl in ihrer regionalen Männerwelt als auch in ihrer Lebenswelt der *Konsummaterialisten* den Bezugsrahmen liefert. Was bleibt der Schule anderes übrig, als ihre schulischen Darstellungsformen alltagskompatibel zu machen. Anknüpfungspunkte liefert die Medienkompetenz der jungen Männer, sich in den Strukturen einer Medienplattform nicht nur zurecht zu finden, sondern sie aktiv für eigene Produkte zu verwenden. Wie sie Handy-Video und, vor allem, die Video-Plattform nutzen, ist auf einem wesentlich höheren Darstellungsniveau als ihr Grölen und Saufen, mit dem sie sich öffentlich präsentieren. Das Präsentationsmedium Videoplattform in die Schule für die Erörterung persönlicher Themen einzubinden, ist das didaktische Ziel. Ein Aspekt dieser Themen ist die isolierte Männergruppe. *Juz Paule* deshalb auch den Anstoß zu geben, in der Flut der Blogs nach Männerthemen und nach Schulthemen zu recherchieren, wäre vermutlich ein Gewinn, weil mit den Blogs sich Möglichkeiten der Erörterung mit anderen bieten.

2.5.4 Kulturelle Armut und kultureller Reichtum – Zusammenfassung in der Perspektive der Medienbildung

Einer der Ausgangspunkte, um über Kinder und Jugendliche in prekären Lebensumständen und der sich daraus entwickelnden Alltagskultur nachzudenken, war zu viel und unstrukturierter Medienkonsum, der auch eine Folge des ausufernden, konvergenten Medienangebots ist. Wenn es Familien und ihren Erziehungsformen nicht gelingt, das überbordende Medienangebot, insbesondere das mit Gewaltdarstellungen, zu begrenzen, *verwahrlosen* Kinder. Weniger etikettierend formuliert, besteht die Gefahr, dass Kinder und Jugendliche nicht in der Lage sind, ihren Medienkonsum in ihre Alltags- und Lebensgestaltung integrierend einzubinden und sich der Medien weder für sozial akzeptierte Unterhaltung oder Spannung, noch in der Kommunikation mit Freundinnen und Freunden oder zur kommunikativen Darstellung ihrer persönlichen Themen zu bedienen. Gibt es Anzeichen für so etwas wie Medienverwahrlosung, dann sollte sich der pädagogische Blick ausweiten und danach Ausschau halten, welche kulturellen Ressourcen Kindern und Jugendlichen zur Verfügung stehen, wie sie sich diese Ressourcen aneignen und wie sie Medien in ihrer Lebenswelt nutzen. Aneignung und Nutzung, nicht so sehr der materielle Besitz oder der Medienzugang, sind dafür maßgeblich, ob Kinder in einer reichen oder armen Medienkultur aufwachsen. Dabei spielt die Alltagsmedienkompetenz eine wesentliche Rolle, die es in die Schule hereinzuholen gilt. Das ist nicht ganz leicht ist, denn Schule steht in der Tradition der, wie Jürgen Habermas es formulierte, kulturräsonierenden Öffentlichkeit, die vom Buch, seinen Genres und seiner bürgerlichen Lesetradition geprägt ist. In der heutigen fragmentierten Alltagskultur mit zusätzlicher kultureller Differenzierung treffen Kinder und Jugendliche mit unterschiedlichsten Medienvorlieben und Medienerfahrungen in der Schule zusammen. Das reicht von denjenigen, die keinen Zugang zu digitalen Medien haben, über diejenigen, deren Medienkonsum voll reglementiert ist, oder denen, die es nicht gewohnt sind, über ihre Medienerfahrungen zu reden.

Trotz dieser Bandbreite von Medienzugängen, Medienerfahrungen und Medienkompetenz gelingt es der Mehrzahl der Kinder und Jugendlichen, Aneignungsmuster in der Konsumwelt von Multimedia zu entwickeln, die sie auch in die Schule tragen. Natürlich sind sie sich dieser Muster nicht bewusst. Aufgabe der Schule ist es, Anknüpfungspunkte zu diesen Mustern zu finden, vor allem indem die Schülerinnen und Schüler als Experten ihrer Mediennutzung akzeptiert werden. Das sollte vor allem für die Formen von Alltagslesekompetenz gelten, die Kinder im Umgang mit den vielfältigen Medien-Texten auch auf dem Bildschirm entwickeln. Zwischen der Alltagsmedienkompetenz und ihrer Literalität sowie der Literalität, die die Schule anstrebt, gilt es zu vermitteln. Diese Vermittlungsaufgabe besteht nicht nur zwischen Medienalltag und Schule, sondern ebenso zwischen den Medienkulturen verschiedener soziokultureller Milieus und deren Literalität. Die neue Struktur der Massenkommunikation mit ihren von den Nutzern erstellten Programmen bietet Unterstützungspotential, um auseinanderfallende Milieu-Kulturen zu verbinden. Wichtig ist so etwas wie die

Regionalisierung der Internet-Medienplattformen, der Communities, Blogs und Wikis. Gemeint ist die aktive Einbindung der entsprechenden Beiträge der eigenen Schülerinnen und Schüler auf diesen globalen Internet-Orten in die eigene Schule. Dabei sind Medien-Plattformen wegen ihre Mediendoppelstruktur von z.B. Video und PC/Internet und der damit verknüpften regionalen und globalen Einbindung ausgesprochen hilfreich.

Es gibt Gruppen von Kindern und Jugendlichen, die es nicht gewohnt sind, ihre Themen anders zu artikulieren als in Abwehr zur schulisch erworbenen Kultur oder indem sie nahezu komplett zwischen Schulkultur und der alltagsästhetisch definierten Kultur spalten. Hier beginnt die kulturelle Übersetzung mit einer Art von Bestandsaufnahme des jeweiligen kulturellen Reichtums oder der kulturellen Armut. Es ist keine leichte Bestandsaufnahme, denn dazu müssen sich Pädagoginnen und Pädagogen von ihren vertrauten Kulturmustern distanzieren, um den Blick frei zu haben für kulturellen Reichtum oder Armut von Kindern verschiedener soziokultureller Milieus. In den 1960er Jahren hat dies Basil Bernstein (1973) getan, indem er den begrenzten, wie er es formulierte, den restringierten Sprachcode der Arbeiterkinder nicht mehr als beschränkt bewertete. Um hier ein Bild zu Hilfe zu nehmen, die in den jeweiligen soziokulturellen Milieus gepflegte Medienkompetenz ist wie der Regionaldialekt, den wir üblicherweise als Bereicherung der Standardhochsprache ansehen. Als in Grundschule auf dem Land die Dialektsprache gang und gäbe war, war es Lehrerinnen und Lehrern selbstverständlich, die Kommunikation mit den Kindern sowohl im Regionaldialekt wie in der Standardsprache zu führen bzw. Sprach- und Kommunikationsbrücken zwischen Lebenswelt und dem Lernen in der Hochsprache zu bauen.

Medien als kulturelle Ressource, vom Fernsehen bis zur Medienplattform, erschließen sich Kinder und Jugendliche im Alltagskontext. Sie entwickeln ihre alltagstaugliche Medienkompetenz, die ihnen Teilhabe ermöglicht, wobei die Strukturen von Plattformen und Communities auch den regionalen Alltagskontext und die dafür üblichen Kommunikations- und Ausdruckmittel überschreiten helfen und zu einer Erweiterung des Gestaltungsrepertoires beizutragen vermögen. Anknüpfungspunkte liefern die jeweilige geordnete Kommunikationsstruktur der Plattform, aber auch die tradierte Kommunikationsstruktur der lang bekannten Medien wie die des Fernsehens (u.a. Zugangskontrolle, Folgekommunikation). Die naturwüchsige Eigensinnigkeit der Nutzung von Plattformen mit den Polen der Struktur der Plattform und der Lebenswelt der Nutzer braucht die anspruchsvolle Anregung durch die Schule oder andere Bildungsinstitutionen. Wie wichtig die reflexive Erweiterung der kulturellen Ressourcen ist, zeigen lebensweltlich und soziokulturell beschränkte Ausdrucksformen wie kollektives Saufen und Grölen oder Anpöbeln sozial Schwächerer. Die aktuelle Erweiterung des Medienrepertoires durch Internet und Handy bietet deutliche Möglichkeiten für die öffentliche Präsentation, wozu auch eine neue und internettypische Textkompetenz gehört. Diese Ausdrucks- und Gestaltungschancen bleiben jedoch eher dürftig sowohl in Hinsicht auf die subjektiven Themen, als auch angesichts der in unserer Kultur über die Schule verfügbaren Ausdrucks-, Gestaltungs- und Reflexionsmittel. Die Folgekommunikation zu Medien, vom Fernsehen bis zu Plattformen, und ihre Einbindung in Schulkontexte bietet die wesentliche Chance, die Literalität der Schule mit Themen, Alltagsliteralität und Alltagsmedienkompetenz der Schülerinnen und Schüler zu verbinden. Schulferne soziokulturelle Literalitätserfahrungen lassen sich, wenn überhaupt, nur über die subjektiven Themen und auf der Basis der Alltagsmedienkompetenz in der Schule weiterentwickeln. Dabei auf einen Expertenstatus der Schülerinnen und Schüler in Sachen ihrer bevorzugten Medien als Teil der globalen Jugendkultur und als Teil ihrer soziokulturelle Lebenswelt zu vertrauen, bietet Anschlussmöglichkeiten an den Unterricht. Die jeweilige soziokulturelle Medienwelt als typische Kultur mit ihren spezifischen kulturellen Ressourcen zu betrachten, eröffnet Wege für die Verständigung zwischen Lebenswelt mit ihren Medien und der Schule. Diese Verständigung als Form der Übersetzung zu verstehen, respektiert den Eigensinn der soziokulturellen Medienwelten und den der Schule. Die zum Teil drastischen Unterschiede zwischen Sozialkulturen tragen in sich das Potential einer reflexiven Spannung, die sich auch mit Hilfe medialer Formen in der Schule nutzen lässt. Das kann von der in der Schule inszenierten TV-Talk-Show bis zu Medienplattformen auf der Schulwebsite und Wikis als Wissenssammlungen reichen. Ziel ist ein höheres und sprachlich erörterbares Niveau der Reflexion.

2.6 Fazit und Angebote zur Weiterarbeit

2.6.1 Zusammenfassung: Alltagsästhetik, Medien, Bildung

Welche Formen hat Bildung als reflexive Beziehung der Menschen zu sich selber und zu ihrer sozialen, kulturellen wie faktischen Welt in der augenblicklichen kulturellen Umgestaltung der Industriegesellschaft? Dabei richtet sich der Blick auf die Medien in den auf Lebensstilen basierenden Medien-, Konsum-, Dienstleistungs- und Ereignis-Arrangements. Stichwort dazu ist Medienkonvergenz und Multimedia. Der Blick richtet sich zudem auf einen dafür wichtigen Bezugsrahmen. Das ist die neue Art der gesellschaftlichen Gliederung nach *nicht* wählbarer sozialer Lage und wählbarer Ausrichtung auf Tradition oder Innovation (Modernitätsbezug). Je nach sozialer Lage und Modernitätsbezug wachsen Kinder und Jugendliche in unterschiedlichen, jedoch für sie jeweils spezifischen soziokulturellen Lebenswelten auf, die ihre typischen Medienvorlieben und ihre Konsumgewohnheiten sowie Einstellungen zu schulischer Bildung haben. Wie sieht Bildung in diesem neuen Kulturraum mit Medienkonvergenz und soziokulturellen Milieus aus? Wichtig ist hier die zunehmende kulturelle Differenz zwischen den Kindern und Jugendlichen verschiedener soziokultureller Milieus und der Differenz einzelner soziokultureller Milieus zu Bildungseinrichten.

Nutzung unterschiedlicher und gemeinsamer kultureller Ressourcen
Aus der Dynamik unserer gesellschaftlichen Entwicklung folgt, sowohl die Literalität soziokultureller Milieus ernst zu nehmen als auch die Gemeinsamkeit von Literalität in der Schule fördern. Hier geht es u.a. um die Nachfolge der Integrationsfunktion, die das Fernsehen, obwohl viel gescholten, erfolgreich realisierte. Fördern heißt im ersten Schritt, die Nutzung der relevanten Medienensembles als Ressourcen für

- Teilhabe und Selbstbestimmung,
- für Ausdruck und Gestaltung

anzubieten und vorhandene Formen zu unterstützen.

In einem zweiten Schritt geht es darum, Formen von Literalität zu unterstützen, die auch über einzelne Sozialkulturen hinweg funktionieren. Ansatzpunkte bietet die Globalisierung von Medien und Genres, auch wenn dies zur Zeit vor allem im Unterhaltungskontext abläuft. Zu bedenken ist weiterhin, dass Literalität noch auf lange Zeit vor allem vom Umgang mit traditionellen Texten geprägt sein wird, obwohl die kulturelle Praxis sich zunehmend mehr auf mediale Textformen wie Medienplattformen stützen wird. Mit dieser Einschränkung traditionell geformter und genormter Literalität kommt jedoch auch ein Zukunftsbezug in die Frage nach Medien als kulturelle Ressourcen. Auch die Mediennutzung in den gesellschaftlichen Bereichen, in denen sich die Kinder und Jugendlichen später einmal werden bewähren müssen, ist eine Bildungsaufgabe, denn hier dominiert eine traditionelle Definition von Literalität, zum Teil funktional wohl begründet. Damit kommt so etwas wie ein Realitätsprinzip für das jeweils soziokulturell Typische in die Diskussion. Dieses Realitätsprinzip sollte jedoch der tradierten Schul- und Bildungskultur und den sie tragenden soziokulturellen Milieus nicht die Legitimationsbasis liefern, um die kulturellen Differenzen zu entwerten. Die Frage nach dem kulturellen Reichtum ist deshalb in verschiedenen kulturellen Bezugsrahmen und ihrer Interdependenz zu erörtern und zu beantworten.

Teilhabe mit unterschiedlichen kulturellen Ressourcen
Bewusstsein für Differenz ist eine Voraussetzung, um die jeweils spezifischen und typischen kulturellen Ressourcen für Bildungseinrichtungen mit dem Ziel zu entdecken, die Teilhabe an der Gesellschaft und am jeweiligen soziokulturellen Bezugsrahmen mit dessen medialen Mitteln zu ermöglichen. Es geht also um Teilhabe an der differenten Lebenswelt, die unterschiedlich nah oder fern von der Schule ist. Innerhalb der kulturellen Unterschiede ist es unabdingbar, die Teilhabe an den jeweiligen Ressourcen zu fördern, weil sie zur Lebenswelt der Kinder gehören. Es ist nicht einfach, sich als Lehrerin oder Lehrer, als Erzieherin oder Sozialpädagoge dem zu stellen, insbesondere wenn sich, wie in den Beispielen der *YouTube*-Videos, Reflexion bestenfalls hinter primitiven Spontanvideos verbirgt und sich die kommunikativen Integrationsbemühungen, auch Menschen außerhalb der eigenen und engen Bezugsgruppe zu erreichen, hinter Aggressivität versteckt. Wenn man jedoch genauer hinschaut, zeigen sich doch Anknüpfungspunkte auch für schulische Aufgaben und Ziele. Das zeigt beispielsweise die Lesekompetenz am Bildschirm, die ein türkischer Junge im Gespräch über eine Autosendung nutzt. Oder, ein anderes Beispiel, die Werbung für Klingeltöne macht traditionelle Lesekompetenz notwendig.

Aneignungsmuster und Strukturen des neuen multimedialen Kulturraums
Unsere Gesellschaft entwickelt einen neuen Kulturraum, der deutlich auf soziokulturellen Unterschieden aufbaut und in dem konvergente Multimediasysteme sowohl über diese Unterschiede hinweg funktionieren also auch diese Unterschiede erkennbar machen. Um in diesem Kulturraum zu handeln, braucht es eine neue und gemeinsame Form der Literalität. Einer der ersten Schritte in diese Richtung ist die Entwicklung konvergenzbezogener Aneignungsmuster. Diese Aneignungsmuster liefern gangbare Wege und Ordnung in einer unübersichtlichen Medien- und Konsumwelt. Es lassen sich jedoch Analogien zum traditionellen Lesen finden. Zum Lesen gehört, sich in einer Buchhandlung zurechtzufinden oder einen Katalog zu benutzen, zu wissen, wie man sich in einer Bibliothek bewegt. Die neuen Aneignungsmuster für die verschachtelten und vernetzten Medien- und Konsumangebote, schaffen eine vergleichbare Ordnung, eine Ordnung mit Aneignungsmustern, Folgekommunikation, doppelter Mediennutzung, globalen Sprachelementen usw., die sich im Alltag entwickelt hat. Eine Bildungsaufgabe besteht darin, diese Ordnung reflexiver und bewusster zu nutzen.

Mit den neuen Strukturmerkmalen der Web 2.0-Angebote entsteht so etwas wie eine allgemeine Grammatik der konvergenten Medien, die neben den Inhalten der globalen Jugendkultur und globalen Kulturindustrie integrative Kommunikationsstrukturen liefert. Da sie in der Spannung zu Traditions- und Regionalkulturen stehen, gibt es in den nächsten Jahren mit den Kindern und Jugendlichen zusammen viel zu entdecken, was die gemeinsame Verständigungsbasis zu verstärken vermag. Der sich im Krawall und Protest isolierende und als Underdog stilisierende Jugendliche aus einer Migrationsfamilie hat sich schon Wesentliches dieser neuen und generellen Strukturen so angeeignet, dass er damit viele Jugendliche aus seiner Szene fasziniert.

Kulturelle Erfahrung mit Reflexion
Auf einer Medienplattform pöbelnde und grölende junge Männer, eingesperrt in ihre enge Lebenswelt, lassen auch darüber nachdenken, wie sie sich aus dieser Begrenzung zu befreien vermögen. Es ist die alte Hoffnung der Aufklärung, in deren Mittelpunkt Reflexion steht. Ein Ziel ist, das Reflexionsniveau dieser Jugendlichen mit Hilfe der tradierten und über Generationen zurecht geschliffenen und erprobten Ausdrucks-, Gestaltungs- und Reflexionsmittel zu erhöhen. Das soll sich nicht auf die kulturellen Ressourcen der Hochkultur beschränken, schließt sie jedoch keinesfalls aus. Dazu war mein Vorschlag gedacht, mit den Jungen, die Obdachlose anpöbeln und zugleich eine anspruchsvolle Ästhetik auf der Medienplattform entwickeln, in eine Auseinandersetzung über ihre Ästhetik zu kommen und z.B. über die zu ihrem Video passende Musik zu reden. Ausgangspunkt dafür ist die Kompetenz der Jungen als Alltagsexperten der Medien, die sich vermutlich recht genau bei den für sie wichtigen Musikstilen auskennen.

Die Mittel: Folgekommunikation, Alltagsmedienkompetenz
Die kulturelle Segmentierung verlangt einen Brückenschlag, der z.B. Lernsituationen mit der Alltagskompetenz in Sachen Medien verbindet. Es ist eine Verbindung, die von den Kindern ausgeht, zu deren Nutzung eine Lehrerin über die Verbindungspunkte zwischen informellem und institutionellem Lernen bewusst verfügen sollte. So bieten die verschiedenen Aneignungsmuster des Alltags in Sachen konvergenter Medienangebote Verbindungspunkte zwischen den Schülerinnen und Schülern. Von Seiten der Medien aus gesehen, beinhalten Medienplattformen auch Lernstrukturen wie *Wikis*, die schon recht nah am expliziten Lernen sind.

Die Folgekommunikation, ein unmittelbares Mittel der Verständigung und Reflexion im Medienalltag, braucht sicherlich ergänzende und vertiefende schulische Formen wie die des Morgenkreises der Grundschule, um trotz der widersprüchlichen Vielfalt, die Kinder aus verschiedenen soziokulturellen Milieus mitbringen, zu einer geordneten, gemeinsamen Verständigung über die Medienerfahrungen der anderen zu kommen. Folgekommunikation deckt nicht nur unerwartete Kompetenzen und Defizite auf, sie bietet gute Chancen, die handlungsleitenden Themen der Kinder kennen zu lernen.

Vorgaben für Persönlichkeitsentwicklung, Sozialleben und Weltsicht
Medien sind in die segmentierten, soziokulturellen Lebenswelten integriert, wobei diese Lebenswelten den Wirkungsrahmen der Medien abstecken. Nicht die Medien allein, sondern die soziokulturellen Kontexte verfügen über die kulturelle Prägekraft.

(a) Die Lifestyle-Begrenzung der Reflexion, des Lernens und Gestaltens
Die entscheidenden Einflüsse auf Kinder und Jugendliche gehen von den jeweiligen Lebenswelten aus. Innerhalb dieser soziokulturell geprägten Lebensweltkontexte findet viel eigenständiges, informelles Lernen statt. Zudem entwickeln Kinder und Jugendliche ihre Lernformen, jedoch im begrenzten *Format* der jeweiligen Lebenswelt. Mit diskontinuierlichen Texten der Werbung umgehen zu lernen, beschränkt sich beispielsweise darauf, dieses Genre als Kaufaufforderung im Rahmen der jeweiligen Lebenswelt praktisch zu nutzen. Eine Reflexionsebene, wie die für die ästhetischen Qualität einer Werbung, braucht einen bewussten Rahmen wie den der Schule, um zu einer komplexeren Bewertungen als „gefällt mir" zu kommen. Sprachgestaltung braucht ebenfalls eine ausgefeiltere, eine elaborierte Form, die über den jeweiligen Alltagskontext wie den der öffentlichen Provokation mit einem Rap hinaus reicht. Die Entwicklung der Gestaltungs- und Reflexionsformen sollten über die kulturellen Praktiken innerhalb der jeweiligen Lebenswelt hinaus gehen. Auch Maßstäbe müssten den Horizont der eigenen Praktiken, Themen und Lebenswelt überschreiten. Die heutige Selbstbeschränkung auf das Handeln in der eigenen Lebenswelt und innerhalb der Strukturen der Medienverbünde wie Medienplattformen führt zu so schlichten Formen wie bei *JUZ Paule*, bei denen das Thema Sexualität sprachlos hinter Biertrinken versteckt wird. Zwar überschreiten sie mit dem globalen Instrument der Videoplattform ihren angestammten Sozialkontext, sie bräuchten jedoch zusätzliche Gestaltungsanregungen, um über die Enge ihrer Lebenswelt und die Banalität der Videoplattform hinauszukommen. Die elaborierte Website-Ästhetik von *Cyrill* nutzt kompetent den globalen Gestaltungskontext und deren entwickelte Ästhetik, bleibt jedoch bei der Bestätigung der eigenen egozentrischen Sichtweisen stehen.

(b) Ermutigung zu Grenzgängen durch kulturelle Übersetzung
Informelles Lernen, informelles Bewerten, aktive Nutzung neuer Medienangebote, all das bleibt im jeweils angestammten Rahmen. Wo bleibt die Chance, die kleine Welt zu öffnen, um die eigenen Medienaneignungsmuster und die impliziten Maßstäbe in Frage zu stellen? Es braucht die Option, neue Lernformen zu erproben, das eigene Selbstbild und die eigenen Themen zu besichtigen und zu befragen. Die Schule tut sich schwer, solche Optionen zu schaffen, wenn sie sich

nicht anschlussfähig macht für die neuen multimedialen Strukturen und deren Nutzung in unterschiedlichen Lebenswelten. Diese Anschlussfähigkeit gilt es herzustellen insbesondere zu den lebensweltlichen informellen Lernformen. Auch hier ist die Folgekommunikation ein erfolgversprechender Punkt, bei der die Kinder unterschiedlicher lebensweltlicher Bezugsrahmen sich ihre Medienerlebnisse mitteilen. Unterrichtsmethodisch reicht das vom kurzen morgendlichen Gesprächskreis, über die Pinnwand, auf die, wer will, seine Bilder seiner Musikgruppen heftet. Technisch aufwändiger als die Pinnwand ist der Blog. Mit der regelmäßigen Talkshow in der Schule mit Moderatorin, Kamera, Regie und Publikum kommen alltagstypische Formen der Reflexion und Bewertung in die Schule. Wenn ein Sportlehrer den Gedanken der Regionalisierung von Medienplattformen aufgreift, z.B. mit der Pinnwand oder einem Blog, dann wird er die Bier- und Proll-Version von Männlichkeitsdarstellungen seiner Schüler finden und nach Anknüpfungspunkten beim Sportunterricht Ausschau halten können. Die Deutschlehrerin, die Rap-Texte ihrer Schüler auf einer Videoplattform findet, hat die Möglichkeit mit Slam-Poetry eine Brücke zur Lyrik zu bauen. Die Boulevardzeitung in der Schule, ein Beispiel aus der Lebenswelt von Migrantenfamilien, ist in der Lage, die Brücke zur Lesepraxis dieser Kinder zu schlagen. Die Boulvardzeitung braucht anfänglich nur in der Schule auszuliegen. Einzelne Kinder werden gelegentlich Themen aus der Zeitung in den Unterricht hineintragen. Wenn Kinder mit Qualitätszeitungen zu Hause dann in eine Diskussion einsteigen, ist zugleich die Diskussion über Maßstäbe eröffnet.

2.6.2 Definitionen und Modelle

Alltagsästhetik meint die stilistische Ordnung von Konsumangeboten und Lebensweisen. Medien sind Teil in einem systemischen Zusammenspiel der stilistischen Ordnung von Konsumobjekten und Lebensweisen.

Stile sind die funktionale Seite der Alltagsästhetik. Sie fungieren als Vergesellschaftungsmittel zum Zwecke der Abgrenzung und Integration von Szenen, Gruppen und soziokulturellen Milieus. Stile entstehen in Prozessen der Bedeutungskonstitution und basieren auf den alltagsästhetischen Angeboten von Medien, Waren und Dienstleistungen, die Integrationsfunktion innerhalb von Gruppen und Abgrenzungsfunktion nach außen haben.

Medienkonvergenz: In der Vielfalt der Medien und ihrer Programmangebote gibt es

- eine technologische Konvergenz, z.B. mit Internet oder Handy,
- eine Konvergenz der Programmangebote auf der Seite der Anbieter und

- bei den Nutzer die Konvergenz mit typischen Pfaden und Aneignungsmuster.

Die Konvergenzentwicklung lässt sich auch nach der Art der Medienverbindung als vertikal oder horizontal beschreiben.

- Vertikale Medienkonvergenz: Global agierende Unternehmen haben Hardware, Software und Vertriebswege in einer Hand.
- Horizontale Medienkonvergenz, Beispiel *Pokémon:* Eine Geschichte oder ein Spiel wird multimedial von der TV-Serie über die Spielkarten bis zu Spielzeug, Kleidung usw. vermarktet.

Aneignungs- und Handlungsmuster in konvergenten Medienumgebungen
Aneignungs- und Handlungsmuster sind Strategien von Kindern und Jugendlichen, sich den durch Medienangebote vorgegebenen Kulturraum anzueignen. Dabei liefern die verbundenen Medien den Raum für die Entwicklung der eigenen Interessen („Spezialisierungsraum"), für Konsum, für die Erweiterung ihres sozialen Feldes. Kinder und Jugendliche nutzen ihn als Raum, um sich zu präsentieren, oder als medialen Gestaltungsraum. In einer empirischen Medienkonvergenzstudie (Wagner u.a. 2004) haben sich folgende, sicher nur vorläufig gültige Muster gezeigt:

- Nach der Konzentration auf Medienangebote: „Breitnutzende", „Musikfans", „Actionfans", „Vielspielende".
- Nach der Nutzung der Angebotsfülle als Kulturraum: Spezialisierung, Konsum, Sozialleben, Präsentation eigener Vorlieben oder als medialer Gestaltungsraum.

Folgekommunikation
Die Menschen betten ihre Mediennutzung in ihre Lebensvollzüge und ihre sozialen Beziehungen ein. So denken sie über die Informationen aus oder die Erlebnisse mit Medien nach, verwenden Medien als Phantasieanregung oder nutzen sie für Gespräche u.ä.m. Vieles davon wird anderen als Folgekommunikation mitgeteilt. Folgekommunikation in die Schule zu integrieren, kann helfen, die im Alltag und mit den Medien angesprochenen Themen sowie die mit der Mediennutzung erworbene Kompetenz, z.B. diskontinuierliche Texte zu lesen, auch in der Schule zu nutzen. An Folgekommunikation anknüpfend lassen sich Medienvorlieben und Medienerlebnisse reflektieren, wobei es sich empfiehlt, an den einfachen Formen der Folgekommunikation wie: „Die Sendung finde ich doof",

„Das Video von xy ist geil" mit dem Ziel anzuknüpfen, auch komplexere Formen der Zustimmung oder Ablehnung und Erörterung zu ermöglichen.

Alltagsmedienkompetenz
Bei der alltäglichen Mediennutzung erwerben Kinder und Jugendliche Kompetenzen in der Perspektive ihres Alltagslebens. An diese Alltagsmedienkompetenz in der Schule anzuschließen, bietet nicht nur Motivation für schulisches Lernen. Schule hat auch die Aufgabe, die in die Mediennutzung der Kinder eingebundene Weltsicht und deren Folgen für, wie Marotzki (2004, S. 71) formuliert, die damit einhergehende Identitätsarbeit, auf ein höheres Reflexionsniveau als das des Alltags zu heben.

Literalität und Medienkompetenz
Literalität ist ein Kompetenzkonzept, das aus der englischen Diskussion kommt und die Lese- bzw. Schreibfähigkeit meint, dabei jedoch den Bürger, Citizen, einer demokratischen Gesellschaft und dessen politische Teilhabe im Auge hat. Medienkompetenz bezieht sich in diesem Sinne auf die reflektierenden Bürger in einer von Medien beeinflussten oder dominierten Gesellschaft und auf ihre Teilhabe an dieser Gesellschaft. Die internationale Schulleistungsstudie der OECD *Programme for International Student Assessment* (*PISA*) definiert die für die Bestimmung von Medienkompetenz wichtig Lesekompetenz mit Blick auf den Alltag und seine Bewältigung folgendermaßen:

> „Lesen ist eine universelle Kulturtechnik und ermöglicht die Teilhabe am sozialen und kulturellen Leben einer modernen Gesellschaft. Eine erfolgreiche Lesesozialisation beginnt bereits im Vorschulalter in der Familie. Im Einklang mit der Forschungsliteratur wird Lesen in *PISA* als aktive Auseinandersetzung mit Texten gesehen. Die Verstehensleistung stellt eine Konstruktionsleistung des Lesers bzw. der Leserin dar, bei der der Inhalt des Textes aktiv mit bereits vorhandenem Wissen in Beziehung gesetzt wird" (Deutsches PISA-Konsortium 2001; S. 78).

Soziokulturelle Milieus
Diese großflächigen Sozialformen haben heute die Funktion von stilistisch geordneten Lebenswelten. Zu Milieus gehören Menschen auf der Basis ihrer Lebenslage (Ausbildung, Beruf, Einkommen) sowie ihrer Wert- und Lebensorientierung. Zu einem Milieu zu gehören, ist ein aktiver Prozess der Lebensweltkonstruktion mittels stilistisch aufeinander abgestimmter Konsumprodukte wie Medien, Kleidung und Handlungsformen. Mit der stilistischen Ausrichtung geht eine neue und wählbare Ungleichheit der Lebensstile und Milieus einher.

Sinus-Milieus

Die Daten von *Sinus Sociovision* (2007; http://www.sinus-sociovision.de/grafik/everyday-life-segmente.jpg) zeigen, dass sich unsere Gesellschaft in zwei Dimensionen gliedert, einmal nach der sozialen Lage, die sich vor allem aus Ausbildung und Beruf ergibt. Die gesellschaftliche Gliederung nach sozialer Lage ist hierarchisch nach den bekannten Schichten: Oben/Mitte/Unten aufgebaut. Die zweite Dimension richtet sich auf die Einstellung und Werteorientierung zur gesellschaftlichen Entwicklung und Innovation, was zu einer horizontalen und eher wählbaren Gliederung in Traditionalisten und zwei Typen von Modernisierungsunterstützern führt. In diesen beiden Dimensionen entstehen die heutigen gesellschaftlichen und kulturellen Lebensstilmilieus. Auch Migranten ordnen sich nach soziokulturellen Milieus (Sinus Sociovision 2007a).

Fünf Dimensionen der Mediennutzung: Emotionalität, Orientierung, Ausgleich, Zeitvertreib und Soziales Erleben

Diese fünf Dimensionen sind empirisch für das Fernsehen bestätigt (Dehm, Storll 2003; S. 429). Sie sind auch für die Nutzung des Internet bedeutsam. Vermutlich sind sie für alle Medien bzw. ihre Nutzung relevant, wobei die Ausprägung der Dimensionen vom Medium, dem jeweiligen Genre und den Nutzern abhängt.

Wesentliche Veränderungen des Internet und der Massenkommunikation mit dem Web 2.0

- Verbindung mit Alltagsfunktionen. Das reicht vom Kaufen über Online-Banking und Skype-Telefonieren bis zur Nutzung von Lexika.
- Angebot von Sozialräumen wie Chats, Communities, Blogs, Skype-Telefonkonferenzen, Studienplattformen.
- Verschiebung der Schwerpunkte der Massenkommunikation vom Push- zum Pull-Modell mit öffentlich verfügbaren Programmarchiven.
- Verschiebung hin zu Inhalten, die die Nutzer herstellen und gezielt verfügbar machen (user generated content).
- Verschiebung hin zu Nutzungs- und Kommunikationskontexten, die die Nutzer selber herstellen (user generated contexts).

Strukturmerkmale einer Online-Community und ihrer Website nach Marotzki (2003)

- Leitmetapher/Leitidee der Community,
- Soziographische Struktur der Mitglieder,
- Struktur der Partizipation,
- Kommunikation der Mitglieder,

- Information zum Leitthema der Community,
- Selbstpräsentation der Community,
- Verhältnis von Online und Offline.

Strukturmerkmale von Foto-Communities wie flickr.com als Lernräume nach Jörissen (2007)
Für die Foto-Communities gibt es vor allem drei Strukturmerkmale, die mit entscheiden, ob sich die Website mehr oder weniger auch als Lernkontext eignet. Für Lernen ist wichtig,

- ob die *soziographische Struktur* der Mitglieder Lernen nahe legt, einschließt oder ausschließt. Das offenes Netzwerk ist am weitesten von einem gezielten Lernkontext entfernt. Amateuren bietet die entsprechende Website gezielt Wissensbestände zum Erwerb, also Lernen, an. Experten bekommen Lernangebote nur im Rahmen der Leitfunktion der Website als Gedankenaustausch, Erörterung von Schwierigkeiten usw..
- ob die Struktur der *Partizipation* Lehren und Lernen in gezielter Weise zulässt. Hier geht es darum, wer zu welchen Bedingungen sich an Foren beteiligen darf (inhaltliche Partizipation), wer die Rechte in Communities besitzt, z.B. ein Diskussionsforum zu eröffnen (strukturelle Partizipation), und wer über die generelle Ausrichtung der Community, also über das Leitziel bestimmt (organisatorische Partizipation).
- wie die *Information* zum Leitthema der Community organisiert ist, z.B. als statisches, kanonisiertes Wissen (z.B. Link-Sammlungen, Glossare) oder als dynamisch repräsentiertes Wissen, das Nutzer weiterentwickeln (z.B. Wiki).

Strukturelemente einer Videoplattform wie YouTube
Als Online-Community hat eine Videoplattform für die Partizipation und das Verhältnis von Online und Offline spezifischen Strukturen:

- Doppelter Medienzugang mit multimodalen Darstellungen,
- Kommunikative Ordnung für Video, Texte und Konversationsketten,
- Internationale Kommunikation entsprechend der Logik des Internet mit globalem Englisch und gemeinsamem Zeichenmaterial aus der internationalen Jugendkultur,
- Regionale Kommunikation mit Videos im Amateurstil in der thematischen Perspektive der Nutzer und mit globaler Veröffentlichung,
- Vorrang der Darstellungsmöglichkeiten vor den Kommunikationsinhalten.

Alternative Medienwirkungsmodelle: „Effect Model" und „Meaning Model" der Mediennutzung

Die englischsprachige Debatte spitzt diese Frage nach dem angemessenen Modell mit dem Gegensatz von „Effect Model" und „Meaning Model" (Jenkins 2006, S. 21ff.) zu. Nach dem *Effect Model* sind Medien die Ursache von Wirkungen auf die Mediennutzer, die auf die Medieninhalte oder die Medienform reagieren und in ihrem Denken und Handeln das wiederholen, was ein Medium anbietet. Nach dem *Meaning Model* drücken Mediennutzer schon mit ihrer Auswahl den Medien ihren Sinn-Stempel auf. Die Ergebnisse der Forschung zu Aneignungsmustern legen nahe, dass Kinder und Jugendliche als Akteure multimediale Medien- und Konsumangebote nach dem „Meaning Model" nutzen.

Kulturelle Doppelstruktur der Medienaneignung

Es überlagern sich

- regionale kulturelle Traditionsstrukturen und
- globale Jugend- und Unterhaltungskultur.

Beispiele für die kulturelle Doppelstruktur

Bei der Konvergenzentwicklung läuft die Aneignung der Medien- und Angebotsfülle in die Lebenswelt zum einen über die regionalen kulturellen Traditionsstrukturen und zum anderen über die globale Jugend- und Unterhaltungskultur. Auf der Videoplattform *YouTube* gibt es global verständliche Darstellungsformen mit einer Art von globalem Englisch. Ebenso kommt ein Teil der Videos aus der internationalen Jugendkultur. Die im Amateurstil erstellten Videos entstehen in regionalen Traditionsmustern.

Medienverwahrlosung

Der Begriff wurde vom *Kriminologische Forschungsinstitut Niedersachsen e.V.* eingeführt und bezeichnet das Risiko von Kindern und Jugendlichen, ohne Zugangskontrolle und wegen zu hoher Mediennutzung, insbesondere von gewalthaltigen Medien, sozial zu verwahrlosen und auch in der Schule schlecht abzuschneiden oder zu versagen. Empirisch lassen sich Pfade aufdecken, wie Familienkontext, soziale Lage der Familie, Geschlechtsidentität, Verfügung über Medien, Mediennutzungshäufigkeit und Schulleistungen sich verstärken (Pfeiffer, Mößle u.a. 2006). Der Begriff der Medienverwahrlosung schließt die Gefahr ein, z.B. Jungen aus Migrantenfamilien negativ zu etikettieren.

Digital Divide

Digital Divide meint die Ausgrenzung bei der Nutzung von Internet, Online-Diensten und Online-Kommunikation. Dafür können ökonomische Gründe, wie das nicht ausreichende Familieneinkommen, oder soziokulturell motivierte Gründe maßgeblich sein. Die Mediensoziologie hat vor der Diskussion der *digitalen Spaltung* dieses Thema unter der Überschrift *Wissenskluft* untersucht. Es gibt eine Kluft zwischen gesellschaftlichen Gruppen beim Zugang zu Online-Diensten und Online-Kommunikation, die sich jedoch in den letzten Jahren reduziert hat. Es gibt daneben eine Kluft in der Art, wie Internet usw. genutzt werden (Bonfadelli 2005). In Migrationkontexten, so die Schweizer Untersuchung von Bucher, Bonfadelli (2007), scheint sich eine Kluft zwischen Kindern und Jugendlichen mit viel, wenig oder keinen Internet-Erfahrungen aufzutun, die deutlicher ist als die bei der traditionellen Wohnbevölkerung.

Bedingungen für erfolgreiche Lesesozialisation
Thomas Bachmann und Hansjakob Schneider (2004; S. 101) fassen die Bedingungen in vier Thesen zusammen:

> These 1: „Bedeutung der Passung der literalen Sozialisationsfelder
> Die Passung der literalen Sozialisationsfelder Schule und Familie beeinflusst die literale Praxis (lesen und schreiben) der Kinder und Jugendlichen.“
>
> These 2: „Bedeutung der literalen Motivation“
> „Eine einseitig auf das Lesen und Schreiben in der Schule gerichtete literale Motivation unterstützt die Ausdifferenzierung vergleichsweise weniger anspruchsvoller literaler Kompetenzen in der Rezeption und in der Produktion. Für die Entwicklung komplexerer literaler Kompetenzen ist die motivierte außerschulische literale Praxis unverzichtbar.“
>
> These 3: „Bedeutung der literalen Praxis“
> „Art und Umfang der Mediennutzung, insbesondere der literalen Praxis, beeinflussen unterschiedliche Dimensionen der Schreibfähigkeit unterschiedlich ausgeprägt. Besonders ausgeprägt für die Ausdifferenzierung komplexerer Schreibfähigkeiten ist der Nutzen des freiwilligen, intrinsisch motivierten Lesens.“
>
> These 4: „Unerwartete Ressourcen und *Brüche*“
> Begründete „Erwartungen hinsichtlich der literalen Entwicklung erfüllen sich nicht in jedem Fall. Immer wieder sind Entwicklungen zu beobachten, die ... auf unerwarteten Ressourcen von Jugendlichen beruhen können. Dies betrifft interessanterweise gerade die literalen Möglichkeiten von Jugendlichen, welche sich selber als weitgehend lese- und schreibabstinent bezeichnen.“

2.6.3 Überblick über die Fallbeispiele

- Die 14jährig Yvonne hat ihr spezifisches Aneignungsmuster für konvergente Medienangebote (Medienkonvergenz-Studie, Gebel 2006; S. 50 f.). Yvonne nutzt das Medienangebot breit, wobei sie auf Anregungen von Erwachsenen und Freundinnen regiert. Sie lässt sich von der Werbung keinen Klingelton aufschwätzen. Wie Yvonne mit den Symbolkärtchen zum Medienensemble und Mediensituationen bei einem Interview umgeht, gibt Anregungen, ihr Aneignungsmuster als Teil ihrer Alltagskultur und Alltagsmedienkompetenz auch in die Schule einzubinden.
- Der 11-jährige türkische Junge Erkan kann Listen im Rahmen einer Sportsendung auf dem Bildschirm lesen und das Gelesene auf Deutsch gut versprachlichen. Es gelingt ihm nicht, diese Kompetenz im Umgang mit diskontinuierlichen Texte vom Unterhaltungskontext auf die Schule zu übertragen.
- Jungen einer englischen Grundschule grenzen sich von Mädchen mit Hilfe von brutalen Wrestling-Szenen ab.
- Amateurvideo Atzen compilation auf *YouTube* und *Cyrill Pictures* auf mySpace

  Cyrill stellt im alltagsästhetischen Milieu-Kontext und in den Strukturen der Videoplattformen seine Themen dar. Dazu gehört, die deutschen Außenseiter der Gesellschaft provokativ öffentlich zur Schau zu stellen. Provokation und die Selbststilisierung als zu unrecht unterschätzter Underdog passen zum Habitus seines soziokulturellen Milieus.
- Amateurvideos *JuzPaule* auf *YouTube*

  Die anspruchlosen Videos stammen von einer Gruppe junger Männer, die auf ihren Handy-Videos u.a. zeigen, wie sie Bier trinken. Ein genauer Blick auf diese Videos und ihre Titel verweist auf Sexualität als eines ihrer Themen.

2.6.4 Ausgewählte Texte zum Weiterlesen und zur Vertiefung

Zu 2.1 Medienkonvergenz, ihre Medieninstrumente und Muster

- Wagner, Ulrike, Gebel, Christa, Eggert, Susanne (2006)): Muster konvergenzbezogener Medienaneignung.

Zu 2.2 Bildungschance: Kulturelle Übersetzung und kulturelle Teilhabe am Beispiel von Migranten

- Bucher, Priska, Bonfadelli, Heinz (2007): Jugendliche mit und ohne Migrationshintergrund. Gemeinsamkeiten und Unterschiede im Umgang mit Medien.

Zu 2.3 Vom Rundfunk zum Internet und dem aktuellen Konvergenzinstrument *Handy*

- Höflich, Joachim R./Gebhardt, Julian (2003): Mehr als nur ein Telefon. Jugendliche, das Handy und SMS.

Zu 2.4 Neue Sozial- und Kulturräume: Stile, Handlungsmuster und Medienstrukturen

- Einen systematischen Überblick liefern Ronald Hitzler, Thomas Bucher, Arne Niederbacher (2005): Leben in Szenen. Formen jugendlicher Vergemeinschaftung heute. Eine ethnographische Bestandsaufnahme deutscher Jugendkulturen findet sich in Veröffentlichungen des *Archivs der Jugendkulturen* (http://www.jugendkulturen.de). Wichtig ist hier auch, dass rechtsradikale Szenen unter dem Aspekt der Stile analysiert werden (Farin 2005 und 2007). Analysen von Jugendszenen finden sich auch auf http://www.jugendszenen.com/Szenenkatalog.html (Lehrstuhl für Allgemeine Soziologie Fachbereich 12, Universität Dortmund Emil-Figge-Str. 50 D-44221 Dortmund, http://www.hitzler-soziologie.de/portal@jugendszenen.com).

Zu 2.4.2 Öffentliche Abgrenzung und Integration

- Winter, Rainer (1993): Die Produktivität der Aneignung – Zur Soziologie medialer Fankulturen.

Zu 2.4.3 Neue Strukturen des Web 2.0 als Kulturraum

- Jörissen, Benjamin (2007): Informelle Lernkulturen in Online-Communities. Mediale Rahmungen und rituelle Gestaltungsweisen.
- Vogelgesang, Waldemar (2000): Das Internet als jugendkultureller Erlebnisraum.

Zu 2.5 Kulturelle Ressourcen prekärer Kulturen

- Sinus Sociovision (2007a): Die Milieus der Menschen mit Migrationshintergrund in Deutschland. Eine qualitative Untersuchung von Sinus Sociovision.
- Marotzki, Winfried (2003): Online-Ethnographie – Wege und Ergebnisse zur Forschung im Kulturraum Internet.

3 Bildung

Ob zum Laden von Klingeltönen diskontinuierliche Texte zu lesen sind, ob neue Sozialformen wie soziokulturelle Milieus entstehen, ob globale Medienplattformen als neue Formen der Vergesellschaftung auftauchen, ob die Kinder mit neuen Handlungsmustern auf die Medienkonvergenz reagieren, es steht die Frage nach Bildung in einer Welt an, in denen Konsum und Medien dominieren. Die Bildungsfrage zielt darauf ab, wie Medien unter den heutigen Bedingungen in das reflexive Verhältnis der Menschen zu sich selber und zu ihrer Umwelt eingreifen? Medien und Konsum sind Teil komplexer, alltagsästhetischer Arrangements in denen alles mit allem verbunden ist, das Internet mit dem T-Shirt, das Handy mit der globalen Jugendkultur und der regionalen Traditionskultur. Kinder und Jugendlichen entwickeln ihre eigenen Wege in dieser Kultur-Welt, die so wenig mit der Kultur zu tun hat, in der die Bücher Prägekraft besaßen, in der die Bibliothek das herausragende Archiv der Bildung war. Jetzt beginnen interaktive Medienplattformen vom Typ *YouTube* die dominierenden Archive zu werden mit dem allgegenwärtigen Handy als Text- und Bild-Generator, als Türöffner zu allen Online-Archiven, als GPS-Fixpunkt in der geographischen Welt und als Interaktionsschwerpunkt in der Lebenswelt.

Die 14-jährige Yvonne erschließt sich die konvergente Medienwelt über die von ihr bevorzugte Fernsehserie *Charmed* mit drei zauberhaften Hexen als Protagonistinnen, holt sich jedoch nicht die dazu passenden Klingeltöne auf ihr Handy, geht aber ins Internet, um zu *Charmed* mehr Informationen zu bekommen. Cyrill dagegen inszeniert sich provozierend mit Handy und Videoplattform. Beide leben in den Strukturen einer Kulturwelt der Waren, Medien, Dienstleistungen und Stile, die ihnen sowohl vorgegeben als auch von ihnen selber hergestellt ist. In ihren verschiedenen Welten entwickeln sie ihre Handlungskompetenz. Was ist daran Bildung?

3.1 Bildung in den Kulturpraktiken von Alltag und Schule

Yvonne nutzt wie Cyrill die neuen kulturellen Vorgaben als Ressource, um an unserer Medien- und Konsumkultur teilzunehmen und ihre Lebenswelt zu gestalten. Teilnahme und Gestaltung sind Element von Bildung, zu denen auch die der

Medien- und Konsumwelt angemessene Literalität gehört. Nicht nur einem bürgerlich altmodischen Mitglied der, wie Habermas (1962/1990; S. 14) es formulierte, „kulturräsonnierenden Öffentlichkeit", ist erkennbar, dass etwas fehlt. Yvonne wie Cyrill fehlt eine Reflexion ihrer Literalität und eine Reflexions-Dimension in ihrer Handlungskompetenz, um Distanz zum Eingebundensein in die Kultur ihrer Lebenswelt zu gewinnen, um auch andere und kritische Formen der Literalität, um andere Formen der Teilhabe und Selbstbestimmung zu erwerben und zu erproben. Kritische Formen der Literalität ermöglichen auch eine Erweiterung ihrer Weltsicht, wozu als eine der herausragenden Möglichkeit das Lernen gehört. Lernen ist in die alltagsästhetisch gegliederte Medien- und Konsumwelt der Kinder und Jugendlichen sozusagen eingebaut, meist mühelos und beiläufig. Es ist das weite Feld des informellen Lernens. Beim Stichwort Lernen ist offensichtlich, dass die Schule das prägende Feld des Lernens ist. Schule bietet nicht nur völlig andere Lernfelder und Lernobjekte als die Alltagswelt an, sie verlangt von den Kindern oder Jugendlichen auch komplexe Formen des Lernens, die Schüler zumeist als recht mühsam wahrnehmen, vor allem als eine Form der Arbeit. Hinzu kommt eine soziokulturell unterschiedliche Bewertung des Lernens.

Eine Verbindung von Alltagsliteralität und informellem Lernen mit der in der Schule möglichen komplexen und reflexiven Form der Literalität sowie mit den komplexen schulischen Lernformen und Lernobjekten ist wünschenswert. Es ist wünschenswert, nicht nur, weil Schule in unserer Gesellschaft definiert, was Lernen ist, da hat auch der Anspruch des lebenslangen Lernens kaum etwas geändert, sondern auch deshalb, weil die Schule die über Generationen entwickelten und gesammelten Erfahrungen mit Formen und Inhalten des Lernens gespeichert hat und verfügbar hält.

Es gibt ein zweites wesentliches Bündel von Gründen, Literalität und Lernen im Alltag und mit Medienkonsum als Bildungszusammenhang zu sehen. Es sind neue Lerngegenstände und Lernformen, die von der Schule als der prägenden Kulturinstitution des Lehrens und Lernens in ihren didaktischen Erfahrungsschatz aufgenommen gehören. Und, es ist die aktuelle Krise der Schule, die mit ihren angestammten Unterrichtsformen ein Fünftel bis ein Viertel der Jugendlichen nicht mehr erreicht, so die schon erörterten Ergebnisse von PISA.

Für die die Schule prägenden Lehrer und Bildungspolitiker sind die im Alltag vorhandenen Lernkompetenzen in der Regel kein Thema. Für die Didaktik ist es nur dann ein Thema, wenn sie sich mit der Öffnung der Schule beschäftigt. Für eine offene Schule liegt es nahe, auch den Alltag der Kinder und die Kulturpraxis der Kinder in die Schule einzubinden. Wichtiger Teil der Kulturpraxis sind Konsum und Medien. Solch eine Öffnung für die Kulturpraxis des Alltags braucht einen theoretischen Bezugsrahmen. Dieser Bezugsrahmen soll jedoch eines ausschließen, nämlich die Alltagserfahrungen und Alltagskompetenzen der Kinder und Jugendlichen bloß für einen besseren Lernerfolg zu instrumentalisieren und deren Eigensinn zu unterschlagen. Mit einer bloßen Funktionalisierung brächte sich die Institution Schule um die Chance, die Lernerfahrungen der heutigen Kinder in ihr Repertoire der Lehr- und Lernformen und der Lerngegenstände aufzunehmen. Die aktuelle Krise der Schule könnte, das ist mit vorsichtigem Optimismus formuliert, dafür die Motivation bieten.

Es gibt ein weiteres Bündel guter Gründen, um Bildung, Alltag und Medien zusammenzusehen. Sie ergeben sich aus der Entwicklung des Handys zum leicht verfügbaren Multimedia-Instrument, das neue Lehr- und Lehrformen geradezu aufdrängt. Im Moment überwiegt für die Schule die Abwehr gegenüber dem Unterhaltungsmedium Handy. Recht bald, so meine Vermutung, werden die unterrichtstechnologischen Optionen deutlich. Welches sind hierzu die Ziele? Das Handy als mobiles Multimedia-Instrument in der Schule zu nutzen, sollte

- die strukturelle Gemeinsamkeit von Lernen im Alltag und Lernen in der Schule erkunden,
- die im Alltag und von Kindern und Jugendlichen in ihrer Kulturpraxis erworbenen Kompetenzen in der Schule reflexiv entwickeln.

3.1.1 Zugangsweg und Modelle: Kulturpraxis der Kinder, kulturell situiertes Lernen, Kulturökologie

Für diese beiden Aufgaben gibt es meines Erachtens einen Zugangsweg und zwei Modelle, um Schule mit dem Medienalltag der Kinder und Jugendlichen zu verbinden. Erstens beginnt der Zugang bei der Kulturpraxis der Schüler und der dabei entwickelten Alltagsmedienkompetenz. Es gibt zweitens eine gemeinsame und definierende Basis für Lernen, Alltag und Schule: Lernen ist immer Bedeutungskonstitution in Situationen, die kulturell bestimmt sind, und die im Falle von Medienalltag und Schule sehr unterschiedlich bis widersprüchlich ausfallen. Drittens ist ein weiteres Basismodell zu bedenken, das in Analogie zum Konflikt von Natur und Industrie eine ökologische Vermittlung ermöglicht. Es gibt einen kulturellen Widerspruch von Schule und Alltag. Die auf Traditionen und Zweckmäßigkeit gründende Schule hat wenig mit der fragmentierten und alltagsästhetisch verfassten Konsum- und Warenkultur zu tun. Es gibt aber auch einen Widerspruch zwischen den Strukturen von Massenkommunikation und Alltagsästhetik und der Bildung als reflexive Beziehung zur Welt.

Analog zur der uns recht spät ins gesellschaftliche Bewusstsein gelangten gemeinsamen und ökologischen Basis von Natur, Industrieproduktion und Konsum ist auch eine Kulturökologie nicht nur denkbar, sondern auch Bedingung einer demokratischen Gesellschaft (vgl. dazu Bronfenbrenner 1979, Zacharias, 1999, Ganguin, Sander 2006). Die bisherige Ökologie-Diskussion versuchte die Spaltung von Natur und Industriegesellschaft mit der hemmungslosen Indienstnahme der natürlichen Ressourcen für unsere industriell geprägte Lebensform zu thematisieren und den Widerspruch auf verschiedenen Wegen in einen ökologischen Ausgleich zu überführen. Wie sieht instrumentalisierende Indienstnahme und ein Ausgleich in der heutigen Kultur aus? Horkheimer und Adorno (1944/1969) haben mit den Möglichkeiten ihrer kritischen Theorie die Strukturen einer instrumentalisierenden Indienstnahme für die Anfangszeit der „Kulturindustrie" analysiert. Heute ist der Schlüsselbegriff zu einer ökologischen Analyse und Bewertung nicht mehr „Kulturindustrie", sondern „Erlebnisrationalität", ein Thema, dem sich der 4. Teil des Buches widmet.

Zugangsweg: Kulturpraxis und Alltagsmedienkompetenz

Die Welt der Waren, Medien, Stile, Events mit ihren Strukturen ist den heutigen Kindern unausweichlich vorgegeben. Wesentliches Strukturmerkmal ist die Lifestyle-Organisation der postindustriellen Gesellschaft mit dem stilistisch angelegten und verbundenen Medien-, Waren- und Dienstleistungsangebot, das die Menschen in der Logik ihrer subjektiven Lebenswelt entsprechend aufgreifen und an sich anpassen. Dies ist eine heute wesentliche Handlungskompetenz. In und mit den Vorgaben dieser Welt und vor allem in der subjektiven Sichtweise ihres persönlichen Erlebens entwickeln Kinder und Jugendliche ihre kulturelle Handlungskompetenz. Diese kulturelle Handlungskompetenz in der Alltagswelt und in dem dafür typischen alltagsästhetisch geordneten Gefüge von Medien, Waren usw. ist Folge der Nutzung der jeweiligen kulturellen Ressourcen. Heute bestimmen die einzelnen in ihrer Erlebnislogik, welche Angebote sie als ihre Ressourcen wertschätzen und nutzen. Dabei entwickeln sie ihre Literalität. Kulturelle Handlungskompetenz ist in diesem Sinne die individuelle Literalität der Kinder und Jugendlichen. Anders formuliert, die jeweilige Kulturpraxis der Kinder oder der Jugendlichen ist das Feld, in dem sie ihre kulturelle Handlungskompetenz gewinnen. Ein Teil dieser Literalität ist ihr kompetenter Umgang mit Medien, was ich als Alltagsmedienkompetenz bezeichne.

Diese Spannung von vorgegebener Kulturwelt und Handlungskompetenz gilt es sich anzusehen, mit der Kulturwelt sowie der Handlungskompetenz der Generationen davor zu vergleichen und zu fragen, was die heutigen Kinder und Jugendlichen an pädagogischen Angeboten brauchen, um die Ressourcen ihrer Kulturwelt für die Entwicklung einer reflexiven, komplexeren Literalität, für kritisch reflexive Teilhabe und Selbstbestimmung sowie für Ausdruck und Gestaltung zu nutzen. Hierzu will ich das Modell der Alltagsmedienkompetenz und der Kulturökologie vorschlagen. Maßgeblich für Alltagsmedienkompetenz ist das Argumentationsmodell, das David Buckingham, Medienpädagoge in London, entwickelt hat (Buckingham 2008a, 2008b, 2003, Buckingham, Sefton-Green 1994, Bachmair, Burn 2008): In den Strukturen der vorgegebenen Kultur und auf der Basis der eigenen Kulturpraxis (Cultural Practices) entwickeln Kinder und Jugendliche ihre kulturelle Handlungskompetenz (Agency). Aufgabe und Chance der Schule ist, die dabei entstandenen kulturellen Erfahrungen in Reflexion und Kritik einzubinden, um so die kreative Mediennutzung zu einer Literalität jenseits von naivem Gebrauch oder banaler Routine zu entwickeln. Die kulturelle Handlungskompetenz entsteht in Prozessen der Bedeutungskonstitution als ineinander verwobene Beziehung von Medien-Texten, Medien-Nutzer und Massenkommunikation.

Im ersten Teil habe ich die Kulturpraxis von Kindern und Jugendlichen in den Strukturen der heute dominierenden Kultur der Alltagsästhetik skizziert. Dazu gehört ein Kulturraum, der sich nach soziokulturellen Milieus gliedert, in dem die traditionelle Form der Ungleichheit nach der sozialen Lage, eine neue nach Gender (die Verlierer sind die Jungen) und ethnisch geprägter Kultur (Migranten) ebenso existiert wie die nach wählbaren Lebensstilen. Ein konvergentes Medien- und Waren-Ensemble entsteht mit den produzierten sowie vermarkteten Medienangeboten und über Handlungsmuster, die den konvergenten Medien ebenso entsprechen wie den Lebensstilmustern und den Handlungsmustern der alten und neuen Ungleichheit. Die neuen Mediendienste wie Internetplattformen mit ihren Sozialformen überformen diese Muster. Sie liefern weitere Ausprägungen der Spannung von regionaler Traditionskultur und globaler Jugend- und Unterhaltungskultur im heutigen Kulturraum. In diesen Strukturen und in ihrem alltäglichen Leben, also in ihrer Kulturpraxis, entwickeln die Kinder und Jugendlichen ihre Alltagsmedienkompetenz. Die Schule mit ihren Lernformen und Lerninhalten kommt nicht umhin sich diesen kulturellen Strukturen zuzuordnen.

Modell des kulturell situierten Lernens

Ende der 1980er Jahre entwickelte sich in der US-amerikanischen Pädagogik mit dem *situierten Lernen* (Lave, Wenger 1990) ein theoretisches Modell als Gegenentwurf zum Instruktionslernen, also dem wiederholenden Erlernen vorgegebener Lerninhalte. Ausgangspunkt für den Gegenentwurf des situierten Lernens war eine für Sprechtheorie und Semiotik damals selbstverständliche Überlegung, dass Bedeutungen nicht transportiert, sondern immer in Abhängigkeit von der Situation, in der die Menschen denken, handeln und kommunizieren entstehen. Die Menschen stellen also in ihrer Kultursituation Bedeutung her. Lernen ist eine kulturelle Form der Herstellung von Bedeutungen, in der Kinder oder Jugendliche je nach der dominierenden Situation sich etwas aneignen, weil sie selber Objekten, Emotionen, Vorgängen, Gesprächspartnern und deren Aussagen oder Texten und Medien Bedeutung verleihen. Sie lernen also in der Schule als Schüler, vor dem Bildschirm mit Unterhaltungsanspruch oder in einer Werkstatt als Lehrling, weil sie in diesen Situationen aus den vorgegebenen Inhalten und Tätigkeiten für sich Bedeutsames schaffen (Brown et al. 1989, Lave, Wenger 1990, Hanks 1990). Wenn Lernsituationen auf einer vom Lehrer in der Schule hergestellten, vordergründigen Eindeutigkeit wie der beim Instruktionsunterricht aufbauen, dann verlieren die Schülerinnen und Schüler die Chance, z.B. in Rechensituationen, sich ihre Gedanken über Ordnung mit Hilfe von Zahlen zu machen und ihre Ordnungsverfahren mit denen der Arithmetik zu verbinden. Gerade die Unklarheit und Offenheit von Situationen (situationsabhängige Zeichen und Bedeutung: Indexikalität, Brown et al. 1989) schafft eine gute Voraussetzung für die Kooperation von Schülerinnen und Schülern, in denen die situationsabhängigen Bedeutungen entstehen, das heißt, indem gelernt wird. Lernen ist nicht nur von den Lernsituationen abhängig, Lernen ist nur situativ möglich. Das ist ein Fakt, den die Standardisierung von Lernen und Lehren durch die Schultradition leicht übersehen lässt. Die Lernsituationen der Schule wurden zum Modell des Lernens schlechthin, was den Blick für die Vielfalt der lernrelevanten Situationen verstellte. Lernen ist wie Mediennutzung eine in die jeweilige kulturelle Situation eingebundene Bedeutungskonstitution.

Es ist jedoch wenig sinnvoll, Bedeutungskonstitution mit Lernen gleichzusetzen, denn Lernen ist eine spezifische Kulturpraxis. Welcher Art diese Praxis ist, das hat Schule definiert. Da es zur Zeit der Schule europaweit nicht gelingt, allen ihren Schülern das beizubringen, was *sie* für erforderlich hält, ja 20 bis 25% in einem modernen Sinne nicht mehr Lesen, Schreiben und Rechnen können, kommt das Lernen außerhalb der Schule auch wieder als Lernen ins Bewusstsein. Dafür steht der Begriff des informellen Lernens (Sefton-Green 2004, Pietraß et al. 2005). Lernen findet also auch wie im Fall von Erkan vor dem Bildschirm statt, wenn er die Autorennserie *Formel 1* ansieht und die Ergebnislisten liest. Lernen in der Schule, das formelle Lernen, ist eine vielfältige und komplexe Form der Kulturpraktiken des Lernens. Auch im Unterhaltungskontext der Medien gibt es viel Lernen, jedoch in informellen Formen. (Diese Unterscheidung von formellem und informellem Lernen liefert eine erste hilfreiche Kategorisierung von Lernformen.)

Lernen ist also situiert, weil es immer eine Form der Bedeutungskonstitution ist, die in oder bezogen auf kommunikative, soziale Situationen abläuft. Diese Situationen stellt bislang vor allem die Schule als ihre Lehr- bzw. Lernsituation her. Weil ein gewichtiger Teil der Schülerinnen und Schüler in anderen kulturellen Situationen lernt, anders formuliert, weil sich die Kulturpraxis des Lernens für einen wesentlichen Teil der Schüler von der Schule weg in das Alltagsleben verlagert hat, öffnet sich der kulturelle Rahmen der Lernsituationen. Deshalb ist es notwendig, über Medien in der alltagsästhetisch verfassten Kultur als Bildungsressource theoretisch nachzudenken. Lernen als formelles Lernen (ist gleich: schulisches Lernen) und informelles Lernen (ist gleich: Lernen im Alltag) zu kategorisieren, definiert Lernen von den unterschiedlichen kulturellen Kontexten her. In diesem Sinne ist die Entwicklung von Literalität in einen kulturellen und situativen Rahmen eingebunden.

Modell der Kulturökologie

Da die kulturelle Definition von Medien im Unterhaltungskontext des Alltags, das ist der Kontext des informellen Lernens mit Medien, und der Schulkontext, das ist der Kontext des formellen Lernen, nicht nur zu unterschiedlichen, sondern sogar zu widersprüchlichen Lernformen führte, braucht es eine umfangreiche didaktische Analyse, um gemeinsame Strukturen bei der Nutzung eines Handyvideos und dem Deutschunterricht zu entdecken. Strukturzusammenhänge von Schule und Alltagsleben zu identifizieren, ist das eigentliche Ziel eines kulturökologischen Ansatzes, um z.B. das Handy für die Schule oder in der Schule zu nutzen.

Bisher hatte ich vorgeschlagen, Cyrills Gestaltungskompetenz im Internet oder Erkans Lesekompetenz bei der Sportsendung mit der Schule zu verbinden, von der Suche nach strukturellen Gemeinsamkeiten war bisher nur am Rande die Rede. Der Suche nach strukturellen Gemeinsamkeiten liegt die Überlegung zugrunde, nicht nur die Lernresultate der alltäglichen Kulturpraxis mit Medien in der Lernsituation der Schule bewusst aufzugreifen. Im Sinne einer Verknüpfung und bezogen auf die Medien geht es darum, die Alltagsmedienkompetenz in der Schule als eine wichtige Handlungskompetenz zu nutzen, die Jungen wie Cyrill oder Erkan in ihrer Kulturpraxis mit ihren Medien als kulturelle Ressourcen erworben haben. Eine Aufgabe der Schule ist, diese sozusagen naive Praxis kritisch reflexiv zu überformen. Das heißt, Lehrerinnen und Lehrer verknüpfen zwei bislang isolierte kulturelle Situationen des Lernens. Die Lehrprofis der Schule verbinden sie gezielt und entwickeln die naive Literalität weiter, indem sie sie auf ein höheres kulturelles Niveau heben. Solch ein Nebeneinander kultureller Situationen und Handlungskompetenzen nimmt an, dass sich Kultur so weit in Fragmente zerlegt hat, so dass nur ein *Verlinken* möglich ist, wenn überhaupt. Ich will dagegen eine erweiterte ökologische Sichtweise setzen: Es gibt generelle Strukturen unserer Kultur, die es freizulegen gilt, um Gemeinsamkeiten von Massenkommunikation, Schule und Bildung zu entdecken. Das ist eine Aufgabe, die der Schule mit dem Ziel gelingen kann, die Handlungskompetenz des Alltagslebens mit den Lernstrukturen der Schule zu verbinden.

Anregend ist hier das Konzept von Eleanor J. Gibson und Anne D. Pick (2000) von einer Ökologie der Wahrnehmung und des Lernens, dessen Ausgangspunkt die reziproke Beziehung von Wahrnehmenden und Umwelt ist: „The Reciprocity of Perceiver and Environment“ (Gibson, Pick 2000, S. 14). Ein maßgebliches Strukturelement für die Reziprozität von Handelnden und Situation ist die Entsprechung von Situationselementen und Handelnden. Gibson und Pick (2000, S. 15f) bezeichnen diese Entsprechung als Bedingung einer ökologischen Struktur als „Affordance“ und erläutern das am Beispiel eines Sessels, der sich auch für ein bequemes Sitzen eignet. Mein Vorschlag ist, nach der Entsprechung von Medientext, Mediennutzern, Massenkommunikation und Alltag bzw. Schule zu fragen. Für den Medientext ist das die Frage, was in einem Medientext, in einer Internet-Plattform für Nutzer, für Schule usw. angelegt ist. Für die kulturellen Situationen als Lernsituation geht es um die Frage, wie Kinder und Jugendliche in den kulturellen Situationen welche Handlungskompetenz entwickeln und welche Strukturen einer kulturellen Situation diese Handlungskompetenz erfordert, unterstützt oder ermöglicht. Auch wenn Schule und alltagsästhetisch verfasste Kultur scheinbar nur nebeneinander her existieren, wenn die Kultur des Kaufens und Verfügens dem schulischen Lernen im Weg zu stehen scheint, so gibt es Gemeinsames. Es sind die kulturellen Manifestationen, die eine Entwicklungschance für Kinder und Jugendliche beinhalten. Es ist die Dynamik der Entwicklung der Menschen, die möglich wird, weil sie sich die vorgegebenen kulturellen Manifestationen aneignen. In einer Kultur der stilistischen Muster und Medienvielfalt gibt es ebenfalls strukturelle, kulturökologische Gemeinsamkeiten mit der Schule. Heute ist es die alltagsästhetische Erlebniswelt, in der sich Kinder entwickeln, indem sie sich die zu ihnen passenden Medien und Konsumobjekte aneignen und sie diese Welt mit ihren Spuren gestalten.

3.1.2 Der weitere Gedankengang des 3. Teils: Bildung

Schon der eben benutzte Begriff der kulturellen Manifestationen und deren Aneignung als wesentlicher Teil des Bildungsprozesses verweist auf Wilhelm von Humboldt. Sich seiner Bildungsideen zu versichern, ist die erste Aufgabe der folgenden Erörterung. Es folgt als zweites eine Skizze der pädagogischen Konzepte zur medienbezogenen Handlungskompetenz, die Kinder und Jugendliche in ihrer Kulturpraxis entwickelten. Ausgangspunkt ist das Konzept der Medienkompetenz und seine Ausweitung zum digitalen Lernen. Lernen mit dem Handy schließt sich als weitere Fragestellung an. Welche theoretischen Vorschläge und praktischen Möglichkeiten kulturell situierten Lernen gibt es für das Handy? Zeichnet sich neben dem Brückenschlag vom informellen Lernen mit dem Handy zur Schule auch eine Konvergenz von Handy und Schule ab, eine Konvergenz, die sich nicht der Muster der Unterrichtstechnologie bedient, sondern eine Kulturökologie anstrebt?

3.2 Bildung als Entwicklung, Aneignung und Gestaltung

Als Wilhelm von Humboldt (1767-1835) seine Bruchstücke einer Bildungs-, Staats- und Sprachtheorie formulierte, tat er dies in der radikalen Umbruchzeit des späten 18. und des beginnenden 19. Jahrhunderts. In dieser Zeit bestand die Zuversicht, die Ideen der Humanität zu rekonstruieren, indem man die klassischen Texte, die klassische Dichtung, Plastik, Architektur usw. erneut entstehen ließ. Die Hoffung, damit eine Alternative zur autoritären und zusammenbrechenden gesellschaftlichen Ordnung der kleinteiligen Fürstenherrschaft zu finden, leitete diese rekonstruierende Aneignung der humanistischen Texte in der Schule. Die klassischen Sprachen und deren Dichtung galten als Manifestationen humanistischen Denkens, deren Aneignung die Basis für eine humanistisch ausgerichtete Gesellschaft versprach. Wilhelm von Humboldt nutzte diese Ideen für die Schulreform und machte die klassischen Sprachen sowie die klassische Dichtung zum Kern des Schulcurriculums des humanistischen Gymnasiums.

Mit Hilfe von Wilhelm von Humboldt über Medienbildung nachzudenken, hat die wesentliche Aufgabe, sich die von Humboldt beschriebene Struktur von Bildung klar zu machen und zu fragen, welche Gemeinsamkeiten es zur heutigen Entwicklung der Kinder in einer Medien- und Konsum-Kultur gibt.

Als erstes die Frage, welche Brücke es zwischen den heutigen Medien und Humboldts Vorstellungen von Bildung gibt. Es ist der Gedanke des Kulturgutes. Medien, Bücher oder Sprache haben als Gemeinsamkeit, Kulturgüter zu sein. Humboldt spricht von Manifestationen und Artikulationen. Ein entsprechender Terminus ist der der Objektivation. Will man Termini wie Manifestation, Artikulation, Objektivation vermeiden, dann ist, wie gesagt, der Gedanke des Kulturgutes hilfreich. Kinder bzw. Jugendliche finden Kulturgüter als Teil der sie umgebenden Welt vor. Sie enthalten Ideen, Hoffnungen aber auch Zwänge der Generation, die sie entwickelt hat. In einer Kultur wie der unseren mit ihrer Ausrichtung auf Konsum und alltägliche Unterhaltung, auf Massengeschmack und Markterfolg fällt es einem schwer, spontan *Kulturgut* zu verwenden. Aber auch Klingeltöne sind Manifestationen unserer Kultur, die jedem mit dem Handy die Gelegenheit eröffnet, der eigenen sozialen Umwelt mitzuteilen, wo man sich gerade befindet und wie es einem im Moment geht. Das gibt Sicherheit, die in Banalität verpackt ist. Trotzdem muss der Klingelton individuell gestaltbar sein, um die eigenen Spuren in der Klangvielfalt der Handys erkennbar zu machen.

Diese Spur ist eine Form der Gestaltung, die uns jedoch wenig an unsere Gestaltungserfahrungen mit dem traditionellen Kunstwerk erinnert.

Spuren lässt sich leicht als Gestaltung denken, wenn man eine Künstlergeneration zurück geht und sich an Jackson Pollocks *Action Painting* der 1950er Jahre erinnert. Er bewegte sich wild mit dem Farbpinsel und produzierte Bilder als Spuren seiner Bewegung. Was in den 1950er Jahren als künstlerisches Sakrileg galt, fasziniert uns heute, weil wir Jackson Pollock in seinen Bildern in seiner Bewegung von damals entdecken können. Seine Bewegungsspuren von einst sind also in den Bildern objektiviert oder manifestiert. Der Kunstmarkt hat diese Bilder nicht zuletzt deswegen in den Rang eines Kulturgutes erhoben, weil sie Spuren zeigen, die Menschen in ihre Kultur einprägen und mit denen sie die Welt gestalten.

Mit dem Beispiel von Jackson Pollocks *Action Painting* als Manifestation und Spur sind wir recht nahe an einer Dimension von Bildung, in die sich die für unsere Kultur typische Verknüpfung von Medien, Dienstleistungen, Waren und Situationen, also die Phänomene der *Alltagsästhetik,* einordnen lässt. Für eine pädagogische Erörterung der Alltagsästhetik ist der Gedanke der Bildung als Beziehung von Mensch und Welt hilfreich, um das Verhältnis der Kinder oder Jugendlichen zu sich und zu ihrer sozialen, dinglichen und kulturellen Umwelt unter den Bedingungen dominanter alltagsästhetischer Systeme zu entfalten. Es lassen sich damit auch Aufgaben wie diese identifizieren, sich ständig orientieren zu müssen oder vorgefertigten Sinn und Bedeutungen zu zerlegen, um Medienprodukte für sich eigenständig bedeutsam zu machen. Pädagogen bekommen dabei die Aufgabe, die Eigenständigkeit der Kinder und Jugendlichen im Bildungsprozess und in den Zeichen- und Mediensystemen als etwas kulturell Gemeinsames zu fördern. Die Aufgabe, kulturell Gemeinsames zu fördern, gilt auch dann, wenn Medien oder Inszenierungen wie die *Love Parade* oder die Hot-Dog-Fress-Party die Funktion haben, soziokulturelle Abgrenzung zu vermitteln.

3.2.1 Leitfragen, die helfen, Bildungsprozesse zu erschließen

Die Hoffungen, die Humboldts in die alten Sprachen als kulturelle Manifestationen setzte, realisierten sich nicht, sobald die Sprachen zum Gegenstand eines bloß nachvollziehenden, wiederholenden Lernens und paukenden Lehrens wurden. Zudem bekam humanistische Bildung die Funktion über verfügbare Bildungsinhalte gesellschaftliche Zuordnung zu organisieren und zu fixieren. Deshalb muss man schon genau darauf achten, welche Chancen das Konzept von Bildung heute eröffnet. Dazu ist notwendig, sich in die Perspektive heutiger Kinder zu begeben. (Dazu erneut das Beispiel von Erkan aus dem 2. Teil und seine reflexive Weltaneignung.) Die folgenden drei Leitfragen sollen helfen das Konzept von Bildung als reflexive Weltaneignung zu erschließen:

- Welche kulturellen Erfahrungen beinhalten die wichtigen Objekte der Lebenswelt?
- Wie stehen Kinder oder Jugendliche zur vorgegebenen Welt, welches Verhältnis entwickeln sie zu anderen Menschen und zu sich? Wie entwerfen sie sich dabei als Subjekte?
- Mit welchen Spuren gestalten sie die Welt und machen sie so zu ihrer Lebenswelt? Wie entwerfen sie damit ihren Lebenslauf?

Was heißt nun Bildung für Erkan? Erkan scheitert in der Schule nicht zuletzt, weil er nicht lesen kann. Er liest jedoch zu Hause Sportergebnislisten vom Bildschirm und teilt sie seinem Papa mit, weil diese Ergebnisse Teil ihres gemeinsamen Themas *Auto* sind. Erkan trennt seine kulturelle Welt in die mit Misserfolg verbundene Schul- und Lernwelt und in die Welt der Medienunterhaltung, in der er seine Erfolge selbst verbuchen kann. Vermutlich versucht er, seine Themen, unter denen Sport und Autos eine wichtige Rolle spielen, gar nicht in die Schule hineinzutragen. Er bleibt passiv in der Schule und erträgt sie. Schule ist nicht seine Welt. Seine Welt besteht zu wesentlichen Teilen aus Familie und Unterhaltung. So stark und erfolgreich wie sein Vater will er vermutlich werden, [mit dem er sprachlich erfolgreich kommuniziert]. Dazu gehört auch ein handwerklicher Beruf, von dem er ahnt, dass er ihm wegen der mangelnden Schulleistungen verschlossen bleiben wird. Er hat viel Erfahrungen damit, persönlich zu scheitern und hat erste Vermutungen, wie *Bastelbiographien* heute verlaufen. Er hat die Lernvorstellungen der Unterhaltungsangebote akzeptiert und will sie möglicherweise bald in der Form von Casting Shows in seine weitere Entwicklung hinein nehmen. Dabei wird er mit hoher Wahrscheinlichkeit auf Menschen treffen, die ihre am Gymnasium gestählten Bildungsvorstellungen bewertend gegen ihn und seine Lernvorstellungen einsetzen.

Zurück zu den drei Leitfragen:

- *Welche kulturellen Erfahrungen beinhalten die für Erkan wichtigen Medien seiner Lebenswelt?*
  Der gedruckte Text zwischen zwei Buchdeckeln gehört nicht zu seiner kulturellen Welt. Auch sein Opa, den er bewundert, kam als Handwerker sowohl in der Türkei wie in Deutschland ohne Lesen und Schreiben zurecht. Bücher stehen für Schule und eine Art von Arbeit, die Erkan ganz und gar nicht als Teil seiner Welt sieht. Bücher als Genuss und Unterhaltung sind für Erkan nicht denkbar.

- *Wie steht Erkan zur vorgegebenen Welt, welches Verhältnis entwickelt er zu anderen Menschen und zu sich? Wie entwirft er sich als Subjekt?*
  Der Fernseher mit seinen Unterhaltungs- und Sportprogrammen liefert Gesprächsanlässe für Erkans Themen und denen seines Vaters, wahrscheinlich auch für Gespräche mit anderen Jungen in seinem Wohnblock. Vom Fernsehen bekommt er Stoff zum Nachdenken, Stoff, mit dem er selbstständig denken und mit dem er zudem allein gut umgehen kann. Der laufende Fernsehapparat gibt ihm ein Schutzschild, um für sich allein zu sein und ungestört seinen Themen nachzuspüren. Für die Widersprüche seines Lebens und seiner Schulleistungsprobleme bekommt er mit den diversen Genres sehr unterschiedliche Bühnen, in denen Zorn bis Erfolgsfreude phantasierbar sind.
- *Mit welchen Spuren gestaltet Erkan seine Welt und machen sie so zu seiner Lebenswelt? Wie entwirft er damit seinen Lebenslauf?*
  Er erklärt seinem Vater Sportresultate. Er verbalisiert in einer elaborierten Sprache, was er gesehen und gelesen hat. Das sind Leistungen, die die Schule erreichen möchte, wozu er sicher viel aus der Schule mit nach Hause genommen hat, die er jedoch nur in seiner kleinen Familien- und Freundeswelt, die Fernsehprogramme, Sport und Autos schätzt, äußern kann. Vermutlich will er diese Lebenswelt für sich weiterführen.

Die Erörterung von Erkans Bildungssituation zeigt die subjektive Seite von Bildung. Eine Analyse der von ihm bevorzugten oder abgelehnten Medien und Lernmaterialien enthüllt die dazu in Spannung stehende objektive Seite, die Seite der gesellschaftlichen Manifestationen (Artikulationen, kulturellen Objekte, Medien, Kaufprodukte, Dienstleistungen), so die Terminologie im Sinne Wilhelm von Humboldts. Das sind die Fernsehsendung und die gesprochene deutsche Sprache, wahrscheinlich die von Erkan mitgedachte türkische Sprache. Welche Spuren hinterlässt er in seiner und unserer Welt der vorgegebenen Medien, Kaufobjekte, Dienstleistungen; das sind unsere gesellschaftlichen Manifestationen. Solch eine Spur ist die kurzlebige Unterhaltung mit seinem Vater, die für ihn sicher eine hohe Kontinuität hat.

Ein Fazit: Der Bildungsprozess lässt sich nur im Rahmen der kulturellen Gegebenheiten der heutigen Kinder freilegen und verstehen. Dazu gehört eine Analyse unserer kulturellen Organisation und ihre Medien- bzw. Konsumangebote als Spannung zwischen der vorgegebenen kulturellen Welt und den Spuren der Kinder in dieser kulturellen Welt. Kinder eignen sich die heutigen Medien als kulturelle Objekte an, wobei sie ihrerseits Spuren hinterlassen, die die vorfindliche Welt sowohl bestätigen als auch verändern.

3.2.2 Kerngedanken Wilhelm von Humboldts zur Bildung – Denkanregungen für unsere Konsum- und Medien-Welt

Bildung als reflexive Weltaneignung ist möglich, weil Kinder sich und ihre Möglichkeiten entfalten, indem sie sich die Umwelt aneignen und die Umwelt mitgestalten. Einleitend hier Wilhelm von Humboldts zentrales Argument zur Bildung aus: „Ideen zu einem Versuch, die Gränzen der Wirksamkeit des Staates zu bestimmen“ von 1792 (2002; S. 64):

> „Der wahre Zwek des Menschen – nicht der, welchen die wechselnde Neigung, sondern welchen die ewig unveränderliche Vernunft ihm vorschreibt – ist die höchste und proportionirlichste Bildung seiner Kräfte zu einem Ganzen. Zu dieser Bildung ist Freiheit die erste, und unerlassliche Bedingung. Allein außer der Freiheit erfordert die Entwikkelung der menschlichen Kräfte noch etwas andres, obgleich mit der Freiheit eng verbundenes, Mannigfaltigkeit der Situationen. Auch der freieste und unabhängigste Mensch, in einförmige Lagen versezt, bildet sich minder aus. Zwar ist nun einestheils diese Mannigfaltigkeit allemal Folge der Freiheit, und andernteils gibt es auch eine Art der Unterdrükkung, die, statt den Menschen einzuschränken, den Dingen um ihn her eine beliebige Gestalt gibt, so dass beide gewissermaßen Eins und dasselbe sind.“

(a) Entfaltung der Kräfte der Kinder

Bildung ist nicht denkbar als ein einfacher Umsetzungsvorgang, der das Ziel hat, gewünschte Inhalte in Kinder einzupflanzen. Der Magdeburger Bildungstheoretiker und Internetspezialist Winfred Marotzki formuliert das in der „Einführung in die Erziehungswissenschaft“ (Marotzki et al. 2005; S. 166) folgendermaßen:

> „Folgt man Wilhelm von Humboldt, dann bedeutet eine bildende Entwicklung des Menschen, dass er seine Kräfte in möglichst optimaler Weise entfaltet. Humboldt folgt in dieser Perspektive den klassischen Denkannahmen des Deutschen Idealismus, die im Kern darin bestehen, dass sich ... eine solche Entwicklung in tätiger Auseinandersetzung mit der natürlichen, sozialen und gesellschaftlichen Umwelt vollzieht.“

In einer für uns doch sehr fremden Sprache stellt Wilhelm von Humboldt in „Ideen zu einem Versuch, die Gränzen der Wirksamkeit des Staates zu bestimmen“ (1792/2002a; S. 64 und S. 82) fest:

> „Der wahre Zwek des Menschen ... ist die höchste und proportionirlichste Bildung seiner Kräfte zu einem Ganzen.
> ... überall den höchsten Gesichtpunkt der eigentümlichsten Ausbildung seiner selbst und andrer vor Augen hat.“

Dies zielt auf ein sich bildendes Subjekt. Die Leitidee geht dabei von der Entfaltung des Menschen aus. Diese Leitidee der Entfaltung, bei der jeder Mensch als Subjekt handelt, kennen wir von der auf Jean Jacques Rousseau zurück gehenden Metapher vom Erzieher oder Lehrer als Gärtner, der mit Geduld der Entwicklung einer Pflanze zu ihrer Blüte zusieht, dabei zur rechten Zeit mit Wasser, Lockern des Bodens usw. die Entwicklung fördert.

Zu den pädagogischen Aufgaben bei der Entwicklung der Kinder gehören sowohl Fördern als auch Beschützen. In der Art, wie unsere Gesellschaft Kinder vor Medien schützen will, ist das alte pädagogische Denken über Bildung als Entwicklung enthalten, was der Staatsvertrag für Jugendmedienschutz vom 1.4.2003 folgendermaßen als Auflage für Medienanbieter formuliert:

> § 1 Zweck des Staatsvertrages: „Zweck des Staatsvertrages ist der einheitliche Schutz der Kinder und Jugendlichen vor Angeboten in elektronischen Informations- und Kommunikationsmedien, die deren Entwicklung oder Erziehung beeinträchtigen oder gefährden".
> § 5 Entwicklungsbeeinträchtigende Angebote: „Sofern Anbieter Angebote, die geeignet sind, die Entwicklung von Kindern oder Jugendlichen zu einer eigenverantwortlichen und gemeinschaftsfähigen Persönlichkeit zu beeinträchtigen, verbreiten oder zugänglich machen, haben sie dafür Sorge zu tragen, dass Kinder oder Jugendliche der betroffenen Altersstufen sie üblicherweise nicht wahrnehmen."

Dieser Gedanke findet zur Zeit in der Medienpädagogik wenig Resonanz, weil er vor allem als zu bewahrend eingeschätzt wird. Akzeptiert ist heute dagegen die Entwicklungsidee in der Version des didaktischen Konstruktivismus, der im Kern besagt, dass Lernende sich ihr Wissen, ihre Fertigkeiten und Kenntnisse selber aufbauen und entwickeln, wozu die Schule Lernsituationen bereitstellt. Von der Medienpädagogik ging der Entwicklungsgedanke in die Rezeptionsforschung mit dem Begriff des *handlungsleitenden Themas* ein. Mediennutzer eignen sich Medieninhalte aktiv in der inhaltlichen Perspektive ihrer aktuellen Lebenslagen und ihrer jeweiligen Lebensperspektive an (vgl. Bachmair 1979a, 1980).

Wie sieht diese thematische Entwicklungsperspektive für Erkan aus? Erkan will mit seinem Vater reden, und zwar mit dem Papa auf Augenhöhe als Experten für Autorennen. Dazu gehört auch der Bericht, der sich an Ergebnislisten nachprüfen lässt. Andere Beispiele: Weil Klingeltöne für Handys gerade *in* sind, will man bzw. frau kompetent dabei sein. Die *Love Parade* ist eine riesige Party, auf der man und frau sich mit seinem bzw. ihrem Körper zu Schau stellen und auf positive Rückmeldung hoffen darf. Dabei spielt die gängige Körperästhetik nur eine nachgeordnete Rolle. Dagegen ist angesagt, sich als schräg, laut und eigenwillig zu inszenieren. Übergänge in den Ausprägungsformen von männlich und weiblich zu zeigen, sind dabei nicht nur zugelassen, sondern sogar gefragt.

(b) Die Welt außen

Entwicklung, so Wilhelm von Humboldt („Theorie der Bildung des Menschen" 2002b; S. 236, geschrieben in den 1790er Jahren), ist als „Verknüpfung unseres Ichs mit der Welt" zu denken. Um die eigenen Möglichkeiten zu entwickeln, braucht es eine soziale, dingliche und kulturelle Umgebung. Die kulturelle Umgebung besteht aus den kulturellen Gütern. Das sind die Manifestationen der Elterngeneration, wozu heute Medien auch in ihren neuen Formen und komplexen Verknüpfungen gehören. Diese Spannung von Innen und Außen ist konstitutiv für Bildung. Humboldt (2002b; S. 237) formuliert dies als anthropologische Bedingung des Menschen, sich nach Außen zu orientieren, wobei hier die Gefahr der Entfremdung besteht. Auf diese Gefahr der Entfremdung geht unsere öffentliche Diskussion mit der Befürchtung ein, die Kinder könnten süchtig auf Software-Spiele oder Internet-Chats werden. Schlagworte wie Wirklichkeitsverlust oder die Angst vor prekären Konsumkulturen, Medien als Auslöser für Amok-Handlungen, stehen heute und zumeist ohne Begründung für das, was Humboldt als mögliche Gefahr der Entwicklung mit dem Fremden („Entfremdung") bezeichnet.

> „Beschränken sich indess alle diese Forderungen* nur auf das innere Wesen des Menschen, so dringt ihn doch seine Natur beständig von sich aus zu den Gegenständen ausser ihm überzugehen, und von hier kommt es nun darauf an, dass er in dieser Entfremdung nicht sich selber verliere..." (Humboldt, Theorie der Bildung des Menschen 2002b; S. 237).
> (* Humboldt benennt sie kurz zuvor unter anderem als „Bildung, Weisheit und Tugend", „Begriff der Menschheit", S. 236)

(c) Bildung zur mannigfaltigen Ganzheit

Was Wilhelm von Humboldt zur Kindheit in einer übervollen Medien- und Konsumwelt wohl gesagt hätte? Was zu Kindern als Objekte von Werbung und Medienmarkt? So etwas war zu seiner Zeit nur als Traum vom Schlaraffenland zu denken. Er hätte den Gedanken der Entfremdung vermutlich deutlicher formuliert, nicht nur als Entwicklung in der Spannung zum Fremden, und er hätte sicherlich die Hoffnung auf die Vernünftigkeit als Leitlinie der Entwicklung des Menschen und der Menschheit noch deutlicher formuliert. Wahrscheinlich hätte er in den 1990er Jahren Dieter Baacke, dem ersten Promoter des Konzepts der Medienkompetenz, am Schreibtisch über die Schulter geschaut und ihn sehr ermutigt, Medienkompetenz als Kritik an und als vernünftigen Umgang mit Medien zu betonen. Humboldt hat in der Fülle der Welt jedoch ein wichtiges Moment von Bildung gesehen, und zwar, wenn sie mit Gestaltung einher geht. Gestaltung heißt, die „Mannigfaltigkeit" zu einem „Ganzen zu verbinden":

> „Der Mensch kann wohl vielleicht in einzelnen Fällen und Perioden seines Lebens, nie aber im Ganzen Stoff genug sammeln. Je mehr Stoff er in Form, je mehr Mannigfaltigkeit in Einheit verwandelt, desto reicher, lebendiger, kraftvoller, fruchtbarer ist er. Eine solche Mannigfaltigkeit aber giebt ihm der Einfluss vielfältiger Verhältnisse. Je mehr er sich demselben öfnet, desto mehr neue Seiten werden in ihm angespielt, desto reger muss seine innere Thätigkeit seyn, dieselben einzeln auszubilden und zusammen zu einem Ganzen zu verbinden“ (Humboldt, Plan einer vergleichenden Anthropologie, 1797/2002c; S. 346).

Für unsere Kinder heute steht im Vordergrund, sich in der Mannigfaltigkeit und gigantischen Fülle zu orientieren. Noch bevor Kinder die riesige Menge an Spielzeug, Fanprodukten, Büchern, CDs usw. in ihrem Zimmer zu einer Einheit versammeln und die Konsum-Welt auf ihre Kinderzimmer-Welt reduzieren, müssen sie sich in der riesigen Welt der Angebote erst einmal orientieren. Das verlangt den Kindern oder Jugendlichen eine gewaltige Ordnungs- und Gestaltungsleistung ab. Um diese Bildungschancen der heutigen Konsum- und Medien-Mannigfaltigkeit aufzudecken, wird sich der fünfte Teil *Analyse* mit aktuellen Orientierungsangeboten wie *Links* beschäftigen und auch Kinderzimmer als Gestaltungsfeld untersuchen. Kriterien zu entwickeln und zu nutzen, ist ein weiterer Punkt, um Ordnung in die Mannigfaltigkeit zu bringen. Es handelt sich um eine Aufgabe, die sich nicht so leicht erfüllen lässt, wie der landläufige Ruf nach einer Werteerziehung schnell von den Lippen kommt. Es bleibt die Frage offen, wie denn die Mannigfaltigkeit zu genießen sei, also die Schlaraffenland-Phantasie nicht aus der Kindheit heute zu katapultieren. Genuss als Kategorie für Medienbildung? Ich bin mir nicht sicher, ob und welche Erfahrungen es dazu in der Medienpädagogik gibt.

(d) Mit Spuren die Welt gestalten

Marotzki et al. (2005; S. 166) stellen in ihrer Zusammenfassung der Leitlinien des Bildungsbegriffes einen zweiten Schwerpunkt fest neben dem von der Entwicklung des Menschen.

> „Die zweite Denkannahme des Deutschen Idealismus besteht darin, dass der Mensch in der Art und Weise seiner tätigen Auseinandersetzung mit der Welt gleichsam Spuren hinterlässt. Es sind Manifestationen, die im weitesten Sinne das darstellen, was er schafft.“

Gestalten heißt, etwas in eine Form zu bringen und Vielfalt „in eine Einheit“ zu „verwandeln“, eine Gestaltungsaufgabe die in unseren Medien- und Event-Inszenierungen hoch aktuell ist. Würde Humboldt heute darin ein Bildungschance sehen, weil sich die Kinder in dieser Gestaltungsaufgabe entwickeln? Sein

Plädoyer für Mannifaltigkeit als Bildungschance ist ermutigend. Das Zitat unter dem Stichwort *Bildung zur mannigfaltigen Ganzheit* aus dem „Plan einer vergleichenden Anthropologie“ von 1797 (S. 346) ist deutlich, insbesondere, weil die Betonung auf *Verbindung zu einem Ganzen* liegt. Ich denke dabei an die Zimmer, in denen Kinder aus der Beliebigkeit und dem Druck des Konsumangebots den räumlichen Kern ihrer eigenen Lebenswelt basteln.

Humboldt war sich bewusst, dass Kultur nicht nur das Überkommene ist, also nicht nur die über Generationen zurechtgeschliffenen Kulturgüter. Kultur entsteht auch mit den Spuren, die wir und die unsere Kinder in die Welt einprägen. Auch die Kindergeneration hinterlässt ihre Spuren, die auf den ersten Blick nur banal aussehen wie die Zuschauerpost an einen Sender, das Handygeklingel, das Geplaudere vom Typ: Hast Du gestern gesehen... Oder: Die neue Playstation kostet 360 Euro. Interpretieren wir sie doch optimistisch als Manifestationen in der Bildungsperspektive Humboldts:

> „Die letzte Aufgabe unsres Daseyns: dem Begriff der Menschheit in unserer Person, sowohl während der Zeit unseres Lebens, als auch noch über dasselbe hinaus, durch die Spuren des lebendigen Wirkens, die wir zurücklassen, einen so grossen Inhalt, als möglich, zu verschaffen, diese Aufgabe löst sich allein durch die Verknüpfung unseres Ichs mit der Welt zu der allgemeinsten, regesten und freiesten Wechselwirkung“ (Humboldt, Theorie der Bildung des Menschen. Bruchstücke, 2002b; S. 235 f.).

Die Spuren der Kinder im Alltagshandeln sind kulturelle Manifestationen. Heute haben sie den Charakter von Bausteinen der verschiedenen Lebenswelten. Im Sinne Humboldts gehört es auch zur Bildung, diese Spuren in der Lebenswelt zu suchen und zu interpretieren.

(e) Freiheit als Bedingung für Bildung

In einer Zeit, in der Freiheit erkämpft, in der eigene Lebensentwürfe im Denken und im Alltag erst durchgesetzt und verwirklicht werden mussten, war Humboldts klare Aussage zur Freiheit als Bedingung von Bildung herausfordernd klar.

> „Der wahre Zwek des Menschen ... ist die höchste und proportionirlichste Bildung seiner Kräfte zu einem Ganzen. Zu dieser Bildung ist Freiheit die erste und unerlassliche Bedingung“ (Humboldt: Ideen zu einem Versuch, die Gränzen der Wirksamkeit des Staates zu bestimmen, 1792/2002a; S. 64)

Schnell verschwand jedoch Freiheit aus dem schulischen Lernen zugunsten des Paukens von hehren, antiquierten Stoffen. Jede Eltern-, Lehrer- und Schülergeneration muss für sich Bildung und damit auch die dafür notwendige Freiheit konkret neu erfinden und erstreiten. Das gilt auch für die Schule und ihre Lernformen. Konstruktivistisches, situiertes Lernen und Bedeutungskonstitution sind vermutlich Marksteine auf dem Weg, auch für das Lernen den Gedanken der Freiheit neu zu bestimmen.

(f) Bildung als Realisierung der Vernunft

Zum Bildungsbegriff gehört, dass sich Vernunft, der allgemeine Geist einer Gesellschaft, manifestiert und die Kindergeneration sich diese Vernunft über Kulturgüter aneignet:

> „Der wahre Zwek des Menschen
> - nicht der, welchen die wechselnde Neigung, sondern welchen die ewig unveränderliche Vernunft ihm vorschreibt
> - ist die höchste und proportionirlichste Bildung seiner Kräfte zu einem Ganzen."
>
> (Humboldt, Ideen zu einem Versuch, die Gränzen der Wirksamkeit des Staates zu bestimmen", 1792/2002a; S. 64; die Textgliederung diese zitierten Satzes stammt nicht von Humboldt.)

Diesen Vernunftoptimismus teilen wir nicht mehr. Dazu gibt es zu viele schreckliche Erfahrungen mit Kriegen, Völkermorden, aber auch Einsichten der Psychoanalyse von Sigmund Freud. Dennoch ist Vorsicht geboten, neue Formen von Vernunft vorschnell abzuqualifizieren. Zu schnell drängt sich die Aussage von Max Horkheimer und Theodor W. Adorno (1944/1969) in den Vordergrund, „Kulturindustrie" sei „Aufklärung als Massenbetrug". Die Vernunft, die zur Industrieproduktion geführt hat, führt auch zu Kulturformen, die kritische Vernunft ausschalten. Deshalb argumentierten Horkheimer und Adorno, Massenkommunikation schaffe im Alltag nur einen Amüsierbetrieb, der die Systemstrukturen der Industrieproduktion bloß verdoppele (Horkheimer, Adorno 1969; S. 144), statt ihr Kritik entgegenzusetzen. Der „Amüsierbetrieb" der Medien sei alles andere als ein Gegenentwurf zur Arbeit und zum Leben in den industriellen Systemstrukturen, sondern verlängere die Logik der industriellen Produktion und Arbeit nur als „Amüsement" in den Lebensbereich außerhalb der Arbeit:

> „[dass] die Gewalt der Kulturindustrie in ihrer Einheit mit dem erzeugten Bedürfnis liegt, nicht im einfachen Gegensatz zu ihm, wäre es selbst auch der von Allmacht und Ohnmacht. – Amusement ist die Verlängerung der Arbeit unterm Spätkapitalismus. Es wird von dem gesucht, der dem mechanisierten Arbeitsprozeß ausweichen will, um ihm von neuem gewachsen zu sein. Zugleich aber hat die Mechanisierung solche Macht über den Freizeitler und sein Glück, sie bestimmt so gründlich die Fabrikation der Amüsierwaren, daß er nichts anderes mehr erfahren kann als die Nachbilder des Arbeitsvorgangs selbst" (S. 145).

Bestätigt nicht ein Blick auf die Einschaltquoten der großen Fernsehsender dieses Diktum der Unvernunft? Am Wochenende 31. März und 1. April 2007 hatte im *ZDF Wetten, dass ...?* mit dem Moderator Thomas Gottschalk, der eine verlorene Wette einlöste und als seine eigene Tante in Frauenkleidern auftrat, 10,51 Millionen Zuschauer (33,4 % Marktanteil); *Deutschland sucht den Superstar,* die Casting-Show von *RTL*, 4,54 Millionen Zuschauer (14,4 % Marktanteil). Bei *Pro7* boxte der Moderator Stefan Raab gegen die Boxweltmeisterin Regina Halmich und wurde verprügelt. Bis zu 10 Millionen schauten dabei zu. Die *RTL*-Boxsendung des alternden Boxstars Henry Maske gegen Virgil Hill hatte ein Publikum von fast 16 Millionen.

Stimmt da nicht die beißende Kritik von Horkheimer und Adorno (1944/ 1969, S. 165 und 169) in einem Maße, wie es für eine Zeitspanne von 60 Jahren zwischen Drucklegung damals und Fernsehsendungen heute nicht zu erwarten war?

> „Die Heroisierung der Durchschnittlichen gehört zum Kultus des Billigen. Die höchstbezahlten Stars gleichen Werbebildern für ungenannte Markenartikel. Nicht umsonst werden sie oft aus der Schar der kommerziellen Modelle ausgewählt. Der herrschende Geschmack bezieht sein Ideal von der Reklame, der Gebrauchsschönheit.
>
> Die Abschaffung des Bildungsprivilegs durch Ausverkauf leitet die Massen nicht in die Bereiche, die man ihnen ehedem vorenthielt, sondern dient, unter den bestehenden gesellschaftlichen Bedingungen, gerade dem Zerfall der Bildung, dem Fortschritt der barbarischen Beziehungslosigkeit.“

Ist es angesichts dieser Diagnose nicht die vorrangige medienpädagogische Aufgabe, Medienkompetenz auf Kritik auszurichten? Die Antwort ist ein eindeutiges Ja. Trotzdem unterliegen auch Vernunft und Kritik einer kulturellen Transformation. An dieser Stelle zwei Hinweise, wie denn die Beziehung von Vernunft und Medien bzw. Vernunft und Alltagsleben beschaffen sein könnte.

Erstens, zur Beziehung von Vernunft und Medien gibt Francisco Goyas Radierung „Der Schlaf/Traum der Vernunft gebiert Ungeheuer“ (Caprichos, Blatt 43 von 1799) Anregungen. Es zeigt einen Menschen, der am Schreibtisch eingeschlafen ist und auf den eine Wolke von geflügelten Monstern bedrohlich einstürmt. Dieses Bild hat unter anderem den Widerspruch von Phantasie und Vernunft zum Gegenstand. Es bleibt offen, ob die geflügelten Monster dem Schläfer bedrohlich werden, weil er schläft und seine Vernunft nicht gebraucht. Oder, ob der Schlafzustand den Menschen hilft, Phantasien zu artikulieren, die im Zustand kritischer Wachheit nicht zulässig sind. Sollte man dem Schläfer raten festzustellen, worum es sich bei den Monstern handelt? Um etwas Reales oder Phantasiertes, um etwas, das sich von Außen auf ihn stürzt? Oder sollte er auf die geflügelten Monster als Bilder seiner Ängste reagieren, weil Bilder, die seine Themen manifestieren, zum Gegenstand einer Erörterung werden können? Es bleibt auch offen, welches Verhältnis von Sprache, dafür steht die schriftliche Aussage: *El sueño de la razón produce monstruos (*Der Schlaf/Traum der Vernunft gebiert Ungeheuer), und dem Monstergetiere besteht, das sich auf den schlafenden oder sich schützenden Menschen zu stürzen droht.

Vernunft und Phantasie, Phantasie und Medien stehen in diesem Bild in einer verwirrenden Beziehung. Das Bild zeigt diese Beziehung, die auch für Kinder besteht, wenn sie ihre Phantasie ausdrücken und sie sie dabei auch mit den Bildern und Themen der Massenkommunikation verbinden. Im Sinne von Humboldt handelt es sich immer um eine Entfremdung, um eine für die Entfaltung notwendige Entfremdung, bei der nicht nur die Fülle der massenmedialen Angebote, sondern auch die Art der medialen Themenauswahl und Themendarstellung die Entfaltung der Themen der Kinder und ihre Bildersprache überlagert und funktionalisiert. Die Gestaltungskompetenz des *Eigensinns* der eigenen Themen zu behalten, wird damit zur medienpädagogischen Aufgabe.

Der zweite Hinweis, Vernunft als Teil des Bildungsgedankens auch aktuell ernst zu nehmen, dabei nach unseren Erscheinungsformen von Vernunft als Möglichkeit der Menschen zu schauen, kommt von der Lebensweltheorie, insbesondere von Alfred Schütz (1932/1974), der nach dem *sinnhaften Aufbau der Lebenswelt* fragt. Wenn sich die Menschen im Zuge der Aufklärung und der sich daraus auch ergebenden Industrialisierung und Demokratisierung als Subjekte und Konstrukteure ihres Lebens fühlen und auch so handeln dürfen bzw. zunehmend mehr so handeln müssen, dann ist zu fragen, wie denn dieser *sinnhafte Aufbau* einer vorgegebenen, fremden Welt die Entfaltung der Kinder beeinflusst. Zum sinnhaften Aufbau der heutigen Lebenswelt gehört deren Organisation in der Form individueller und riskanter Erlebniswelten, in denen die Kulturprodukte in multimedialer und multimodaler Form bestimmend werden. (Das ist das Thema des folgenden 4. Teils.) An dieser Stelle der Argumentation möchte ich mich nicht auf das Urteil von Horkheimer und Adorno verlassen. Da braucht es schon die eigene Analyse, die z.B. im Fall der Casting-Show *Deutschland sucht den Superstar* wesentlich mehr enthüllt, als sich auf den ersten kritischen Blick zeigt (siehe 5. Teil). In deren Tiefenstrukturen geht es u.a. darum, die Menschen mit ihrem Körper an die Wirklichkeit anzubinden, dabei jedoch auch die in der Schule erworbene Lesekompetenz zu nutzen. Zudem macht jede Casting-Show für kurze Zeit die Zuschauer zu Akteuren in der Rolle von potenziellen Stars, Bewertungsfachleuten, Fans, Besuchern von Großpartys usw.. Tiefenstrukturen von Medienangeboten aufzudecken und deren Funktion für die Entwicklung von Kindern verschiedener soziokultureller Milieus zu bedenken, beinhaltet auch die Chance, deren Logik angemessen zu bewerten.

3.3 Medienkompetenz und Literalität als Zugänge der Medienbildung

Massenkommunikation setzt auf eine zeittypische Form der Vernunft, die Vernunft der Erlebnisrationalität, das heißt, die Welt im persönlichen Lebensrahmen zu sehen. Diese Erlebnisrationalität der kleinen und persönlichen Welten ist Teil der Kulturpraxis der Menschen, in der die Menschen ihre Handlungskompetenz entwickeln. Gibt es Anknüpfungspunkte für eine Verbindung von Schule mit dieser merkwürdigen Logik heutiger Medien und heutiger Erlebnisweisen? Medienkompetenzförderung ist ein Weg, der jedoch nur dann hinreichend ist, wenn die Kulturpraxis der Kinder und ihre entsprechenden Kompetenzen den Ausgangspunkt bilden.

Seit den 1990er Jahren hat Medienpädagogik ein weit gefächertes Konzept der Medienkompetenz mit dem vorrangigen Ziel entwickelt, Kindern bzw. Jugendlichen die Fähigkeit zum kritischen und gestaltenden Umgang mit Medien zu vermitteln. Meines Erachtens braucht es einen breiteren Rahmen für die Diskussion um Kompetenz und Erlebnisrationalität, will man Humboldts Leitideen von Bildung nicht aus den Augen verlieren. Diesen breiten Bezugsrahmen, so meine ich, liefert die Übertragung des Modells der Ökologie auf Kultur. Einer der zentralen Punkt solch eines Bezugsrahmens ist, wie schon betont, die Kulturpraxis der Kinder und Jugendlichen, mit der sie sich Kultur aneignen.

Kulturökologie in der Medienpädagogik

Kulturökologie will der Instrumentalisierung der Kinder und Jugendlichen eine Förderung ihrer Subjektivität entgegensetzen, ohne deren Kulturpraxis abzuwerten. In der Perspektive der Kinder gilt es, die widersprüchlichen Felder heutiger Kultur zu verbinden. Hierzu sollen Bildungseinrichtungen Kinder in ihren reflexiven und gestaltenden Möglichkeiten fördern, damit sie sich die Vielfalt der kulturellen Angebote – von denen der Kulturtradition bis zur Unterhaltung der Massenkommunikation – aneignen. Diese Förderung geschieht in und bezieht sich auf die für Kinder bzw. Jugendliche und unsere Kultur relevanten kulturellen Situationen wie Lernen in der Schule oder Mediennutzung im Alltag. Die für verschiedene kulturelle Situationen typischen Formen der Reflexion und des Handelns haben als Gemeinsamkeit, den Medien unterschiedlicher Anbieter Bedeutung zu geben. Hierzu drei maßgebliche Gesichtspunkte:

- Basis einer medienpädagogischen Förderung ist das Verhältnis das Kinder bzw. Jugendliche zur sozialen und kulturellen Welt sowie zu sich selber haben. Dieses reflexive Verhältnis gilt es zu entwickeln.
- Anlass für eine Förderung sind die Spuren, die Kinder als persönliche Gestaltung in den vorgegebenen kulturellen Situationen hinterlassen, denn ihre Spuren sind Folgen ihrer Handlungskompetenz.

- Diese Spuren werden zu Teilen des Kulturgefüges, weil in Kulturgüter tradierte oder aktuelle Erfahrungen objektiviert, sozusagen *eingeschriebenen* sind.

Diese Überlegungen gründen auf Humboldts Bildungskonzept, in dessen Mittelpunkt die Entfaltung der Menschen in den Prozessen der Aneignung der kulturellen Manifestationen steht. Die Dynamik unserer Gesellschaft führt unter anderem dazu, dass Kinder in Bereichen aufwachsen, deren kulturelle Strukturen sehr unterschiedlich bis widersprüchlich angelegt sind. Eine Kulturökologie geht von den Unterschieden aus und fragt nach deren Gemeinsamkeit in der Sicht der Kinder und ihrer Handlungskompetenz. In den unterschiedlichen kulturellen Situationen entwickeln die Menschen ihre Handlungskompetenz, indem sie den vorgegebenen Strukturen ihre subjektive Bedeutung geben. Sie tun das, indem sie sich Objekte der Kultur aneignen. Ein Bündel an heute wichtigen Strukturen der von Medien geprägten Lebenswelt ist die der alltagsästhetischen Vernetzung von Medien, Konsum, Dienstleistungen in unterschiedlichen Lebensstil-Milieus (siehe dazu auch Zacharias 1999). Das Handy bekommt bei dieser Vernetzung im Moment die Funktion des *multimodalen* Zugangs- und Verfügungsinstruments. Kulturelle Teilhabe und Persönlichkeitsentwicklung sind zwar in diese Strukturen eingebunden, sie sind jedoch auch Ausfluss der in der jeweiligen Praxis der Menschen entstehenden Handlungskompetenz. In dieser Beziehung von vorgegebenen Strukturen und Handlungskompetenz auf der Basis der subjektiven Bedeutungen liegt die praktische Basis einer kulturökologischen Medienpädagogik. Dazu die folgenden Punkte, die die Verbindung kultureller Praktiken und Lernen herausstellen.

Ausgangspunkte einer kulturökologischen Medienpädagogik
Im wesentlichen geht es darum, Lernen als eine Form des kulturell situierten Handelns für die Kinder angemessen mit Medienaneignung als eine der anderen Formen zu verbinden.

- In der Kulturpraxis ihres Alltags entwickeln Kinder und Jugendliche ihre Handlungskompetenz. In ihrer Medienpraxis erwerben sie ihre Alltagsmedienkompetenz.
- Maßgeblich sind dabei die Prozesse der Bedeutungskonstitution in der Kulturpraxis, sowohl im Alltag als auch in der Schule. Medienhandeln und Lernen sind Formen der Bedeutungskonstitution innerhalb der Medienstrukturen und kulturell definierten Situationen. Bedeutungskonstitution ist in seiner allgemeinsten Form die subjektive Aneignung und Verarbeitung kultureller Produkte, die mit Mitteilungen, Ausdruck und Gestaltung der Kul-

turprodukte einher gehen. Bedeutungskonstitution ist Teilhabe und Umformung von Kultur.

- Dem Alltag und der Schule liegen vielfältige typische, jedoch deutlich unterschiedliche Strukturen zugrunde, die Bedingung des Medienhandelns im Alltag wie die des Lernens in der Schule sind. Alltag und Schule unterscheiden sich in ihren Strukturen deutlich voneinander. Ebenso unterscheiden sich Lebenssituation von Kindern und Jugendlichen im Alltag nach deren sozioökonomischen Lebenslagen und alltagsästhetisch geprägten Lebensstilen.

Wie lassen sich diese Grundlagen in praktische Medienpädagogik umsetzen? Dazu die folgenden Leitlinien.

- Kulturpraxis und deren Alltagsmedienkompetenz besitzen einen Eigenwert und sind nicht nur Ressourcen für Lernen. Hier geht es um den *Eigensinn* der Prozesse und um den *Eigensinn* der Ergebnisse der Bedeutungskonstitution der Kinder und Jugendlichen.
- Medienpädagogische Aufgabe ist es, die Verknüpfung und strukturelle Überlagerung der kulturellen Situationen von Alltagswelt und Bildungseinrichtung didaktisch zu planen und zu ermöglichen.
- Kinder und Jugendliche brauchen die Förderung ihrer reflexiven und subjektiven Beziehung zur Welt der Kultur, der Sozialwelt und der Medien. Hierzu ist ein empathisches Verständnis der Kinder und Jugendlichen Voraussetzung.
- Die Förderung der Handlungskompetenz der Kinder und Jugendlichen im Alltag auf der Basis der kulturell situierten Bedeutungskonstitution soll sich auch an den Errungenschaften der kulturellen Tradition orientieren. Ein Kriterium dafür ist die vernünftige Teilhabe in der Gesellschaft.
- Für die Entwicklung der reflexiven und subjektiven Beziehung der Kinder zur Welt der Kultur und der Sozialwelt und der Medien sind die gestaltenden Spuren der Kinder in der vorgegebenen Kultur wichtig. Diese Spuren sind die Manifestationen des *Eigensinns* der Kinder.
- Ebenso wichtig für eine reflexive Beziehung ist der Eigenwert der Kulturgüter der verschiedenen kulturellen Sphären als Objektivationen menschlichen Handelns und Vernunft. Auch hier geht es um den *Eigensinn* der in Kulturprodukten objektivierten Prozesse der Bedeutungskonstitution.
- Eine politische Aufgabe ist es, die hemmungslose Indienstnahme der kulturellen Ressourcen in unserer industriell geprägten Lebensform zu thematisieren und die Widersprüche auf den verschiedensten Wegen in einen ökologischen Ausgleich zu überführen. Dazu gehören sowohl die Kritik der In-

dienstnahme des Lernens als Teil der heutigen Leistungskindheit, als auch die Kritik, Kinder spezifischer soziokultureller Milieus an der Teilhabe an anderen Kulturformen als den ihren auszuschließen.
- Schlüsselbegriffe einer ökologischen Analyse sind *Erlebnisrationalität*, *Eigensinn der Kinder* und *Eigensinn der Kulturgüter*, weil sie, wie im Fall der *Erlebnisrationalität*, helfen, die neuen Formen von Reflexivität zu erkunden. Die Metaphern vom *Eigensinn der Kinder* und dem *Eigensinn der Kulturgüter* ermöglichen es, das Funktionalisierungspotential in kulturell situierten Prozessen der Bedeutungskonstitution aufzudecken.

3.3.1 Medienkompetenz: Pädagogische Ziele ohne explizite Anbindung an Kulturpraxis

In der Medienpädagogik hat sich das Ziel der *Medienkompetenz* etabliert. In der Perspektive einer vernünftigen Auseinanderersetzung mit den modernen Medien ist eine Definition von Medienkompetenz für den Umgang mit Massenmedien und digitalen Medien sinnvoll, die den analogen Zielvorstellungen der Lesekompetenz folgt. Mit dieser Zustimmung begibt man sich in die Hoffnung auf die Wirkungsmächtigkeit der Vernunft, wie sie Humboldt formuliert hat. Die Zieldefinition *Medienkompetenz* für die Medienpädagogik ist recht neu, stammt aus den 1990er Jahren. Dieter Baacke (1996, 1996a, 1999, 1999a) hatte sich stark gemacht, diesen Begriff in das Zentrum der Medienpädagogik zu stellen, insbesondere um ins Gespräch mit der Politik und der Ökonomie zu kommen. Für Baacke war dabei immer klar, dass Medienkompetenz sich von der kommunikativen Kompetenz der Menschen herleitet (Baacke 1973).

Dieter Baacke bestimmt vier Dimensionen der Medienkompetenz:

- Medienkritik (analytisch, reflexiv, ethisch),
- Medienkunde (informativ, instrumentell-qualifikatorisch),
- Mediennutzung (rezeptiv-anwendend, interaktiv-handelnd),
- Mediengestaltung (innovativ, kreativ).

Hans-Dieter Kübler (1999; S. 27) fasst die Dimensionen der Medienkompetenz folgendermaßen zusammen:

- „Kenntnisse zu haben und zu erwerben über die Strukturen, Organisationsformen und Funktionsweisen sowie über Programme, Dramaturgien und Inhalte der Medien“;

- „analytische und evaluative Fähigkeiten, Medien bzw. ihre Inhalte auf vielfältige Kriterien hin einzuschätzen und zu beurteilen";
- „sozial reflexive Fähigkeiten, die jede/r selbst sowie Familien und Gruppen mit den Medien bzw. hinsichtlich ihrer Inhalte ausbilden sollen", „individuelle Nutzungsweisen, Gewohnheiten, Bedürfnissen, Verlockungen und Kompensationen an sich erfahren", beobachten und bewusst machen, korrigieren und in „moralische Orientierung" einbeziehen";
- „handlungsorientierte Fähigkeiten" von der technischen „Handhabung der Geräte" bis zu „politischen Intentionen des kommunikativen Handelns" und dazu Medien als „Kommunikationsmittel" einsetzen, die der „gesellschaftlichen Formation" und „humanen Zielen dienen".

Was steht im Vordergrund des Bildungsziels der Medienkompetenz? Dazu der Vergleich mit den Leitlinien einer kulturökologisch gedachten Medienpädagogik und denen von Humboldts Bildungsbegriff. Ins Auge fällt, dass die Kontexte des Bildungsziels, das ist die Kulturpraxis der Kinder und die Beziehung von Lernsituationen in der Schule mit der Kulturpraxis der Kinder, nicht erscheint oder kaum erkennbar sind. Statt der Kontexte steht ein inhaltlich unstrittiges Ziel als eindeutiges Objekt des Lernens im Vordergrund. Bei Kübler erscheint auch die Medienpraxis als Zielpunkt: „sozial reflexive Fähigkeiten", „individuelle Nutzungsweisen, Gewohnheiten, Bedürfnisse, Verlockungen und Kompensationen an sich erfahren, beobachtet und bewusst ... werden", „korrigiert werden", „moralische Orientierung" einbeziehen". Aber auch hier geht es nicht um kulturelle Praktiken mit Eigenwert. Die Lernsituation, die zu Medienkompetenz führt, ist vor allem eindeutig durch ein zu erreichendes Lernziel definiert.

Ich stelle mir hier die Bier trinkenden und ziemlich sprachlosen jungen Männer des Fußballclubs vor. Ihre Berufsschullehrerin will mit ihnen die medienpädagogisch definierte Medienkompetenz in Sachen Handy erörtern oder erarbeiten. Ich vermute, dass, im freundlichen Falle, Lehrerin und Schüler nicht wissen, wovon sie jeweils reden. Falls sich die jungen Männer dem Schuldruck beugen und dem Medienkompetenz-Unterricht folgen, dann haben doch alle Schulaktivitäten recht wenig mit ihnen und kaum etwas damit zu tun, wie sie ihr Handy für ihre Selbstdarstellung nutzen. Als Ergebnis trügen sie bestenfalls ein verdinglichtes Wissen in ihren Alltag. Wie sähe dagegen eine einfache Verbindung zwischen Schulsituation und kultureller Handlungssituation der Jugendlichen aus? Die Lehrerin wäre gut beraten, die Alltagsmedienkompetenz der Jugendlichen als Motivation in den Unterricht hereinzunehmen, indem sie die Jugendlichen als Handyexperten für die Videofunktion anspricht. Kämen dann eine reflexiv herausfordernde Situation aus den Medien mit dem kulturellen Erfahrungsschatz der Jugendlichen und einer Unterrichtssituation zusammen, könnte etwas von Humboldts Idee der Bildung als mannigfaltiger Ganzheit für die Jugendlichen Lebenswirklichkeit werden. Allgemeiner formuliert geht es um die Überlagerung der Strukturen der Kulturpraxis und der Strukturen der Unterrichtssituation.

Mein Vorschlag ist, eine Fernseh-Talkshow in der Schule zum Thema *Handy und Happy Slapping* zu veranstalten. Zu diesem Thema gibt es viel auszuwertendes und zu erörterndes Material (vgl. Grimm, Rhein 2007) mit kontroversen Meinungen von Lehrerinnen, Eltern und Schülern. Das Fernseh-Genre der Talkshow ist eine etablierte, wenn auch eher einfache Form der öffentlichen Reflexion des Alltagslebens, die zumeist bei der emotionalen Auseinandersetzung um Peinlichkeitsgrenzen oder um die Grenzen der Sozialverträglichkeit ansetzt. Die Strukturen dieser öffentlichen Reflexion sind vor allem an Boulevard-Mechanismen angelehnt: Emotionen, Sensationen, Personalisierung. Hinzukommt bei der Talkshow die kontrollierte sprachliche Erörterung mit Moderatorin, Regie, Kamera- und Tontechnik, emotionalen Protagonisten und emotional bewertendem Publikum. Das Setting einer Fernsehaufzeichnung, eine Situation zu kontrollieren und zu strukturieren, unterstreicht den Eigenwert der Situation.

Wie sieht hierzu die Strukturbeziehung zum Unterricht aus? Die Lehrerin wird zur Regisseurin, die jungen Männer zu den Handyexperten, die ihre versachlichenden Argumenten vortragen. Es gehört zur Berufskompetenz der Lehrerin, ihren Schülerinnen und Schülern nach deren Themen und Fähigkeiten Unterrichtsaufgaben zuzuordnen, also auch die von Moderation oder Kameraführung. Moderation verlangt eine kluge Zurückhaltung und bei der Erörterung Standvermögen für zugespitzte Positionen. Deswegen sind in diesem Genre auch die Frauen voll akzeptiert. Wenn die Moderatorin nicht ihre *Hausaufgaben* gemacht hat und die Pro- und Contra-Argumente nicht genau kennt, dann entgleitet ihr die Kontrolle über die Show. Schließlich kennen sich die Schüler mit den Regeln von Talkshows bestens aus. Zu den Aufgaben der Lehrerinnen-Regie gehört nicht die Expertenrolle, sondern die Vermittlung der Sicherheit, dass die aus dem Fernsehen bekannten Regeln auch in der Unterrichts-Show funktionieren. Die Schüler erwarten von der Lehrerin als Regisseurin, dass sie in der Lage ist, die Regeln einer TV-Talkshow durchzusetzen, wozu sie sich auf mögliche Experten- und Pöbel-Argumente vorbereitet hat.

Dieser Vorschlag deckt sich teilweise mit den obigen Leitlinien einer medienpädagogischen Kulturökologie, insbesondere dort, wo die Jugendlichen ihre Medienpraxis in die Schule hereinnehmen und sich die Lehrerin auf die Strukturen der Medien bzw. eines Genres einlässt. Zu fragen bleibt, inwieweit dieses Beispiel den Strukturen schulischen Lernens gerecht wird. Die Chancen komplexerer Formen der Reflexion als die der Alltags- und Boulevardmedien bleiben auch eher außen vor. Ob die Indienstnahme von Formen der Alltagsreflexion durch banale Unterhaltungsgenres wie Talkshows in den Erfahrungshorizont der Schülerinnen und Schüler kommt, ist auch recht ungewiss. Mit Hilfe der kulturökologischen Leitfragen ließe sich diese Unterrichtsidee noch erheblich ausdifferenzieren.

Was den Punkt der Kulturpraxis bei der Entwicklung von Medienkompetenz angeht, auf den diese unterrichtspraktische Idenskizze abhebt, so müsste sie auch in die Definition von Medienkompetenz eingehen, um von einem didaktisch umzusetzenden Zielkatalog wegzukommen. Bei empirischen Untersuchung der Medienkompetenz wie sie unter anderem Treumann et al. (2005), Meister et al. (2005), Treumann et al. (2002) vorgelegt haben, erscheint zumindest in Ausschnitten die Kulturpraxis der Jugendlichen und ihre Handlungsmuster. Jugendliche handeln je nach ihrer Orientierung zu unserer Welt auch mit Medien unterschiedlich. So nahmen an der Studie u.a. „bildungs"-, „kommunikations"-, „konsum"-orientierte Jugendliche und „Gestalter" sowie „Allrounder" teil. Sie gehen mit Hard- und Software, mit medienbezogenen Situationen, dem Gestalten von Medien – was vom Kopieren bis zur Produktion reicht – oder der Kritik an Inhalten oder Hardware usw. jeweils anders um.

Bei diesem empirischen Zugang zur Medienkompetenz mischen sich die normativen Ziele mit Strukturen der Kulturpraxis der Kinder oder Jugendlichen, was ein wichtiger Schritt in eine pädagogische Denkrichtung ermöglicht, die die Medienpraxis der Kinder bzw. Jugendlichen und die in dieser Praxis entstandene Handlungskompetenz in die Schule hereinholt und reflexiv überformen will.

3.3.2 Medienbildung: Entfaltung und Reflexivität in der Kulturwelt der Medien

Im Moment gibt es die Bemühung, die Ziele der Medienkompetenzförderung angesichts komplexer neuer Medienentwicklungen wie dem Web 2.0 als Teil der Bildung der heutigen Menschen zu verstehen. So schlägt Winfried Marotzki (2004) vor „Medienbildung als Partizipation am kulturellen Raum des Internet" (S. 68) zu bestimmen. Heinz Moser (2006; S. 287, S. 221 ff.) greift auf den Bildungsanspruch der Aufklärung zurück, um so den Kompetenz-Begriff aus seiner Engführung herauszuholen, bezieht sich dazu explizit auf die europäische Aufklärung, indem er sich auf Kants Gedanken der „Aufklärung" als „Ausgang des Menschen aus seiner selbstverschuldeten Unmündigkeit" (1784) bezieht. Moser erläutert,

> „dass Medienbildung in der heutigen Gesellschaft unverzichtbar ist, wenn es darum geht, den Anteil der Medien an jener klassischen Konzeption von Bildung zu bestimmen, der mit Kant als ‚Ausgang des Menschen aus seiner Unmündigkeit' beschrieben werden kann." „Medienbildung beginnt in diesem Sinne dort, wo die

Vermittlung von Informationen aus subjektunabhängigen Datennetzen und Informationssystemen aufhört, und wo es um deren Verarbeitung und Integration in den eigenen Lebens- und Erfahrungskontext geht. Im Bildungsbegriff ist damit auch jene Perspektive aufgehoben, die aus konstruktivistischer Sicht dadurch gekennzeichnet ist, dass die Menschen sowohl ihr Ich, wie die Welt, in der sie sich bewegen, letztlich selbst erzeugen, um sich darüber reflektierend zu verständigen" (Moser 2006; S. 287).

Handlungsfelder der Medienkompetenz
Moser entwickelt in dieser Sichtweise konkrete Aufgaben der Medienkompetenzförderung mit folgenden drei „Handlungsfeldern":

- „Anwendung und Gestalten von Medienprodukten (und damit die Nutzung von ‚Produktionsmedien')",
- „Austausch und Vermittlung von Medienbotschaften (also das Handlungsfeld des Umgangs mit ‚Kommunikationsmedien')",
- „Medienreflexion und -kritik (als domainspezifisches Handlungsfeld, das seit den 70er Jahren des letzten Jahrhunderts immer als wesentlicher Gegenstand der Medienpädagogik hervorgehoben wurde)".

In diesen drei „Handlungsfeldern" sollten Kinder je nach Alter

- Sachkompetenz,
- Methodenkompetenz und
- Sozialkompetenz

erwerben.

In dieser Argumentationslinie versucht man in der Medienpädagogik zur Zeit das Konzept von Medienkompetenz mit der pädagogischen Tradition von Bildung zu verbinden, die nach Humboldt bei der Entfaltung der Möglichkeiten der Kinder ansetzt und die mit der Anneigung der Kulturgüter vor sich geht. In einer modernen Terminologie formuliert geht, es um die Kulturpraxis der Kinder in mediengeprägten Umgebungen und mit den alltagsästhetisch gegliederten Waren und Dienstleistungen.

In dieser Denklinie trägt Dieter Spanhel in seinem Überblick über Medienerziehung von 2006 (S. 188 ff.) eine Reihe von Argumenten zur Medienbildung vor:

- Bildung umfasst die „wechselseitige Erschließung von Mensch und Welt in der aktiven Auseinandersetzung mit der Vielfalt der Medien und der Fülle an Medienangeboten".

- „Bildung ist ein vom Heranwachsenden selbst gesteuerter Prozess" und kein „kausal-mechanistischer Zusammenhang".
- „Medienbildung ist wie alle Bildung an Kommunikationsprozesse gebunden."

Spanhels Kerngedanken der Kommunikation als substanzieller Teil von Medienbildung brauchen meines Erachtens noch folgende Ergänzungen:

- Die intentionalen kommunikativen Prozesse von Medienbildung sind üblicherweise Teil von Erziehung und Unterricht. Sie sind also Teil der Beziehung zwischen der Generation der Erwachsenen und der Generation der Kinder bzw. Jugendlichen.
- Medien, allgemeiner formuliert, Kulturprodukte sind an gemeinsame Inhalte und Bedeutungen gebunden, die immer etwas Gemeinsames in einer Gesellschaft und Kultur voraussetzen, nämlich gemeinsam geteilten Bedeutungen in Kulturpraktiken und Lebenswelten.

  Diesen Gedanken hat u.a. George H. Mead (1934/1968) im ersten Drittel des 20. Jahrhunderts versucht als Grundlage der Sozialwissenschaften herauszustellen. Mead ging es darum, die spezifisch menschliche Form von Kommunikation zu erläutern, die die bloße Verflechtung von Reizen und antwortenden Reaktionen grundsätzlich hinter sich lässt. So reagieren z.B. auch zwei Boxer nie nur aufeinander: A schlägt zu, B versucht auszuweichen (Mead 1968, S. 82). Beide Boxer haben komplizierte Regeln, Absichten und Erfahrungen in ihren Köpfen, die ihre Manöver anleiten. Die Menschen handeln aufgrund der Bedeutungen, die sie sich im Laufe ihres Lebens mit ihren Erlebnissen und Erfahrungen angeeignet haben (Blumer 1973; S. 80-146).

Modell des reflexiven Handelns und der reflexiven Aneignung von Medien in mediengeprägten Umgebungen

Medienbildung ist also keine Beziehung von Menschen und Welt, die sich mittels Unterrichtsmethoden einfach herstellen ließe. Medienbildung ist vielmehr ein Prozess, innerhalb dessen Subjekte vorgegebenen Inhalten eigene Bedeutungen verleihen. Medienbildung setzt weiterhin voraus, dass Kinder oder Jugendliche die verschiedenen und für sie relevanten Situationen unserer Kultur, dazu gehören ihr Medienalltag und das formelle Lernen in der Schule, aufeinander beziehen. Deshalb ist für eine Theorie der Medienbildung wichtig, keine Ziellisten wie die der Medienkompetenz umsetzen zu wollen, sondern die Kulturpraktiken der Kinder zu verstehen und mit entsprechenden Angeboten darauf zu reagieren. Dazu im Folgenden ein einfaches Modell der Beziehung von Kindern und Medien, in dessen Mittelpunkt die reflexive Aneignung von Medien steht. Die Kind-Medienbeziehungen sind die Grundlage der entsprechenden Kulturpraktiken innerhalb der heutigen Kulturformen. Zusammen mit einem Sozialisationsmodell wie dem von Klaus Hurrelmann bekommt man das theoretische Instrumentarium, um die medienvermittelte Beziehung von Kindern zur heutigen Welt und ihre Entwicklung zu beschreiben. (Sozialisation ist der aktuelle Begriff, der die Entwicklung der Menschen als Subjekte in den gesellschaftlichen Strukturen und Kulturpraktiken erfasst.)

Klaus Hurrelmann (1998; S. 62) fasst „Sozialisation als produktive Verarbeitung der inneren und der äußeren Realität". Diesem Verständnis liegt ein dynamisches Modell zugrunde, in dessen Zentrum die Menschen stehen, die sich zu sich selber und zu ihrer Umwelt handelnd verhalten. Es ist kein Übernahmemodell, das annimmt, Medien prägen als Sozialisationsinstanzen die Menschen, die sie ständig nutzen. Ein Prägemodell denkt die Mediennutzer als Objekte, die der Wirkungsmacht der Medien unterworfen sind. Die für unser heutiges Leben kennzeichnende Individualisierung macht ein Modell der produktiven Medienaneignung notwendig. Es ist nicht Ausfluss einer pädagogischen Zielvorstellung, deckt sich jedoch mit den Vorstellungen von Bildung als Aneignung, Entfaltung und Gestaltung in der Kulturwelt, wie sie Wilhelm von Humboldt nahe legt. Dazu das Modell der Subjektentwicklung:

Persönlichkeit entsteht
- in der verarbeitenden Beziehung eines Menschen
- zu seiner inneren Bilder- und Themen-Welt,
- zu seiner sozialen, kulturellen und dinglichen Umwelt.

Mit der Mediennutzung verbunden, ergibt sich daraus das folgende Modell der Subjektentwicklung mit Medien (siehe Bachmair 2005 und 2007):

Medien gehen ein in die Beziehung der Kinder
- zu sich selber: Innenwelt,
- zu anderen: soziale Umwelt,
- zur faktischen Welt der Dinge und Ereignisse,
- zur Welt der Kultur.

Dieses Modell der Subjektentwicklung mit Medien lässt sich an den Dimensionen des Humboldtschen Bildungsbegriffes theoretisch validieren, praktisch an den Phänomenen der Alltagsästhetik. In bezug auf Humboldt steht die reflexive Subjekt-Objekt-Beziehung von Mensch und Welt im Vordergrund, wobei Entwicklung vor allem als aktiv gestaltend gedacht ist. Dieser aktiven Gestaltung liegen als Voraussetzung unsere tagtäglichen Erfahrungen mit der Freiheit der persönlichen Lebensgestaltung zugrunde. Bedenkt man die Risiken, die in diese persönliche Lebensgestaltung heute eingehen (vgl. dazu den 4. Teil*),* scheint sich diese Freiheit zu verflüchtigten, ohne dass wir das so richtig merken, und führt zu einem grundsätzlichen Mangel.

Dieses Modell muss sich auch praktisch bewähren. Dazu braucht es die theoretische Anbindung an die Modelle der Medienrezeption und Mediennutzung. Bei der Entwicklung dieser Modelle gab es ebenfalls lange Phasen, in denen Rezipienten als passive, von den Medien sozusagen abgefüllte Objekte wahrgenommen wurden. Erst mit dem *Uses-and-gratifications-approach* (Blumler, Katz 1974) der 1960er Jahre gab es die Wende hin zu den Rezipienten bzw. Rezipientinnen als Subjekte ihres Mediengebrauches, die, und das war dann der nächste theoretische Schritt, in ihrer Lebenswelt in ihren jeweiligen Erlebnisperspektiven und Erlebnis- oder Handlungsrahmen sinnvoll mit Medien umgehen.

Wie werden Medien Teil von Kulturpraktiken? In bezug auf Bildung scheint mir das Kulturzirkulationsmodell der *Cultural Studies* (Stuart Hall 1980, 1997) besonders hilfreich (dazu mehr im 4. Teil). Das Hallsche Kulturzirkulationsmodell definiert Mediennutzung als eine Kulturpraxis der Bedeutungskonstitution, als *signifying practice.* Konkret heißt das: Menschen eignen sich Medien und vergleichbare andere Konsumobjekte sinnvoll und subjektiv perspektivisch an, indem sie in konkreten sozialen Feldern handeln. Die konvergenten Medien beeinflussen und bestimmen zunehmend mehr diese Felder (vgl. dazu Marotzki 2002).

Diese Überlegungen lassen sich zum folgenden Modell der *produktiven Medienaneignung* verdichten:

Kinder oder Jugendliche eignen sich individuell das symbolische Material von Konsumobjekten, Medien und Ereignissen an:

- in der Perspektive des eigenen Lebenslaufs und der eigenen subjektiven Themen,
- bezogen auf die vorhandene oder selber entwickelte soziale Umgebung als Bezugsrahmen,
- mit dem, was in den jeweiligen Medien-Texten angelegt ist,
- wobei die aufeinander bezogenen Medien mehr oder weniger dominante Bezugsrahmen liefern.

3.3.3 *Digital Literacy: Reflexives Handeln in digitalen Medienumgebungen*

Fordern Internet und Web 2.0 einen neuen Typ von Medienkompetenz, beispielsweise wie Medienbildung es vorschlägt, weg von einer Kompetenzvermittlung und hin zum reflexiven Handeln in mediengeprägten Umgebungen? Das Web 2.0 bringt wesentliche neue Strukturen, die, wie im 2. Teil erörtert, das Gravitationsfeld der Massenkommunikation von den zentral produzierten Medienangeboten weg und hin zu nutzergenerierten Inhalten verschieben. Zudem verändert sich das Verhältnis von regionaler und globaler Kultur. Mit der Veränderung des Internet zum Kulturraum, wie Winfried Marotzki betont, ändert sich nicht nur die Repräsentationsform, was schon ein oberflächlicher Vergleich der beiden Leitmedien Jugendlicher, das sind Fernsehen und Internet, zeigt. Es entsteht vielmehr ein neuer kultureller Rahmen. Mit der Diversifizierung der Medienangebote und ihrer stilistischen Verbindung mit mehr oder weniger allen anderen Produkten und Dienstleistungen unserer Gesellschaft entwickeln die Menschen zudem typische und recht unterschiedliche Handlungsmuster.

Erfordern diese neuen medialen und soziokulturellen Strukturen eine neue Form der Literalität, eine digitale Literalität? Ich meine, dass solch ein neues Etikett vor allem hilft, die neuen medialen Strukturen und die neuen Kulturpraktiken mit Medien bewusst zu machen. Das Konzept von Bildung als Entfaltung der Kinder mit der reflexiven Aneignung der kulturellen Manifestationen bewährt sich auch beim Internet.

Welche Aspekte betont die Debatte zu *Digital Literacy*? Manuela Pietraß (2007) stellt in einem internationalen Vergleich zwei Punkte heraus: Es gibt einen „digital divide“, also ungleiche Zugangsmöglichkeiten zum Internet. Die Repräsentationsform des Internet besitzt zudem die folgenden drei spezifischen Merkmale, auf die sich auch pädagogische Bemühungen richten sollten: Interaktivität, Virtualität und Hypertextualität. Bei der digitalen Ungleichheit geht es dann darum, den Zugang zur Ressource Internet denen zu ermöglichen, die dies nicht aus eigener Kraft schaffen. Dieser Punkt hängt eng mit den Praktiken zusammen, die für den Umgang mit den neuen Repräsentationsformen typisch sind, auf die Pietraß verweist. Auch für den Londoner Medienpädagogen David Buckingham (2003; S. 173-188, 2007a) gehören die neuen und für das Internet typischen Repräsentationsformen zu den vier Definitionspunkten von *Digital Literacy*: Produktion („production“), Repräsentation („representation“), Sprache („language“) und Publikum („audience) (2003; S. 178, 2007a; S. 49). Produktion, Repräsentation, Sprache und Publikum definieren immer die Struktur eines Mediums und damit auch die darauf bezogene Medienliteralität. Der Strukturwandel, der mit dem Internet einher geht, fordert jedoch spezifische und neue medienpädagogische Aktivitäten. Hier Buckinghams Überblick zu den neuen

Aufgaben der Medienliteralität (Media literacy) des World Wide Web (Buckingham 2007a. S. 49)

Representation
How websites claim to 'tell the truth', and establish their authenticity and authority.
The presence or absence of particular viewpoints or aspects of experience.
The reliability, veracity and bias of online sources.
The implicit values or ideologies of web content, and the discourses it employs.

Language
The use of visual and verbal 'rhetorics' in the design of websites (for example, graphic design principles, the combination of visuals and text, the use of sound).
How the hypertextual (linked) structure of websites encourages users to navigate in particular ways.
How users are addressed: for example, in terms of formality and 'user-friendliness'.
The kinds of 'interactivity' that are on offer, and the degrees of control and feedback they afford to the user.

Production
The nature of web authorship, and the use of the Internet by companies, individuals or interest groups as a means of persuasion and influence.
The technologies and software that are used to generate and disseminate material on the Web, and the professional practices of web 'authors'.
The significance of commercial influences, and the role of advertising, promotion and sponsorship.
The commercial relationships between the Web and other media such as television and computer games.

Audience
The ways in which users can be targeted by commercial appeals, both visibly and invisibly.
The nature of online 'participation', from web polls to bulletin boards to 'user-generated content'.
How the Web is used to gather information about consumers.
How different groups of people use the Internet in their daily lives, and for what purposes.
How individuals or groups use and interpret particular sites, and the pleasures they gain from using them.
Public debates about the 'effects' of the Internet, for example, in relation to online safety and 'addiction'.

Von diesen statischen und wenig reflexiven Zielen ausgehend, kommt man zu einer Bildungsdiskussion, wenn man die kulturellen Praktiken der Kinder oder Jugendlichen und die neuen Kulturstrukturen in den Mittelpunkt stellt, was auch

Buckingham selber vorschlägt. Hier kurz die Zusammenfassung (Buckingham 2008b): Jede Mediennutzung ist Teil der für eine Kultur und Gesellschaft typische Form von Kindheit. Kindheit ist damit eines der Felder in denen kulturelle Angebote zirkulieren. (Hier bezieht sich Buckingham auf das Modell des *Kulturkreislaufes*, des „Circuit of Culture" der *Cultural Studies,* Hall 1980). Im Kulturfeld der Kindheit mit seinen Medien gibt es eine typische Beziehung von Medienproduktion, Medientext, Identität, Konsum, Engagement des Publikums, die sich jeweils auch auf andere Felder des Kulturkreislaufes auswirken. Im Kulturfeld der Kindheit, das Teil des Kulturkreislaufes ist, entwickeln Kinder in einem reziproken Dreiecksgefüge von Medientext, Medienproduktion und Medienpublikum die Bedeutung für und mit den Medientexten. Dabei und eingewoben in die heutige Form der Kindheit erwerben und nutzen Kinder Handlungskompetenz, die sie auch in Bildungseinrichtungen tragen, und die die Bildungseinrichtungen kritisch überformen. Die oben aufgeführten Ziele der *Digital Literacy* mit den Bezugspunkten: Produktion, Repräsentation, Sprache und Publikum, machen Vorschläge, wie nun die Handlungskompetenz der Kinder zu fördern ist.

Sonja Livingstone, Mediensoziologin und Medienpädagogin in London, untersucht diesen Typ von Argumentation, die Kinder als kritisches Medienpublikum in spezifischen kulturellen Feldern sieht und für die heute die digitalen Medien die relevanten kulturellen Ressourcen darstellen. Mit Blick auf Literalität macht Livingstone (2007; S. 7) auf eine kulturhistorische Entwicklung aufmerksam. So war es Aufgabe der Schule, das Bücherlesen an alle Mitglieder der modernen Gesellschaften zu vermitteln. Aus der Ressource Buch für eine Elite wurde so eine Ressource für alle. Mit der Ausbreitung des Internet und der parallel zunehmenden Individualisierung gesellschaftlicher Aufgaben und Risiken, ist es naheliegend, dass *Media Literacy* oder *Digital Literacy* als individuelle Kompetenz zur Nutzung gesellschaftlicher Ressourcen durch alle gefordert ist und gefördert wird (S. 8 f.). Zur Veranschaulichung dieses Arguments zitiert sie die Forderung der öffentlichen Diskussion, z.B. in Zeitungen, nach einer „Health Literacy". *Health Literacy* heißt, die einzelnen an der gesellschaftlichen Ressource Gesundheit zu beteiligen.

Für die bislang in meiner Argumentation positiv besetzte Überlegung und Forderung nach der Teilhabe an den kulturellen Ressourcen Medien, liefert Livingstone jetzt eine herbe Einschränkung: Teilhabe wird zur individuellen Aufgabe in einer Gesellschaft der individualisierten Risiken, die damit demokratische Chancengleichheit auf Kompetenzen reduziert, sich die kulturellen Ressourcen auch erfolgreich anzueignen, anderenfalls die soziale Ausgrenzung droht. Damit wäre der Argumentationszirkel zu den heute sich entwickelnden prekären Kulturen geschlossen, die auf spezifische Weise, die nicht literal erscheint, eine Form der Handlungskompetenz entwickelt, die auf ihrem eigenen

Umgang mit Konsum- und Medienangeboten ohne Bezug auf die Traditionen der Literalität aufbaut.

3.3.4 Die Chancen der Alltagsmedienkompetenz in der Schule

Ausgangspunkt der Erörterung von Medienbildung war die Definition von Medien als kulturelle Manifestationen, zeitgemäßer und in der Terminologie der britischen Medienpädagogik formuliert, Medien als Kulturprodukte. Diese Sichtweise bietet zwei Optionen, einmal die Chance, den Bezug zu Humboldts Bildungskonzept zu gewinnen. Die Aneignung kultureller Manifestationen bietet Kindern die Chance sich zu entfalten, sich als Subjekt in Beziehung zur kulturellen Umwelt zu setzen, in der Umwelt ihre Spuren zu hinterlassen und dabei die Umwelt zur eigenen Lebenswelt zu verbinden und umzugestalten. Die reflexive Spannung zu den kulturellen Produkten und der sie tragenden Umwelt bietet Chancen der Kritik und Distanz, die in eine reflektierte und abwägende Form der Teilhabe und Gestaltung münden können.

Mit dieser Formulierung versuche ich den oben erörterten Leitlinien der Humboldtschen Bestimmung von Bildung nahe zu kommen und mich zugleich der zweiten Option der Medien als Kulturprodukte zuzuwenden. Das ist die Handlungskompetenz, die die Kinder oder Jugendlichen in ihrem alltäglichen Gebrauch der Medien entwickeln. Anders formuliert, geht es um die Handlungschancen in der heute für Kinder vorfindlichen Kultur und ihren Strukturen. Alltagsästhetik ist ein Bündel wesentlicher Strukturmerkmale (siehe den 2. Teil), subjektive Erlebniswelten und deren semiotische Organisation sind ein weites Bündel von Strukturen (siehe den folgenden 4. Teil). In diesen vorgegebenen Strukturen handeln Kinder auch in eigener Kompetenz, die mehr ist als nur der Nachvollzug des vom Markt und der Medienproduktion Vorgegebenen, auch wenn deren Strukturen dominant sind. Die Handlungskompetenz der Kinder bezogen auf die Medien und in der Struktur der für Kinder gesetzten alltäglichen Kultur definiere ich als *Alltagsmedienkompetenz*. Alltagsmedienkompetenz entsteht in den Prozessen der Medienaneignung und Bedeutungskonstitution, die es in der Schule aufzugreifen und zu entwickeln gilt. Wie kann das innerhalb der Strukturen der Schule, hier dominieren die Formen des schulisches Lernen, ablaufen?

Dazu die Skizze eines kleinen Grundschulprojektes, das im Sinne der schon angesprochenen Kulturökologie, die Strukturen der Kulturpraxis der Mädchen und Jungen einer dritten Klasse mit denen des Schulunterrichts verbindet. (Bericht zum Projekt „Schulmedientauschbörse“ aus dem Jahre 2004 finden sich bei Textor, 2005, Seipold, 2005, Rasche 2008). Die leitende Unterrichtsidee dazu war, dass die Kinder mit ihrer Alltagsmedienkompetenz im Unterricht agieren konnten und sollten.

Die Handlungsmuster: Tauschen und Experte

Tauschen ist eines der Handlungsmuster der Kinder, mit der sie die Fülle der Medien- und Kaufangebote ordnen und soziale Beziehungen schaffen. Dieses Handlungsmuster war auch der Namensgeber des Unterrichtsprojekts. Tauschen gehört nicht zum üblichen Handeln im Unterricht, war aber damals für die *Diddls*, das sind kleine, weiche Mäusepuppen, üblich, weil das Medien- und Ereignisarrangement auf das Sammeln unterschiedlichster kleiner Objekte ausgelegt ist. Die *Diddls* eignen sich auch deswegen zum Tauschen, weil die sich summierenden Kosten für die vielen Kaufobjekte es nahe legen, die unterschiedlichen kleinen Plüschfiguren oder Schulzubehör wie Radiergummis, Schreibblöcke usw. zu tauschen. Tauschen ist auch ein wesentliches Handlungsmuster für *Pokémon, Yu-Gi-Oh* usw. Für eine Grundschule war es nicht untypisch, dass es ein klares Tauschverbot gab, das die Lehrerin für die Projektzeit jedoch aufhob. Gleich zu Beginn wurden Regeln diskutiert und vereinbart: Tauschen nur im Unterricht der Schulmedientauschbörse; offen und für alle Kinder sichtbar sowie zu festgelegten Zeiten. Der Unterricht war als Projektarbeit mit wöchentlich 90 Minuten angelegt. In dieser Zeit konnten die Kinder in Gruppen im Computerraum ihre Ideen und Vorhaben entwickeln. Ein zweites alltägliches Muster in bezug auf Medien, Spielzeug usw. lieferte das Thema der ersten Unterrichtsstunden: *Ich bin ein Fan von...* Mädchen der 3. Klasse nutzten die Gelegenheit, um ihrer Favoriten, die *Diddls*, zu Hause zu fotografieren und die Fotos in die Schule mitzubringen. Hier eines der mitgebrachten Fotos.

Das Foto zeigt ein typisches Spielarrangement, das Ordnung in die Fülle der Objekte bringt und das mit seinem Bühnenaufbau den anderen Kindern, auch den Erwachsenen zeigt, dass die *Diddls* nicht irgend ein Ramsch sind.

Anlass für das Foto war die Hausaufgabe, kurz aufzuschreiben, wovon ein Kind Fan ist, und dazu auch Fotos zu machen. Die Fotos sollten in einen Fotokaufladen mit allen Fan-Produkten der Schülerinnen und Schüler auf der nicht öffentlich zugänglichen Website der Klasse kommen. Zuhause auf dem Sofa in ihrem Zimmer hat eines der Mädchen alle ihre Kaufprodukte der *Diddls* zusammengestellt. Die Distanz des Zur-Schau-Stellens dieses Arrangements hat etwas von einem Schaufenster. Zum Schaufenster kommt noch etwas wesentlich Anderes hinzu, die Korrespondenz des weichen Sofas mit dem Kissen zu den Plüschfiguren der *Diddls*. Zwar ist das Weiche, Kuschelige, Knautschige der Plüsch-Mäuse offensichtlich. Sofa und Kissen unterstreichen dennoch zusätzlich die Materialeigenschaft des Hauptelements des Kaufangebots *Diddls*. Das Mädchen hat sich also auf das Material der *Diddls*, das ist ihre Repräsentationsform, eingelassen. Die Repräsentationsformen sind wesentliche Aspekte heutiger Medien- und Ereignisarrangements. Will man in der Schule Medienanalyse mit Schülerinnen und Schülern machen, dann ist das ein wichtiger Aspekt, dem bei einer

Filmanalyse Licht, Farbe, Ton entsprächen. Der Aufbau des Arrangements ist wichtig. Wie gelingt es dem Mädchen, aus den nacheinander gekauften oder geschenkten Objekten eine Einheit herzustellen? Die gelungene Einheit ist sichtbar. Es gibt eine Materialhierarchie, die zusammengeht mit der Größe der *Diddls*-Elemente. Oben ist die Eineinkaufstüte, in die alle Elemente passen, unten sind die kleinen Plastikfiguren von einem Halbkreis aus einer Tasse, einem kleinen Täschchen und Blechkästchen eingerahmt. Dahinter und in einer neuen Ebene sind *Diddls*-Bücher, u.a. das Freunde-Buch, ein Poesiealbum. Darauf sitzen die Plüsch-Mäuse. Dieser Aufbau, von der vertikalen Fläche in die horizontale, die die Tüte unterstreicht, gibt der *Diddls*-Präsentation etwas Repräsentatives, ja fast etwas von einem Altar, etwas Erhabenes. Eine einzelne Plüschmaus, rechts, durchbricht diesen geplanten Aufbau. Hier würde ich nachfragen, um mir diese einzelne Maus erklären lassen.

Meines Erachtens folgen die Farben einer einfachen Ordnung, irgendwie harmonisch verteilt zu sein. Da die Farben bei den *Diddls* dem internationalen und vertrauten Gender-Trend von Blau und Rosa folgen, wundert mich das bei einem Mädchen. Auch dazu würde ich nachfragen. Entscheidend erscheint mir, dass es dem Mädchen gelingt, Ordnung zu schaffen, ihre eigene Ordnung, die nicht mehr der des Kaufens folgt, eine Ordnung, in der Hierarchie wichtig ist und die mit den Repräsentationsformen integrierter Kaufsysteme umgeht. Es sind heute wichtige Repräsentationsformen, zu denen die Materialeigenschaften wie weich/hart gehören, ebenso die Ordnung im Raum. (Solch eine Rauminszenierung wäre auch ein erfolgreicher Einstieg in die Erörterung der Sozialräume des Web 2.0.)

Die Lehrerin hat eine Beziehung von Unterricht und Alltagsmedienpraxis hergestellt, die weder die Schule noch die Kulturpraxis des Mädchens einschränkt oder funktionalisiert. Für die Schule ist wichtig, im schulischen Sinne zu schreiben, zu lesen, sich auszudrücken, sich mitzuteilen und nachzudenken (dazu auch die schriftliche Hausaufgabe weiter unten). Das Mädchen kann und darf ihre Ausdruckmaterialien und Ausdrucksformen in die Schule hereinnehmen. Die von ihr erprobte Literalität bekommt Raum und Anerkennung in der Schule. Die Ressourcen für die Teilnahme des Mädchens an ihrer Konsum- und Spielzeugkultur verbinden sich mit denen schulischer Literalität. Schule bekommt damit die Chancen sich für die neuen Modalitätsformen wie hart und weich oder die Raumebenen in Spielarrangements aufzugreifen und in das Ressourcenrepertoire des Unterrichts einzufügen, was für den Kunstunterricht nahe liegt.

Die Mädchen handeln mit dieser Präsentation ihrer Sammelmaterialien sowohl als Fans der *Diddls* als auch als Expertinnen, was kein Zufall ist. Die Fragmentierung unser Gesellschaft legt ein Expertenmuster nahe, um kompetent in selbstgewählten und arrangierten kleinen Welten, Kompetenz zu entwickeln und diese auch zu zeigen. Das Expertenmuster ist ein Integrationsmechanismus, der zu sehr unterschiedlichen Experten führt, die jedoch im Rahmen des jeweiligen soziokulturellen Fragments die relevanten Kompetenzen nutzen und zeigen. Somit ist jede oder jeder Experte in bezug auf die eigene Welt und ihre Kulturprodukte. Im Gegensatz zum *Diddls*-Arrangement der Fans, nutzen Experten im Alltag selbstverständlich auch geschriebene Texte, um ihr Fachwissen in die Kommunikation mit anderen Experten einzubringen. Deswegen ist der schultypische Text angemessen. Auch eine schriftliche Hausaufgabe eignet sich für die Beschäftigung mit den eigenen Medienvorlieben, und zwar allein zu Hause und förmlich als schriftliche Hausarbeit angefertigt. So nutzt Lotte, 3. Klasse Grundschule und 9 Jahre alt, ihre sprachlichen Möglichkeiten als Expertin des von ihr favorisierten Fernsehprogramms *Gute Zeiten Schlechte Zeiten (GZSZ)*. Hier ein kurzer Bericht.

Bevor die Kinder mit dem Schreiben ihrer eigenen Texte zu *Ich bin Fan/ Experte von...* begannen, besprachen sich einige untereinander. In dieser Zeit ging die Klassenlehrerin zu Lotte und ermutigte sie, doch über *GZSZ* zu schreiben. Lotte reagierte ungläubig. Vermutlich hatte sie bisher noch nicht die Erfahrung gemacht, dass ihr Wissen in bezug auf *GZSZ* im Unterricht gefragt war. Obwohl sie schon über ihre Katzen schrieb, so richtig fiel ihr hier allerdings nichts ein, begann sie dann ihren Text über *GZSZ*. Hier das Ergebnis von Lottes Hausaufgabe zum Thema *Ich bin Fan/Experte von...*

Lisa

Ich bin ein Fan von: Tieren ich habe zwei Katzen zu house sie heißen Miki und Zorro.

Ich bin Expertin von: GZSZ Die Schauspielerinen oder Schauspieler heißen Clemens, Cora, Paula, Joh, John, Hannes, Marie, Fabian, Moris, Julia, Nico und noch viele mehr. Und zwei Schauspielerinin sie heißen Julia und Marie sind auch ganz berühmte Sängerinen. In echt heißen sie Jeanette biederman und Ivone Catterfeld,

Lotte präsentiert unter dem Titel „Ich bin Expertin von GZSZ" ihr Fachwissen und macht mit dem Kürzel *GZSZ* ihren Expertenstatus kenntlich, indem sie das Fachvokabular nutzt. „Die Schauspielerinen oder Schauspieler heißen Clemens, Cora, Paula, Joh, John, Hannes, Marie, Fabian, Moris Julia, Nico und noch viele mehr." Lotte benennt präzise 11 Figuren aus der Serie und schreibt nahezu alle fehlerfrei. „Und zwei Schauspielerinin sie heißen Julia und Marie sind auch ganz berühmte Sängerinen. In echt heißen sie Jeanette biederman und Ivone Catterfeld.“ Lotte formuliert in ihrem Text auch Hintergrundinformationen wie die bürgerlichen Namen der Schauspielerinnen. Lotte gliedert ihren Text über *Gute Zeiten – Schlechte Zeiten*. Auch die Schrift ist gut lesbar.

Eine Zusammenfassung, worum es in der TV-Serie geht, fehlt im Text. Sie begnügt sich mit der Namensliste der Protagonisten, möglicherweise weil, typisch für eine Fernseh-Soap, sich die Inhalte und Themen über die Figuren und ihre stereotypen Handlungsmuster entwickeln. Hier wäre ein interessantes medienanalytisches Gespräch mit den Kindern denkbar, beispielsweise, indem sich die Lehrerin die Handlungsmuster der Serienprotagonisten erzählen lässt. Das Muster einer TV-Soap ließe sich so in einfacher Form erörtern. Die Lehrerin als Laie in Sache *GZSZ* darf alle Arten von Fragen an die Fans und Expertinnen stellen, die ihrerseits üblicherweise ihr Spezialwissen gern erläutern und erklären wollen, denn das gehört zum Expertenstatus.

Was hat dieser Unterricht mit den Kernaufgaben des Deutschunterrichts zu tun? Wie lässt sich Lottes Text in die Lesekompetenz-Stufen nach PISA 2000 (Deutsches PISA-Konsortium 2001, S. 78) einordnen? Das Fragen passt zu den Leitlinien des oben skizzierten kulturökologischen Bezugsrahmens: Die Förderung die Handlungskompetenz der Kinder und Jugendlichen im Alltag auf der Basis der kulturell situierten Bedeutungskonstitution soll sich auch an den Errungenschaften der kulturellen Tradition orientiert. Ein Kriterium dafür ist die vernünftige Teilhabe in der Gesellschaft.

Lotte erreicht auf der Leistungsskala „Informationen ermitteln“ die „Stufe III“: „Einzelinformationen herauszusuchen und dabei auch Beziehungen dieser Einzelinformationen untereinander zu beachten, die mehrere Voraussetzungen erfüllen. Die Auswahl wird durch auffallende und konkurrierende Informationen erschwert.“ Die Kompetenzstufen wurden zwar für 15-Jährige entwickelt, zeigen jedoch, dass Lottes Text recht anspruchsvoll ist. So hat Lotte für ihren Text die Protagonisten der Serie aus möglichen anderen und relevanten Aspekten der Serie ausgewählt. Indem sie kompetent eine Namensliste der Schauspieler in der Serie zusammenstellt, gewichtet und ordnet sie. Dabei muss sie auch die Beziehungen dieser Informationen beachten. Sie bewegt sich gekonnt auf zwei Ebenen, indem sie die Informationen, die sich auf die Figuren der Serie und die, die sich auf die Schauspieler, also auf reale Personen beziehen, in Beziehung zueinander setzt.

Aber auch auf der Leistungsskala „Reflektieren und Bewerten“ bewegt sie sich auf Stufe II: „z.B. einen Vergleich von mehreren Verbindungen zwischen dem Text und über den Text hinausgehendem Wissen. Bei anderen Aufgaben müssen Leser auf ihre persönlichen Erfahrungen und Einstellungen Bezug nehmen, um bestimmte Merkmale des Textes zu erklären. Die Aufgabe erfordert ein breites Textverständnis.“ Lotte formulierte ihren Text als Expertin. Für sie war die Verbindung zwischen dem Wissen aus der Serie und externen Informationen, z. B. zwei Schauspielerinnen sind prominente Sängerinnen, klar. Für *GZSZ*-Laien ist ihr Text recht knapp und verdichtet geschrieben und damit ohne weitere Erläuterungen kaum zu verstehen. Ein Leser braucht also gewisse Vorkenntnisse oder Erfahrungen, um den Text erfassen zu können. Hier können Fragen von Mitschülern und Lehrerin helfen, weiteres Wissen bewusst sprachlich verfügbar zu machen.

Da Fernsehen für Grundschulkinder das Hauptmedium ist, gehört eine Fernseh-Soap zu ihrer Kulturpraxis, die sie u.a. mit dem Handlungsmuster des Experten bzw. der Expertin bearbeiten. Das Internet war in 2004 hingegen für Grundschulkinder kein zentrales Element ihres Alltags. Deswegen handelten sie auch nicht mit dem Muster des Internet-Experten. Hier lag nahe, Kindern anzubieten, als Fernseh-Experten der *Sendung mit der Maus* zu beginnen, um sich dann dazu im Internet kundig zu machen. Die Kinder griffen dieses Thema auf, konstatierten aber: „Wir sind zu alt für die Maus", um von der TV-Sendung auf die Website der *Sendung mit der Maus* zu gehen. Im Anschluss daran stellten sie mit den ihnen bekannten Web-Adressen eine Liste von Links zu Websites zusammen, die sie nach ihrer Abwägung von *gut, schlecht, langweilig* in einen Vorschlag für bemerkenswerte Websites aufnahmen. So entstand eine Positivliste von Web-Adressen der Grundschulklasse, die ihren eigenen sicheren Internetraum absteckt.

In diesem Zusammenhang gab es folgende kurze Dialoge, die, in der einfachen Form der Erörterung, den Alltag der Kinder mit der Schule verbinden.

Eva: Ich kenne mich ´n bisschen mit ähm ´m Internet aus.
Lehrerin: Was machst du denn normalerweise so im Internet?
Eva: Ich spiele unter www kicker de.
Lehrerin: Fußball?
Eva: Nein.
Lehrerin: Was ist Kicker denn?
Eva: Ne Fernsehsen, ´n Fernsehsender.
Lehrerin: Echt? Kenn ich gar nicht.
Eva: KiiiiiKaaaa.
Lehrerin: Ja, jetzt klar.
Eva: Mein Bruder nennt das, weil da immer so K I K A steht, nennt er das immer Kinderkacke.
Lehrerin: Wie alt ist der?
Eva: 12.
Lehrerin: Der guckt das aber nicht mehr, oder?
(Eva schüttelt den Kopf.)
Lehrerin: Und da gibt's ne Menge Spiele?
Eva: Naja.
Lehrerin: Und was machst du sonst noch so im Internet?

Das kurze Gespräch endet, weil eine andere Arbeitsgruppe die Lehrerin ruft. In dieser kurzen Episode geht es im Dialog von Expertin (Schülerin) und Laie (Lehrerin) um eine Bewertung, bei der das Alter des großen Bruders den Maßstab für die Bewertung eines kindertypischen TV-Senders liefert. Das Sprachspiel, aus KIKA, das ist das Logo des Kinderkanals, „Kinderkacke" zu machen, hat Witz, passt jedoch nur in die Alltagssprache. In einer Sammlung von bewertenden Aussagen zu Kindermedienangeboten, beispielweise als Liste mit Bewertungen auf dem Schwarzen Brett der Grundschule, liefert eine Bewertung mit Elementen einer Fäkalsprache sicher der Anlass, um in der Klasse nach anderen sprachlichen Formulierungen zu suchen.

Private Information per Website in der Klassenöffentlichkeit

Um Erfahrungen im Umgang mit persönlichen Daten ging es beim Thema *Freundebuch*. Das Freundebuch steht in der Tradition des Poesiealbums. Während des Unterrichtprojekts lag das Freundebuch der *Diddls* voll im Trend. Solch ein *Diddls*-Freundebuch gibt ein Kind in seiner Klasse an seine Freunde, die dann jeweils auf einer eigenen Seite folgende Informationen ausfüllen.

> Name / Adresse / Telefon / Handy / E-Mail / Geburtstag / Sternzeichen / Meine Hobbys / Ich bin ein Fan von / Mein Lieblingsfilm, meine Lieblingsserie / Der tollste Popstar ist für mich / Das ist gerade mein Lieblingssong / Mein Schwarm / Das mag ich gar nicht / Meine Lieblingsbeschäftigung / Das schmeckt mir am besten / Wenn ich groß bin, werde ich / Mein Wunsch für die Zukunft

Eine Schülergruppe entwickelte in einem Bereich der Schul-Website ein Formular mit einer abgespeckten Version des *Diddls*-Freundebuchs. Diese Seite war als geschlossene Benutzergruppe nur für die Lehrerin und die Schülerinnen bzw. Schüler der Klasse per *PIN* zugänglich. Die Maske zum Freundebuch enthielt die folgenden Kategorien.

- Name
- Spitzname
- Meine Hobbys
- Ich bin Fan von ...
- Der coolste Film/Serie
- Mein Schwarm
- Mein Leibgericht
- Mein größter Wunsch
- Mein Foto

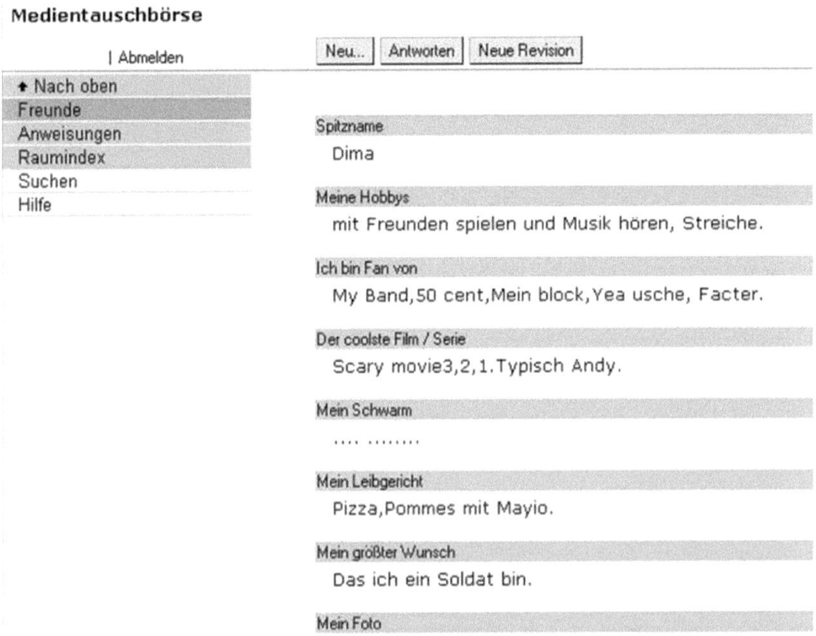
Medientauschbörse
| Abmelden
Neu...
Antworten
Neue Revision
Nach oben
Freunde
Anweisungen
Raumindex
Suchen
Hilfe
Spitzname
Dima
Meine Hobbys
mit Freunden spielen und Musik hören, Streiche.
Ich bin Fan von
My Band,50 cent,Mein block,Yea usche, Facter.
Der coolste Film / Serie
Scary movie3,2,1.Typisch Andy.
Mein Schwarm
....
Mein Leibgericht
Pizza,Pommes mit Mayio.
Mein größter Wunsch
Das ich ein Soldat bin.
Mein Foto

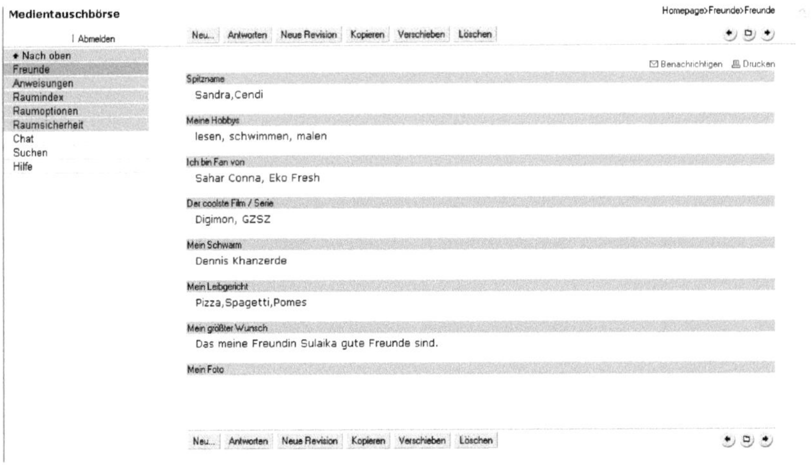
Medientauschbörse
Homepage>Freunde>Freunde
| Abmelden
Neu...
Antworten
Neue Revision
Kopieren
Verschieben
Löschen
Nach oben
Freunde
Anweisungen
Raumindex
Raumoptionen
Raumsicherheit
Chat
Suchen
Hilfe
Benachrichtigen
Drucken
Spitzname
Sandra,Cendi
Meine Hobbys
lesen, schwimmen, malen
Ich bin Fan von
Sahar Conna, Eko Fresh
Der coolste Film / Serie
Digimon, GZSZ
Mein Schwarm
Dennis Khanzerde
Mein Leibgericht
Pizza,Spagetti,Pomes
Mein größter Wunsch
Das meine Freundin Sulaika gute Freunde sind.
Mein Foto
Neu...
Antworten
Neue Revision
Kopieren
Verschieben
Löschen

Was ein Junge, Daniel (linkes Bild), und ein Mädchen (rechtes Bild) dazu von sich mitteilen, ist recht unterschiedlich. Zudem verschlüsselt Daniel den Namen seines „Schwarms".

Im Gegensatz zur Buchversion war diese Version des Freundebuches öffentlich, nicht öffentlich wie beispielsweise ein Eintrag auf *YouTube.de* oder in *SchülerVZ.de,* dennoch öffentlich in der Klasse und ohne die den Kindern bislang vertraute Form der direkten sozialen Kontrolle im unmittelbaren Gespräch mit selbstgewählten Mitschülern.

Lehrerin: Hey, hier sind n paar Fragen und vielleicht sind die für euch auch wichtig.
Schüler: Von wem issen das Freundebuch?
Lehrerin: Von uns, von der Klasse 3c.
Diana: Ja von wem von der Klasse 3c? (in einem quengeligem Ton)
Schüler: Von mir.
Lehrerin: Das gehört der ganzen Klasse.
Philipp: Mir.
Schüler: Was?
Sonja: Oh, Philipp!
Lehrerin: Und jeder trägt seinen Steckbrief hier ein.

Den Schülern war klar, wem dieses Buch gehört, nämlich ihnen. Sie übertrugen die Situation mit dem Buch, das einem Freund oder Klassenkameraden gehört, auf die neue Situation mit der Website, die diese klare Zuordnung nicht kennt, aber etwas Vergleichbares mit der Vergabe von *PIN*s hat. Kompliziert wird es mit den unterschiedlichen Bearbeitungsrechten bei Websites. Die Kinder beschäftigen sich erst einmal mit unmittelbar sichtbaren Unterschieden. So schaut sich ein Schüler kritisch die vorgegebenen Rubriken an:

Marius: Da fehlt, da fehlt noch, ähm, Geburtstag und.
Lehrerin: Das haben wir weggelassen, sonst wird's zu lang.

Im regulären Freundebuch würde auf die Angabe von Name, Adresse und Telefonnummer die Rubrik Geburtstag folgen. Die neue Maske war für die Kinder ungewohnt, denn ein Geburtstagseintrag schafft Identität. Wie gingen die Kinder vor? Wie machten sie aus etwas Fremdem etwas Eigenes? Sie suchten etwas Bekanntes und verglichen es mit ihren Vorerfahrungen, also mit ihnen bekannten Strukturen, die sie aus Freundebüchern kannten und die ihnen geläufig waren.

Peinlichkeitsschwelle beim Internet

Die neue Form der Öffentlichkeit für persönliche Information wurde beiläufig zum Thema. Die Kinder näherten sich den kodifizierten Regeln für das Internet emotional und sprachlich diffus an, was die Chance in sich birgt, eigene Erfahrungen zu ordnen und mit den geltenden Normen zu vergleichen. Hierbei handelt es sich um einen komplexen, im Alltagsleben jedoch alles andere als ungewöhnlichen Prozess der Bedeutungskonstitution, in dessen Fortgang auch kodifizierte Regeln entstehen. Wenn diese Regeln nur gesetzt sind, wie üblicherweise auf Kinderwebsites, dann brauchen sie eine Verknüpfung mit den alltäglichen Erfahrungen und Bewertungsrastern. Dies ist ein wesentliches Glied auf dem Weg zu dem, was in der öffentlichen Debatte unter dem Stichwort der Werteerziehung auftaucht. Kodifizierte Normen wie die folgenden, müssen heute erst angeeignet werden, um Handlungsrelevanz zu bekommen.

> „1. Gebt niemals Euren Familiennamen, Adresse, Wohnort, Telefonnummer oder den Namen Eurer Schule bekannt! 2. Gebt niemals Eure Kreditkartennummer, Bankinformationen/Passwort oder andere wichtige Dokumente bekannt! 3. Veröffentlicht keine Fotos von Euch oder Euren Bekannten und keinerlei persönliche Informationen!“ ...
> (http://dotsafe.eun.org/www.eun.org/eun.org2/eun/en/ds_main_/content0765.html?lang= de&ov= 13471)

Zur Aneignung kodifizierter Normen und Regeln gehören auch persönlich relevante und gefühlsbasierte Erfahrungen mit Grenzüberschreitungen. Eine gesellschaftlich typische Form der emotional besetzten und verinnerlichten Grenzziehung ist deren Markierung durch die Peinlichkeit von Grenzverletzungen. Hier ein Beispiel, dessen Tragweite der Lehrerin nicht bewusst wurde. Daniel findet es peinlich, wenn Zuneigungen (Schwarm) veröffentlicht werden. Daniel sagt, es sei peinlich für einen Jungen, beispielsweise für seinen Freund und Klassenkameraden Ingo, wenn andere aus der Klasse im Freundebuch lesen könnten, für wen Ingo schwärmt. Damit ist Daniel schon sehr weit gekommen, seine emotional besetzen Einsichten zu formulieren. Auch im Sinne des Sprachunterrichts ist das ein wirklicher Erfolg, der wegen der Beiläufigkeit der kurzen Gesprächsepisode kaum erkennbar ist. Diese Beiläufigkeit ist jedoch eine wichtige strukturelle Voraussetzung für diesen Erfolg. Indem die Beiläufigkeit der Alltagskommunikation die übliche Kommunikationsstruktur des Sprachunterrichts, das wäre hier die förmliche Erörterung und Diskussion kodifizierter Internetregeln, ersetzt, bekommen Kinder die Chance, sich von ihren emotionalen Einsichten und deren assoziativen Formulierungen an die kodifizierten Regeln und die dafür typischen Erörterungsformen anzunähern. Bei der folgenden kurzen Gesprächsepisode handelt es sich um eine für die Wirksamkeit von Internetregeln unabdingbare Form der Bedeutungskonstitution, die in der Schule die wesentliche Entsprechung findet, nämlich den sozialen Raum für den Ausdruck emotionaler Eindrücke und deren erste, assoziative Formulierung. Was Daniel macht, ist ein herausragender Schritt zur Entwicklung eines Wertekanons. Dieser Schritt heißt, eine

Peinlichkeitsschwelle wahrzunehmen, sie empathisch mit einem anderen Menschen zu verbinden (Daniel mit Ingo). Eines der Mädchen geht einen Schritt weiter und formuliert eine Handlungsanweisung: „Dann soll er sagen, dass er es nicht sagen will“. Wichtig für diesen Prozess ist, dass diese Schulsituation in Abweichung zum typischen Unterricht den Kindern Raum bietet, ihre persönlichen Themen, wer mag wen, einzubringen, was sonst bei der Dominanz des Lerngegenstandes nur als Unterrichtsstörung läuft.

In diesen Prozess der Bedeutungskonstitution geht es auch um die unterschiedliche Herangehensweise von Jungen und Mädchen, beispielsweise mit der ironischen Geste von Marita gegenüber Philipp, die dessen Vorschlag, eine Zuneigung geheim zu halten, abwertet. Danach flüstern Philipp, Ingo und Markus miteinander. Die Jungen steigen aus der öffentlichen Erörterung in der Klasse aus, was eine Lehrerin sehr nachdenklich machen sollte, wie sie ihre geschlechtsspezifische Erziehung angelegt hat.

> Daniel: Aber guck ma, wenn vielleicht ein Junge, äh so, vielleicht Ingo und der, und der sein mein Schwarm. Wenn er schreibt, das ist ja für die peinlich für, wenn die anderen das sehen.
> Lehrerin: Dann soll er´s vielleicht nicht eintragen, wenn er das nicht möchte, dass die Anderen das sehen. Wenn ihr was nicht eintragen möchtet, könnt ihr natürlich auch freilassen.
> Schülerin, gleichzeitig mit der Lehrerin: Dann soll er sagen, das sag ich nicht.
> Christina: Das sag ich nicht.
> Schüler: Ich weiß es.
> Marita: Dann mach, dann mach ich bei meinem Schwarm gleich nichts.
> Lehrerin: Oder du sagst das nicht.
> Philipp: Oder verrate ich nicht, das ist geheim.
> Marita: Das ist geheim. (Marita zeigt Philipp eine *lange Nase.*)

Daniel zeigt mit seiner Äußerung, dass es für ihn einen Unterschied gibt zwischen dem privaten Freundebuch in der Form des Buches und dem Freundebuch als Bestandteil einer Internet-Plattform, das für jeden der Klasse zugänglich ist. In einer kleinen Gruppe über seinen Schwarm zu reden, bedeutete für einige nichts Neues. Jedoch das zu verschriftlichen und die Information für jeden zugänglich zu machen, war befremdlich und ungewohnt. Daniel findet einen eigenen Weg. Er nutzt die Möglichkeit einer Website und verschlüsselte den Namen seines Schwarmes. Statt des Namens setzt er vier Punkte, ein Leerzeichen und nochmals acht Punkte. Mit dieser Lösung greift er sowohl die Struktur auf, die das Medium anbietet, als auch die des Unterrichts, dessen formuliertes Ziel es war, das Handwerkszeug einer Website für die Archivierung und Veröffentlichung von personenbezogenen Daten zu nutzen. (Der Ausschnitt aus der Freundebuch-Maske von Daniel befindet sich weiter oben.)

Zusammenfassung: Die kulturökologisch gedachte Verbindung von Strukturen der Schule, des Alltags und der Medien

Medien im Unterricht und Medien im Alltag gehören zu deutlich unterschiedlichen Kultursituationen. Deren jeweilige Strukturen liefern unterschiedliche, auch widersprüchliche Bedingungen für die Entwicklung jeweils typischer Handlungskompetenz. Handlungskompetenz entsteht in Prozessen der Bedeutungskonstitution, die situationsspezifisch ablaufen. Die medienbezogene Handlungskompetenz des Alltags, also die Alltagsmedienkompetenz, bietet im Unterricht der Schule mit ihren typischen Strukturen die Chance, die kulturellen Situationsunterschiede didaktisch bewusst und konstruktiv in der Perspektive der Kinder bzw. Jugendlichen zu verbinden. Wie konkretisiert sich dieser Grundgedanke einer kulturökologischen Medienpädagogik im Unterrichtsbeispiel der *Schulmedientauschbörse*?

Leitlinie der didaktischen Planung war, mit einem Unterrichtsprojekt den Schülerinnen und Schülern möglichst viel Handlungsspielraum mit Arbeitsformen zu öffnen, die kein nachvollziehendes Lernen aus dem Lehrbuch oder die Umsetzung vorgegebener Lernziele verlangen. Miteinander überlegen und miteinander erarbeiten, wie man eine vorgefertigte Maske auf dem PC-Bildschirm zum bekannten Freundebuch ausbaut oder wie man die mitgebrachten *Diddls*-Materialien präsentieren kann, war typisch für die Unterrichtsmethode. Die von den Kindern vor allem kooperativ zu bearbeitenden Aufgaben waren zudem deutlich auf den Medienalltag ausgerichtet: Fan, Fernsehquiz, Freundebuch. Alltagshandlungsmuster wie Tauschen, Expertenwissen aus dem Alltag in der Schule zu nutzen oder zu präsentieren, war explizit gewünscht. Die Arbeitsformen innerhalb des Projekts richteten sich auf Produkte wie ein im Internet und auf dem Schul-PC nutzbares Freundebuch. Zugleich gab es unterrichtstypische Arbeitsformen wie schriftliche Hausaufgaben. Die Lehrerin machte zudem die klare Vorgabe, auch den PC mit Drucker als Arbeitsmittel zu verwenden. Für die Kinder ergab sich so eine Verknüpfung von schulischen Arbeitsformen mit einem für assoziatives Denken und Mitfühlen offenen Unterricht. Die Medienvorlieben der Kinder band die Lehrerin explizit in den Unterricht mit Hilfe schultypischer Formen wie Hausaufgaben, Aufträgen ein. Mit der Ausweitung ihres Repertoires an Arbeitsmitteln über das Übliche wie Hefte, Schultafel, Bücher hinaus und mit der Einbindung von PC, Internet und Drucker waren die Kinder vertraut. PC und Internet in der Schule plus Spiel- und Medienmaterial von Zuhause verstärkte für die Kinder die Optionen, die Situationen des schulischen Lernens mit denen von Unterhaltung, Konsum und Spiel Zuhause teilweise zu überlagern. Die Alltagsmedienkompetenz z.B. zu ordnen und zu bewerten, ist deshalb für die Kinder auch in der Schule sinnvoll. Damit die typisch schulische Kompetenz zu verbinden wie z.B. bei Hausaufgaben zu schreiben, war für die

Kinder dann naheliegend. So nutzen sie ihre alltäglich erprobten Handlungsmuster wie das einer Expertin. Gestaltend mit den Medien das Alltags umzugehen (Beispiele: die Bühne für die *Diddls,* die Bewertung KIKA = Kinderkacke), lässt die offene Unterrichtsituation mit der Projektarbeit in kleinen und ziemlich eigenständig agierenden Kindergruppen nicht nur zu; sie legt den Kindern nahe, so zu arbeiten und regt sie dazu an. Deswegen tritt auch der unterschiedliche Eigensinn der Mädchen und Jungen beim Umgang mit persönlichen Vorlieben (Schwarm) beim Freundebuch auf der Klassenwebsite zu Tage. Der Eigenart von TV-Soaps folgt eines der Mädchen, indem es mit seinem geschriebenen Text genretypische Strukturen ihres Lieblingsfernsehprogramms übernimmt. (Bei der Zusammenfassung stehen die Protagonisten und nicht die Geschichte im Vordergrund.) Hier bietet sich eine Chance, diese naive Genrekompetenz zu erweitern, indem eine Lehrerin nach den Handlungsmustern dieser Protagonisten fragt und sich die Zusammenhänge von Protagonisten und Geschichte erläutern lässt. Die Qualitätsvorstellungen für eine geschriebene Hausaufgabe weiter zu entwickeln und Kindern die kulturell etablierte Gestaltungsform des erörternden Schreibens zu vermitteln, ist eine vertraute Aufgabe der Schule, die, wie das Beispiel von Lotte zeigt, gelingt.

An dieser Stellte lohnt es, sich über eine zentrale Struktur des Medienalltags, die der Medienaneignung, und ihre Relevanz für Schulsituationen nachzudenken. Im Zentrum der Medienaneignung stehen die Subjekte mit ihren jeweiligen handlungsleitenden Themen und ihrer bisherigen Biographie. Für den Grundschulunterricht ist es klar, dass Lernen nur gelingt, wenn die Lernobjekte und die wesentlichen und handlungsleitenden Themen der Kinder zusammentreffen. Schreiben gelingt, wenn Kinder sich zu etwas ihnen persönlich Wichtigem äußern, z.B. Schwarm und Peinlichkeit. Solch eine Mitteilung braucht dann noch relevante Adressaten. Hier ist die oben skizzierte Struktur der Medienaneignung deckungsgleich mit dem subjektiv wichtigen Lernen.

Noch ein Blick auf eine andere Struktur der Alltagswelt, der Verknüpfung von regionaler Traditionskultur mit globaler Jugend- und Unterhaltungskultur z.B. mittels Handy und Medienplattform. Die Grundschule ist Teil einer regionalen Traditionskultur. Wenn sich die neunjährige Lotte als Expertin von *GZSZ* präsentiert, ragt die globale Unterhaltungskultur auch ein bisschen in die Grundschule hinein. Lotte schafft die Verbindung, indem sie einen einfachen Text schreibt, weil die Schule ihre Alltagsmedienkompetenz positiv anspricht. Erkan, der Experte von *Formel I,* und Cyrill, der Provokateur mit dem Handyvideo und dem Perfektionsanspruch auf der Videoplattform, gelingt das nicht. Einer der Gründe dafür liegt im enormen Abstand der Schule zur Unterhaltungskultur und deren globaler Orientierung. Es sollte zu den Aufgaben von Lehrerinnen und Lehrern gehören, diesen Abstand mit dem Ziel zu verringern, die kulturellen Ressourcen des Alltagslebens für Schule fruchtbar zu machen.

3.4 Kulturell situiertes Lernen, Chancen mobilen Lernens mit dem Handy

Lernen ist eine der wesentlichen Formen der Menschen, um am Leben in einer Gesellschaft teilzuhaben. Lernen ist zudem eine der für Kinder und Jugendliche typischen Zugangsweisen zur Welt. Deshalb ist Lernen auch eines der Bestimmungsmerkmale für Kindheit, wobei seit langem die Institution Schule bestimmt, was als Lernen gilt. Die Kraft der Schule, Lernen zu definieren und für alle Kinder und Jugendlichen zu organisieren, nimmt zur Zeit deutlich ab. Gleichzeitig bekommen außerschulische und informelle Lernformen im Alltagsleben mehr Bedeutung. Mit ihrer Integration in den Alltag wurden und sind Medien Teil des informellen Lernens, das natürlich nicht frei bleibt von den Strukturen der Medien. Insbesondere die Konvergenz der Medien und ihre Integration in das individualisierte Alltagsleben ist eine treibende Kraft dafür, um auch in informellen Lernprozessen des Alltags wesentliche Aufgaben zu übernehmen. Dabei ist Mobilität als mediale Unterstützung der Individualisierung eines der treibenden Strukturmerkmale, die das Handy zum Konvergenzmedium macht. Weil das Handy dabei ist, die Leitfunktion im Prozess der Medienkonvergenz zu übernehmen, ist es pädagogisch höchste Zeit, sich darüber systematisch begründete Gedanken zu machen, wie sich das Handy in informelles Lernen einfügt, wie das Handy formelles Lernen strukturiert und wie es in das Verhältnis der Kinder oder Jugendlichen zum schulischen Lernen eingreift. Dazu gehört, solche Formen der Handynutzung zu entdecken und zu erproben, die Lernen in der Schule unterstützen und entwickeln.

Im Moment steht das Handy noch deutlich in der Tradition des Telefons und ist ein Instrument der Interaktion. Für Cyrill ist es schon wesentlich mehr. Mit der Videofunktion seines Handys begibt er sich provozierend und beobachtend in den Randbereich der Gesellschaft, stellt diese Videos dann auf eine Medienplattform, womit er sein Selbstverständnis als neuer Typ eines Underdog inszeniert, der hoch kompetent das Internet als Kommunikationsplattform nutzt, und, so ist zu vermuten, eher arrogant auf die altmodische Schule herunter blickt. Sein Website-Auftritt schafft ihm die Bühne, auf der ihn andere Jugendliche ob seiner hohen technischen Kompetenz, wie er seine Website gestaltet, toll finden. Seine Website wird nicht nur zum Ort kommerzieller Werbung, Werbung wird zum Stilelement seines Web-Auftritts. Mit seiner Website setzt sich die Mehrheitsgesellschaft mit einer Polizeiintervention und einer Folgekommunikation in der regionalen Zeitung auseinander. Die Jugendlichen aus dem Fußballverein, die ihre Videos auf die Medienplattform setzen und sich Bier trinkendend präsentieren, handeln in der gleichen Struktur, nur auf viel schlichterem Niveau als Cyrill.

3.4.1 Mobiles Lernen: didaktische Fragen und Themen

In diesen beiden Beispielen erscheint das Handy nur als Teil der Jugendkultur, die weit weg ist von schulischen Formen des Lernens. Der Blick auf die heute übliche Vielfalt der Handyfunktionen macht dennoch offensichtlich, dass das Handy als Konvergenzmedium schon vieles von dem kann, was der PC zu leisten in der Lage ist: Schreiben, Zugang zu Internetarchiven und persönlicher Datenspeicher auf der mobilen Festplatte. Die Multimediafunktionen wie Fotografieren, Musik Hören, Videos Aufnehmen sind ausgeprägter und funktionaler als beim PC, obwohl das Handydisplay zur Zeit doch recht reduziert ist. Noch sind die Kultursphäre von Unterhaltung, Alltag und Jugendkultur mit den darin integrierten Handys und die Kultursphäre der Schule nahezu komplett getrennt. Anlass über deren Verbindung ernsthaft nachzudenken, ist unter anderem der Anteil von 20 bis 25% der Jugendlichen, die mit mangelhaften Schulleistungen aus der traditionellen Schulbildung herausfallen. Für sie lohnt es sich, den Gedanken der Kulturökologie aufzugreifen und zwei Fragen zur Ist-Situation und zu didaktischen Aufgaben zu stellen.

Erste Frage: Welche gemeinsamen Strukturen liegen dem Alltagsleben mit dem Handy, den Handy-Nutzungsfunktionen und der Schule zugrunde? Welche sich ergänzenden und verstärkenden Kompetenzen entwickeln Kinder und Jugendliche in diesen Strukturen?

Die Handyfunktionen mit denen des PCs zu vergleichen, ist ein erster, recht schlichter Versuch in diese Richtung. In der Sicht der Schule, die das Handy des Alltags für Lernen erschließen will, geht es vor allem um die Formen des beiläufigen und informellen Lernens, die mit dem Handy verbunden sind. Bei Cyrill ist das seine ausgeprägte Kompetenz bei der Gestaltung von Websites und seine Motivation, sich das Sozialleben am Bahnhof einer Großstadt anzusehen. Die didaktische Aufmerksamkeit richtet sich zudem auf die Strukturen des Alltags, um diese an die Lernsituationen der Schule heranzuführen und mit Schule zu verbinden. Ein schlichtes Beispiel dafür ist die Kalenderfunktion des Handys, mit der Schüler sich Schultermine notieren. Anspruchsvoll wird es, wenn man die Struktur der Videofunktion des Handys im Zusammenhang mit einer Internet-Medienplattform sieht und sich in der Schule den dafür typischen Partizipationsformen annähert.

Zweite Frage: Welche Struktur von Lernen empfiehlt sich, in der Schule mit dem Ziel zu entwickeln, die Verbindung von Handyalltag und schultypischem Lernen auszubauen?

Der Schwerpunkt dieser Frage richtet sich auf Chancen der Schule, formelles und informelles Lernen mit der Handynutzung zu verbinden. Ausgangspunkt sind Handyfunktionen in schultypischen Lernsituationen, zum Beispiel das Handy als einfache Rechenmaschine zu nutzen. Das Schema von Patten et al. (2006; S. 296) fasst solche Bemühungen zusammen und skizziert folgende Funktionen:

- Verwalten („*administrative*"): z.B. Kalender oder Organiser auf den Handy.
- Zugang zu Archiven und Textverwaltung („*referential*"): Dokumente archivieren, Informationsmanagement wie bisher bei Papiertexten z.B. beim Lesen Anmerkungen zu notieren und zu verschicken.
- Aufgaben mit Feedback-Charakter („*interactive*"): z.B. einfache Aufgaben vom Typ „drill and test" mit Multiple-Choice-Fragen im Stil eines Quiz bekommen, bearbeiten und verschicken; eigene einfache Animationen erstellen.
- Aufgaben in kleinen dynamischen Modellen („microworld"): Hier geht es um Wissenskonstruktion in Spielmodellen wie sie von Lernspielen wie Billardspielen bekannt sind, um geometrische Begriffe wie Winkel zu erproben.
- Informationen, Bilder, Geräusche speichern und zur Problemlösung verwenden („data collection"),
- Sich in außerschulischen Räumen mit Sachverhalten vertraut machen („location awareness"): z.B. im Museum spezielle Bilder suchen, fotografieren and analysieren. Es geht um eine Interaktion mit einer konkreten Umgebung.
- Kooperatives Lernen („collaborative"): Wissensaustausch in Schülergruppen was vom „interactive Whiteboard" (eine elektronische Wandtafel) bis zur Internetlernplattform reicht.

Um diese Handyfunktionen in Schule und Unterricht einzubinden halten Patten et al. (2006; S. 294) es für angemessen, sich der Prinzipien des kooperativen, konstruktivistischen und situierten Lernens („collaborative, constructionist, contextual") zu bedienen. Mit den Stichworten: „collaborative, constructionist, contextual" greifen Patten et al. wie die Mehrzahl der Pädagogen, die Lernfunktionen des Handys erschließen wollen, die innovativen Modelle der aktuellen Didaktik auf.

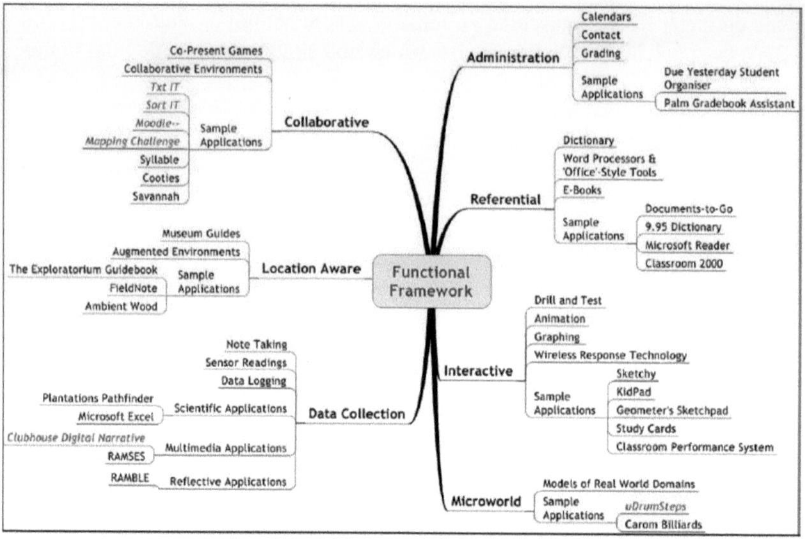

Fig. Functional framework.

Auf dem Weg zum M-Learning in der Schule
Mir scheint es hilfreich, im Sinne solch eines Funktionsschemas und mit Blick auf die aktuelle didaktische Diskussion des situierten, kooperativen (partizipativen) Lernens als Konstruktion subjektiv bedeutsamen Wissens auf die Beziehung von Alltag und Lernen in der Schule zu konzentrieren, dabei nach Verbindungschancen dieser Kultursituationen mit Hilfe des Handys zu suchen. Das heißt, die Kulturpraxis der Kinder und Jugendlichen mit dem Handy und die Kulturpraxis des Lernens in der Schule stehen mit ihren jeweiligen Strukturen und Kompetenzen im Zentrum der didaktischen Aufmerksamkeit. Die oben formulierten kulturökologischen Leitlinien legen nahe, die Gemeinsamkeit von Lernen und Mediennutzung als Formen des kulturell situierten Handelns zu nutzen. Dabei stehen, wie gesagt, die Strukturen von Schule und die dort angestrebten Kompetenzen mit den Strukturen und Kompetenzen der vertrauten, der neuen und der zu erwartenden Funktionen von Handy und mobilen Endgeräten im Widerspruch, weshalb Schule zur Zeit Handyverbote erlassen hat. Das Handy ist jedoch der entscheidende Motor der Veränderung der Massenkommunikation: Weg vom Sender hin zu Archiven, weg vom Push- und hin zum Pull-System, weg von redaktionell erstellten Inhalten hin zu Nutzer generierten Inhalten. Schule könnte das Handy deshalb nur mit zunehmendem Verlust an Alltagsnähe

aus der institutionalisierten Bildung heraushalten, ein Gedanke, dem die erheblich Zahl an schulfernen Kindern und Jugendlichen entgegensteht. Die didaktische Aufgabe besteht darin, die Handystrukturen und die in diesen Strukturen erworbenen Kompetenzen mit den bekannten oder neuen Lernstrukturen der Schule und den darin erworbenen Kompetenzen zu verbinden.

Die Zahl der Möglichkeiten dafür ist recht groß. So kann Unterricht näher an den Handystrukturen oder an den Schulstrukturen ansetzen, beispielsweise handynah bei Klingeltönen und ihrer Literalität oder schulnah bei einem Leselehrgang, der SMS einbezieht. Solch eine Verbindung kann sich auf einfache, banale oder komplexe Lernformen des Alltags oder auf die einfachen und tradierten bzw. auf komplexe konstruktivistische Lernformen der Schule stützen und dabei informelles Lernen mit formellem Lernen verknüpfen. Immer ist die situierte Bedeutungskonstitution die Basis von Mediennutzung und Lernen. Die Unterschiede ergeben sich daraus, in welchem Verhältnis die Kulturpraxis der Alltagshandynutzung und die dabei entwickelte Handlungskompetenz zum schulischen Lernen steht. Dabei spielt eine wesentliche Rolle, wer welches Verständnis von Lernen hat. Wer hat Definitionsmacht über das, was als Lernen angesehen wird? Der Kampf um die Definitionsmacht zwischen soziokulturellen Lebensformen und der Schulkultur des Lernens macht sicherlich einen Teil der aktuellen Konflikte zwischen männlichen Migranten und Schule aus.

Handy und schulisches Lernen sind in komplexe Strukturen von Massenkommunikation, Alltag und Bildungstradition eingebunden, die sich nicht einfach aufeinander abbilden lassen. Vorab erste Ideen für eine einfache Nutzung des Handys in der Schule. Dabei habe ich die Kinder der Grundschule im oben angeführten Unterrichtsprojekt der *Medientauschbörse* im Blick. Es sind Kinder, die lernen wollen und die bei dem, was eine Lehrerin anbietet, erst einmal positiv mitmachen.

(a) Archive und deren Angebote als mobile Arbeitsmittel

Für diese Kinder wäre es nützlich, wenn sie durch die neuen Internet-Archive des Fernsehens und Hörfunk streifen, um Podcasts für ihre Unterrichtsthemen zu finden, beispielsweise ein WDR-Videopodcast: *Die Sendung mit der Maus* vom 07.01.2007 „Warum wäscht Seife“. Für die Größeren in der 5. Klasse wäre ebenfalls aus der *Sendung mit der Maus* vom 13.08.2006, „Flussbreite messen“ anregend. Die erste Sendung ist etwas länger als 6 Minuten, die zweite umfasst nur zweieinhalb Minuten. Die Kinder tragen diese Podcasts zusammen, sie sind leicht auf der WDR-Website zu finden, und speichern sie entweder auf einer PC-Festplatte, wozu sich *iTunes*, der *Windows Media Player* oder andere, den Kindern bekannte Software eignet. Sie können sie auch in einem Blog der Klasse speichern oder sie überspielen sie sich gegenseitig auf ihre jeweiligen MP3-

Player. Für die wenigen Kinder, die kein Handy mit MP3-Funktion und auch keinen MP3-Player haben, gibt es Nachbarschaftslösungen, denn die Schüler sollen sich als Hausaufgabe diese für die *Sendung mit der Maus* typischen kurzen Lehrfilme zu Hause oder in einer Ganztagsschule im Eigenarbeitsbereich anschauen. Ziel ist, schon in der Grundschule Kinder mit den neuen Archiven und mit den zugehörigen Suchmaschinen vertraut zu machen. Vertraut machen heißt, Kindern Raum zu bieten, in dem sie eigene Kompetenzen innerhalb dieser neuen Wissensstrukturen zu entwickeln. Was als Archiv gilt, *blinde-kuh.de*, *flickr.com* für Fotos, e-hausaufgaben.de oder auch schon *Wikipedia*, bestimmt erst einmal die Kulturpraxis der Kinder. Die Logistik des Zugangs zum Internet steht sehr bald für alle Handys bereit. Bis dahin nutzen die Kinder den Schulinternetzugang, speichern auf der PC-Festplatte und holen sich die relevanten Infos auf den jeweiligen Speicher des Handys, ihres MP3-Players oder das eines Arbeitspartners.

(b) Fotos als Arbeitsmittel und Objektivation persönlicher Themen

Die Fotofunktion des Handys lässt zu, Fotos von Tafelanschriften, Teile von Hausaufgaben anderer Kinder, Ausschnitte aus Lehrbüchern usw. wie mit einem Notizblock schnell zu notieren. Unter den Optionen der Fotofunktion eines Handys findet sich die Möglichkeit, solche Fotonotizen in unterschiedliche Ordner wie *Hausaufgaben*, *nicht vergessen*, *englische Wörter*, *Mathe* zu verschieben und, falls diese Fotonotizzettel Bestand haben, auf die persönliche Festplatte per Kabelverbindung, USB-Stick oder *Bluetooth* zu übertragen. Die Handyfotos eignen sich zudem als Bausteine eines Tagebuchs, was in der Schule einem Lernportfolio entspricht. Im Morgenkreis, das ist in der Grundschule eine Gesprächsituation, in der die Kinder ihre Themen aus dem Alltag in die Schule hineintragen dürfen, lässt sich ein persönlich wichtiges Foto auf dem Handydisplay herzeigen und sprachlich einordnen.

(c) Das Handy und die damit verbundenen Medien als Arbeitsmittel im Unterricht

Die Beispiele weiter unten aus einer indischen und einer Schweizer Schule zeigen, wie kreativ Lehrer und Schüler Handys schon als Arbeitsmittel nutzten. Es sind üblicherweise die Schüler, die voll in die Schule und ihre Lernweisen integriert sind. Das Handy als mobiles Arbeitsmittel zu nutzen, braucht, insbesondere für schulferne Schüler, viel Vorbereitung. Der leitende Gedanke ist, die Kompetenzen schulferner Jugendliche an die Schule *anzudocken*. Eine Möglichkeit liefern Medienplattformen wie *flickr.com*, *YouTube.com* und die Motivation, sie auf Fotos und Videos aus der eigenen Schulklasse hin durchzusehen, beispielsweise mit dem Suchbegriff der Stadt, in der die Schule liegt. Ein Ausdruck solch einer Webpage kommt an die Pinnwand in der Klasse mit der Erwartung, dass sich eine Folgekommunikation in der Schulklasse entwickelt. Solch ein Ausdruck auf einer Pinnwand macht zudem auf einfache Weise und nebenbei nachvollziehbar, in welche Medienstruktur ein Handybeitrag eingebunden ist, beispielsweise in die Struktur eines doppelten Medienzugangs mit dem Internet, zu dem auch der PC gehört. Ein Ausdruck an der Pinnwand zeigt ebenso die zum Teil bizarre Folgekommunikation zu Handyvideos auf eine Medienplattform. Zu den Medienstrukturen gehört neben der für Medienplattformen typischen Folgekommunikation auch die Spannung von globaler Sprache, Unterhaltung und Regionalkultur (wobei das Handy üblicherweise für die Regionalkultur steht). Solche, von Schülerinnen an die Pinnwand gehefteten Website-Ausdrucke liefern wiederum Anlässe für eine Folgekommunikation in der Klasse, die Lehrerinnen in den Unterricht als Anknüpfungspunkte für Schullernen hereinnehmen können.

Im Fall eines so kompetenten Website-Experten wie Cyrill kommen anderer Anknüpfungspunkte ins Spiel. So liefert z.B. möglicherweise die Musik eines Videos Anknüpfungspunkte. Passt Techno-Musik? Vielleicht lassen sich schulferne Schüler auf eine Diskussion ein. Zum Mathematikunterricht findet sich eine Fülle von Handyvideos z.B. auf *YouTube*, die eine Menge an Anregungen geben, wie sich Schülerinnen und Schüler eine neue Lernpraxis mit dem Handy vorstellen, vor allem als Hilfsmittel für die Hausaufgaben (vgl. http://de.youtube.com/group/MathTutor).

Ein kulturökologischer Blick auf Lernen, schulferne Jugendliche und das Problem der Instrumentalisierung

Um zu praktisch nutzbaren Unterrichtsvorhaben zu kommen, die den kulturökologischen Leitlinien folgen, empfiehlt es sich, drei Themenbereich zu diskutieren, die sowohl die Veränderung des Lernens als auch die von der Schule nur noch schwer zu erreichenden Schüler berücksichtigen. Es kommt ein dritter Themenbereich hinzu, der die Instrumentalisierung des Alltagslebens der Schülerinnen und Schüler zu Zwecken der Leistungsförderung zum Gegenstand hat.

Erster Themenbereich: Lernen

Hier geht es um eine, ich will es vorsichtig im Sinne einer Kulturökologie formulieren, Akkommodation der Schule an neue Strukturschwerpunkte der Gesellschaft; das sind Fragmentierung und Personalisierung.

a. Mit Blick auf die Kinder gibt es ein Kontinuum von schulischen Lernformen (formelles Lernen) und in Alltag und Unterhaltung integrierte Lernformen (informelles Lernen), die jeweils sowohl einfach wie komplex aufgebaut sein können. So finden sich außerhalb der Schule Lernspiele, die auf einfachen Reiz-Reaktionsbeziehungen (*Singstar* für die *PlayStation 2*) oder einfachen Zuordnungen vom Typ Multiple-Choice aufbauen. Es gibt auch Lernspiele mit komplexen Strukturen und Lernformen. Komplex sind Strukturen und Lernformen, wenn Kinder Klingeltöne auf das Handy laden und dabei nicht in die Schuldenfalle geraten wollen. Dazu müssen Kinder situativ multimodale Texte lesen bzw. die entsprechende Kompetenz beherrschen, um die entsprechenden Download-Bedingungen zu verstehen.

b. Um Kinder zu unterstützen, braucht es Unterrichtsmuster, die die Alltagskompetenzen der Kinder, das sind u.a. Alltagsmedienkompetenz und Alltagsliteralität, in den Unterricht hereinholen. So ist das für das Telefonieren wesentliche Plaudern sehr nah an assoziativen Formen, um bei Sachverhalten Strukturen zu entdecken und sie zu verbalisieren. Ebenso sind Muster des Alltags in der Schule zu berücksichtigen, innerhalb derer die Handynutzung funktioniert, z.B. Zeitstrukturen der Mediennutzung.

c. In der anglophonen Didaktik gibt es eine Reihe von Vorschlägen, Unterricht zu reformieren, die sich mit typischen Funktionen des Handys verbinden lassen. Das sind Konzepte zum partizipativen Lernen, weil die Ursprungsfunktion des Handys, das Telefonieren, auf Teilhabe ausgerichtet ist. Neue Funktionen wie Foto und Video brauchen das Sammeln und Archivieren auf persönlichen Speichermedien wie PC-Festplatten oder auf Medienplattformen wie *Flickr* oder *YouTube*. Hier gibt es viele Gemeinsamkeiten zu Archiven wie *Wikipedia* oder Suchmaschinen wie *Google* oder *Blindekuh*. Im Schulkontext waren bislang Archive für statisches und eng definiertes Wissen vom Typ Enzyklopädie vorherrschend. So gesehen sind Lernkonzepte zum Aufbau des Wissens („Knowledge Building“) und nicht nur zur Nutzung vorhandenen Wissens relevant. Hausaufgabenarchive auf Medienplattformen (http://de.you tube.com/group/MathTutor) sind dafür anregende Beispiele.

Zweiter Themenbereich: Schulferne Jugendliche

Will Schule die Gruppe von Jugendlichen integrieren, die bei den Schulleistungstests nicht die für eine entwickelte Industriegesellschaft notwendigen Kompetenzen in der Muttersprache, in Mathematik oder Naturwissenschaften erwerben, dann kommt man nicht umhin, deren Kompetenzen substanziell mit schulischem Lernen zusammen zu spannen und dabei auch die massenmedialen Strukturen in der Schule zu nutzen.

a. Die mit Handyfunktionen angelegten Strukturmuster der Medien gilt es mit Schule zu verknüpfen. Beispiel ist die Verbindung von Handyvideo und Videoplattformen im Internet, so im Fall von Cyrill. Schulrelevante Alltagsmuster wie die des informellen Lernens gilt es schulfähig zu machen, indem Schule den Unterricht nicht nur für solche Muster öffnet, sondern sie als Erfolgswege in den Unterricht einführt. Besonders deutlich sind die Chancen beim Expertenmuster, das in einer fragmentierten Gesellschaft allgegenwärtig ist und das in Fernsehsendungen wie *Wetten, dass ...* für höchste Einschaltquoten sorgt.

b. Die soziokulturellen Muster Jugendlicher haben unterschiedliche Nähe und Distanz zur Schule. Es gilt auszuloten, wie die alltagsästhetisch angelegten Muster der Lifestyle-Milieus in den Dimensionen Soziale Lage und Wertorientierung/Modernitätsbezug mit der Schule korrelieren. Dass gerade die Jungen aus bildungsfernen Milieus der traditionellen Unterschicht und aus nicht-deutschen Kulturen aus der Schulbildung herausfallen, hat auch mit Widersprüchen solcher Muster mit der Schule zu tun. Da es eine sehr ähnliche Zahl schulferner Jugendliche in vielen Industriegesellschaften gibt, haben diese Defizite auch mit Kulturmustern der alltäglichen Lebensgestaltung und den Lehr- bzw. Lernmustern der tradierten Schule zu tun. Hier ist die Frage angebracht, welche Muster des Medienalltags, mit schulischen Lernmustern korrelieren und wie sich hier so etwas wie Synergieeffekte herstellen lassen. Das Expertenmuster des Alltags ist sicherlich dafür besonders geeignet, weil jeder und jede in seiner spezifischen Lebenswelt solch ein Muster entwickelt hat. Die Schule müsste Expertenkompetenzen entdecken und mit alten wie neuen Lernmustern verknüpfen. Das Handy ist dazu ein praktischer Weg, Kulturpraktiken mit dem Blick auf Lernen zu verbinden.

Dritter Themenbereich: Instrumentalisierung

Es gibt die Aufgabe, der Gefahr der Instrumentalisierung der Alltagskultur von Kindern bzw. Jugend und der in ihr entwickelten Kompetenzen entgegenzutreten. Dazu die Stichworte: Leistungskindheit und mobiles Lernen. Handys in die Schule zu integrieren, soll zum einen die Abtrennung des Kinderlebens in die Sektoren Schullernen, Alltagslernen, Unterhaltung und Freizeit überbrücken helfen. Wichtig ist dabei, Handys in Schule und Unterricht so zu integrieren, dass für Kinder eine Entlastung deutlich wird. Es ist besser mit Zetteln an einer Pinnwand zu arbeiten, als mit Notizen in einem Internet-Blog, wenn der Internet-Blog nur Stress für Kinder bringt, sich die entsprechende Software anzueignen. Eine Chance besteht für schulferne Jugendliche und für die Kinder bzw. Jugendlichen, die mit den schulischen Lernformen wenig Erfolg haben, sich mit dem Alltagsinstrument Handy an Schule und ihre Lerninhalte anzunähern.

Zum anderen gilt es die Frage zu erörtern, ob sich der Instrumentalisierung der Welt als Unterhaltungsobjekt, die das Handy noch einen Schritt weiter führt, didaktische Argumente gegenhalten lassen. Was kann Bildung der Verfügbarkeit der Welt sowie die Verfügbarkeit der Menschen in und mit den neuen konvergenten Mediensystemen, in deren steuernden Mittelpunkt das Handy gerade rückt, entgegenstellen? Reflexivität, die auch Formen und Instrumente etablierter Kultur nutzt, ist dazu die sehr allgemein gehaltene Antwort. Kindern Situationen anzubieten, in denen sie ihre Reflexionsformen weiterentwickeln, ist eine der Aufgaben der Schule, zu der sich ihr Erfahrungsschatz in Unterrichtsmethoden gut nutzen lässt.

3.4.2 Schwerpunkte der britischen Entwicklung des M-Learning

Seit etwa 2005 gibt es in Großbritannien eine pädagogisch didaktische Diskussion zum Mobilen Lernen/m-learning, die sich um futurelab (http://www.future-lab.org.uk/resources/publications_reports_articles/literature_reviews/Literature_Review203) und kaleidoscope (http://mlearning.noe-kaleidoscope.org/pro-jects/) konzentriert. Zu Beginn stand die Frage an, was denn mobiles Lernen ausmacht (Sharples 2007). Die Fragen einer Handy-Didaktik kreiste um vier Schwerpunkte (S. 4 f.): Technik, Verhältnis zum E-Learning, Verbesserung des Schulunterrichts („augmenting formal education) und Schülerzentrierung. Es standen die Chancen im Vordergrund, Lernszenarien mit Schülerzentrierung voranzubringen. Insbesondere ging es darum, den partizipativen Wissenserwerb (knowledge building) in verschiedenen Kontexten, also auch außerhalb der Schule zu ermöglichen und dabei die Lernszenarien außerhalb des vom Lehrer gelenkten Unterrichts so anzulegen, dass die Schülerinnen und Schüler nicht Wissen erwerben, ohne die Zusammenhänge aktiv zu verstehen. Dabei ist die Eigenschaft mobiler Geräte wie Handhelds, überall und immerwährend nutzbar zu sein, nicht entscheidend. Mindestens genauso wichtig sind die Möglichkeiten, neue Handlungsmuster für Lernen zu realisieren. Dabei sollten die Chancen mobiler Kommunikationsinstrumente ausgelotet werden, um neue Beziehungen zwischen Schülern, Lehrern und den Eltern zuhause zu fördern. Im Vordergrund steht, die Kapazität der Handytechnologie zu nutzen, um die Alltagskultur zu Hause und die Schulkultur mit ihren jeweils typischen Handlungsmustern zu verbinden („cross-cultural activities“, S. 5). Kritisch wurde die immerwährende Verfügbarkeit („ubiquitous technology“, S. 5) diskutiert, die mit der Mobiltechnologie auch in das schulische Lernen Eingang findet. Bei den Lernszenarien stand der Gang ins Museum Pate. Schülerinnen wandern von Gemälde zu Gemälde und nehmen mit der Tonbandfunktion ihres Handys ihre Überlegungen zu den zuvor entwickelten Analyseaufgaben auf. Sie machen sich also keine Notizen mehr, sondern entwickelten und formulierten ihre Ideen mündlich und assoziativ. Schülerinnen und Schüler nehmen auf ihren Rundgang die heute in Museen üblichen MP3-Player Informationen zu den Bildern und ihren Malern mit, bekommen zudem Analyseaufgaben. Die Ergebnisse jeder Schülerin bzw. Schülers kommen dann auf die Schulwebsite, was im berichteten Fall technisch nicht funktionierte (Faux et al 2006; S. 18 und 19).

Der Gedanke, unterschiedliche Kulturen, das sind die von Schule und Museum, miteinander zu verbinden, funktioniert mit dem Handy, jedoch auch ohne das Handy. Das Handy ist hier letztlich nur eine motivierende Bereicherung eines traditionellen Unterrichts, bei dem Kinder mit Papier und Bleistift, mit einem Katalog und mit den in der Schule erarbeiteten Analyseaufgaben durchs Museum gehen. Ob Kinder ihre Ideen erst miteinander vor einem Bild besprechen und dann Notizen machen oder ob sie laut denken und das per Handytonaufnahme aufzeichnen, dürfte nur unter dem Gesichtspunkt neuer und nicht typisch schulischer Aktivitäten relevant sein, also um Schüler, die *Null Bock* auf Museum haben, an ein Museum heranzuführen. Die Verbindung oder gar Durchdringung kultureller Praktiken, hier das Kunstarchiv, dort der Unterricht, dürfte in der Regel vermutlich nur eine marginale Angelegenheit bleiben. Der Effekt, Unterricht aus den üblichen Routinen herauszunehmen, dürfte für die Start- und Erprobungsphase zum M-Learning leitend gewesen sein. Deswegen gibt *Report 11* des *futurelab* von 2004 auch einen Überblick über die für die Didaktik relevanten altbekannte und innovativen Lehr- und Lernmodelle, denen dann Praxisbeispiele zugeordnet werden. Hier der Überblick (Naismith et al. 2004; S. 18):

> *Behaviourist:* activities that promote learning as a change in observable actions; drill and feedback, classroom response systems.
> *Constructivist:* activities in which learners actively construct new ideas or concepts based on both their previous and current knowledge; participatory simulations.
> *Situated*: activities that promote learning within an authentic context and culture; problem and case-based learning, context awareness.
> *Collaborative:* activities that promote learning through social interaction; mobile computer-supported collaborative learning.
> *Informal and lifelong:* activities that support learning outside a dedicated learning environment and formal curriculum; supporting intentional and accidental learning episodes.
> *Learning and teaching support:* activities that assist in the coordination of learners and resources for learning activities; personal organisation, support for administrative duties (e.g. attendance).

Das folgende Beispiel zum konstruktivistischen Lernen legt schon nahe, ein Rollenspiel mit den Informationen auf einem *PDA* (*Personal Digital Assistant*) in den Unterricht hereinzunehmen. (PDAs, sind miniaturisierte Computer, die mit einem reduzierten Betriebssystem arbeiten.) Die Kinder sollten das Leben von Löwen in Wildnis ausprobieren, wozu sie Bilder und Geräusche der afrikanischen Savanne auf ihr Display bzw. Kopfhörer bekamen, zudem Anweisungen wie: Du bist hungrig. Es wird zu heiß. Lauf zurück zu deiner Höhle. Die Kinder, so ein Ergebnis, ließen sich mehr als nur bereitwillig auf solch ein Simulationsspiel ein. So übernahmen sie die Steuerung ihrer Aktivitäten selber. Sie erprobten auch verschiedene Rollen.

Situiertes Lernen reduziert sich in dieser Diskussion auf eine eher vordergründige Variante, Lernsituationen mit Motivationscharakter zu schaffen. Situiertes Lernen meint jedoch mehr, nämlich weg vom Transport fertigen Wissens und hin zur Konstruktion von Wissen und seiner Bedeutung. Das Beispiel aus einem Biologieunterricht mit Handy in Taiwan zeigt wie das in einfacher Form möglich ist. In diesem Unterricht ging es um Schmetterlinge. Die Schülerinnen und Schüler gingen in eine Schmetterlingsfarm, fotografierten dort mit der Fotofunktion des PDA Schmetterlinge und verglichen dann die Bilder mit einer Bilddatenbank im PDA (Naismith et al. 2004; S. 26).

Liest man sich durch die veröffentlichten Beispiele, dann scheinen auch beim M-Learning die bekannten und vertrauten Unterrichtsmuster zu dominieren. So bekamen z.B. in Chile Schüler tragbare Minicomputer mit dem Ziel, im Physikunterricht die Zusammenarbeit zwischen den Schülern zu intensivieren. Dem Lehrer blieb jedoch vorbehalten zu bestimmen, wann eine Aufgabe zufriedenstellend in einer Studiengruppe erledigt war. Dazu bekam der Lehrer auch Informationen von den Minicomputern der Schüler, um die Lernergebnisse zu analysieren. Den Schüler scheinen die Lerngruppe innerhalb eines vom Lehrer organisierten und kontrollierten Unterrichts sehr gut gefallen zu haben (Naismith et al. 2004; S. 28).

Das Rollenspiel mit den Löwen macht Kindern sicher Spaß, weil die mobilen Geräte Bewegung, ein wesentliches Funktionselement eines Handys, nahe legen. Zudem ist das Phantasiespiel als Löwe recht nah an der Spielfunktion von Handys und damit nah an Handlungsmustern des Alltags. Es ist also nicht nur der Neuigkeitswert des Handys, der eine extrinsische Lernmotivation der Kinder anstößt. Der Lehrer hätte ebenso ein vergleichbares Phantasie- und Lernspiel aus dem Alltag auch ohne Technik anregen können. Das Handy bringt dennoch einen didaktischen Mehrwert in den Unterricht, weil es Handlungskompetenzen aus dem Alltag in der Schule sinnvoll macht. Das sind Kompetenzen, die Lernen unterstützen. Das Beispiel mit dem Handy als Bildarchiv, das zur Kategorisierung von Schmetterlingen einer Schmetterlingsfarm dient, bedient sich solcher handytypischer Möglichkeiten, auch wenn es bessere Möglichkeiten gibt, um mehr von Schmetterlingen zu erfahren, als sie nur einem Kategoriensystem zuzuordnen. Die Möglichkeiten, komplex mit Wissen umzugehen, mehr zu tun, als nur Phänomene in Wissensordnungen einzufügen, bleiben in diesen Unterrichtsbeispielen auch mit dem Handy verschlossen. Der vom Lehrer straff gelenkte Physikunterricht mit dem Handy wäre auch mit Schulbuch und Elementen von

Gruppenarbeit gelungen. Das ungewohnte Arbeitsmittel Handy bringt jedoch Abwechslung in die Schulroutine, die Schülerinnen und Schülern Spaß macht, was sicher alles andere als falsch ist.

Der Stand der theoretischen Diskussion hat sich mittlerweile weiter entwickelt und stellt, so die Zusammenfassung von Sharples, Taylor und Vavoula (2007), die Beziehung von Kontext und Lernen (S. 230) in den Vordergrund. Mobilität allein ist kein Kriterium, um *Mobiles Lernen* als Methode in die Schule hereinzuholen. Lernen hatte immer schon mobile Anteile, z.B. an verschiedenen Orten zu lernen wie beim Stationen Lernen. Für das Handy im Unterricht braucht es deshalb eine eigenständige didaktische Begründung. Ein Argument, das nach Sharples et al. (2007) zählt, ist jedoch die Vielzahl der Lernorte, vom Arbeitsplatz bis zur Freizeit, in denen Menschen lernen. Diese Lernerfahrungen sollte Schule berücksichtigen:

> A „central concern must be to understand how people artfully engage with their surroundings to create impromptu sites of learning“ (S. 223).

Ein weiterer Grund, der für technologisch unterstützte Formen mobilen Lernens spricht, ergibt sich aus der didaktischen Aufgabe, die Lernformen in der Schule modernisieren. Nach Sharples, Taylor, Vavoula (2007; S. 223) sollen dafür sozial-konstruktivistische Ansätze („social-constructivist approach“) leitend sein, in deren Zentrum die Lernenden und ihr Wissenserwerb stehen, ein Wissenserwerb, der diagnostizierbar, entwickelnd und auf Gemeinsamkeit ausgerichtet („community-centred“, S. 223) ist. Zudem ist eine Konvergenz des Lernens mit den Kommunikations- und Informationstechnologien des Alltagslebens sinnvoll. Dazu braucht es einen theoretischen Rahmen, den Sharples, Taylor, Vavoula (2007; S. 225 ff) als *Conversation* bestimmen, also kommunikative Auseinandersetzung mit sich und der Umwelt. Lernende entwickeln Vorstellungen von sich, von der sozialen und gegenständlichen Umwelt sowie von den Repräsentationsformen der Umwelt:

> „Learning is a continual conversation with the external world and its artefacts, with oneself, and also with other learners and teachers“ (S. 227).

Auch wenn der britischen Didaktik der deutsche Bildungsbegriff fremd ist, das systematische Muster entspricht dem von Bildung als Aneignung der kulturellen Welt. Didaktische Situationen der Aneignung sind vor allem Diskurse, in die Handys oder andere mobile Endgeräte integriert sein können. Die didaktische Erfahrung mit mobilen PCs oder MP3-Playern ist jedoch noch recht beschränkt und reduziert sich auf eher vordergründige Aspekte eines diskursiven, situativen Unterrichts. Das Diskursmodell des Lernens als „continual conversation” bietet nicht nur die Option, Lernsituationen als Situationen der Bedeutungskonstitution zu gestalten, sondern auch kulturell auseinander fallende, disparate Situationen miteinander in der Schule zu verknüpfen. Hier denke ich an informelles Lernen in der Kulturpraxis von Kindern oder Jugendlichen mit dem Konvergenzmedium Handy als konstitutiver Bestandteil des Lernens in der Schule.

3.4.3 Informelles Lernen in das Interpretationsgefüge des Unterrichts einfügen

Sharples et. al. (2007; S. 225 ff.) schlagen also ein Diskurskonzept des Unterrichts als Grundlage einer Didaktik des Handys vor. Dabei bezogen sie sich auf das *Conversational Framework* von Diana Laurillard (2002). In diesem Sinne ist Unterricht eine Deutung und Umdeutung dessen, was im Unterricht passiert und bei dem Lehrer wie Mitschüler ein Interpretationsgefüge im Rahmen der Schule bilden. Dies entspricht der bisher skizzierten Vorstellung von Bildung und Kulturpraktiken als situativer Rahmen der Bedeutungskonstitution. Beim Lernen wie bei jeder anderen Form der Bedeutungskonstitution stehen Kinder in einem reflexiven Verhältnis zu ihrer sozialen, kulturellen und dinglichen Umwelt sowie zu ihrer emotionalen und kognitiven Innenwelt. Hierfür bilden die mediengeprägten Umgebungen des Alltags mit den dafür typischen Formen informellen Lernens und die Schulsituation mit ihren Lernformen den bzw. die kulturellen Rahmen. Bei Diana Laurillard (2002), die ein im englischen Sprachraum breit akzeptiertes diskursives *Conversational Framework* für die Untersuchung des Schüler- und Lehrerhandelns mit Unterrichtstechnologie vorgelegt hat, stehen die Interpretationsprozesse, die Lernen seinem Wesen nach ausmachen, im Vordergrund. Sie bilden ein Gefüge von Interaktionen, in denen Lernen abläuft. Der Terminus *Conversational* betont die wechselseitigen kommunikativen und interaktiven Beziehungen in Lernsituationen, jedoch nicht die kulturellen Objekte und die kulturspezifischen Situationen. In einer Diskussion, die nach der Beziehung von vorgegeben Strukturen, wie denen des Alltags und denen der Schule, und der Handlungskompetenz der Kinder außerhalb und innerhalb der Schule sucht, setzt Diane Laurillard den Schwerpunkt ihrer Untersuchung bei den Handlungskompetenzen, und zwar als interpretierende Reaktion auf das, was eine Lehrerin als Pläne, Ziele und Lernsituationen vorgibt, sowie auf das, was eine Schülerin als Reaktion auf die Vorgaben der Lehrerin an Ideen und Aktionen entwickelt, worauf die Lehrerin mit Ideen und Veränderungen der Lernsituationen reagiert. In wechselseitigen und interpretierenden Reaktionen entwerfen Lehrerin und Schülerin eine dynamische Lernsituation, die zur Strukturvorgabe für Lernen als Herstellung von Bedeutungen wird. In diesem kontinuierlichen Deutungs- und Kommunikationsprozess reagieren Schüler und Lehrer auf die

Vorgaben der Beteiligten an der Lernsituation und verändern damit die Lernsituation. Die Schule gibt dafür jedoch den Bezugrahmen vor. Hier die Beziehungssituation (conversation), die einen gezielten Lehr- Lernprozess ausmacht (Laurillard 2002; S. 87):

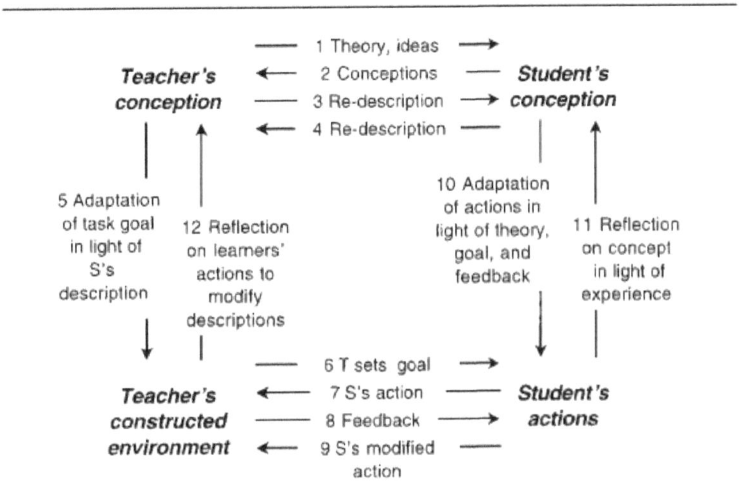

Figure 1 The Conversational Framework identifying the activities necessary to complete the learning process.

Ob Kinder nah oder fern der Schule lernen, sie lernen im kulturellen Bezugsrahmen und in den Interpretationsstrukturen der Schule, so die Annahme des *Conversational Framework*. Wie verändert sich dieser Bezugsrahmen, wenn das Handy in die Schule kommt? Dazu das Beispiel einer indischen Schule in Indiranagar, Bangalore, die ihre Erfahrungen auf einer Website präsentiert: http://www.hhc.rca.ac.uk/archive/hhrc/programmes/include/2005/proceedings/pdf/soodadityadev.pdf; http://www.cks.in/html/cks_pdfs/learninglab_ppt.pdf.

Handys im Unterricht sollten die Motivation von Lehrern anstoßen, die 13 bis 15 Jahre alten Schülerinnen und Schülern an schülerzentrierte Formen des eigenständigen Lernens heran zu führen (Center for Knowledge Societies 2008a). Das knappe Projektpapier formuliert die Absicht, die Unterrichtsmöglichkeiten zu erweitern, weg zu kommen von einem lehrergeleiteten Lernen mit Textbüchern und Auswendiglernen und hin zu Lernszenarios, in denen Lehrer und Schüler kooperieren. Zudem sollte die Umwelt der Schule mit ins Lernen einbezogen werden. Die Mädchen und Jungen hatte Handys mit GPS- und Foto-Funktion. Gruppen zu drei Schülern sollten außerhalb des Schulzimmers Probleme entdecken und fotografieren, die sich mit mathematischen oder naturwissenschaftlichen Methoden erklären ließen. Auf der Website sieht man eine Gruppe von drei Mädchen, eines mit einer Blüte in der Hand, ein zweites fotografiert konzentriert diese Blüte (Bild 1). Die unten stehenden Fotos (Center for Knowledge Societies 2008b, S. 27) legen nahe, dass sich die Kinder genau umsehen bzw. umgesehen haben und jetzt mit Erklärungsbedarf in den Geometrieunterricht gehen (Bild 2). Der Bericht zeigt leider nicht, wie dieser Unterricht angelegt war, ebenso nicht, in welchem Sachzusammenhang die fotografierte Blüte steht.

Figure 4: Students using image capture for a science assignment

Bild 1

Examples of different shapes & angles from the first assignment.

Bild 2

Bei einer weiteren Aufgabe sollten die Schülerinnen bzw. Schüler ihre Umgebung erkunden, ihren Schulweg zu einem gezeichneten Bild verdichten (Bild 3), mit der GPS-Funktion den Schulweg auf einer Landkarte eintragen und um diese Landkarte herum als Rahmen einen Fotofries anbringen, auf dem die wichtigen Stadien des Schulweges zu sehen sind (Bild 4). Das sind vor allem die Straßen, einige Ausblicke in eine Landschaft, Mama und Papa zu Hause (Bild 5) sowie der Blick ins eigene Zimmer mit Fernsehapparat. Die Schüler bekamen einen Einführungskurs in die GPS-Funktion des Handys, arbeiteten sonst selbständig in Gruppen. Der Einführungskurs konzentrierte sich auf die Möglichkeiten, GPS-Daten in eine digitale Landkarte der Stadt zu integrieren. Es ist ein anspruchsvolles Programm: Digitale Landkarten im PC mit Handydaten verbinden, die eigene Lebenswelt erkunden und in unterschiedliche Repräsentationsformen – mit der Hand gezeichnete Karte (Bild 3), ausgedruckte Landkarte, Fotos persönlich bedeutsamer Orte und Personen (Bild 4 und 5) – zu bringen. Es ist eine Herausforderung an die Eigenständigkeit der Schülergruppen, in einer ungewohnten Herangehensweise sich selber die Lernwege zu suchen und in Gruppen zusammenzuarbeiten.

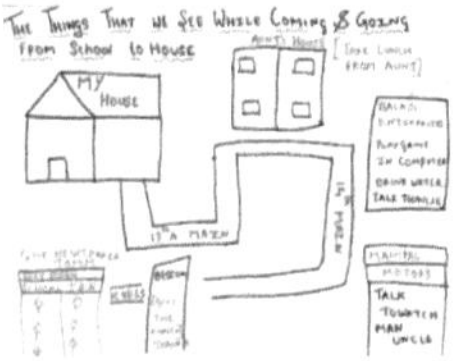

Figure 6 A student creates a route map of his path from home to school

Bild 3

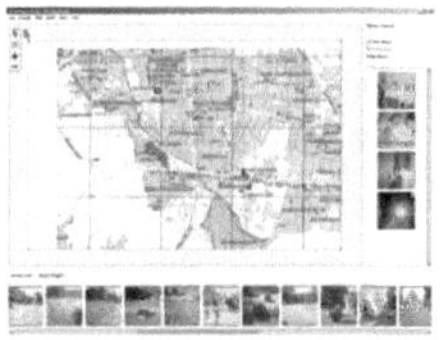

Figure 9: An example of an affective map layered with GPS track data

These exercises helped students develop a highly personalized and individualistic understanding of spaces around them.

Bild 4

Figure 8 A student captures his parents at home to annotate his affective map

Bild 5

In diesem Beispiel gelingt Schulinnovation mit dem Ziel, dass Lehrer die Bedingung für selbstorganisiertes und kooperierendes Lernen schaffen, indem sich mit dem Handy die Schule zur Lebenswelt mit ihren Kommunikationsformen öffnet. Dabei ist das Handy alles andere als nur ein netter Motivationsfaktor. Weil das Handy aus dem Alltag stammt, legt es den Schülerinnen nahe, einige ihrer Alltagsstrategien in den Unterricht hereinzunehmen. So lernt man üblicherweise im Alltag eine Alltagsbewältigungsstrategien nicht auswendig, statt dessen erprobt man, bewertet, erörtert, vergleicht, fragt nach usw.. Lehrern und Schülerinnen bzw. Schülern gelang es in der üblichen Schulform mit der gezielten Unterweisung das Repräsentationsrepertoire der Kinder auf die Nutzung digitaler Landkarten auszuweiten. Es gelang zudem, diese neue Repräsentationsform mit den vertrauten Repräsentationsformen wie Zeichnungen und eigenen Fotos zu verbinden.

Der Bericht sagt leider wenig über Erfolge oder Misserfolge bei der Suche nach mathematisch naturwissenschaftlichen Problemen in der Lebenswelt, deren Fixierung mit Adhoc-Fotos des Handys und der Erörterung im Fachunterricht. Vermutlich muss sich ein Lehrer mit geometrischen Alltagsformen auseinandersetzen, weil diese ja von der geometrischen Idealform abweichen. Sind auf den Fotos nun Trapez, Quader oder Kugel zu sehen (Bild 2)? Ist es angemessen, eine Kokosnuss als Kugel zu bezeichnen, obwohl es sich um eine organische Form mit unklarer Oberfläche handelt? Ein Mathematiklehrer muss die standardisierten Kategorien anpassen und auch ein Stück weit legitimieren, womit ein ungewohnter Prozess der Bedeutungskonstitution in den Mathematikunterricht gelangt.

In solch einem Unterrichtsprojekt wird das Handy zum Arbeitsmittel der Kinder, mit dem sie ihre Lebenswelt und den dafür angemessenen Erkundungsformen mit den Problemlösungsstrategien der Mathematik oder den Naturwissenschaften verbinden. Voraussetzung ist die positive Nähe der Jungen und Mädchen als Schüler und Schülerinnen zur Schule. Dann ist das Handy mit seinen Funktionen der Mobilität, individuellen Verfügbarkeit, mit Foto, GPS und Anschlussfähigkeit zum PC das angemessene Instrument zur Verknüpfung der räumlichen Lebenswelt mit der Welt der Schule. Wichtig ist dabei, mit dem Handy die lebensweltlichen Strategien der Kinder im Unterricht als Basis eines Lernens zu gewinnen, das komplexe Bedeutung generiert. Dazu gehören unter anderem Kooperieren, genaues Hinschauen, gemeinsames Erörtern, Sammeln und Gewichten.

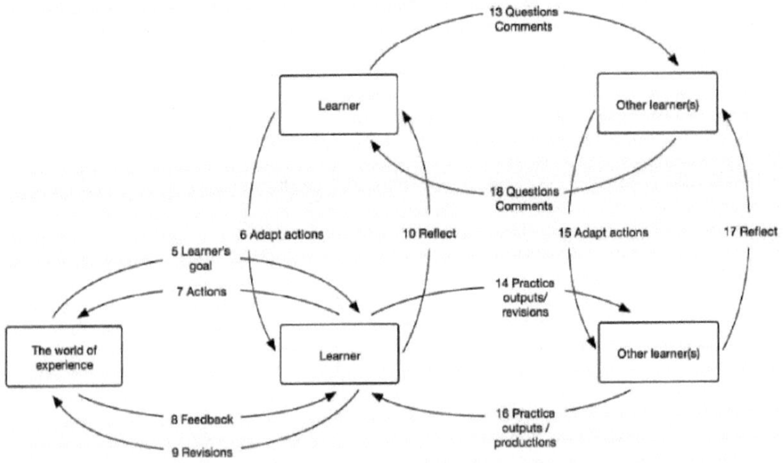

Das vorangegangene Schema der Interpretationsstrukturen des Unterrichts von Diana Laurillard (2007; S. 171) zeigt diese Öffnung der Schule, die mit dem Handy gelingt. Die Schule gewinnt im Sinne des *Conversational Framework* über die Schüler (*Learner*) den Anschluss zu deren Erfahrungswelt (*The world of Experience*). Dazu gehören Unterrichts- und Alltagsstrategien wie Ziele zu setzen (*Learner's goal*), zu handeln (*Actions)*, Rückmeldungen (*Feedback*) und Überprüfungen (*Revision*). Hierbei können Handyfunktionen (Mobilität, individuelle Verfügbarkeit, Foto, GPS, Anschlussfähigkeit zum PC) wie im indischen Schulbeispiel eine eigenständige und konstitutive Rolle übernehmen.

3.4.4 Strukturen des Handys für die Integration schulferner Schüler nutzen

Wenn diese ineinander eingreifenden Interpretationsprozesse von Öffnung, Handeln, Zielvorgaben, Feedback, Revision nun nicht in der Schule stattfinden, sondern von der Schule abgespalten stattfinden, dann ergibt sich ein ziemlich komplexes Gefüge von Interpretationen und Handlungen, wenn Schule *irgendwie* darauf Einfluss nehmen will. Das Handy als Konvergenzmedium des Alltags steht innerhalb seiner eigenen Strukturen, obwohl, wie sich im Fall von Cyrill oder den jungen Männern des Fußballclubs zeigt, deren Literalität, die sie teilweise in der Schule erworben haben, notwendige Handlungskompetenz ist, damit das Handy-System funktioniert.

Für Cyrills Lernen ist kennzeichnend, dass er seine Kompetenzen und Aktivitäten nicht als *irgendwie* schulbezogen ansieht, so ist wenigstens zu vermuten. Im Sinne des obigen *Conversational Framework* tauchen Cyrills medienvermittelten Botschaften deshalb auch nicht als Fragen oder Kommentare (comments, questions) in der Schule auf, sondern als Provokation in der Öffentlichkeit einer Medienplattform. Zudem machen Jugendliche wie Cyrill eine klare Trennung von *fremder* Schule und *eigenem* Alltag, von *unwichtiger* Schulkompetenzen und *eigener* Alltagsmedienkompetenz und *eigener* Literalität. An dieser Stelle will ich an die für die Handyvideofunktion wesentliche Verbindung mit einer Videoplattform als Strukturvorgabe erinnern (2. Teil: Alltagsästhetik). So ist das Handy in die Medienkonvergenz einbezogen und folgt bei der Videofunktion der kommunikativen Ordnung einer Videoplattform, die zudem in die globale Unterhaltungs- und Jugendkultur einerseits und andererseits über das Handy in die Regionalkultur und deren Formen der Folgekommunikation, Regel usw., eingebunden ist. Weiterhin sind die Darstellungsmöglichkeiten wichtiger als die Inhalt, weshalb in den Darstellungsformen wesentliche Botschaften enthalten sind. Das ist ein Prinzip, das für Schule in dieser einfachen Form nicht gilt, ja dessen Anwendung deutliche Ablehnung hervorruft.

Wie schon im 2. Teil angesprochen, bietet das Web 2.0 Lernstrukturen, auf die sich auch schulferne Jugendliche einlassen, indem sie kanonisiertes oder gemeinsam erstelltes, kodifiziertes Wissen wie Wikis verwenden. Auch die Formen der Partizipation an Wissen variiert und wird unterschiedlich genutzt (vgl. Jörissen 2007; S. 190).

Schule kommt nicht umhin, an diese Strukturen anzuknüpfen, will sie jemanden, der sich aus Schule ausgeklinkt oder den sie verloren hat, wieder im Interaktions- und Interpretationsgefüge von Schule ansprechbar machen.

Weiterhin repräsentiert das Handy Lifestyle-Strukturen. Mir sind zwar keine Forschungsergebnisse dazu bekannt, empirische Ergebnisse dürfen jedoch ähnliche Muster zeigen, wie die zu Fernsehen und Internet. Hier haben sich fünf

Erlebnistypen finden lassen (1. Teil: Alltagsästhetik): Emotionalität, Orientierung, Ausgleich, Zeitvertreib, soziales Erleben (Dehm u.a. 2006, S. 93.), die die Internetnutzertypen mit unterschiedlichen Handlungsmustern verbinden. Solche Mediennutzungsmuster sind eingebunden in Lebensstile, die sich in den Dimensionen der sozialen Lage (Schulbildung, Beruf, Einkommen) und der Orientierung an der gesellschaftlichen Modernisierung entwickeln. Hierzu die folgenden Strukturen für Kinder und Jugendliche aus Migrantenfamilien, die eine unterschiedliche Nähe oder Abstand zu Medien oder Schule haben (Sinus Sociovision, 2007a; S. 5).

- Religiös-verwurzeltes Milieu: Archaisches, bäuerlich geprägtes Milieu, verhaftet in den sozialen und religiösen Traditionen der Herkunftsregion.
- Traditionelles Gastarbeitermilieu: Traditionelles Blue Collar-Milieu der Arbeitsmigranten, das den Traum einer Rückkehr in die Heimat aufgegeben hat.
- Statusorientiertes Milieu: Klassisch aufstiegsorientiertes Milieu, das – aus kleinen Verhältnissen kommend – für sich und seine Kinder etwas Besseres erreichen will.
- Entwurzeltes Milieu: Sozial und kulturell entwurzeltes (traumatisiertes) Flüchtlingsmilieu – stark materialistisch geprägt und ohne Integrationsperspektive
- Intellektuell kosmopolitisches Milieu: Aufgeklärtes, nach Selbstverwirklichung strebendes Bildungsmilieu mit einer weltoffen-toleranten Grundhaltung und vielfältigen intellektuellen Interessen
- Adaptives Integrationsmilieu: Die pragmatische moderne Mitte der Migrantenpopulation, die nach sozialer Integration und einem harmonischen Leben in gesicherten Verhältnissen strebt.
- Multikulturelles Performermilieu: Junges, flexibles und leistungsorientiertes Milieu mit bi- bzw. multikulturellem Selbstbewusstsein, das nach Autonomie, beruflichem Erfolg und intensivem Leben strebt.
- Hedonistisch subkulturelles Milieu: Die unangepasste zweite Generation mit defizitärer Identität und Perspektive, die Spaß haben will und sich den Erwartungen der Mehrheitsgesellschaft verweigert.

Die Schulfernen dürften vor allem aus dem *entwurzelten Milieu* und dem *hedonistisch subkulturellen Milieu* kommen. Gegen die Mehrheitsgesellschaft und ihre Schule, jedoch kompetent in der Nutzung von Handy und Web 2.0 sind vermutlich vor allem Jugendliche des *hedonistisch subkulturellen Milieus*. Die Kinder des *entwurzelten Milieus* sind wenig bis gar nicht an der Schule interessiert, wahrscheinlich auch in Abwehr zu ihr, ihnen liegt wahrscheinlich wenig an einer diffizilen Nutzung ihres Handys im Web 2.0. Mit dem Handy in der Schule lernen, wirklich im Sinne eines von der Schule definierten Lernens, dazu sind die Kinder des *statusorientierten Milieus*, des *intellektuell kosmopolitischen Milieus*, des *adaptiven Integrationsmilieus* und des *multikulturellen Performermilieus* leicht zu gewinnen. Für die *Entwurzelten* und die *unangepassten Hedonisten* ist das Handy dagegen in Strukturen eingebunden, die sich nicht ohne enormen Aufwand an die Muster der Schule, wie sie das *Conversational Model* skizziert, heranführen lassen. So freundlich wie die Grundschulkinder des Unterrichtsprojektes der *Medientauschbörse* oder die indischen Kinder der Schule in Indiranagar werden *entwurzelte* und *unangepasst hedonistische* Jugendliche aus Migrationsfamilien auf ein offenes und motivierendes Unterrichtsangebot keinesfalls reagieren. Jedoch lässt sich das von Erkan erwarten, dem Jungen, der in der Schule nicht liest, jedoch bei der TV-Sendung *Formel 1* kompetent mit schwierigen Ergebnislisten umgeht. Er kommt aus einer Familie des *adaptiven Integrationsmilieus*. Seine informellen Lernstrategien lassen sich in schulisches Lernen, das sich für den Alltag und seine Kompetenzen öffnet, problemlos integrieren, wenn mehr von den dafür relevanten Strukturen, insbesondere mehr über informelles Lernens bekannt ist.

Hier haben Schule und Forschung noch eine Menge an Entwicklungsarbeit vor sich. Eine erste empirische Analyse zum Verhältnis von informellem Lernen und Mediennutzung in soziokulturellen Kontexte haben Pietraß, Schmidt und Tippelt (2005) vorgelegt. Weitere Strukturzusammenhänge, die für die Entwicklung von Handlungskompetenzen wie Lernen oder Literalität wichtig sind, habe ich in „M-learning and media use in everyday life" (2007a) vorgestellt.

3.4.5 Mobiles Lernen und Wissenserwerb in der Wissensgesellschaft

Haben Unterrichtsprojekte wie die der *Medientauschbörse* oder die indischen Erkundungsprojekte mit dem Handy auch mit handfestem Wissen zu tun, also mit einer Ressource, die zum Markenzeichen der entwickelten Wissensgesellschaft avanciert ist? Das Etikett der Informations- und Wissensgesellschaft zielt u.a. auf die neuen beruflichen Schwerpunkte, weg von körperlicher Arbeit und hinzu wissensbasierten Dienstleistungen, bei denen Computer, Internet und Archive wie Festplatten und Websites unabdingbar sind. Bei wissensbasierten Dienstleistungen steht nicht mehr das mimetisch erlernte und reproduzierbare Wissen im Vordergrund, sondern statt dessen, wie mit objektiviertem Wissen umzugehen ist. Objektiviertes Wissen kann statisches Wissen in der Form des Lexikons sein oder dynamisches Wissen von Community-Websites wie beispielsweise Archive für Schülerhausarbeiten auf einer Videoplattform. Dabei hat heute nicht mehr Wissen als Produkt, sondern Wissen in Interpretations- und

Handlungszusammenhängen Vorrang. Um diese Veränderung, weg von der Übernahme objektivierten Wissens und hin zu dessen diskursiver Einbindung, aufzugreifen, braucht Schule eine Veränderung, wie sie das *Conversational Framework* von Laurillard (2002) beschreibt. Im Sinne diese Modells ist Schule eine dynamische Beziehung von Menschen, die sich als Lehrer oder Schüler unterschiedlich aufeinander mit ihren Handlungen, Zielen, Deutungen beziehen. Marlene Scardamalia und Carl Bereiter, kanadische Protagonisten einer Didaktik des *Knowledge-Building*, sahen und sehen für die Schule deshalb eine doppelte Transformationsaufgabe (1999; S. 274 ff.). So kommt erstens die Schule als Organisation nicht umhin, sich vorrangig zu einem Lehrdienstleistungsbetrieb umzustrukturieren, also zu einer Organisation, an der die Schüler produktiv beteiligt sind. Die zweite Transformationsaufgabe besteht darin, Lernen in Diskursen, wie sie das *Conversational Model* skizziert, möglich zu machen, und zwar in Diskursen, an denen Schüler wie bei einem Forschungsteam gemeinsam (*collaborative*) Wissen entwickeln (*Knowledge-Building*). Den Vergleich mit einem professionellen Forschungsteam als Vorlage für die Konstruktion von Wissen nehmen Scardamelia und Bereiter ernst. *Knowledge-Building* oder, übersetzt, *Wissenskonstruktion*, ist keine technisch, sondern eine diskursiv zu lösende Aufgabe. Wie jedoch der Situation der Kinder als Schüler gerecht werden, da sie ja keine Forschungsprofis sind? Hierzu ergänzen Scardamalia und Bereiter ihr Modell des *Collaborative Knowledge-Building* um den Gedanken des Authentischen. Die Aufgabe einer Schulklasse ist es, ein Verständnis von der Welt, die sie kennen, kooperativ zu entwickeln:

> „The job of an elementary school class that adopts a knowledge-building approach is to construct an understanding of the world as the students know it" (Scardamalia, Bereiter 1999; S. 278).

Welcher Typ von Aktivitäten hat in solch einem Diskursgefüge besondere Bedeutung? Dazu drei Punkte:

- Die Schüler sind nicht verantwortlich für vorzeigbare Produkte, sondern für die Entwicklung gemeinsamen Wissens der Lerngruppe.
- Weiterhin sind die Schüler nicht dafür verantwortlich, dass sie Lernen, sondern dass sie zur Lösung eines Problems beitragen.
- Drittens sind sie nicht für die praktische Seite eines Problems zuständig, sondern für das Wissen, das sich auf ihr Problem bezieht.

Anhand eines Beispiels aus der Arktis erläutern Scardamalia und Bereiter das zweite und dritte Ziel. Bei der Arktis als Lebensbereich geht es um problembezogenes Wissen, z.B. warum dort keine Bäume wachsen, jedoch Moose. Es geht nicht um Wissensbestände ohne Problembezug; nur problembezogenes Wissen ist lernrelevant. Zudem werden Kinder nicht in der Arktis überleben müssen. Sie sollten jedoch in der Lage sein, in ihrer Lerngruppe zu Erklärungen wie denen, warum dort keine Bäume wachsen, beizutragen (S. 280).

Mit der Lerngruppe in der Schule ist der soziokulturell situierte Rahmen des Lernens als Wissens-Beitrag zur kooperativen Lösung eines Problems abgesteckt. Lernen ist Bedeutungskonstitution innerhalb dieses schulischen Rahmens. Welche Rolle spielen dabei Medien? Scardamalia und Bereiter (1999; S. 280 ff.) fragen sich, ob zu dieser diskursiven Lernsituation der kooperativen Wissenskonstruktion entsprechende diskursive Medien passen, wobei sie diese Frage angesichts von Computernetzwerken stellen. Einige Jahre später betonen sie, dass die Computer- und Netzwerktechnologie beim Lernen als kooperativer Wissenskonstruktion nicht die Aufgabe zufallen soll, intentionales Lernen zu unterstützen („computer supported intentional learning"). Computer und Netze haben vielmehr die Aufgabe, diskursive Lernsituationen für eine kooperative Wissenskonstruktion zu schaffen oder solche zu unterstützen (*knowledge building environments*, Scardamalia und Bereiter 2005, S. 105).

Hierzu zwei Schulbeispiele aus dem Französischunterricht: *Passé composé* und *le comparatif*, die Rolf Deubelbeiss, der für das Projekt verantwortliche Lehrer und Schulleiter der Nationale Elitesportschule Thurgau, Schweiz, auf folgender Website veröffentlicht hat: http://metaportfolio-phsg.kaywa.ch/franzoesisch/passe-compose-yannick-2-real.html; http://metaportfolio-phsg.kaywa.ch/franzoesisch/le-comparatif-s2.html, 29.2.2008. Hier ein Auszug aus der Website:

> *Handyvideo zu Passé composé* von „Yannick, 2. Real und Marco, 2. Sek"
> „Hier klicken: Video zu passé composé
> „Yannick, 2. Oberstufe, hat per Handy ein Video zum Thema "passé composé" im Französisch produziert. Die Datei hat er per Bluetooth auf mein Handy [das des Lehrers] überspielt und ich dann letztlich per USB in dieses Weblog"

Hier ein Standbild aus dem Video, das zu finden ist in http://metaportfolio-phsg.kaywa.ch/ files/VideoDJ.3gp, 29.2.2008 (Bild 1)

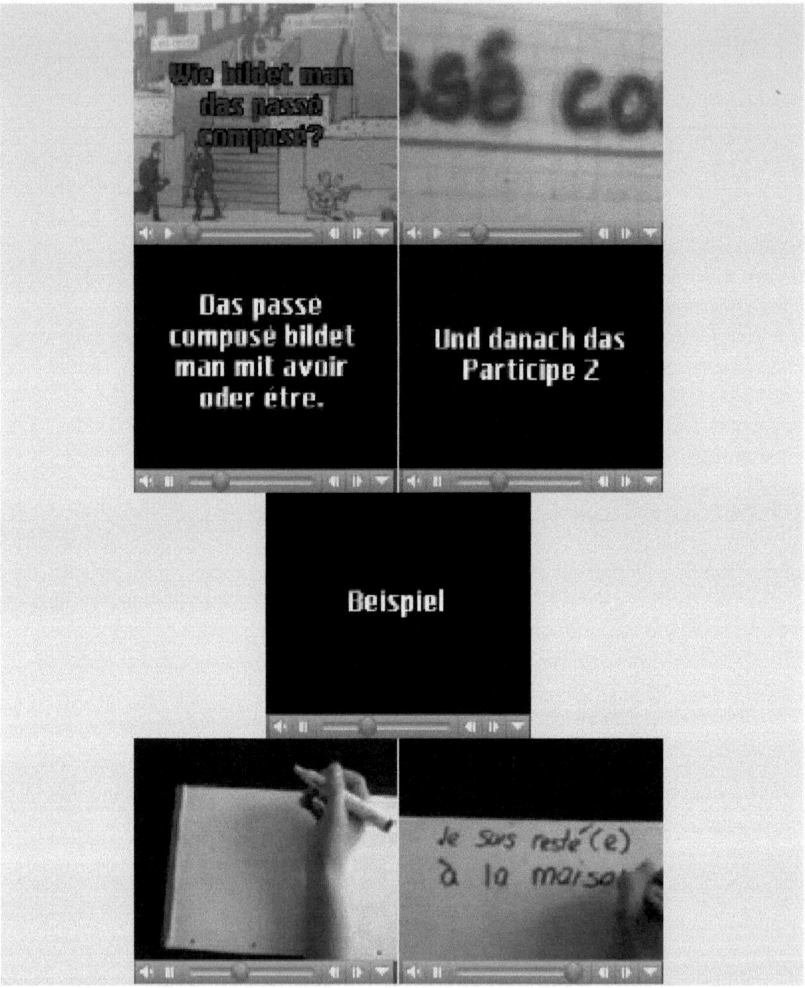

Bild 1: Snapshot aus dem Handyvideo zu *Passé composé*

Ein junger Mann nimmt mit seinem Handyvideo Ausschnitte aus seinem Schulbuch auf. Es sind die Schlüsselbegriffe einer Regel, die eine Sprachstruktur bewusst macht. Diese Regel veranschaulicht der junge Mann, indem er einen Beispielsatz in sein Schulheft auf Papier schreibt und dabei die Regel kurz erläutert.

Der Lehrer übernimmt es, diese Veranschaulichung einer Sprachstruktur und Regel für die Schüler der Klasse in einem Blog verfügbar zu machen. Im zweiten Beispiel stellt der Lehrer eine Sprachregel im Sinne einer Tafelanschrift den Schülern zur Verfügung.

Ein Beitrag des Lehrers für die Schüler: "M. est plus grand que"

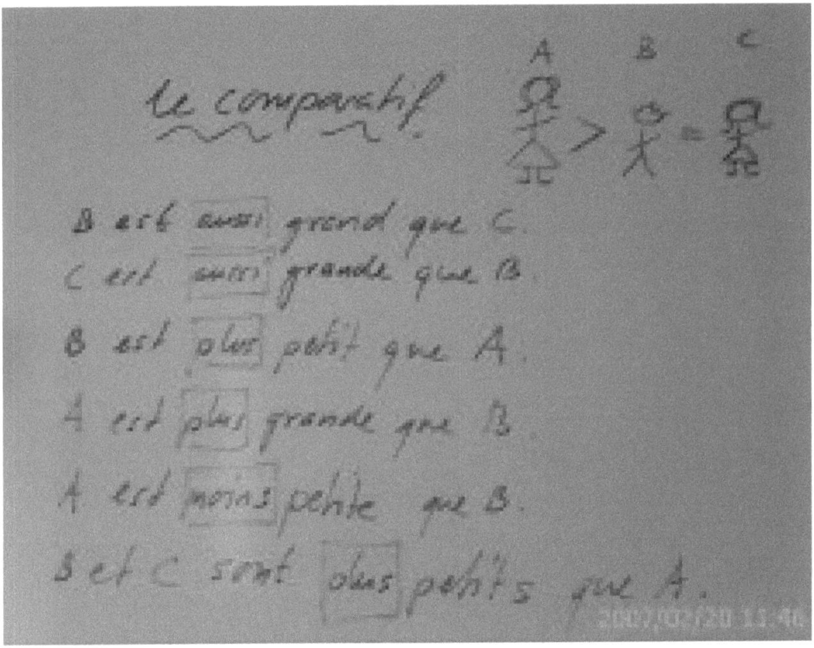

Bild 2: Snapshots aus dem Handyvideo zu *le comparative*

> „le comparatif
> Diese Aufnahme habe ich [der Lehrer] im Unterricht mit dem Mobiltelefon gemacht und gleich per MMS ins Weblog überspielt – unsere Lernpartner können bspw. von zu Hause aus oder aus dem Trainingslager per Internet darauf zugreifen."

Der für dieses Projekt verantwortliche Lehrer erläutert auf der Website die Rahmenbedingungen des Projekts „Handy", Auszug aus http://klippundklar.blog.de, 29.2.08

> „Die folgenden Blogbeiträge sind im Rahmen des Projekts ‚Handy' an der *Swiss Olympic Sport School TG* entstanden. Dabei war es unter anderem Ziel, das Handy als Hilfsmittel für das Lernen einzusetzen – ein Auftrag bestand bspw. darin, ein Thema aus dem Sprach- oder Mathematikunterricht per MMS aufzubereiten (durch Integration von Sound, Bild, Video, Text Microcontent erstellen), als Entwurf abzuspeichern und per Bluetooth mit anderen auszutauschen. Alle Beiträge wurden auf den eigenen Mobiltelefonen der Schülerinnen und Schüler produziert und via Bluetooth schlussendlich auf mein Handy überspielt – von dort wurde die Beiträge per MMS in dieses Weblog gepostet. Damit entstanden den Schülerinnen und Schülern keine Unkosten."

Es ist ein deutliches und überzeugendes Beispiel für Unterricht im Sinne einer kooperativen und partizipativen Wissenskonstruktion. Das zu lösende Problem ergibt sich für die Schüler aus der Logik der Fremdsprache. Um sich in einer Fremdsprache auszudrücken, muss man z.B. wissen, wie man einen Sachverhalt in der Vergangenheit oder einen Größenvergleich formuliert. Dabei liefert das Handy im Zusammenspiel mit dem Internet Partizipationsstrukturen, innerhalb derer der Lehrer die wichtige Aufgabe übernimmt, das Zusammenspiel von Schülern, Handy, PC und Internet zum Laufen zu bringen. Damit entlastet er die Schüler, die sich nicht um die Infrastruktur der Lernsituation kümmern müssen. Sie können sich auf die Herstellung eines Arbeitsmittels ebenso verlassen wie darauf, dass es auf Abruf verfügbar ist. Ein Nebeneffekt für den Lehrer ist, dass er den Lernstand der Schüler im Rahmen der Diskursstruktur (Schülergruppe/Arbeitsmittel/Lehrer/Klasse) kennt. Die Wissenskonstruktion folgt dem Modell des Fremdsprachenlernens, bei dem Schüler Sprachstrukturen erfassen und einüben, was schnell zum Pauken von Regeln und Sprachbeispielen verflacht. In der Lernsituation mit Handy, PC und Internet und im schulischen Diskursmodell (bei Laurillard heißt es *Conversational Framework)* des *Knowledge Building*, also der kooperativen Wissenskonstruktion, ist die Gefahr des Paukens und schnellen Vergessens weitgehend gebannt. Wichtig ist in diesem Beispiel, dass die Sprache mit ihren Strukturen klar mit der Lernsituation korrespondiert. Der Lerngegenstand wird nicht der extrinsischen Motivation einer Alltagsspielerei mit dem Handy unterworfen.

Die Lehrer des indischen Beispiels gehen bei der Suche nach geometrischen Formen, die sie den Schülerinnen und Schülern in ihrer Lebenswelt mit der Fotofunktion des Handys anbieten, zwar auch von einem auf Strukturen ausgerichtetes Lernen aus. Sie setzen jedoch die von der Geometrie definierte Struktur: Kreise, Rechtecke, Kugeln usw., den Strukturen der Lebenswelt als gleichwertig gegenüber. Das braucht viel Zeit, weil die Kinder mit einem abwägenden Fotoblick durch ihre Schulumgebung schweifen. Hier kommt assoziatives Lernen, das Zeit benötigt, mittels Handy in den Unterricht. Die auch dem Schulmodell der kooperativen Wissenskonstruktion zugrunde liegende Annahme, Lernen ist situationsabhängige Bedeutungskonstitution, kommt in einer Verknüpfung von geometrisch beschriebenen Sachstrukturen und beobachteten Strukturen der Umwelt wesentlich deutlicher zum Tragen als im Schweizer Beispiel.

Im Sinne der oben formulierten Leitlinien einer medienpädagogischen Kulturökologie bietet die Erkundung mit dem Handy in der Schulumwelt im indischen Beispiel mehr Chancen, die Strukturen der Alltagswelt mit denen der Schule zu verbinden. Das ist im Fremdsprachunterricht des Gymnasiums kein vordringliches Problem, jedoch für die Bildungsverläufe der Schulmüden, der Schulverweigerer, der Verlierer in der Schule bietet die Verbindung von Schule und Lebenswelt Bildungsressourcen, die sich aus Alltagskompetenzen speisen. Ich denke hier wieder an Erkans Bildschirmlesekompetenz und Cyrills Web 2.0-Literalität. Ich denke jedoch auch an die 14-jährige Yvonne, die in der Medienkonvergenzstudie gezeigt hat, dass sie ihr eigenes Diskurssystem mit Freundinnen, Mutter, bevorzugter Fernsehserie und Handy schafft. Dieses von ihr konstruierte Diskurssystem mit dem der Schule zu verbinden, weitet den Gedanken des kooperativen, partizipativen Lernens deutlich aus. Im Diskursgefüge das *Conversational Framework*, das schulisches, formelles und alltäglich informelles Lernen verbindet, öffnen sich auch unterschiedliche Kulturen für einander.

3.5 Fazit und Angebote zur Weiterarbeit

3.5.1 Zusammenfassung: Bildung, Literalität und Lernen

Medien sind Teil der Strukturen der Lebenswelt, die die tradierten Strukturen der Lebenswelt heute aufwachsender Kinder und Jugendlichen überlagern. Mit Blick auf Bildung formuliert heißt das, Medien sind Teil der Kindern und Jugendlichen vorgegebenen kulturellen Manifestationen und Produkte, innerhalb derer sie ihr Verhältnis zu sich und zur sozialen, kulturellen oder faktischen Umwelt entwickeln. Medien in der Massenkommunikation mit ihren typischen Textangeboten und Repräsentationsformen sind Strukturvorgaben für Handeln, Wahrnehmen und Kompetenzen von Kindern bzw. Jugendlichen. In diesem Erklärungsansatz ist das Verhältnis der Kinder und Jugendlichen zu sich und zu ihrer Medienumwelt als ein reflexiver Prozess der Vermittlung und der produktiven Aneignung von Medien gedacht. Im Zentrum der Verarbeitung stehen die Menschen in ihrer Lebenswelt mit ihrer persönlichen Themen- und Lebensperspektive. Die vorhandene und selbst gewählte soziale Umwelt und die bevorzugten Medien in der alltagsästhetisch verfassten Medienwelt bilden dafür Bezugsrahmen. Die produktive Medienaneignung ist ein Prozess der Konstitution der Bedeutung in den von Medien mitbestimmten Situationen der Lebenswelt.

Im Modell des reflexiven Handelns und der reflexiven Aneignung von Medien in mediengeprägten Umgebungen gibt es zwei Pole, den Pol der alltagsästhetisch verbundenen Medien und den Pol der persönlichen Handlungskompetenzen (englisch: *Agency*). Die Handlungskompetenzen entstehen in Prozessen der Bedeutungskonstitution in kulturspezifischen Situationen, in denen sich die Mediennutzer die vorgegebenen Medien in deren Angebotsstrukturen aneignen. Die Medienaneignung in der alltäglichen Lebenswelt unterliegt anderen kulturspezifischen Bedingungen als denen des Lernens in Bildungseinrichtungen wie der Schule. Dennoch haben Medienaneignung und Lernen in der Schule gemeinsam, dass sie eine kulturspezifische Form der Bedeutungskonstitution sind. Mediennutzung im Alltag schließt deutlich Formen des informellen Lernens ein. Da Schule mit ihrer Förderung von Literalität einen wesentlichen Teil der Schüler nicht mehr erreicht, empfiehlt sich, die Strukturen des schulischen Lernens mit den Strukturen des Medienalltags zu verbinden und dabei die Alltagskompetenzen und Alltagsmedienkompetenz in schulisch situiertes Lernen hereinzunehmen. Dazu bietet das Handy als Konvergenzmedium mit seinen in das Alltagsleben eingebundene Funktionen wie Video, Foto, SMS, GPS realistische Chancen.

Hier die Elemente dieser Argumentation:

- Handlungskompetenzen wie Medienkompetenz oder Digital Literacy entwickelt sich in Prozessen der Bedeutungskonstitution. Bedeutungskonstitution ist ein Prozess der produktiven Medienaneignung, der in die vorherrschenden Strukturen der Massenkommunikation mit sich aktuell verändernden Medientexten und Repräsentationsformen eingebunden ist.
- Medienaneignung und die dabei entwickelte Medienkompetenz ist in kulturell definierte Handlungssituationen eingebunden, das heißt, Medienaneignung und Medienkompetenz sind kulturell situiert. Die Strukturbedingungen der alltagsästhetisch organisierten Lebenswelt und der sie heute durchdringenden Massenkommunikation gehen damit auch in die Nutzungsformen der Medien als kulturelle Ressource ein und beeinflussen so die Teilhabe an unserer Kultur. Literalität und Medienliteralität als Teilhabe an der Kultur beinhalten Zielvorstellungen, die auch kritische und egalitäre Mitwirkung in der demokratischen Gesellschaft einschließt. Das gilt auch für Medienkompetenz als Digital Literacy, die auf die Digitalisierung von Medien und Massenkommunikation ausgerichtet ist. Auch hier ist der kulturelle und situative Kontext der Medienaneignung als Bedeutungskonstitution maßgeblich.
- Mediennutzung ist eine Praxis, die kulturell situiert ist, indem sie den Handlungs- bzw. Medienkompetenzen folgt, die sich in Prozessen der Bedeutungskonstitution der Mediennutzung entwickelt hat. Das Stichwort *Kultu-*

rell Situiert schließt die jeweilige Lebens- und Alltagswelt mit den dafür maßgeblichen Strukturen der Alltagsästhetik und Massenkommunikation ein. Die Kulturpraxis der Kinder und Jugendlichen mit ihrer Medienpraxis ist heute von alltagsästhetischen Lebensstilen getragen, die sich nach soziokulturellen Milieus deutlich voneinander unterscheiden. Die jeweilige Kulturpraxis der Kinder und Jugendlichen ist nicht nur eine Bedingungskomponente für Lernen in der Schule, sondern eine der maßgeblichen und lernrelevanten Strukturen, die die Schule an ihre Unterrichtsstrukturen heranführen, mit diesen verbinden oder auch nur als Motivationsfaktor nutzen kann.

- Auch Lernen in der Schule ist ein kulturell situierter Prozess der Bedeutungskonstitution, der von den Bedingungen der Schule, den Anforderungen an die Schule und von deren tradierten Unterrichtsformen geprägt ist. Es gehört nicht zur Tradition der Schule die Kulturpraxis der Schüler in die schulischen Muster des Lernens einzubinden. Es kommt eine weitere Schwierigkeit hinzu, die sich aus den auseinander driftenden soziokulturellen Milieus ergeben, in denen die Schülerinnen und Schüler leben. Weil sich die Schüler deutlich in ihrer Kulturpraxis voneinander unterscheiden, die in unterschiedliche soziokulturelle Milieus eingebunden ist, fällt es der Schule nicht leicht, soziokulturell auseinander driftende kulturelle Praktiken ihrer Schüler in ihre Unterrichtsstrukturen aufzunehmen. Vermutlich gibt es in soziokulturellen Milieus Handlungsmuster wie die der Expertin oder des Experten, die Teil der Alltagsmedienkompetenz sind und die große Nähe zum schulischen Lernen haben. Gleiches gilt für die in der Massenkommunikation verbreitet angebotenen intentionalen oder beiläufigen Lernformen. Die im Alltag entwickelte und genutzte Literalität als Teilhabe an alltagsästhetischen Lebensstilkulturen und der Teilhabe an Medien-Sozialwelten wie denen des Web 2.0 bieten Kontaktpunkte zum Unterricht. Die unterschiedlichen soziokulturellen Bezugsrahmen ähnlicher bis gemeinsamer Lernmuster beinhalten jedoch auch viele Barrieren gegenüber der Schule und viele Widerstände gegenüber Lernen in der Schule. Medien wie das Handy, das in der Kulturpraxis nahezu aller Schüler wichtig ist, bieten gute Chancen, Alltagsmedienkompetenz und entsprechende Handlungsmuster in der Schule für Lernen zu nutzen.
- Diskursmodelle des Unterrichts wie das *Conversational Framework* von Diana Laurillard (2002, 2007) helfen sowohl die Strukturen des Unterricht als auch die Strukturen der soziokulturellen Praxis freizulegen und aufeinander zu beziehen. Solch ein Diskursmodell wie das *Conversational Framework* zeichnet für die Schule die ineinander verwobenen Absichten, Interpretationen und Handlungen der am Unterricht Beteiligten nach und

macht deutlich, wie Handlungs- und Interpretationsbeziehungen in der Schule mit denen außerhalb der Schule verbunden sind. Lernmodelle wie das des *Collaborative Knowledge Building* (Scaramalia, Bereiter 1999) legen schulische Lernstrukturen frei, die mit den kulturellen Praktiken von Kindern und Jugendlichen korrespondieren.

- Der Gedanke der Kulturökologie richtet sich auf das Gemeinsame kulturell unterschiedlich bestimmte Situationen, wie die des Lernens im Kontext der Schule und der Mediennutzung im Alltag. Oberflächlich betrachtet, haben Schule und Medienalltag kaum Gemeinsamkeiten. Eine kulturökologisch ausgerichtete Medienpädagogik ist jedoch in der Lage, Gemeinsamkeiten von Schule, Medienalltag, soziokulturellen Milieus, neuen Sozialformen des Web 2.0 herauszuarbeiten, weil sie diese unterschiedlichen Phänomene als kulturell situierte Praktiken versteht. Kulturell situierte Praktiken definieren sich als Prozesse der Bedeutungskonstitution.

  In den unterschiedlichen kulturellen Situationen mit differierenden Strukturvorgaben und Handlungskompetenzen ist Literalität als Teilhabe an der Kultur mit Medien als Ressourcen unterschiedlich angelegt und schafft auch im Rahmen einer demokratisch verfassten Gesellschaft enorme Ungleichheit. Der Gedanke des *Eigensinns* der Entwicklung der Kinder und der des *Eigensinns der Welt* regt an, die instrumentalisierende Indienstnahme von Kindern durch Medien und durch gezieltes Lernen zu thematisieren. Bei der instrumentalisierenden Indienstnahme der Welt geht es um deren bloße Konsumierbarkeit. Die jeweilige Eigengesetzlichkeit der Bedeutungskonstitution wie die Eigengesetzlichkeit der kulturellen Manifestationen zu fördern, bildet ein kulturökologisches Gegengewicht gegen deren Instrumentalisierung. Die Eigengesetzlichkeit, wie sich Kinder in und mit der vorgegebenen Welt entwickeln, hat Wilhelm von Humboldt in einer radikalen europäischen Umbruchsituation Ende des 18. Jahrhunderts als Bildung beschrieben.

- Bei Literalität und Medienliteralität steht die Teilhabe an Kultur und Gesellschaft im Vordergrund, die möglich wird, wenn Kinder und Jugendliche sich die jeweils relevanten Kulturtechniken und Medien als Ressourcen aneignen. Dabei unterstützt Schule zwar den größeren Teil der Kinder bzw. Jugendlichen, etwa ein Fünftel bis zu einem Viertel erreicht sie nicht. Ein Teil von ihnen lässt sich erreichen, wenn die Alltagskultur und die Schulkultur Gemeinsamkeiten in Strukturen und Kompetenzen bekommen.

  Die Organisation des Lernens als Prozess der situierten Bedeutungskonstitution, wie sie beispielsweise das Modell der kooperativen, partizipativen Wissenskonstruktion (*Collaborative Knowledge Building,* Scaramalia, Bereiter 1999) beschreibt, hat hohe strukturelle Gemeinsamkeit mit der medienbezogenen Bedeutungskonstitution als alltagskultureller Praxis. Das

Moment der Partizipation ist in diesem Modell zwar nur als Kooperation bei der Entwicklung von Wissen gedacht, lässt sich jedoch mit dem Gedanken der Literalität auch auf die Teilhabe an Kultur und Gesellschaft mit Hilfe von Medien als kulturellen Ressourcen erweitern.

- Wie lassen sich Kinder und Jugendliche, die aus den Strukturen schulischen Lernens und schulisch bestimmter Literalität herausfallen, fördern und integrieren? Der leitende Gedanke ist, die Kulturpraxis dieser Kinder und Jugendlichen und ihre Alltagshandlungs- bzw. Alltagsmedien-Kompetenz auch für schulisches Lernen fruchtbar zu machen. Denkbar sind einfache Formen wie die Kompetenz, z.B. mit dem Handy sozusagen an der Schule anzudocken, oder Formen, die Strukturen des Alltagslebens dieser Kinder und Jugendlichen mit denen der Schule zu überlagern. Die Chance des Handys liegt darin, die Lernstrukturen der Schule mit den Handynutzungsfunktionen (Video, Foto, SMS, Datenspeicher, Zugang zu Internetarchiven und Medienplattformen usw.) und darüber hinaus mit dynamischen Wissensarchiven des Internet zu verbinden.

3.5.2 Definitionen und Modelle

Definition von Bildung

Bildung entwickelt sich in einem reflexiven Verhältnis der Kinder zu ihrer sozialen, kulturellen und dinglichen Umwelt und zu ihrer emotionalen und kognitiven Innenwelt. Die Aneignung kultureller Manifestationen bietet Kindern die Chance sich zu entfalten, sich als Subjekt in Beziehung zur kulturellen Umwelt zu setzen, in der Umwelt ihre Spuren zu hinterlassen und dabei die Umwelt zur eigenen Lebenswelt zu verbinden und umzugestalten. Die reflexive Spannung zu den kulturellen Produkten und der sie tragenden Umwelt bietet Chancen der Kritik und Distanz, die in eine reflektierte und abwägende Form der Teilhabe und Gestaltung münden können.

Bestimmungselement von Bildung nach Wilhelm von Humboldt

- Entfaltung der Kräfte der Kinder,
- Aneignung der Kulturprodukte (Manifestationen) der Welt,
- Bildung zur mannigfaltigen Ganzheit,
- Mit Spuren die Welt gestalten,
- Freiheit als Bedingung für Bildung,
- Bildung als Realisierung der Vernunft.

Kulturökologie in der Medienpädagogik
Kulturökologie will der Instrumentalisierung der Kinder und Jugendlichen eine Förderung ihrer Subjektivität entgegensetzen, ohne deren Kulturpraxis abzuwerten. In der Perspektive der Kinder gilt es, die widersprüchlichen Felder heutiger Kultur, z.B. Unterhaltung und Schule zu verbinden, unter anderem, indem Bildungseinrichtungen Kinder in ihren reflexiven und gestaltenden Möglichkeiten in Auseinandersetzung mit der Breite kultureller Angebote, die von der Kulturtradition bis zur Unterhaltung der Massenkommunikation reicht, fördern. Diese Förderung geschieht in und bezieht sich auf die für Kinder bzw. Jugendliche und unsere Kultur relevanten kulturellen Situationen wie Lernen in der Schule oder Mediennutzung im Alltag.

Leitlinien einer medienpädagogischen Kulturökologie
- Eigenwert der Kulturpraxis und der Alltagsmedienkompetenz,
- Verknüpfung und strukturelle Überlagerung der kulturellen Situationen von Alltagswelt und Bildungseinrichtung,
- Förderung der reflexiven und subjektiven Beziehung der Kinder zur Welt der Kultur, der Sozialwelt und der Medien u.a. mit eigenen Spuren in der vorgegebenen Kultur,
- Die Förderung die Handlungskompetenz mit den Errungenschaften den reflexiven und elaborierten Kulturprodukten der kulturellen Tradition,
- Kritik der Indienstnahme der kulturellen Ressourcen als verwertbare, ökonomische Produkte,
- Kritik der Instrumentalisierung des Lernens als Teil der heutigen Leistungskindheit,
- Angebote an Kinder spezifischer soziokultureller Milieus für die Teilhabe an der Kultur.

Modell reflexiver Aneignung von Medien in mediengeprägten Umgebungen
Reflexives Handeln in mediengeprägten Umgebungen heißt, dass die Menschen als Subjekte Medien zum Teil ihrer Lebenswelt machen. Lebenswelt und Subjektivität entstehen in der verarbeitenden Beziehung eines Menschen

- zu seiner inneren Bilder- und Themen-Welt,
- zu seiner sozialen, kulturellen und dinglichen Umwelt.

Dabei eignen sich die Menschen das symbolische Material von Konsumobjekten, Medien und Ereignissen individuell an:

- in der Perspektive des eigenen Lebenslaufs und der eigenen subjektiven Themen,
- bezogen auf die vorhandene oder gesuchte soziale Umgebung als Bezugsrahmen,
- mit dem, was im jeweiligen Medien-Text angelegt ist,
- wobei die aufeinander bezogenen Medien in spezifischen kulturellen Kontexten einen Bezugsrahmen liefern.

Medienkompetenz ist die Handlungskompetenz der Kinder bezogen auf Medien und in den Strukturen der für Kinder gesetzten Kultursituationen. Sie entsteht in den Prozessen der Medienaneignung und der Bedeutungskonstitution, die in Familie oder Bildungseinrichtungen auch gezielt ablaufen.

Alltagsmedienkompetenz: Kinder und Jugendliche handeln in den vorgegeben Strukturen der Alltags und der Alltagskultur und entwickeln dabei eigene Kompetenzen, die mehr sind als nur der Nachvollzug des vom Markt und der Medienproduktion Vorgegebenen, auch wenn deren Strukturen dominant sind.

Medienkompetenz, Dimensionen nach Dieter Baacke (1973, 1996, 1996a, 1999, 1999a): Medienkompetenz ist Teil der kommunikativen Kompetenz der Menschen und gliedert sich in vier Dimensionen:

- Medienkritik (analytisch, reflexiv, ethisch),
- Medienkunde (informativ, instrumentell-qualifikatorisch),
- Mediennutzung (rezeptiv-anwendend, interaktiv-handelnd),
- Mediengestaltung (innovativ, kreativ).

Handlungsfelder der Medienkompetenz nach Heinz Moser (2006). Medienkompetenzförderung bezieht sich auf drei „Handlungsfelder“:

- „Anwendung und Gestalten von Medienprodukten“, Nutzung von „Produktionsmedien“,
- „Austausch und Vermittlung von Medienbotschaften“, Umgangs mit „Kommunikationsmedien“,
- „Medienreflexion“ und „Medienkritik“.

In diesen drei „Handlungsfeldern“ sollten Kinder je nach Alter

- Sachkompetenz,
- Methodenkompetenz und
- Sozialkompetenz

erwerben.

Medienbildung nach Heinz Moser (2006; S. 287)
Medienbildung beginnt, „wo die Vermittlung von Informationen aus subjektunabhängigen Datennetzen und Informationssystemen aufhört, und wo es um deren Verarbeitung und Integration in den eigenen Lebens- und Erfahrungskontext geht. Im Bildungsbegriff ist damit auch jene Perspektive aufgehoben, die aus konstruktivistischer Sicht dadurch gekennzeichnet ist, dass die Menschen sowohl ihr Ich, wie die Welt, in der sie sich bewegen, letztlich selbst erzeugen, um sich darüber reflektierend zu verständigen.“

Medienbildung nach Dieter Spanhel (2006; S. 188 ff.)
- Bildung umfasst die „wechselseitige Erschließung von Mensch und Welt in der aktiven Auseinandersetzung mit der Vielfalt der Medien und der Fülle an Medienangeboten“.
- „Bildung ist ein vom Heranwachsenden selbst gesteuerter Prozess“ und kein „kausal-mechanistischer Zusammenhang“.
- „Medienbildung ist wie alle Bildung an Kommunikationsprozesse gebunden.“

Medienbildung im Internet
Winfried Marotzki (2004; S. 68) bestimmt „Medienbildung als Partizipation am kulturellen Raum des Internet“.

Digital Literacy nach David Buckingham (2007; S. 49). Buckingham definiert vier pädagogische Aufgabenbereiche zum Internet, die sich aus der reziproken Dreiecksrelation von Produktion, Text (Repräsentation und Sprache) und Publikum ergeben. Im Aufgabenbereich der Repräsentation geht es u.a. darum zu verstehen, welche Geltungsansprüche, impliziten Ideologien und Werte eine Website hat. Für den Aufgabenbereich Sprache (Language) sind z.B. die Kombination von Ton, Bild, Text, und Adressatenbezug relevant. Im Aufgabenbereich Produktion geht es beispielsweise um Autorenschaft oder um kommerzielle Einflüsse. Im Aufgabenbereich Publikum (*Audience)* stehen z.B. Fragen nach den Produktionsmöglichkeiten der Nutzer oder der Verbindung einer Website mit der Alltagsstruktur der Nutzer im Vordergrund.

Medienliteralität meint die Teilhabe an einer Kultur mit Hilfe der dafür wesentlichen Medien wie Bücher und die für ihre Nutzung notwendigen Kulturtechniken wie Lesen und Schreiben.

Medienliteralität als Problemfeld, Argument von Sonia Livingstone (2007; S. 7)
Livingstone meint, dass Literalität als Teilhabe an der Kultur zur individuellen Aufgabe in einer Gesellschaft der individualisierten Risiken wird. Damit reduziert sich die demokratische Chancengleichheit auf die Notwendigkeit, sich die kulturellen Ressourcen auch erfolgreich anzueignen, anderenfalls die soziale Ausgrenzung droht.

Entwicklungsschwerpunkt des Mobilen Lernens (M-Learning)
Die didaktische Diskussion im angloamerikanischen Raum schlägt vor, Funktionen des Handys vor allem in Modellen des situierten, kooperativen Lernens und Modellen der Konstruktion bedeutsamen Wissens zu nutzen.

Schema der didaktisch relevanten Funktionen des Handys (Patten et al. 2006; S. 296):

- Verwalten (*„administrative"*): z.B. Kalender oder Organiser auf den Handy,
- Zugang zu Archiven und Textverwaltung (*„referential"*): Dokumente archivieren, Informationsmanagement wie auf Papiertexten beim Lesen Anmerkungen notieren und verschicken,
- Aufgaben mit Feedback-Charakter (*„interactive"*): z.B. einfache Aufgaben vom Typ „drill and test" mit Multiple-Choice-Fragen im Stil eine Quiz bekommen, bearbeiten und verschicken; eigene kleine, einfache Animationen erstellen,
- Aufgaben in kleinen dynamischen Modellen („microworld"): Hier geht es um Wissenskonstruktion in Spielmodellen wie sie von den Lernspielen bekannt sind, beispielsweise Billardspiele, um geometrische Begriffe wie Winkel zu erproben,
- Informationen, Bilder, Geräusche speichern und zur Problemlösung verwenden („data collection"),
- Sich in außerschulischen Räumen mit Sachverhalten vertraut machen („location awareness"): z.B. im Museum spezielle Bilder suchen, fotografieren and analysieren. Es geht um eine Interaktion mit einer konkreten Umgebung,
- Kooperatives Lernen („collaborative"): Wissensaustausch in Schülergruppen was vom „interactive Whiteboard" bis zur Internetlernplattform reicht.

Aufgaben und Leitfragen für eine Didaktik des mobilen Lernens
Die didaktische Aufgabe ist, die Handystrukturen und die in diesen Strukturen erworbenen Kompetenzen mit den bekannten oder neuen Lernstrukturen der Schule und den darin erworbenen Kompetenzen zu verbinden. Zur Lösung dieser Aufgaben sind drei Leitfragen hilfreich:

- Welche gemeinsamen Strukturen liegen dem Alltagsleben mit dem Handy, den Handy-Nutzungsfunktionen und der Schule zugrunde?
- Welche sich ergänzenden und verstärkenden Kompetenzen entwickeln Kinder und Jugendliche in diesen Strukturen?
- Welche Struktur von Lernen empfiehlt sich, in der Schule mit dem Ziel zu entwickeln, die Verbindung von Handyalltag und schultypischem Lernen in der Schule auszubauen?

Vorzüge des Handys in der Schule, Argumente von Sharples et al. (2007; S. 223)
Mobilität allein ist kein Kriterium, um mobiles Lernen mit Handytechnologie in der Schule zu praktizieren. Für mobiles Lernen spricht, damit sozialkonstruktivistische Ansätze („social-constructivist approach"), Lernerzentrierung, Wissenszentriert, Diagnostik und auf Gemeinsamkeit ausgerichtete Lernformen („community-centred", S. 223) in die Schule zu holen.

Diskursive Lernsituationen für eine partizipative Wissenskonstruktion „Collaborative Knowledge Building" (Scardamalia, Bereiter 1999, 2005)
Ziel ist, das Verständnis einer Schulergruppe von der Welt, die sie kennen, kooperativ zu entwickeln. Dazu sind folgende Punkte zu beachten:

- Lernen ist nicht auf vorzeigbare Produkte, sondern auf die Entwicklung gemeinsamen Wissens in der Lerngruppe ausgerichtet.
- Schüler lernen, indem sie zur Lösung eines Problems beitragen.
- Lernen richtet sich nicht auf die praktisch verwertbare Seite eines Problems, sondern auf das Wissen, das sich auf das zu lösende Problem bezieht.
- Medien haben die Funktion, eine diskursive Lernsituation für eine partizipative Wissenskonstruktion zu schaffen oder zu unterstützen („knowledge building environments", Scardamalia und Bereiter 2005; S. 105).

Conversational Framework, das Diskursgefüge der Schule nach Diana Laurillard (2002)
Dieses Modell beschreibt Unterricht und Schule als Diskurse der Schüler und Lehrer mit ihren Zielen Handlungsweisen und Kompetenzen. Der Schwerpunkt liegt bei den Handlungskompetenzen, die sich als interpretierende Reaktion auf

Pläne, Ziele und Lernsituationen ergeben. In wechselseitigen und interpretierenden Reaktionen entwerfen Lehrerin und Schülerin eine dynamische Lernsituation, die zur Strukturvorgabe für Lernen als Herstellung von Bedeutungen wird, die wiederum die Vorgabe der Beteiligten an der Lernsituation ist.

3.5.3 Überblick über die Fallbeispiele

Schulmedientauschbörse

Das Projekt *Schulmedientauschbörse* hatte die Aufgabe, die Alltagsmedienkompetenz von Grundschulkindern einer 3. und 4. Klasse in einfachen Formen des Projektunterrichts bewusst in die Schule einzubringen. Im Vordergrund stand, Handlungsmuster von Kindern mit komplexen Medienangeboten (z.B. Tauschen, Medienexperte) mit typischen Zielen der Schule zu verbinden (z.B. bewusst versprachlichen und verschriftlichen). Weiterhin ging es darum, den integrierten Umgang mit neuen und alten Medien zu fördern. Neben Handlungsmustern wie denen des Tauschens, des Experten, des Ordnens war es wichtig, ambivalente und emotionale Erlebnis- und Handlungsmuster der Kinder wahrzunehmen wie z.B. Peinlichkeit bei der Veränderung des Verhältnisses von Privat und Öffentlich im Internet.

Handy im offenen Unterricht in einer indischen Schule

Die Schülerinnen und Schüler bekamen Handys mit GPS- und Foto-Funktion. Gruppen zu drei Schülern sollten außerhalb des Schulzimmers Probleme entdecken und fotografieren, die sich mit mathematischen oder naturwissenschaftlichen Methoden erklären ließen. Veröffentlicht hat die Ergebnisse des Schulversuch das *Center for Knowledge Societies* (2008a und 2008b).

Handy in einer diskursiven Lernsituation des Französischunterrichts

Im strukturorientierten Französischunterricht hatte das Handy die Funktion eines einfachen Arbeitsmittels für die Schüler. Schüler nahmen die Regel, die sie für das *Passé composé* und *le comparatif* schriftlich in Gruppen formuliert hatten, mit dem Handyvideo auf und setzten das Video zur Information für die anderen Schüler ins Internet. Das Handy war ein wesentliches Mittel der Partizipation von Schülern und Lehrer bei der Entwicklung von Sprachkompetenzen. Verantwortlich war Rolf Deubelbeiss, Nationale Elitesportschule Thurgau, Schweiz.

3.5.4 *Ausgewählte Texte zum Weiterlesen und zur Vertiefung*

Einführende Literatur zum Bildungsbegriff

Winfried Marotzki, Arnd-Michael Nohl, Ortlepp, Wolfgang (2005): Einführung in die Erziehungswissenschaft

Deutschsprachige Literatur zu Medienbildung

Meder, Norbert (2007): Theorie der Medienbildung. Selbstverständnis und Standortbestimmung der Medienpädagogik

Sesink, Werner: Bildungstheoretische Spurensuche auf dem Felde der Medienpädagogik

Marotzki, Wilfried, Meister, Dorothee M., Sander, Uwe (Hrsg.): Zum Bildungswert des Internet

Spanhel, Dieter (2006): Medienerziehung. Erziehungs- und Bildungsaufgaben in der Mediengesellschaft. Kapitel 3.1: Medienbildung als Ziel der Medienerziehung, S. 180 ff.

Pietraß, Manuela (2002): Medienbildung

Pietraß, Manuela (2006): Mediale Erfahrungswelt und die Bildung Erwachsener. 1. Kapitel: Das Interesse der Pädagogik an den Medien, S. 15-40

Englischsprachige Literatur zu Medienbildung, Cultural Practices und Literacy

Buckingham, David (2003): Media Education: Literacy, Learning and Contemporary Culture

Buckingham, David, Willett, Rebekah (2006) (ed.): Digital Generations. Children, Young People, and New Media

Buckingham, David (2007): Beyond Technology. Children's Learning in the Age of Digital Culture

Buckingham, David (2007a): Digital Media Literacies: Rethinking Media Education in the Age of the Internet

Buckingham, David (2007b) (ed): Youth, Identity and Digital Media

Buckingham, David (2008b): Children And Media: A Cultural Studies Approach

Lehrbücher zu Medienpädagogik

Spanhel, Dieter (2006): Medienerziehung. Erziehungs- und Bildungsaufgaben in der Mediengesellschaft

Moser, Heinz (2006): Einführung in die Medienpädagogik. Aufwachsen im Medienzeitalter

Bücher und Websites zum M-Learning

Kukulska-Hulme, Agnes, Traxler, John (2005) (eds.): Mobile Learning. A handbook for educators and trainers

Metcalf, David, S. (2006): mLearning: Mobile Learning and Performance in the Palm of Your Hand

Naismith, Laura, Lonsdale, Peter, Vavoula, Giasemi, Sharples, Mike (2004): University of Birmingham, Literature Review in Mobile. Technologies and Learning. REPORT 11: FUTURELAB SERIES

Pachler, Norbert (2007): Mobile Learning. Towards a Research Agenda

Sharples, Mike (2007) (ed): Big Issues in Mobile Learning file:///Sharples-2007_BIG_ISSUES_REPORT_PUBLISHED.pdf; %20big_issues.pdf js, 27.05.2007

Sharples, Mike, Taylor, Josie, Vavoula, Giasemi (2007): *A theory of learning for the mobile age*

Vahey, Phil, Crawford, Valerie (2002): *PalmTM Education Pioneers Program: Final Evaluation Report.* Accessed at http://palmgrants.sri.com/PEP_Final_Report.pdf. Palm, Inc

http://mlearning.noe-kaleidoscope.org/projects/

http://www.futurelab.org.uk/search/tags?custom:tag_search&tag_search:type=sitewide&tag_search:query=mobile%2Fhandheld#sitewide-cloud

4 Erlebniswelten

Bildung ist auf die vorgegebene Welt angewiesen, die sich Kinder aneignen, womit sie aus einer vorgegebenen eine subjektive, eigene Welt machen. Sie können sich die vorgegebene Welt jedoch nur in deren und damit vorgegebenen Strukturen aneignen. Die heutige stilistisch organisiert Welt mit ihren Strukturen der Alltagsästhetik (Schulze 1988, 1992) prägt u.a. die Art, wie sich Kinder die Ressourcen aneignen, die sie brauchen, um am Leben unserer Gesellschaft teilzuhaben. Sie entwickeln jedoch auch Kompetenzen, wie sie mit den vorgegebenen Strukturen umgehen, indem sie Strukturen übernehmen und sich an sie anpassen oder indem sie sich ihnen versperren und Kulturprodukte zu nutzen, die bislang nicht als Ressourcen Verwendung fanden.

Welche Strukturen sind entscheidend für die Aneignung der vorgegebenen Welt? *Alltagsästhetik* ist ein dominantes Bündel von Strukturen der heutigen, den Kindern vorgegebene Welt (siehe den Teil 2). Im Sinne von Alfred Schütz (1931/1974, Schütz, Luckmann 1984) handelt es sich bei Alltagsästhetik um Strukturen der Lebenswelt, die sich Kinder aneignen und innerhalb derer sie sich entwickeln. Was ist das Bestimmende dieses Strukturbündels? Das Alltagsleben und nicht nur Medien sind ein komplexes Bedeutungssystem aus Waren, Dienstleistungen oder Räumen, die mit Werten, Lebensmustern und Handlungsmustern aufgeladen sind. Diese Durchdringung von Alltag, Bedeutungssystemen, Werten und Mustern ist deswegen wichtig, weil der Alltag für uns schon seit geraumer Zeit der bestimmende und integrierende Teil unserer gesellschaftlichen Wirklichkeit ist, also unsere Lebenswelt, in der Arbeit, Freizeit, Bildung, Aufwachsen, Beziehungen der Geschlechter, Konsum u.ä.m. vonstatten gehen.

Alltagsästhetik ist ein Bündel von Strukturen, das Bildung und die Teilnahme an unserer Kultur prägt. Prägen heißt nicht *unentrinnbar*. Eine der wesentlichen Thesen zur Medienbildung des vorangegangenen 3. Teils betont die Handlungskompetenz, die Kinder und Jugendliche in diesen Strukturen entwickeln, indem sie lernen, sich der diversen Kulturprodukte zu bedienen, zum Teil gegen die Intention dieser Produkte, aber zum Teil auch gegen die Intentionen der Schule.

Daneben gibt es die neuen Strukturen der persönlichen Lebenswelten, die in der Logik des subjektiven Erlebens entstehen (Schulze 1992, Beck 1986). Diese persönliche Lebenswelt, die jeder einzelne in seiner Bezugsgruppe mit den verfügbaren Kulturprodukten aufbaut, folgt einer für unsere Kultur neuen, ungewohnten, jedoch spezifischen Logik, und zwar der Logik der Erlebnisrationalität (Schulze 1992). Zu den Strukturen der persönlichen Lebenswelten gehören Individualisierung und Fragmentierung, die mit den alltagsästhetischen Mitteln funktioniert. Die Konstruktion persönlicher Lebenswelten ist das Thema des folgenden Teils.

Um die Bedeutsamkeit der Konstruktion persönlicher Lebenswelten wahrzunehmen, braucht es den Blick auf die dramatischen Umwälzungen der Industriegesellschaft, die anfänglich das Etikett *Postmoderne* bekam. Die aktuelle Kultursoziologie, Gewährsleute sind hierfür der Deutsche Ulrich Beck (1986) und der Brite Anthony Giddens (1991), hatte schon Mitte der 1980er Jahre begonnen, die Umwälzungen der Industriegesellschaft und die Folgen für die Menschen und ihre Lebensweisen herauszuarbeiten. Die Kernaussagen, die sich hierzu machen lassen, stellen eine deutliche Enttraditionalisierung unserer Gesellschaft in den Mittelpunkt. Es entsteht eine neue Struktur mit den Schwerpunkten der Alltagsästhetisierung und eines neuen Typs des Erlebens, die *Erlebnisrationalität* (Schulze 1992). Einer der ersten Kultursoziologen, der sich mit der Entwicklung der Alltagsästhetik und der entsprechenden Erlebnisweise der Erlebnisrationalität theoretisch wie empirisch beschäftigte und der auch beide Begriffe geprägt hat, war Gerhard Schulze (1992) mit seinem Beststeller *Erlebnisgesellschaft*. Schulze untersuchte die Alltagsästhetisierung als wesentliche Dynamik der Umgestaltung der heutigen Lebenswelt, nicht zuletzt um zu zeigen, wie sehr diese kulturelle Dynamik einer der Veränderungsmotoren unserer Gesellschaft ist. Die Ästhetisierung des Alltags ist ein Prozess, in dem soziale Milieus und Lebensstile entstehen, die sich an der stilistisch spezifischen Gemengelage von Medien, Waren, Dienstleistungen, Unterhaltungsräumen usw. festmachen. Diese Entwicklung ist eingebettet in die wesentliche Umgestaltung unserer Kultur, die eine für die Konstruktion der individualisierten, persönlichen Lebenswelten gewichtige Funktion hat. Der neue Typ des Erlebens folgt der Logik der kleinen, persönlichen Lebenswelten und definiert all das für wichtig, was in solch einer Lebenswelt relevant ist.

Diese Umgestaltung lässt sich mit Hilfe von Paul Cassirers Theorie der *Symbolischen Formen* (1944/1990) als die aktuelle Form unserer Kultur erklären. In den 1980er und 1990er Jahren war es üblich, diese kulturelle Entwicklung mit *Postmoderne* zu bezeichnen. Alltagsästhetik wäre so gesehen die symbolische Form der Postmoderne. Mit dieser Kulturform entstand die neue Erlebnisweise der *Erlebnisrationalität* (Schulze 1992), die charakteristisch für individualisierte und personalisierte Lebenswelten ist.

Der anschließende zweite große Themenbereich beschäftigt sich mit der Funktionsweise von Medien in der *Erlebnisgesellschaft*, in der Medien als Kulturprodukte neben anderen zirkulieren und von Nutzern in ihre Kulturpraktiken hereingenommen werden. Obwohl Massenkommunikation heute nicht mehr so überschaubar angelegt ist wie zu den Zeiten, als Verlage oder Sender die Massenkommunikation prägten, zeigen sich mittlerweile auch hier Strukturen, die sich mit Hilfe des Modells der Zirkulation von Kulturprodukten („Cultural Circuit Model") von Stuart Hall (1980, Du Gay 1997) beschreiben lassen. Ende der 1970er und in den 1980er Jahren entwickelte der Brite Stuart Hall im Rahmen der *Cultural Studies* das Modell der Zirkulation von Zeichen und Kulturprodukten, das sogenannte *Encoding/Decoding-Model* oder *Cultural Circuit Model.* Dieses Modell erklärt, wie die kulturellen Sphären der Produktion und des Alltags, wie Strukturen und Kompetenzen, wie Medienangebote und Mediennutzung zirkulierend aufeinander bezogen sind.

Diese Makrobetrachtung von Medien und Kulturprodukten braucht eine Mikrobetrachtung, die sich der Semiotik als Kultur- und Sozialtheorie der Zeichen und Bedeutungen (Hodge, Kress 1988) bedient. Hierzu ist es hilfreich, Medien und andere Produkte in ihrer Zeichenfunktion als Texte zu verstehen, die jemand herstellt und auch *liest* (*Fiske* 1989). Der Begriff des Texts ist nicht hinreichend, um das alltagsästhetische Gefüge von Medien, Waren, Dienstleistungen oder auch Orten theoretisch zu fassen. Der neue Begriff der *Repräsentation* will der Vielfalt der alltagsästhetischen Phänomene gerecht werden. *Repräsentation* ist ein Konzept, das den Gemeinsamkeiten wie den Unterschieden von Medien, Waren, Dienstleistungen, Orten usw. mit dem Gedanken der Materialität (Gumbrecht 1988) der alltagsästhetischen Elemente konkret auf die Spur kommen will, wozu Gunther Kress und Theo van Leeuwen (2001) den Begriff der Modalität vorschlagen. Es macht eben doch einen Unterschied, ob ein getippter Text auf einem Bildschirm oder in einem Buch erscheint. So enthält auch die Erscheinungsform eines Zeichens, eines Textes, einer Mitteilung, also dessen Repräsentationsmodus (Kress, van Leeuwen 2001), schon eine soziale Botschaft. So hat beispielsweise der Repräsentationsmodus eines Textes auf dem Bildschirm im Kontext der Schule zur Zeit weniger Prestige als ein Buch-Text. Mit Hilfe des Konzepts des *Repräsentationsmodus* lässt sich u.a. nachvollziehen, warum das *multimodale* Handy zum Konvergenzmedium avanciert.

4.1 Enttraditionalisierung des Erlebens

Neue, subjektive Erlebnisweisen sind, wie gesagt, ein charakteristisches Strukturmerkmal einer neuen Kultur und Gesellschaft, die sich in kleine und persönlich zu verantwortende Lebenswelten ausdifferenziert und die zugleich als Integrationsmechanismus konvergente Medien im technologischen Netzwerk des

Internet und mit dem immer verfügbaren Handy bereitstellt. Für die Ausdifferenzierung sind Stile wichtig, die sich der Vielfalt der kulturellen Produkte als Bedeutungssystem bedienen. Weiterhin ist eine Vielfalt an Kompetenzen wichtig, die die Einzelnen mit oder auch gegen diese Kulturstrukturen entwickeln und die in der eigenen Lebenswelt funktionieren. Die Individualisierung der Gesellschaft bieten dem Einzelnen Gestaltungsraum für die eigene Lebensweise in der eigenen kleinen Welt, entlässt jedoch keinen aus der Notwendigkeit, mit hohem Risiko diese eigene Lebenswelt in den aktuellen Umbrüchen aufzubauen und dabei auch die subjektiven wie die gesellschaftlich notwendigen Kompetenzen zu entwickeln.

Was bedeutet diese Entwicklung für Bildung? Die Aneignung der Umwelt wird zur persönlichen Angelegenheit. Die jeweilige Lebenswelt mit ihren subjektiven Sichtweisen und Mustern leitet die Aneignung der Kulturangebote. Verbindliche Vorgaben gelten nur für gesellschaftliche Felder wie Schule oder Beruf, die jedoch keinesfalls mit den Strukturen der subjektiven Lebenswelten zusammenpassen müssen. Welche Medien und Medieninhalte die Funktion einer kulturellen Ressource haben, hängt von der jeweiligen Lebenswelt und deren Anknüpfung an gesellschaftliche Felder ab. Die Anknüpfung zu schaffen, gehört jedoch zu den Aufgaben jedes Einzelnen. Literalität, Teilhabe und Gestaltung definieren sich im Bezugsrahmen der individualisierten Lebenswelten.

4.1.1 Enttraditionalisierung der Industriegesellschaft

Diese Prozesse laufen nicht konfliktlos ab. Wir befinden uns in einem heftigen und schmerzhaften Schub der Enttraditionalisierung, der uns aus der Sicherheit der Industriegesellschaft in eine Gesellschaft der individualisierten Risiken und persönlich zu verantwortenden Lebenswelten transportiert. Neu entstehende prekäre Kulturen, neue Formen der Verarmung sind dafür Indikatoren.

Einen analogen Schub der Enttraditionalisierung beschrieben Theodor W. Adorno und Max Horkheimer (1944/1969) als Ausgangspunkt für die Entwicklung der *Kulturindustrie* Anfang der 1940er Jahre in den USA. Damals ging es in einzelnen Lebensbereichen immer noch um den wiederkehrenden Schock der ersten Phase der Industrialisierung, denn die Industrialisierung drängte damals viele Menschen aus ihren vertrauten, zumeist religiösen Interpretationsmustern und bäuerlichen Handlungsmustern. Ihre Einsichten sind für den aktuellen Schub der Enttraditionalisierung der bestehenden Industriegesellschaft und die damit entstehenden neuen, konvergenten Mediensysteme immer noch wichtig. Kulturindustrie, so Horkheimer und Adorno, produziert standardisierte Kulturprodukte und vernetzte sie zu einem integrierten System. Was hieß für Horkheimer und Adorno Standardisierung und Systementwicklung?

> „Kultur heute schlägt alles mit Ähnlichkeit. Film, Radio, Magazine machen ein System aus. Jede Sparte ist einstimmig in sich und alle zusammen“ (Horkheimer, Adorno 1969; S. 128).

Dieses Kultur- und Mediensystem ließ den Mediennutzern, so Horkheimer und Adorno, keine andere Chance, als sich einzupassen. Weil diese Systemlogik, in deren Zentrum die Standardisierung stand, von der Industrialisierung anderer Lebensbereiche, insbesondere der der Arbeit, übernommen worden war, verdoppelte der „Amüsierbetrieb“ der Medien die industriellen Systemstrukturen im Freizeitbereich außerhalb der Arbeit (Horkheimer, Adorno 1969; S. 144 f.).

Was gilt davon noch heute? Systemstrukturen sind auch heute wichtig, so die These Manuel Castells (2001, 2002, 2003) zum Internet als Teil der „globalen Netzwerke der Instrumentalität“. Das Verhältnis der alltagsästhetischen Systeme zu den Nutzern ist heute jedoch ein anderes, weil Individualisierung und Segmentierung neue und subjektive Kompetenzen der Aneignung und Nutzung verlangen. Die Aneignungslogik der Subjekte in ihren persönlichen Lebenswelten lässt keine einfache Anpassung an eine Systemlogik zu, wie die in der ersten Phase der Kulturindustrie, die Horkheimer und Adorno beschrieben hatten.

Mit der Globalisierung sind alle Gesellschaften in Bewegung gekommen und verlieren mit viel Konflikten ihre traditionelle Strukturen. In der westlichen Industriegesellschaft bringt der aktuelle Schub der Enttraditionalisierung eine Reduktion staatlicher Aufgaben, die mit einer Individualisierung der Lebensrisiken der Menschen einhergeht. Reduktion des Staates und die Verlagerung der Vergesellschaftung und ihrer Risiken auf die Individuen zwingt die Menschen, ihre eigene Lebenswelt aufzubauen, unter anderem, indem sie ihre eigenen Interpretations- und Handlungsmuster entwickeln. Einer der aktuellen Theoretiker dieser Entwicklung, Ulrich Beck, beschrieb schon vor geraumer Zeit in einem Zeitungsartikel die „Individualisierung der Gesellschaft“ mit ihrer gleichzeitigen „Verschärfung sozialer Ungleichheit“ (Süddeutsche Zeitung 14./15. Februar 1993):

> „Doch bei allen Ähnlichkeiten zu diesen Themenstellungen des auslaufenden 19. Jahrhunderts werden die Menschen heute nicht aus ständisch-religiösen Gewissheiten in die Welt der Industriegesellschaft ‚entlassen‘, sondern aus den Sicherheiten der Industriegesellschaft in die Turbulenzen der Weltkrisengesellschaft. Ihnen wird also das Leben nicht zuletzt mit den unterschiedlichsten, einander widersprechenden globalen und persönlichen Risiken zugemutet.
> Die Industriegesellschaft setzt Ressourcen von Natur und Kultur voraus, auf deren Existenz sie aufbaut, deren Bestände aber im Zuge einer sich durchsetzenden Modernisierung aufgebraucht werden. Dies trifft auch auf kulturelle Lebensformen (z.B. Kleinfamilie und Geschlechtsordnung) und soziale Arbeitsvermögen zu [...].

> Dieser Verbrauch der kollektiven oder gruppenspezifischen Sinnreservoire (z.B. Glauben, Klassenbewusstsein) der traditionalen Kultur (die mit ihren Lebensstilen und Sicherheitsvorstellungen noch bis weit in das 20. Jahrhundert hinein auch die westlichen Demokratien und Wirtschaftsgesellschaften gestützt hat) führt dazu, dass alle Definitionsleistungen den Individuen zugemutet werden.
> Chancen, Gefahren, Ambivalenzen der Biographie, die früher im Familienverband, in der dörflichen Gemeinschaft, im Rückgriff auf ständische Regeln oder soziale Klassen bewältigt werden mochten, müssen nun von den einzelnen selbst wahrgenommen, interpretiert und bearbeitet werden. Chancen und Lasten der Situationsdefinition und -bewältigung verlagern sich damit auf die Individuen, ohne dass diese aufgrund der hohen Komplexität der gesellschaftlichen Zusammenhänge noch in der Lage sind, die damit unvermeidlichen Entscheidungen fundiert, in Abwägung von Interessen, Moral und Folgen verantwortlich treffen zu können."

Ein neuer, integrativer Rahmen, die „globalen Netzwerke der Instrumentalität"
Diese Analyse zeigt eine dramatische Entwicklung, die jedoch auch mediale Integrationsmechanismen erzeugt. Die Veränderung der Massenkommunikation im Kontext der Ortsunabhängigkeit industrieller und monetärer Macht bringt in die von Ulrich Beck aufgezeigten Mechanismen vielfältig Neues, was sicher mit der Internet-Technologie zu tun hat, die ihrerseits nur deswegen aus den Wissenschaftlerstuben und Militärstäben herauskam, weil sie half, Systemstrukturen in Kommunikation und offenes Handeln hineinzutragen. Manuel Castells (2001, 2002, 2003) hat dazu die Phänomene gesammelt und sie zu seinem Konzept der „globalen Netzwerke der Instrumentalität" verbunden. Auch das Internet folgt der Logik der Instrumentalisierung kultureller und ökonomischer Ressourcen. Anlass nach solchen Mustern zu fragen, war der scheinbar unaufhaltsame und gesellschaftliche Ressourcen verschlingende Aufbau des Internets. Auch wenn sich das Internet weder so schnell noch so nachhaltig im Alltag und als Bestandteil von Massenkommunikation etablierte, wie es Ende der 1990er Jahre den Anschein hatte, so zeigt sich am Internet doch, was sich mit der Vernetzungs- und Verfügbarkeitslogik verändern könnte, die dem Internet zu eigen ist. Manuel Castells (2001) skizziert in seiner Analyse des „Informationszeitalters" und der als instrumentelles Netzwerk organisierten Gesellschaft die Umrisse, wie sich unsere Gesellschaft mit welcher Dynamik entwickelt. Er spricht von einer „informationellen Entwicklungsweise" (S. 17), die anders als die „agrarische" oder die „industrielle" auf das gesellschaftliche Verhältnis der Menschen zur Natur („Produktion"), zu sich selber („Erfahrung", „kulturelle Identität") und zu anderen („Macht") einwirkt. Einen Aspekt dieser „informationellen Entwicklungsweise" beschreibt Castells mit dem Hinweis auf „globale Netzwerke der Instrumentalität", die eine „unüberschaubare Anzahl virtueller Gemeinschaften" hervorbringt (S. 23). Dabei konstituiert sich auch eine Art von Subjektivität, die sich

im Moment als „zunehmende Distanz zwischen Globalisierung und Identität, zwischen dem Netz und dem Ich“ beschreiben lässt (S. 24). In dieser Spannung bekommt „Multimedia“ die Funktion einer „symbolischen Umwelt“ (S. 415).

An diese Stelle tritt der Konflikt zwischen der Industrie-Kultur westlicher Prägung und Kulturen mit einer anderen historischen Dynamik, wie die der muslimisch ausgerichteten Gesellschaften, zu Tage. In diesen Gesellschaften potenzieren sich die Konflikte der Enttraditionalisierung an der Grenzlinie von religiösen Lebensformen zu den säkularen Lebensformen der Industriegesellschaft mit dem Primat der Zweckrationalität und Verfügbarkeit in Produktion und Konsum. Gleichzeitig löst sich die mit der Industriegesellschaft verbundene Sicherheit auf, insbesondere die des demokratischen Rechts- und Fürsorgestaates. Die Risikovariante der Arbeitslosigkeit in der westlichen Industriegesellschaft verbindet sich mit den Deutungsrisiken postmoderner Lebensformen. Gleichzeitig stellt sich die Frage nach Macht und Herrschaft in den westlichen Industriegesellschaften noch nicht als Frage, wer den reduzierten Staat besitzt. Das ist eine der Machtfragen der Newcomer in der Industriegesellschaft. Wie die Deutung dieser Welt geschieht, die Deutung medialer Angebote und die Lebensformen der individualisierten Risiken, das wird zur entscheidenden kulturellen Frage, in deren Beantwortung enorm viel gesellschaftliches Gewaltpotential steckt.

Bewertungsrahmen für Medien kontinuierlich neu schaffen

Neben dieser dramatischen Seite der Enttraditionalisierung gibt es Beispiele aus dem Medienbereich, die in der Regel auf einem wesentlich niedrigeren Konfliktniveau angesiedelt sind. Der Medienmarkt bietet ständig neue Genres an, zu deren Bewertung es keine zuverlässigen und akzeptierten Bezugsrahmen gibt. Der Verlust vertrauter kultureller Rahmen für die Bestimmung, wie Medienangebote zu verstehen und zu bewerten sind, lässt sich allerorts feststellen. Deshalb sind neue Strategien entstanden, punktuell und diskursiv Bewertungsrahmen zu schaffen. So gibt es regelmäßig breite und auch öffentliche Diskurse, ob ein Genre wie *Big Brother* die Menschenwürde verletzt, weil es die vertraute Schamgrenze, öffentlich gezeigt zu werden, außer Kraft setzt. Ein anderes Beispiel ist *Pope Town*, das auf MTV lief, ein Programm, in dem ein infantil irrer Papst groteske Cartoon-Geschichten inszeniert. Auf dem Werbeposter zum Start der Serien in der Osterzeit 2006 war ein lachender Christus zu sehen, der vom Kreuz heruntergestiegen war. Für Programme, die offensichtlich in Konflikten mit tradierten Bewertungsrahmen oder mit denen wichtiger Bevölkerungsgruppen stehen, gibt es einen Makro-Diskurs, bei dem auch um die Deutungshoheit heftig debattiert oder gestritten wird. Die Werbung der Bekleidungshandelskette *Benetton* vom Anfang der 1990er Jahre mit Bildern von Oliviero Toscani zeigt u.a. das Gesäß einen Menschen mit dem Stempel „H.I.V. positive“ und darunter das Firmenlogo *UNITED COLORS OF BENETTON* oder das blutige T-Shirt eines getöteten Soldaten. Auf einem anderen Bild ist ein neugeborenes Kind noch mit der Nabelschnur zu sehen oder die trauernde Familien um einen Sterbenden (http://images.google.de/images?q=oliviero+toscani&hl =de&um=1&ie= UTF-8&sa=X&oi=images&ct=title, 27. Juli 2008). An diesem Makro-Diskurs war sogar der Bundesgerichtshof mit einem Urteil beteiligt. Letztlich geht es darum, ob Werbung sich auch an moralischen Diskursen um Aids, Tod, Geburt, Krieg beteiligen kann, darf oder auch soll. Dieser Diskurs war u.a. den Kirchen vorbehalten. Im Fall des lachenden Christus, der vom Kreuz steigt, wandert der religiöse Diskurs aus dem Genre der ernsthaft gemeinten Institutionskritik in ein auf Groteske setzendes Unterhaltungsgenre. In diesem Fall entzogen sich beispielsweise die Kirchen einem Makro-Diskurs. Ein heftiger Makro-Diskurs entbrannte dagegen um die dänischen Mohamed-Karikaturen in einer Zeitung. Hier verbanden sich die Entwicklung eines Bewertungsrahmens für ein Medienangebot mit den Konflikten der Globalisierung und der damit einhergehenden Enttraditionalisierung von Lebensweisen, die weltweit zu heftigen und gewalttätigen Auseinandersetzungen führten (http://images.google.de/images?um=1&hl=de& q=Mohamed+Cartoons+D%C3%A4nemark+ &btnG= Bilder-Suche).

Da die Entwicklung von Bewertungsrahmen eine immer wiederkehrende Verständigungsarbeit ist, weil die generell gültigen Bezugsrahmen fehlen, sind sie als Mikro-Diskurse zumeist unauffällig in den Alltag integriert. Dabei sind Handlungsmuster wie die des Genreexperten bedeutsam. Experten eines Genres nutzen u.a. den Unterschied zwischen dem, was für Laien offensichtlich ist, und ihrer eigenen Kennerschaft am Genre, um sich von Bewertungen der Genre-Laien abzusetzen (vgl. z.B. Mikos, Feise u.a. 2000). Auch bei den *Teletubbies* waren sich Eltern und die Öffentlichkeit nicht sicher, was sich denn für Merkwürdigkeiten unter der niedlichen Oberfläche versteckten. Bei *Pokémon* hat sich die Mehrheit der Schulkinder schnell auf eine Art des Umgangs mit den Angeboten verständigt. Sie integrierten *Pokémon* in ihre vertrauten Muster des Tauschens, Lernens, Spielens und wurden so zu Experten. Den Lehrern blieben diese Muster als Genre-Laien jedoch weitgehend verborgen.

4.1.2 Die neue symbolische Form der Kultur

Kultur hat sich mit der Individualisierung und sozialen Fragmentierung verändert. Aus einer eigenständigen Sphäre der Kultur wurde ein stilistisch geordnetes Konglomerat aus Kultur, Medien, Konsum und Dienstleistungen. Dieses Konglomerat überspannt einerseits integrierend die neuen unterschiedlichen persönlichen Lebenswelten, liefert andererseits zugleich die Strukturen, um die Lebenswelten unterschiedlich aufzubauen und die Unterschiede erkennbar zu machen.

Die symbolische Form der Alltagsästhetik
Was unterscheidet diese neue Kultur von ihren Vorläufern? Das Konzept von Paul Cassirer (1944/1990), Kulturen als typische symbolische Formen zu untersuchen, bietet die Chance, den aktuellen Prozess der Enttraditionalisierung mit früheren Kulturformen zu vergleichen. Paul Cassirers Theorie der *Symbolischen Formen* aus der Mitte des vergangenen Jahrhunderts beschäftigt sich mit der historischen Entwicklung von Ausdruck und Gestaltung der Menschen (S. 64), wie sie sich als objektivierte Kultur manifestiert. Dieses Konzept ordnet die symbolischen Formen historisch nach spezifischen Phasen der Zivilisationsentwicklung (S. 50 f.): Mythos und Religion, Sprache, Kunst, Geschichte, Wissenschaft. Sicher trifft Cassirers Phasenbildung und seine Vorstellung von einer zivilisatorischen Höherentwicklung nicht den Kern der aktuellen Diskussion um Medienkultur. Cassirer gibt jedoch Anregungen für eine kulturhistorische Einordnung. Sein Ausgangspunkt ist ein Modell der symbolischen Beziehung der Menschen zu ihrer Umwelt, bei der spezifische symbolische Formen entstehen, die eine kulturhistorische Phase prägen:

> „In all seinen unmittelbaren Bedürfnissen und praktischen Interessen ist der Mensch von seiner materialen Umwelt abhängig. Er kann nicht leben, ohne sich ständig auf die Bedingungen der ihn umgebenden Realität einzustellen. Seine ersten Schritte zu einem geistigen und kulturellen Dasein könnte man als Handlungen bezeichnen, in denen gleichsam eine mentale Anpassung an die unmittelbare Umwelt vollzogen wird" (Cassirer 1990; S. 17 f.).

Für den Menschen ist typisch, dass mit seinem Handeln ein „Symbolsystem" (S. 49) entsteht, das die Lebenswelt kulturell prägt. Der Mensch „lebt nicht mehr in einem bloß physikalischen, sondern in einem symbolischen Universum. Sprache, Mythos, Kunst und Religion sind Bestandteile dieses Universums. Sie sind die vielgestaltigen Fäden, aus denen das Symbolnetz, das Gespinst menschlicher Erfahrungen gewebt ist" (S. 50). Kultur ist also ein Resultat des menschlichen Handelns (S. 114).

Cassirers Kulturmodell der symbolischen Formen als Resultat menschlichen Handelns bietet sich an, um damit auch Bildung im Sinne Wilhelm von Humboldts zu erklären. Für Humboldt ist Kultur die Manifestation der Handelnden, die sich die Kindergeneration mit dem Ziel aneignet, sich mit ihren Möglichkeiten zu entfalten. Mit der historischen Veränderung und Entwicklung der symbolischen Formen von Mythos über Kunst, Religion zu Wissenschaft und Technologie ändern sich nicht nur die Inhalte dessen, was sich Kinder aneignen, sondern auch die Formen der Aneignung. Mittlerweile geht die kulturhistorische Entwicklung über Wissenschaft und Technologie als kulturelle Form hinaus und führt zu einem „Symbolnetz“ „menschlicher Erfahrungen“, in die Alltagsprodukte, Medien, Dienstleistung oder Räume als „vielgestaltige Fäden“ verwoben sind.

Cassirer ging davon aus, dass es folgende Entwicklungsstufen symbolischer Formen gab: Mythos und Religion, Sprache, Kunst, Geschichte und Wissenschaft.

- *Mythos* ist eine untheoretische Erklärung (im Sinne von abgetrenntem, objektiviertem Wissen) einer Welt in Bewegung, die nicht in Gegenstände oder Ereignisse und wahrnehmende Subjekte getrennt ist, sondern emotional und projektiv wahrgenommen wird. Die Welt ist in einem wandlungsfähigen Zustand und nicht eindeutig kategorisierbar. Welt und Leben sind eine Einheit, in der die Menschen erleben, fühlen und handeln.
- *Religion* bringt danach eine konsistente Welterklärung, eine differenzierte Wahrnehmung der Welt und die magische Einflussnahme auf die Welt der Götter oder den Willen Gottes (S. 146), weil es ein gemeinsames Band gibt, das die Welt zusammenhält (S. 149f.). Moral wird als Ordnung etabliert, die über Tabu-Systeme (Macht durch Absonderung und magischen Einfluss des Abgesonderten) hinausgreift. In der weiteren kulturellen Entwicklung bekommen erst die Sprache, dann die abbildende Kunst, dann Geschichte und Wissenschaft eine zunehmend mehr differenzierende und distanzierende Erklärungsfunktion.
- *Wissenschaft* als weitere Entwicklung und die mit Wissenschaft verbundene Logik der Technologisierung sind im Sinne von Paul Cassirer bestimmende Elemente der symbolischen Form der Kultur der Industriegesellschaft, die im aktuellen Prozess der Enttraditionalisierung die neue Form der *Alltagsästhetik* bekommt. (Dies kann selbstverständlich keine Kategorie der Theorie Cassirers sein, der seine kulturhistorischen Überlegungen 1944 veröffentlichte, der jedoch heute vermutlich ähnlich argumentierte.)
- *Alltagsästhetik*: Im Zuge der Individualisierung ist eine neue Kulturform notwendig, die sich der stilistisch verbundenen oder abgegrenzten, konsumierbaren Medien, Waren, Dienstleistungen oder Räume bedient. Technologisierung bleibt weiterhin wichtig und führt, wie das Castells festgestellt hat, u.a. mit dem Internet zu neuen Netzwerken des Verfügens, also zu *Netzwerken der Instrumentalität*. Die *symbolischen Formen* der Massenkommunikation und des Konsums überlagern sich mit denen der Technologie, die durch die Logik der Wissenschaft geprägt ist. Als Strukturmerkmal bleibt auch die von Horkheimer und Adorno (1944/1969, S. 128) in den 1940er Jahren attestierte technologische Systemstruktur („Ähnlichkeit“,

„Planmäßigkeit", Standardisierung und Reproduzierbarkeit, „kurzfristiger Gebrauch"), die damals mit der Industrialisierung von Kultur entstanden. Heute führt die Individualisierung des Alltagslebens zur symbolischen Kulturform der Alltagsästhetisierung mit stilistischer Vereinheitlichung oder Abgrenzung. Dabei werden die Menschen z.B. als Medienrezipienten, die zugleich Konsumenten, Fans, Medienbieter sind, in eine riskante Verantwortung eingebunden, indem sie in der Perspektive ihrer Alltagswelt für die Integration von Konsum in ihre emotionale Innenwelt wie in ihre Umwelt verantwortlich sind.

Die Struktur der kleinen, persönlichen Lebenswelten

Weil sich die traditionelle Welt der Industriegesellschaft in individuelle Lebenswelten auflöst, entsteht und braucht es eine adäquate symbolische Kulturform. Sie entsteht in der Struktur der Fragmentierung und Individualisierung der Gesellschaft, die von den Menschen im Alltagsleben enorm viele Entscheidungen, Zielorientierung und persönliches Stehvermögen verlangt. Den Menschen ist eine gesellschaftliche Differenzierung in viele und ineinander verschachtelte Subsysteme vorgegeben, die von den Menschen und von den Institutionen integriert werden müssen. Die Integration findet zum einen im Alltagsleben durch die Menschen statt, die ihren jeweiligen Lebens- und Gestaltungsraum zu einer überschaubaren Lebenswirklichkeit zusammenfassen. Es ist Aufgabe der Menschen, Fernsehen, Arbeit, Wohnung, Urlaub, Einkaufen, Finanzen, Politik, Mitmenschen, Fahren, die Wochen-, Tages- und die Jahreszeit usw. zu einer lebbaren Einheit zusammenzufassen. Zum anderen verbinden mächtige *Institutionen* kontrollierend und reglementierend die komplex differenzierte Gesellschaft. Für den einzelnen Menschen sind die Funktions- und Begründungszusammenhänge schwer oder gar nicht durchschaubar und ebenso schwer zu beeinflussen.

Für Alltag und Institutionen fehlt der verbindende Rahmen traditioneller Lebensformen oder allgemein akzeptierter Wertvorstellungen und Deutungsmuster, so dass innerhalb dynamischer Entwicklungen die einzelnen Menschen wie die Institutionen hoch riskant entscheiden und handeln müssen. Grundlegende Risiken (u.a. Ökologie, Straßenverkehr) werden durch die fehlende Ziel- und Methodenabstimmung der Subsysteme produziert. Weil kein zuverlässiger gemeinsamer Bezugsrahmen vorhanden ist, wird das Leben auch als riskant erlebt. Gesamtgesellschaftliche oder schichtspezifische Rituale und Verhaltensnormen werden unwesentlich und verlieren ihre Gestaltungsfunktion. Alltägliches Handeln kann nicht mehr mittels allgemeiner und selbstverständlicher Muster unternommen werden. Individuelle Muster werden wichtig. Aushandeln, Cliquen und Milieus, ritualisierte Situationen bekommen stabilisierende Funktion. Dabei wird eine Individualisierung von Normen, Moral, Lebenswelten und Lebensstilen in

Gang gesetzt. Ein gemeinsames Band können konsumierbare Angebote bieten, die nicht mehr wie gemeinsam erzählte Geschichten funktionieren, sondern die einen gemeinsamen Lifestyle ermöglichen. Ein fiktiver Gewaltsport wie *Wrestling* oder Zauberwelten der Harry Potter-Bücher liefern soziale Koordinaten, die auf unterschiedlichen Stilen gründen.

Die Struktur der Stile und Segmente

Die hierarchische Welt der 1950er Jahre beginnt Vergangenheit zu werden. Fernsehen wurde damals für ein Publikum eingeführt, das sich hierarchisch nach Schichten gliederte: Oben/Mitte/Unten. Kultur, dazu gehörte Fernsehen, passte zu diesen Schichten und wurde damit auch ein Abgrenzungsmerkmal. Die Menschen ließen sich schichtspezifisch nach ihren Vorlieben einordnen und ansprechen. Die vertikale Schichtengliederung verschiebt sich zur Zeit in die horizontale Gliederung der kulturellen Milieus. Vertikal organisierte Schichten und horizontal angelegte Milieus beginnen eine neue gesellschaftliche Gliederung zu werden, bei der Alltagskultur eine maßgebliche Rolle spielt. Milieus sind einerseits ein differenzierend abgrenzender, jedoch andererseits ein gemeinsam verstehbarer Bezugsrahmen. In dieser Funktion bekommen sie tragende Bedeutung für Aufbau und Gliederung der Alltagswelt heute. In einer ersten empirischen Annäherung hat Gerhard Schulze (1988, 1992) fünf Milieutypen entdeckt. Kulturelle Milieus sind subjektive Gestaltungsleistungen der Menschen, die über individuelle Bedeutungskonstitution entstehen. Milieus sind deshalb eine Verbindung von individuellem Sinn, Lebenslauf, Lebensgestaltung, Alltag und ästhetischen Mustern. Eine Verbindung von „Lebenssituationen“ mit „alltagsästhetischen Mustern“ (Schulze 1992 und 1988) ist typisch für das heutige Alltagsleben und bildet die Basis der soziokulturellen Milieus mit einer stilistischen Mischung von Medien, Konsum oder Selbstdarstellung. Milieus entwickeln sich aus den vertikalen Schichten der 1950er Jahre und werden zu wichtigen horizontalen Gliederungssegmenten unserer Gesellschaft. Gerhard Schulze fand aufgrund empirischer Untersuchungen für „kulturelle Segmente“ (1988), die er in der späteren Darstellung (1992, S. 174, 219 ff.) „Milieus“ nennt, fünf unterscheidbare Typen kultureller Segmente („Milieus“): „Niveaumilieu“, „Harmoniemilieu“, „Integrationsmilieu“, „Selbstverwirklichungsmilieu“ und „Unterhaltungsmilieu“. Mitgliedern des Niveaumilieus geht es um Abgrenzung von anderen Milieus, indem sie sich z.B. mit ihrer Bildung aus dem Bereich der Hochkultur von der Trivialität anderen Milieus abgrenzen (Schulze 1992, S. 283ff.). Im *Harmoniemilieu* (Schulze 1992, S. 292) gehen dessen Mitglieder auf Distanz zur Hochkultur und suchen mit Kleidung, Wohnung, Auto und Freizeitaktivitäten Nähe zu und Harmonie mit anderen Gleichgesinnten. Beim *Integrationsmilieu* (Schulze 1992, S. 301) steht die geordnete Welt im Vordergrund, in der man aufgehoben sein will und in der man Konflikte vermeidet. Mitglieder des *Selbstverwirklichungsmilieus* (Schulze 1992, S. 312) lehnen Triviales ab, wollen dagegen Spannung und Hochkultur, sind offen für Neues. Ihr Ziel ist die „eigene Originalität" auf „anspruchsvolle Weise auszuleben" (Schulze 1988, S. 84). Im *Unterhaltungsmilieu* (Schulze 1992, S. 322) lehnt man Bildung, Hochkultur und Trivialkultur ab. „Konsum, Fahren, Fernsehen, Action, Spannung sollen vor allem den eigenen Bedürfnissen dienen."

Die Milieus und ihre Stile entstehen über die Rezipienten, die das symbolische Material der Medien oder anderer kultureller Angebote wie Kleidung mit ihrer Art der Weltorientierung, mit ihren Leitbildern und Wertvorstellungen verbinden. Dazu wählen sie in drei Dimensionen: „alltagsästhetische Schemata", „existentielle Anschauungsweisen", Leitbilder und Werte, ihre Art zu leben (1992).

Dimension der „alltagsästhetische Schemata" mit den drei Ausprägungsformen:

- Hochkulturschema mit z.B. klassischer Musik (S. 142ff.),
- Trivialschema mit z.B. Blasmusik (S. 153ff.),
- Spannungsschema mit z.B. Action, Disco (S. 157ff.).

Dimension der „existentielle Anschauungsweisen" (S. 261) mit den zwei Möglichkeiten der Welt- oder der Ich-Orientierung:

- „Weltverankert" mit den Ausprägungsformen (a) „Streben nach Rang", (b) Sozialen Erwartungen entsprechen, (c) „Streben nach Geborgenheit",
- „Ichverankert" mit den Ausprägungsformen (a) Entwicklung eines Identitätskerns, (b) Bedürfnisse erfüllen oder ausagieren.

Dimension der „Leitbilder", orientierenden „Mythen" (S. 281) und „Wertorientierung" (Schulze 1988, S. 90):

- „Wertorientierung" hat folgende Ausprägungsformen: (a) „politisch-gesellschaftliches Interesse", (b) „religiöse Orientierung", (c) „Option für individuelle Freiheiten".
- Leitbilder, orientierende Mythen und Wertorientierung gliedern sich (Schulze 1992, S. 349) in:
  (a) „*Denkstile*" mit komplexen Erlebnisformen der „Kontrolle" und der „Konzentration" oder mit einfachen Erlebnisformen der „Entlastung" und der „Unmittelbarkeit" und in (b) *Handlungsstile*", die entweder „Sicherheit" und „Standardisierung" schaffen oder die auf „Ich-Bestimmtheit" und „Ausagierens" gerichtet sind.

Die Systematik dürfte auch heute noch aktuell sein. Die von Schulze erhobenen Daten sind sicher veraltet. Die *Sinus Sozivision GmbH* (2001, 2002, 2007, 2007a) liefert die zur Zeit aktuellen und gültigen Daten, die der Logik der alltagsästhetischen Theorie folgen. Im 2. und 3. Teil sowie im folgenden 5. Teil stützt sich die Argumentation deshalb auf die Sinus-Milieus. Nach den Daten von *Sinus Sociovision* gliedern sich die aktuellen soziokulturellen Milieus nach zwei Dimensionen, nach der „sozialen Lage" mit der hierarchischen Gliederung nach Beruf, Einkommen und Schulbildung und nach der „Grundorientierung" mit Werten und der Einstellung gegenüber der Modernisierung.

4.1.3 Die neue Form des Erlebens: die Welt in meinen Sinne

Die Welt der alltagsästhetischen *Erlebnisgesellschaft* hat Leitbilder, Wertorientierung, Denk- und Handlungsstile sowie grundlegende Zugänge zur Welt (Welt- oder Ich-verankert), die über verschiedene Schemata (Hochkultur, Trivial, Spannung) die Konsum-, Medien- und Dienstleistungsangebote gliedern, und zwar so, dass gesellschaftliche Milieus entstehen. Was macht diese Art der Weltanbindung und Weltgestaltung riskant? Ich will es mit einer Metapher beschreiben: Es ist die Verlagerung des Weltmittelpunktes in die Menschen selber. Gerhard Schulze (1992) nennt es „Erlebnisrationalität".

> „Erlebnisrationales Handeln zielt auf ein Zentrum, das im Handelnden selbst liegt. Was auch immer das Erlebnisziel sein mag, innenorientierte Konsummotivation will auf einen subjektiven Prozess hinaus" (S. 430). ... „Sobald wir den unentrinnbaren Strom der Erlebnisse nicht mehr hinnehmen, wie er gerade kommt, sondern selbst zu regulieren versuchen, handeln wir erlebnisrational. Unsere Aktionen lassen sich dann verstehen als Versuche, die für uns unmittelbar erfahrbare Umwelt so zu gestalten, dass sich ein gewollter psychophysischer Prozess einstellt, etwa indem wir in eine bestimmte Region reisen oder uns per Knopfdruck optische und akustische Reize verschaffen" (S. 430). „Die Rationalität der Erlebnisnachfrage, wie sie für unsere Gesellschaft charakteristisch ist, beruht auf der Prämisse, dass man schöne Erlebnisse herbeiführen kann, indem man aus einer Fülle von Erlebnisangeboten die richtigen, individuell passenden auswählt" (S. 432).

Um die Verlagerung der Weltherstellung *in* die Menschen deutlich zu machen, unterscheidet Schulze zwischen „außenorientiertem und innenorientiertem Konsum":

> „Die Unterscheidung von außenorientiertem und innenorientiertem Konsum erleichtert das Verständnis der Rationalität der Erlebnisnachfrage. Kauft man eine Brille als

Mittel, um besser zu sehen, ein Auto als fahrbaren Untersatz, Mehl als Lebensmittel usw., so handelt man außenorientiert. Der innenorientierte Konsument sucht eine Brille, mit der er sich schön fühlt, ein Auto, das ihn fasziniert, eine Mehlsorte, mit der er etwas erleben kann: Erlebnismehl" (S. 427).

In Werbung und Produktdesign lässt sich dazu eine Fülle von Beispielen finden, die wie das *Erlebnismehl* funktionieren. So druckt die Firma *Teekanne* auf die Schachtel ihrer Teebeutel den Slogan *Harmonie für Körper & Seele*. Eine der Teesorten bekommt dazu die Ergänzung: *Freu Dich*. Diese Schachtel ist vor allem in Orange gehalten. Zur einer anderen Teesorte kommt die Aussage: *Hol Dir Kraft*. Diese Schachtel ist eher in Gelb gehalten. Dieses sind Vorschläge von Seiten des Marketing, die Anknüpfungspunkte für subjektive Erlebnisperspektiven zu liefern. Dem Tee wird eine Idee mitgegeben, wie aus einer Tasse Tee *Freude* oder *Kraft* zu schöpfen sei. Tee bietet sich so als differenzierendes Erlebnisprodukt an. Damit bleibt Tee nicht allein. Betritt man einen Bäckerladen, dann gibt es nicht nur *Fitnessbrot*, das in Milieus passt, in denen Aktivität und Gesundheit Teil der Erlebnisperspektive bilden. Man kann auch die bodenständig regionale Sorte, die Wohlfühlsorte oder die weltoffen italienische usw. haben. Auch Klopapier besitzt neben der Sanitärfunktion eine Erlebnisfunktion, die die Marke *Charmin* für sich folgendermaßen anpreist:

> Die Charmin Premiumvariante setzt Maßstäbe für den kleinen extra Luxus in Ihrem Bad. Charmin Deluxe hat daunen-weiche, extra lange Blätter und bietet Ihnen somit höchsten Komfort und Sicherheit. Es bietet Ihnen Luxus bis ins kleinste Detail, selbst die Innenrolle ist dezent bedruckt. So werden Sie auf angenehmste Weise verwöhnt. http://www.charmin.de/content/de/deluxe-toilettenpapier.php.

Auch hier steht beim Marketing die Erlebnisfunktion spezifischer Milieus im Vordergrund, denn es geht um Qualität und dezenten Luxus. Beim der *Duschcreme Asia Spa* von *FA, Sojamilch & Kirschblüte* für die *geschmeidige Haut*, richtet sich das Marketing weniger auf dezente Qualität mit Luxus, sondern eher auf Weltoffenheit, wenn das Duscherlebnis folgende Ankündigung bekommt:

> Inspiriert von den Geheimnissen asiatischer Schönheit bietet diese spezielle Duschcreme von Fa mit ihrem angenehm blumigen Duft ein einzigartiges Duscherlebnis.

Individuelle Erlebnis- und Innenorientierung scheint hier nur eine Sache der überbordenden Werbung zu sein, die einen neuen Trick ersonnen hat. Individuelle Erlebnis- und Innenorientierung ist heute jedoch ein allgemein wirksames Prinzip, wie wir in der entwickelten Industriegesellschaft unser Leben mit all seinen Facetten wie Arbeit, Freizeit, Medien, Schule, Erziehung organisieren.

Dieses neue Verhältnis der Menschen zu sich selber, ihrer sozialen, dinglichen und kulturellen Umwelt ist auf dem Weg, die Entwicklung der Kinder anzuleiten. Es sind nicht die zu konsumierenden Objekte und Dienstleistungen, die maßgeblich sind für das Verhältnis der Kinder zur vorgegebenen Welt um sie herum. Es ist vielmehr ein in die Objekte und Dienstleistungen eingeschriebenes Verhältnis von Subjekt und Objekt, von Mensch und Welt, eben die Erlebnisorientierung. Dieses in die Kulturprodukte eingeschriebene Verhältnis zeigt Kindern, Jugendlichen und Erwachsenen, dass die Welt als die jeweils ihre zu sehen ist, als ihre Welt, die nach ihrem Lebensstil und ihren Handlungsmustern organisiert ist.

Bei einem Medien- und Ereignisarrangement wie *Yu-Gi-Oh* erscheint diese Erlebnisorientierung in Aneignungsformen wie des Sammelns und Ordnens von Spielkarten. Dabei spielt das Handlungsmuster des Experten im Moment eine besonders wichtige Funktion bei der Aneignung kulturell unklarer oder undefinierter Programmangebote wie *Yu-Gi-Oh.* Unklar ist *Yu-Gi-Oh,* weil z.B. offen bleibt, ob es sich um ein die gleichnamige Fernsehsendungen begleitendes Spiel, um ein Internetspiel oder um eine Fernsehserie ohne die Struktur der Erzählung handelt.

Der Gedanke vom *Eigensinn der Dinge und Ereignisse* als Bildungsidee wird hier wichtig. Es ist ein Gedanke, der in der Auseinandersetzung mit Wilhelm von Humboldts Konzept nahe liegt. Für Humboldt war es wichtig, dass Bildung als Entwicklung nur in der Aneignung des Fremden möglich ist, wobei sich die Kinder in der Mannigfaltigkeit der fremden Welt entfalten. Was bedeutet das für ihre Entwicklung, wenn das Fremde in der Erlebnisorientierung der Kinder als stilistisch verfügbar auftaucht? Kritisch zu bedenken ist dabei, dass sich damit in unserer alltagsästhetisch organisierten Kultur ein neues Prinzip manifestiert, eines, das in der Hauptphase der Aufklärung nicht denkbar war. Undenkbar war, dass ein Grundmuster der Renaissance, ohne das Aufklärung nicht möglich war, unwichtig zu werden beginnt, nämlich der Welt gegenüber zu stehen und die Welt als eigenständiges Objekt wahrzunehmen. Die Renaissance des 15. Jahrhunderts bot den Menschen Kunstwerke, bei denen sie sich der Welt gegenüber stellen konnten und mussten, um die fremde Welt mit Hilfe der Zentralperspektive im eigenen Kopf entstehen zu lassen. Erlebnisorientierung heute hingegen heißt nicht mehr, sich der Welt gegenüber zu stellen, um sich die Welt aus der Distanz anzueignen. Erlebnisorientierung heißt, was außerhalb von mir ist, ist nur wirklich, wenn und weil es eine Funktion für mich hat, und zwar, weil ich es mir konsumierend aneigne: *Die Welt in meinem Sinne*, das ist der neue Modus der Aneignung. Damit verändert sich die Rolle der *fremden* Welt außen für die Entwicklung der Kinder, denn die Sachverhalte und Ereignisse kommen vor allem in der persönlichen Erlebnisperspektive in den Aneignungshorizont der Kinder. So erhalten sie eine Bestätigungsfunktion für die subjektive Erlebnisweise.

Dieses Prinzip beinhaltet, dass zum einen die einzelnen Mitglieder unserer Gesellschaft ihre eigene Lebenswelt verantwortlich aufbauen. Dazu gehört die Unversicherbarkeit der individualisierten Risikogesellschaft. Zum anderen ist diese Lebenswelt nur wirklich, weil sie in der persönlichen Erlebnisperspektive jedes Einzelnen entsteht: Tee gibt es, weil ich die Ruhe erlebe; Brot, weil ich sportlich sein will. Duschgel gibt es in meiner Welt als meinen persönlichen Luxus oder als weltoffenes, leistungsfernes *Asia-Feeling* am Morgen vor dem Büro.

Für Werbung oder das Marketing von Produkten, Medien oder Unterhaltungs-Events können wir diese Logik der Erlebnisrationalität nachvollziehen. Aber was bedeutet das für Lernen und Bildung? Versetzen wir uns in den 11-jährigen Erkan, den Jungen aus einer türkischen Familie, der, wie schon im 2. Teil beschrieben, erhebliche Leseprobleme in der Schule hat, jedoch bei der Fernsehunterhaltung zuhause die eingeblendeten Ergebnislisten der Sportsendung auf dem Bildschirm liest, versteht und wiedergibt. Erkan hat in der Schule nicht gelernt zu lesen. Es war ihm von außen aufgenötigt worden und fremd geblieben; vermutlich nicht so sehr das Lesen, sondern vor allem der Prozess der Aneignung des Lesens, in der Art wie er meint, dass man als türkischer Junge liest. Vom Bildschirm Ergebnislisten einer Sportsendung zu lesen, ist vergleichsweise viel schwieriger als einen auf einem Blatt Papier gedruckten statischen Text zu erfassen. Sowohl der Fernsehrahmen wie der Programmkontext, das ist der Autorennsport, gehören dagegen zu Erkans Welt, machen seine Welt und darin das Lesen zu einer männlich, sportlichen Angelegenheit. Wenn das zu erlesende Wissen dann die Basis ist, um mit dem Papa ins Gespräch zu kommen, dann ist das eine weitere Erlebnisorientierung. Lernpsychologisch ließe sich vermutlich genauso gut von intrinsischer Motivation sprechen. (Intrinsisch ist eine Motivation, wenn sich der Lernende selber und um der Sache willen um die Aneignung eines Sachverhaltes bemüht, extrinsisch, wenn die Motivation von außen, z.B. durch eine besondere Belohnung, an einen Lernenden herangetragen wird.) Der entscheidende Punkt ist jedoch, dass diese intrinsische Motivation in der *Erlebnisgesellschaft* die dominante Aneignungsform ist. In diese Logik müsste schulisches Lernen passen, um Erkans Erlebnis-Sache zu werden.

Man kann die Beziehung von Erkan und schulischem Lesen auch anders einordnen, um die Perspektive der Erlebnisrationalität einzunehmen, ohne sofort von einer herstellbaren Motivation, also der intrinsischen Motivation, als einer Aufgabe der Lehrerinnen und Lehrer zu reden. Hier ist der Gedanke der Lebenswelt Erkans hilfreich. Lesen müsste eine wichtige Sache in seiner Lebenswelt sein. Das ist es auch schon, sobald der Text auf dem Bildschirm im Sport-

und Unterhaltungskontext erscheint und er zudem eine Kommunikationsfunktion mit dem Papa hat, für den die deutsche Sprache mindestens so wichtig ist wie die türkische. Mit dem Modell der Lebenswelt ergibt sich auch der Bezug zu einer didaktischen Lösung, nämlich Situationen zu schaffen. Aufgabe von Lehrerinnen und Lehrern ist dann nicht Lerninhalte anzubieten und zu vermitteln, ihre Aufgabe besteht statt dessen darin, Situationen zu schaffen, innerhalb derer sich Kinder oder Jugendliche Lerninhalte aneignen und Kompetenzen entwickeln.

Bauprinzip persönlicher Erlebniswelten

Das Strukturprinzip für die Entwicklung und Veränderung persönlicher Erlebniswelten lässt sich anhand der *Bravo Jugendstudie 2002* recht gut nachvollziehen. (Bei dieser Studie blieben jedoch die Bereiche Schule oder Ausbildung unberücksichtigt.) Die Lebenswelten älterer Kinder und Jugendlicher sind in ihrer Komplexität empirisch überschaubar. Entsprechend der Erlebnisrationalität ist die Lebenswelt bzw. sind die verschiedenen Lebenswelten konzentrisch um die Jugendlichen aufgebaut (vgl. dazu die Zonen des Handelns bei Ganguin, Sander 2006). Hier wesentliche Ergebnisse der 6. *Bravo Jugendstudie* von 2002 für die Altersgruppe der 12- bis 18-Jährigen, die anschaulich die Zentrierung von Medien, sozialen Gruppen und Konsum mit den Jugendlichen im Mittelpunkt herausstellt (Bauer Media AG 2002; S. 11 und 12).

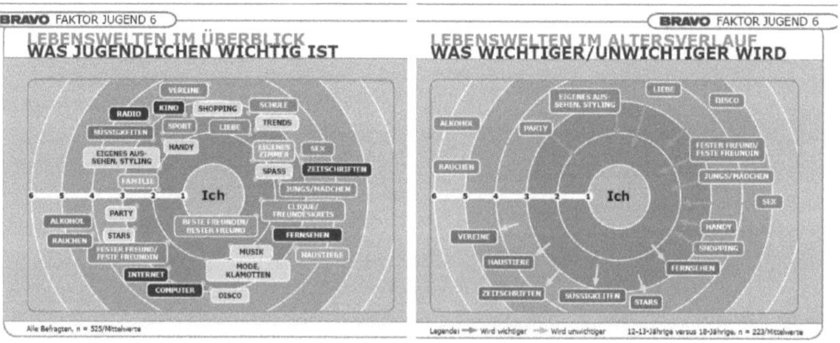

Bei dieser Untersuchung wurden im Sommer 2002 repräsentativ 525 Jugendliche im Alter von 12 bis 18 Jahren in Face-to-face-Interviews von *Iconkids & Youth, München* befragt (http://www.bauermedia.com/zielgruppen.0.html, 2. Jan. 2007). Für die rasante Entwicklung des Handys sind zwar die Daten von 2002 nicht mehr aktuell, was jedoch die konzentrische Struktur der Erlebniswelten in der Logik der Erlebnisrationalität nicht tangiert. Die Fragestellung der Untersuchung richtete sich sowohl auf „Einstellungen und Werte" als auch auf die Konsumaktivitäten der Jugendlichen.

Die Jugendlichen bauen ihre Lebenswelt nach Nähe und Distanz auf: „Jugendliche differenzieren sehr genau zwischen dem, was sie bewegt, und dem, was sie kalt lässt. Je weiter innen" (d.h. subjektnah) „die Themen positioniert sind, umso stärker ist die psychologische Nähe. Dabei bleibt immer zentral die emotionale Heimat mit Familie, Freunden und eigenem Zimmer" (Bauer Media AG 2002; S. 11). Im inneren Lebenswelt-Zirkel der Altersgruppe der 12- bis 18-Jährigen stehen Freunde, Cliquen und Familien, das eigene Zimmer sowie Musik und Spaß. Erst im nächsten wichtigen Zirkel tauchen Medien und Lifestyle mit Mode, Stars, Partys und Handy auf. Liebe und ein fester Freund bzw. Freundin sind gleichermaßen wichtig. Sie dürften jedoch zu einem eigenen Feld gehören. Ein eigenes Feld dürfte ebenso die Schule bilden.

Zu fragen ist, wie bildungsrelevante Themen in diese Erlebniszirkel passen. Medienkompetenz gehört zum wichtigen zweiten Relevanzzirkel, ebenso wie die Schule, vorausgesetzt, die Verbindung mit Lifestyle geht nicht verloren. Lifestyle reicht von Stars, Partys, Klamotten bis zum Sport und Fernsehen. Schon 2002 gehörte das Handy zu diesem Relevanzbereich. Es dürfte heute dem subjektiven Erlebniszentrum der jugendlichen Lebenswelt im Jahr 2007 wesentlich näher gerückt sein. So gesehen, ließe sich am Handy Medienkompetenz erproben. Das Handy bietet sich als Lernsituation an. Wieder gilt die schon formulierte Einschränkung, vorausgesetzt Schule akzeptiert das Handy als Teil des integrierten Erlebnisfeldes *Medien und Lifestyle* und bietet zudem die für dieses Feld angemessenen Reflexionsformen. Weil Fernsehen und damit auch seine Genres zum zweiten Bedeutsamkeitszirkel gehören, wäre, wie schon skizziert, eine Talkshow als Start für eine Erörterung denkbar. Dabei ließen sich mit einer Pro- und Kontra-Aufstellung wie bei einer Talkshow auch banale und grenzwertige Argumente vortragen, um Genres und Reflexionsformen des Handys erkunden.

Ein wichtiger Punkt für die Veränderungen in der Lebenswelt ist das Alter. Die Studie *Bravo Faktor Jugend 6* (Bauer Media AG 2002; S. 12) formuliert folgendes Ergebnis:

> „Während die emotionale Heimat aus Freunden und Familie nicht an Bedeutung verliert, werden jugendliche Lebenswelten zwischen dem 12. und 18. Lebensjahr mehr und mehr erschlossen. Dazu gehören vor allem Party und Liebe mit allem Drum und Dran, aber auch der Spaß am Shopping. Den Aktivitäten mit der Clique wird immer mehr untergeordnet."

Diese Veränderungen laufen darauf hinaus, dass bei Jugendlichen Lifestyle mit dem Thema der Erotik im Vordergrund steht. Das ist ein Ergebnis, das unseren Alltagserfahrungen von Jugend ziemlich entspricht. Greift man den Gedanken der Medienkompetenzförderung unter diesem Blickwinkel der zunehmenden Gewichtung von Lifestyle und Erotik in den jugendlichen Lebenswelten auf, dann erscheinen die vier gängigen Zielkategorien der Medienkompetenz (Medienkritik, Medienkunde, Mediennutzung, Mediengestaltung, Baacke 1996) recht weit weg von der Alltagskultur der Jugendlichen. Stellt man sich die Kulturpraxis der Jugendlichen vor, dann sind da wenig Anknüpfungspunkte zu diesen schulischen Formen der Kritik. Statt dessen sieht man eine Kulturpraxis mit 16-Jährigen, die eher gelangweilt das Handy aus der Tasche ziehen, um sich ins pralle Jugendleben einzuklinken, indem sie mit Freundin oder Freund über Shoppen, Party und Disco *simsen*. Hier könnte die Talkshow, ein simples, dennoch reflexives Genre der Alltagskultur, eher den adäquaten Rahmen einer Medienkompetenzförderung bilden.

4.2 Medien als Kulturprodukte in der neuen Massenkommunikation

Die traditionell vertrauten Formen der Medien sowie ihre Herstellung, Verteilung und Nutzung in den Strukturen der Massenkommunikation mit zentralen Profi-Sendern und Empfängern im Alltagsleben sind auf dem Weg, nur noch eine Variante in der symbolischen Kulturform der Alltagsästhetik und ihren persönlichen Erlebniswelten zu sein. Um die Formen der alten Medien in ihrer alten Struktur der Massenkommunikation von neuen Formen und Strukturen abzusetzen, ist es hilfreich, Medien ebenso wie z.B. T-Shirts in ihrer Eigenschaft als Kulturprodukte zu untersuchen.

Dabei tun sich erhebliche Schwierigkeiten auf. In einer Umbruchsituation wie der unseren verschwimmt nach und nach, was denn die für uns typischen Bedeutungssysteme und die dazu notwendige Literalität ist. Parallel ist auch nicht mehr klar was ein Medium ist. Die Semiotik, also die Theorie der Zeichen und Bedeutungen, bietet in dieser Situation das theoretische Modell der Repräsentation. Der Begriff der Repräsentation kommt aus der Semiotik (Kress, van Leeuwen 1996; S. 5 ff., Nöth 2000; S. 131–226) und bezeichnet sowohl die kulturellen Produkte als auch die Konstitution ihrer Bedeutung in Kulturpraktiken und kulturellen Situationen. Repräsentationen sind Kulturprodukte, die in kulturellen Situationen und mit deren Praktiken Bedeutung bekommen und diese objektivieren. Medien sind heute Kulturprodukte neben vielen anderen. Kulturprodukte entstehen in Situationen, in denen Menschen ihnen Bedeutung geben. Bedeutung zu geben und damit Kulturprodukte zu erstellen, lief in der alten Struktur der Massenkommunikation nach dem Muster der Industrieproduktion mit einer zentralen und dominanten Produktionsinstitution und mit einem Massenpublikum eher passiver Mediennutzer. Die neue Massenkommunikation läuft nicht nur mehr ausschließlich über definierte Medien wie Zeitung oder Rundfunk in diesem linearen Fluss. Statt dessen zirkuliert eine Vielzahl kultureller Produkte in und zwischen den fragmentierten Bereichen einer Gesellschaft. Dabei können die Strukturen einer Medienplattform ebenso wirksam werden wie die von soziokulturellen Milieus. Die neue Massenkommunikation verschmilzt also mit einer Fülle kultureller Situationen und Praktiken.

Mit dem Begriff der Kulturprodukte (cultural products), die in und mit Kulturpraktiken Bedeutung bekommen (signifying practices, cultural practices) schließe ich mich vor allem dem Konzept von Repräsentation an, das Stuart Hall, prägender Vertreter der *Cultural Studies*, vorgelegt hat (Hall 1997; S. 13- 64, insbesondere S. 36, vgl. Hepp 1999; S. 36).

Für die Entwicklung unseres aktuellen Typs von Massenkommunikation als Zirkulation von Kulturprodukten gibt es vermutlich zwei Entwicklungslinien:

- Die jeweiligen Lebenswelten brauchen eine semiotische Organisation, die viele Anknüpfungspunkte zu den standardisierten Konsumangeboten bietet. Dazu empfiehlt sich eine Bandbreite der Repräsentation, also eine Fülle von Medien, Waren, Dienstleistungen und deren typische Repräsentationsmodi wie Bilder, Körper, Räume, Musik. Diese Entwicklungslinie führt u.a. zu Multimedia.
- Unser neuer Typ von Erlebnisrationalität legt den Schwerpunkt auf die Erfahrung in der individuellen Erlebnisperspektive. Die persönliche Erlebnisperspektive und die in dieser persönlichen Erlebnisperspektive aufgebaute Lebenswelt ist unter anderem deswegen riskant, weil sie gesellschaftliche Notwendigkeiten voll oder teilweise verfehlen kann. In dieser Risikosituation bietet der Körper letzte Gewissheit, weil jeder mit seinem Körper für sich selber und für andere als erlebendes Subjekt eindeutig fassbar ist. Deshalb wird die Körperlichkeit, anders formuliert, deshalb wird die meinem Körper entsprechende Materialität der Verständigung und der Kulturzirkulation enorm wichtig. Diese Entwicklung führt zu einer Bandbreite von Repräsentationsmodi.

4.2.1 Die Struktur der Repräsentation

Welche Strukturelemente sind maßgeblich für die Entwicklung der neuen Massenkommunikation? Wichtig ist, dass Kulturprodukte wie Texte funktionieren, die sich lesen lassen. Das ist ein Element, auf das u.a. John Fiske (1978, 1989, 2006) hingewiesen hat. Weiterhin ist die Verbindung mit den Handlungsweisen in den verschiedenen persönlichen Lebenswelten wichtig, da sie die Basis der

Bedeutungskonstitution darstellen. Zudem bekommt die Materialeigenschaften der Kulturprodukte einen hohen Stellenwert.

(a) Kulturprodukte funktionieren wie Text

John Fiske (1989, S. 43 ff) beschreibt in der semiotischen Perspektive, die kulturellen Produkte als Repräsentation definiert, einen Strand als Text, den man liest: „Reading the Beach" ist dazu sein Motto. Hier sein Schema, das eine Kulturlandschaft als Landkarte repräsentiert. Dabei haben die Bedeutungs-Elemente wie der Bereich des „seichten Wassers" („Shallow Water"), „Strand" („Beach"), der Bereich mit Hinweistafeln, Toiletten, Kioske usw., „Straße" („Road") und „Stadt" („City") nur in der Landkartendarstellung des Textes von John Fiske (S. 49) die Form der getippten Wörter und der graphischen Zeichen. Die Badenden kennen und lesen diese Bedeutungselemente auf andere Weise, z.B. indem sie ins Wasser gehen, am Kiosk einkaufen usw.

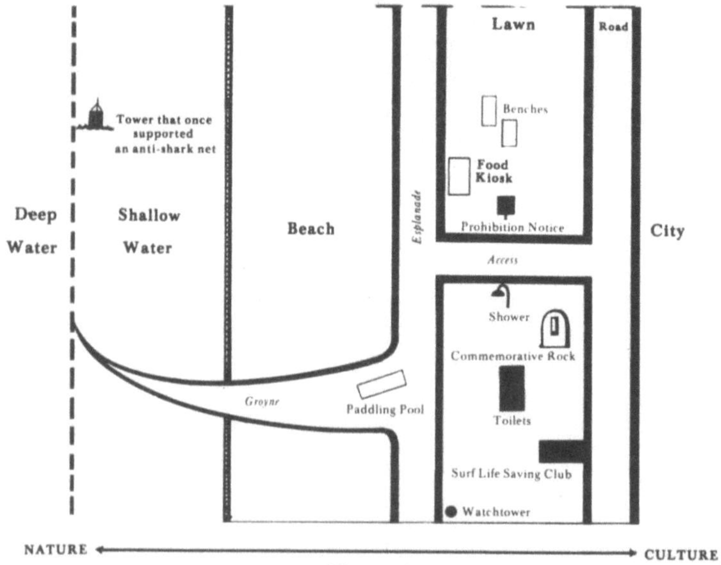

Figure 3

Figure 3 aus:
John Fiske: Reading the Popular. Routledge 1992. Seite 49.

Dazu fragt sich Fiske (1989, S. 43), was denn einen Text definiert, nämlich Bedeutungszusammenhänge („a signifying construct of potential meanings") sowie Autor und Leser:

> „Semiotically, the beach can be read as a text, and by text I mean a signifying construct of potential meanings operating on a number of levels. Like all texts, the beach has an author – not, admittedly, a named individual, but a historically determined set of community practices that have produced material objects or signs. By these I mean the beach-side buildings, the changing rooms, the lawns, the esplanades, the vendors' kiosks, the regulatory notices, the steps and benches, the flags and litter bins – all these items whose foregrounded functional dimensions should not blind us to their signifying ones. Like all texts, beaches have readers. People use beaches to seek out certain kinds of meaning for themselves, meanings that help them come to terms with their off-beach, normal life-style. As with other texts, these meanings are determined partly by the structure of the text itself, partly by the social characteristics and discursive practices of the reader – different people use the beach differently, that is, they find different meanings in it, but there is a core of meanings that all users, from respectable suburban family to long-haired dropout surfer, share to a greater or lesser extent."

John Fiske zeigt in diesem Zitat, dass ein Badestrand Autoren hatte. Das sind nicht Autoren vom Typ des Dichters oder Architekten, sondern Leute, die innerhalb eines historisch fixierten Praxismusters materielle Objekte oder Zeichen produzieren: „a historically determined set of community practices that have produced material objects or signs". Auch wenn bei einem Badestrand zuerst die praktischen Funktionen wie Umziehkabinen, Verkaufskioske, Rasen usw. ins Auge fallen, so geht es doch vor allem darum zu verstehen, dass alle diese Objekte eine Bezeichnungsfunktion („signifying function) haben, welche die Strandbesucher *lesen*, indem sie um den Rasen herumgehen, Müll in die Abfallkörbe und nicht in die Toiletten werfen usw. Strandbesucher nutzen den Strand wie Leser einen gedruckten Text und dessen Gefüge: „People use beaches to seek out certain kinds of meaning for themselves." Dabei liefert der Strand einen Bezugsrahmen („the structure of the text itself", "a core of meanings") für die individuelle Art des Lesens, je nachdem, in welchem individuellen Sozialkontext und Handlungsmuster („social characteristics and discursive practices of the reader„) sie stehen und innerhalb dessen sie den Badestrand und seine Einrichtungen nutzen.

Mit der Ausweitung des Konzepts des Lesens geht eine nicht unproblematische Verallgemeinerung des Buches als Kulturprodukt einher. Natürlich ist das Buch nicht irgendein Kulturprodukt und hat unsere Praktiken geprägt, auch im Alltag mit Bedeutung und Zeichen umzugehen, die in eine Kultur-Landschaft wie in einen Strand als Repräsentation eingeschrieben sind. An einem Strand zu surfen, zu baden oder ein Eis zu kaufen, ist auch bedeutungsbezogenes Handeln, das dennoch typische Unterschiede zum Lesen und nicht nur strukturelle Gemeinsamkeiten zeigt. Zwar ist es sympathisch, die Gemeinsamkeit von Repräsentation in den verschiedensten Lebensbereichen mit dem Buch herauszustellen, indem jede Art der Bedeutungskonstitution auf Lesen oder Schreiben zurückgreift. Die Aussage oben, in eine Kultur-Landschaft als Repräsentation sei etwas eingeschrieben, setzt Literalität, Lesen, Buch jedoch als allgemeine Maßstäbe, die noch nicht einmal in der europäischen Kultur mit ihrer Buchtradition verbindlich sind. Die Verallgemeinerung der für Lesen notwendigen Kompetenz auf alle kulturellen Praktiken mit völlig anderen Kulturprodukten trägt in sich die Gefahr, den Eigenwert der soziokulturellen Praktiken, die weit weg vom Buch sind, zu übersehen. Der Londoner Semiotiker und Pädagoge Gunther Kress (2008) betont deshalb, dass in multimodalen Kommunikationsumgebungen sowohl die Bedeutungskonstitution wie die entsprechenden Kompetenzen einem Transformationsprozess unterliegen, den andere Repräsentationsmodi eines Kulturprodukts in Gang setzen. Nicht *Literalität* (literacy) ist deshalb der Maßstab für den kompetenten Umgang mit Kulturprodukten, sondern die Kompetenz von Kindern oder Jugendlichen, Kulturprodukte in die eigene Lebenssituation zu übertragen und Repräsentation zu transkribieren. Die heute notwendige Kulturkompetenz im Umgang mit Repräsentation liegt deshalb schwerpunktmäßig auf der Transkription kultureller Produkte, indem Kinder Repräsentationsmodi in ihre oder andere kulturelle Praktiken übersetzen.

(b) Kulturpraktiken und die Konstitution von Bedeutung: Semiotic Approach

Wenn man Mülleimer, Rasen, Hinweiszeichen, geschriebene Anweisungen, Kioske, Wege oder die Bademode, mit der die Leute ins Wasser gehen, sowie die Zeitungen, die sie am Strand lesen, mit einem Terminus erfassen will, dann eignet sich dazu *Repräsentation*. Dieser Begriff liefert die Chance, der Vielfalt heutiger Medien und deren Verbindung mit anderen Kulturprodukten gerecht zu werden, was ja der Anspruch des Konzepts der Alltagsästhetik ist. Die bisherige Skizze von Repräsentation hat zudem betont, dass Kulturprodukte als Repräsentation unauflöslichen mit den kulturellen Praktiken und Situationen verbunden sind, in denen sie Bedeutung gewinnen. Stuart Hall (1997) hat für die *Cultural Studies* diese Verbindung als theoretisches Paradigma mit dem Begriff des *Semiotic Approach* belegt. Schon der Titel seines 1997 herausgegebenen Buches *Representation* bringt dieses Paradigma auf die Formel: Cultural Representation and Signifying Practices. Die gesellschaftlichen Diskurse funktionieren, weil die verschiedensten Produkte in den Lebenssituationen der Menschen Bedeutung gewinnen, indem sie hergestellt und genutzt werden. Dieses Herstellen und Nutzen von Repräsentationen ist Bedeutungskonstitution (signifying practices).

Stuart Hall (1997, S. 36 f.) widerspricht der Meinung, eine Analyse von Zeichen wäre ausreichend, um die Kulturzirkulation unserer Gesellschaft angemessen zu erfassen. Nein, alle kulturellen Produkte vermitteln Bedeutungen: „all cultural objects convey meaning" (S. 36). Deswegen funktionieren alle Kulturprodukte wie Zeichen in einer Sprache. Diese Gleichsetzung führt zum semiotischen Paradigma, das alle Kulturprodukte in ihrer Funktion als gleichwertig ansieht, in Diskursen Bedeutung zu generieren oder zu objektivieren.

> „The underlying argument behind the semiotic approach is that, since all cultural objects convey meanings, and all cultural practices depend on meaning, they must make use of signs; and in so far as they do, they must work like language works" (Hall 1997, S. 36)

Die Repräsentations-Produkte entstehen in Diskursen und werden in Diskursen genutzt. Der Terminus *Repräsentationen* könnte sich mit dem Missverständnis verbinden, die kulturellen Produkte spiegeln, so die Vorsilbe Re-, die Diskurse, in denen sie entstehen. Nein, es sind immer Prozesse der Bedeutungskonstitution (signifying practices), die sich kultureller Produkte bedienen oder in denen diese Produkte entstehen. Mit einem prägnanten Beispiel räumt Stuart Hall solch ein Missverständnis aus, indem er *Wrestling* als Beispiel aktueller Repräsentation anbietet. Was in Wrestling abgehandelt wird, lässt sich nicht unmittelbar an den Figuren oder den Kampfaktionen ablesen. Weder die Figuren, noch die Kostüme, Aktionen, Spielorte oder die Kommentare des Fernsehmoderators spiegeln den oder die zugehörigen Diskurse. Man muss schon einen gehörigen Aufwand als Rezipient wie als Wissenschaftler treiben, um an die grundlegenden Themen heran zu kommen.

Hier als Beispiel ein Ausschnitt aus einem Gespräch mit Lehrern und Pfarrern von 1994, worum es bei Wrestling geht. In diesem Gespräch konstituiert sich das Verständnis dessen, was Wrestling ist. Dazu identifizieren und interpretieren die Gesprächsteilnehmer die Repräsentationselemente und ihre Beziehungen.

> „Herr Meier: Ich hatte sicher schon das starke Empfinden, je genauer ich das anschaue desto verständlicher ist das, dass es eine ganz gewaltige, letztlich auch durchschaubare Inszenierung ist. Die mimen ja, sicher das sind keine richtigen Kämpfe, sondern sie tun so, als ob sie kämpfen. Und es sind wechselnde Sieger, einer ist nicht immer Sieger, sondern der findet auch immer wieder seinen Meister, es ist aber alles, gehört alles zur Inszenierung dazu. Wer nicht, – Dauersieger zu sein. Das wäre mein Eindruck.

(Erläuterung: Herr Meier nimmt sich die Repräsentationselemente *Kampf*, *Sieger* heraus und versucht sie als Inszenierung zu diskutieren.)
Interviewer: Warum sind Sie sicher, dass es eine Inszenierung ist?
Herr Meier: Es läuft doch nach bestimmten Spielregeln, die Inszenierung mag dramatisch aussehen, aber dass jemand zu Tode kommt oder auch nur zu ernsthaften Schaden, das scheint mir auch die Spielregel zu sein, das soll nicht geschehen. Also das ist so mein Eindruck. Trotzdem machts unheimlich was her. Vor allen Dingen sehr phantasievoll, ausgesprochen kreativ, auch zum Teil geschmack- [unverständlich]. Eindrucksvoll ist es, wie die Kämpfer, wenn sie's denn überhaupt sind, wenn sie es nicht darstellen wie die Schauspieler, letztlich schon, wie sie sich rausputzen, ist beeindruckend.
(Erläuterung: Herr Meier beschäftigt sich mit den Repräsentationselementen Spielregeln, Tod als Konsequenz von Wrestling-Aktionen, Ausstattung der Wrestling-Figuren und bewertet deren Kreativität.)
Herr Müller: ... Und deshalb die Frage, ob die Kinder verstehen, dass es nach Regeln abgeht, oder das als echten Kampf verstehen.
(Erläuterung: Herr Müller beschäftigt sich mit den Repräsentationselementen Spielregeln in Diskursen von Kindern.)
Interviewer: Haben Sie Erfahrungen damit?
Herr Müller: Ich habe mich mal mit Konfirmanden und Schülern darüber unterhalten. Was mich am meisten erschrocken hat. Also, ich bin selbstverständlich auch davon ausgegangen, jeder sieht auf Anhieb, das ist 'ne Show. Und die sind tatsächlich davon ausgegangen, und das wird ja auch deklariert als Weltmeisterschaften oder irgend so etwas, die sind tatsächlich davon ausgegangen, das ist, wie, ja weiß ich nicht, vielleicht auch 'ne Schau, wie jetzt der Maske gegen den Isep Aranke und das ist ja doch nichts anderes, war ja wirklich ein echter Kampf. ... Das haben aber die meisten nicht durchschaut, haben das wirklich als 'ne echte Auseinandersetzung gesehen. Und für die Steigerung fürs Viertelfinale und fürs Halbfinale. Und von da aus werden die natürlich, gerade haben wir gesehen, da spannt einer den Ellenbogen so zuerst auf die Halsschlagader. Wenn die das so machen würden, dann ginge wahrscheinlich nur noch die Hälfte da gesund nach Hause. Das erklärt meine Befürchtung auch, das es eben solche Sachen gibt, da wird immer weiter gepumpt, weil das real ist. Und weil das ja als Realität [unverständlich].
(Erläuterung: Herr Müller beschäftigt sich mit den Repräsentationselementen Inszenierung und deren Nähe zu Sport.)
Herr Schulze: Wenn das real wäre. Aber siehe, der kann ihn noch mal auskugeln und alles mögliche und nochmals kaputtmachen, nicht, und übergibt ihn dann, und das ist von vornherein für uns, die wir ein bisschen distanzierter sind, klar, wer siegt. Ich kann aber auch verstehen, dass die anderen, auch durch die Kommentare die kommen, die ja verführerisch sind, die machen ja so, die Kommentare sagen ja, das ist nun das, also sportlich sind die und durchtrainiert, und was weiß ich alles. Die Kommentare suggerieren: Das ist live. Und dabei denke ich, also seh ich das Playback.
(Erläuterung: Herr Schulze beschäftigt sich mit Repräsentationselementen Inszenierung wie Auskugeln, Kaputtmachen, Kommentare des Fernsehmoderators und deren Folgen im Diskurs der Rezipienten: Das ist live.)“

In diesem kurzen Gesprächabschnitt überlegen sich die Gesprächsteilnehmer, welche Repräsentationselemente maßgeblich sind, um den Charakter von Wrestling verstehen, und welche Folgen für Kinder zu prognostizieren sind. Der Rezeptions-Diskurs in einer förmlichen Diskussion beginnt damit, die Elemente der Repräsentation zu identifizieren. Dabei wägen die Diskutanten die Beziehung ab, ob die Repräsentationselemente als Inszenierung oder als Sportereignis angelegt sind. Dabei spielt auch eine Rolle, wie Kinder diese Beziehung einschätzen und sich damit an die Wirkungen des Programms für Kinder anzunähern.

Die Lehrer und Pfarrer nähern sich dem Wrestling-Programm und seiner medienpädagogischen Bewertung an, indem sie, wie es der *Semiotic Approach* von Stuart Hall zusammenfasst, die Repräsentationselemente identifizieren und ihre Funktion formulieren. Sie eignen sich in dieser Art der Bedeutungskonstitution Wrestling an und bewerten es in seiner Funktion für Kinder. Sie tun das, weil ein Programm wie Wrestling ohne klare kulturelle Vorbilder plötzlich auf dem Programmmarkt auftauchte und dringend einen Rezeptionsdiskurs brauchte. Dieser Rezeptionsdiskurs ist notwendig, um einen Kontext zu entwickeln, mit dessen Hilfe sich das Programm einordnen und bewerten lässt. Dazu ist der Weg naheliegend, sich erst einmal klar zu werden, woraus das Programm besteht. Die Pädagogen gehen dabei nicht so vor, dass sie zuerst nach den beteiligten Medien fragen, sie versuchen stattdessen, die Inszenierungselemente zu identifizieren, um die Frage nach dem Wirklichkeitscharakter von Wrestling zu erörtern. Man hätte genauso nach dem Medien-Set von Wrestling fragen können und ob die Live-Vorstellungen wichtiger sind als die Fernsehsendungen, welche Rolle die Magazine haben usw. Für die Zuschauerpost war vermutlich die Redaktion des Fernsehsenders wichtig, weil für sie das Fernsehen mit seinen Redakteuren einen Rahmen für die Bedeutsamkeit von Wrestling liefert. Die echten Fans sind jedoch daran zu erkennen, dass sie zu den Live-Events fahren und mit den Wrestlern versuchen, Blick- oder Gesprächskontakt aufzunehmen.

(c) Materialität der Kulturprodukte

Dieser Diskussion, was denn bestimmende Elemente von Repräsentation heute sind, stellen sich Kulturwissenschaft (Gumbrecht 1988) und Semiotik (Kress, von Leeuwen 2001). Neu ist die Vielfalt an Repräsentationselementen in Programmsystemen, die sich wegen ihre *Materialität* von einander unterscheiden. Die Frage nach der Materialität von Kommunikation mit der Formulierung Materialität stammt von Hans Ulrich Gumbrecht (1988). Alles ist oder scheint zum Anfassen, die Wrestling-Figuren, die Live-Inszenierungen, die Magazine und Fan-Produkte. Gleiches gilt für *Popstars*, *Pokémon* oder *Tokio Hotel,* bei denen der Charakter der kulturellen Produkte offensichtlich ist. Auch schon ein weiter Medienbegriff in Anlehnung an ein Prozess- und Entwicklungsmodell von Medien definiert Medien als kulturelle Objektivationen (Berger, Luckmann 1970, S. 36 f., Bachmair 1979, S. 35 ff.):

> „Das menschliche Ausdrucksvermögen besitzt die Kraft der Objektivation, welche sowohl dem Erzeuger als auch anderen Menschen als Elemente ihrer gemeinsamen Welt begreiflich sind. Objektivationen durch Ausdruck sind mehr oder weniger dauerhafte Indikatoren subjektiver Empfindungen. Sie ermöglichen deren ‚Begreifbarkeit' über die Vis-à-vis-Situation, in welcher sie unmittelbar erfasst werden können, hinaus. Zum Beispiel kommt das subjektive Gefühl von Zorn in der Vis-à-vis-Situation direkt in mancherlei physischen Merkmalen zum Ausdruck: Mienenspiel, Ausfallstellung des Körpers, bestimmte Bewegungen der Arme und Füße und so weiter. Diese Anzeichen für Zorn sind fassbar, ‚während' die Vis-à-vis-Situation andauert. Deshalb bietet sie die optimale Möglichkeit, zum anderen als Subjekt Zugang zu erlangen. Solche Ausdrucksbewegungen sind allerdings nicht fähig, die leibhaftige Gegenwärtigkeit der Vis-à-vis-Situationen zu ‚überdauern'. Zorn kann jedoch mittels einer Waffe vergegenständlicht, beziehungsweise objektiviert werden. Nehmen wir an, ich hatte Streit mit einem Mann, der mir recht ‚ausdrücklich' Augenschein von seinem Zorn gab. In der folgenden Nacht erwache ich und entdecke ein Messer in der Wand über meinem Bett. Das Messer als Objekt drückt den Zorn meines Feindes aus. Es verschafft mir zu ihm als Subjekt Zugang, obwohl ich schlief, als er es warf, und obwohl ich ihn nicht sah, denn er floh nach diesem ‚Schein'-Treffer. Wenn ich das Objekt nun lasse, wo es ist, kann ich es am Morgen wieder anschauen, und wieder bringt es den Zorn des Mannes, der es geworfen hat, zum Ausdruck. Andere Leute können es besichtigen und denselben Eindruck bekommen. Mit anderen Worten: das Messer in meiner Wand ist ein objektiv vorhandener Bestandteil der Wirklichkeit geworden, die ich mit meinem Feind und anderen Leuten teile. Es ist anzunehmen, dass das Messer nicht ausschließlich zu dem Zweck, auf mich geworfen zu werden, gemacht worden ist. Aber es drückt eine subjektive Intention zur Gewalt aus, deren Motiv Zorn, aber auch Nutzen aus Gewaltanwendung sein kann, Töten zum Zweck von Nahrungsgewinn etwa, bei der Jagd oder auf dem Schlachthof. Die Waffe als Objekt ist also sowohl ein menschliches Erzeugnis als auch eine Objektivation menschlicher Subjektivität."

Die Möglichkeit der symbolischen Objektivation, welche die Basis von Verständigung und Kommunikation ist, bildet immer auch unsere Wirklichkeit. Das anfassbare Messer oder das Bild des Messers werden mittels unterschiedlicher Medien und ihrer Ausprägungsformen in unserer sozialen Welt wirklich. Wir legen uns üblicherweise keine Messer vors Bett, schauen uns jedoch Actionfilme mit Waffen an, spielen Kampfspiele auf dem PC vom Typ *Counterstrike*. Sie sind mediale Objektivationen in verschiedenen Kultursphären und Lebenspraktiken. Unsere Verständigung und Kommunikation läuft mittlerweile über ein Gefüge von Medien, bei denen anfassbare, körperliche Objekte und Situationen, in denen wir uns bewegen, neben allen anderen Medien, vom gedruckten Text, über Fernsehen, *iPod*, Internet, SMS wichtig sind, weil ihre typische Körperlichkeit, d.h. ihre Materialität, Teil der Verständigung ist.

Multimodalität

In der Semiotik hat dieses Phänomen u.a. Gunther Kress zum Thema gemacht, nicht zuletzt, weil es, wie er sagt, in den „westlichen Kulturen eine klare Vorliebe für die Monomodalität" (Kress, van Leeuwen 2001, S. 1) gibt. So kamen bislang die bevorzugten literarischen Genres, aber auch wissenschaftliche Abhandlungen üblicherweise ohne Bilder aus, was sich aktuell ändert. So ist ein wissenschaftliches Lehrbuch wie das von Stuart Hall (1997): *Representation,* mit einer großen Zahl an illustrierenden Abbildungen ausgestattetet. Für Gunther Kress sind es unsere gesellschaftlichen Diskurse, ist es unsere Art der Medienproduktion und Distribution, die diese Entwicklung hin zu multimodalen Repräsentationsformen unterstützt oder notwendig macht. Damit verweist er auf eine Entwicklungsdynamik unserer Kulturzirkulation, die von der Monomodalität des gedruckten Buchtextes und des Films mit dem Laufbild plus Sprache plus Musik und der des Hörfunks weggeht. So startete das Internet wie eine Art von Boulevardzeitung mit einer Kombination von Bild und so etwas wie einem gedruckten Text. Internet bekommt jetzt die Podcasts zum Hören oder zum Hören plus zum Sehen. Damit gibt es im Internet wie bei anderen Medien bzw. Mediensystemen eine breite Entwicklung der Repräsentationsmodi, die Gunther Kress und Theo van Leeuwen beschreiben. Dazu greifen sie weit aus, indem sie nach den semiotischen Ressourcen (2001; S. 20) fragen. Sie listen folgende Schlüsselbegriffe auf (S. 20-23), die die Schichten und Strukturen (Stratification of semiotic resources) erkennbar machen: Discourse, Design, Production, Distribution, Mode, Medium, Experiential Meaning Potential, Provenance. Wie funktionieren diese semiotischen Ressourcen? Neben den kommunikativen Aktivitäten (Discourse) und ihrem stilistisch ausgerichteten Design sind die Diskursbereiche der Produktion und der Distribution ebenso maßgeblich wie der Repräsentationsmodus der Zeichen und ihre Medien sowie die in der Repräsentation angelegte und unterschiedlich lesbare Bedeutung (experiential meaning potential) und deren kultureller Ursprung (provenance). Mit diesen acht Termini lassen sich unsere alltagsästhetischen Formen erfassen.

Beispiele für die Ausweitung der Repräsentationsmodi weit über Fernsehbilder hinaus sind multimodale Körperinszenierungen im Fernsehen oder, präziser formuliert, Körperinszenierungen des Fernsehens. Das Design dazu ist die Casting-Show. Eines ihrer Medien ist das Fernsehen, zu dem das Internet hinzukommt, zum Beispiel die Webpage http://topmodel.myvideo.de/ ?ih=1&gclid=

CIf7_O_Y5JQCFRuD1QodPQ96Rg oder die des Senders Pro7: http://www.prosieben.de/lifestyle_magazine/next_topmodel/index.php. Hinzukommen Flyer, DVDs usw. Sie sind Teil von Diskursen über Leistungsstandards, persönliche Kompetenzen und den Körper als Grundlage jeder Individualität. Weil es dazu gesellschaftliche Diskurse gibt, ist der Diskurs im Design der Casting-Show zur Zeit sehr attraktiv, was von *Deutschland sucht den Superstar* über *Popstars* zu *Germany's Top Model* reicht. Dabei stehen zwei Themen im Mittelpunkt. Das sind zum einen die individuellen Kompetenzen, mit deren Hilfe jeder vom Mr. oder Mrs. Nobody zum bewunderten Star aufsteigen kann. Das ist zum anderen die Ausweitung der Repräsentationsmittel des Fernsehens auf den Körper. Indem jemand zu einer Casting-Show geht, wird der eigene Körper zum Repräsentationsmittel in einer standardisierten Vergleichs- und Leistungsinszenierung. Umgangssprachlich formuliert heißt das, jeder oder jede ist in der Lage, sich mit seinem Körper zu inszenieren. Theoretisch formuliert, wird der eigene Körper zur Repräsentationsressource der Bedeutungskonstitution in einer Kultursituation des massenhaften Kompetenzvergleichs. Deshalb ist es nicht verwunderlich, wenn das Thema, was denn heute eine attraktive Frau ausmacht, multimodal inszeniert wird. Ein anderes Beispiel für die Fülle aktueller Körperinszenierungen ist eine Fußballmeisterschaft, die im Design des Sportprogramms erscheint. Bei der Körperinszenierung *Germany's Top Model* geht es vor allem um den weiblichen Körper und dessen Bewertung.

Wo liegen die Ursprünge (Provenance) dieses multimodalen Programms? Es ist die Modeschau mit dem Laufsteg, es ist der Sportunterricht in der Schule mit strenger Leistungsbewertung, es ist die Talkshow mit einfachen Reflexionsformen und beherrschender Moderatorin.

Abschließend die Frage, was in solch einem multimodalen und multimedialen Programmangebot angelegt ist (Experiential Meaning Potential)? Für die öffentliche Debatte auf Seiten des Publikums stand die Zurichtung des weiblichen Körpers im Vorgrund. Diese Reflexion nutzte die Repräsentationsmodi des geschriebenen Textes im Genre des erörternden Artikels und den Repräsentationsmodi der Bilder. Hier die Bilder aus der *Süddeutschen Zeitung* vom 28. 1. 2006 und 4./5. 2. 2006 und ein Artikel aus der Regionalzeitung *Hessisch Niedersächische Allgemeine* (*HNA)*, 28.1.2006.

Der Sender nahm an diesem Diskurs im Medium der Zeitung und mit einer Zeitungsanzeige im Genre der Werbung mit Gruppenbild der Models und einem erörternden Artikel im Modus des gedruckten Textes Stellung. Dieser Repräsentationsmodus lässt Argumentation zu. Ausgangspunkt ist die Überschrift „Sind wir zu dünn?". Dann folgen Argumente.

Süddeutsche Zeitung

Ausgabe-Nr: -
Ausgabedatum: 28.01.2006
Seite im Original: 1
Notiz: -

1,76 Meter, 52 Kilo – zu dick

Fernsehshow entfacht neue Debatte über Magersucht

Die Beschreibungen waren wenig schmeichelhaft: „Mit oben nichts, staksigen Beinen und eckigen Gliedern" sei sie ausgestattet. Gott habe nur eine „abgenagte Rippe" zur Hand gehabt, als er sie schuf. Ihr Künstlername lautete „Twiggy", was auf Englisch so viel heißt wie „Zweiglein", und in den sechziger Jahren war der britische Hungerhaken *das* Top-Modell der Modebranche. Damals waren Frauen mit einem Body-Mass-Index (Verhältnis von Körpergröße zu Gewicht), der Untergewicht signalisiert, eine Ausnahme auf dem Laufsteg; heute ist das zwingend für eine Karriere in der Welt der Couture. In einer Casting-Show auf Pro 7 mit dem Titel „Germany's Next Top-Model" werden derzeit junge Frauen auf ihre Tauglichkeit für den harten Job geprüft. Eine musste nun ausscheiden mit der Begründung, sie sei „zu dick".

setzt, nicht neu ist, ist eine Debatte über die Show und ihre Folgen entbrannt. *Bild* fragt: „Bulimie-Risiko – wie gefährlich ist die Show für junge Mädchen?". Und im Internet stellen sich irritierte Teenager zu Hunderten dieselbe Frage. „Ich finde, man darf sich bei solchen Äußerungen nicht wundern, dass die Mädels von heute alle Essstörungen haben", schreibt eine junge Frau ins Gästebuch der „Pro Sieben Community". Eine andere berichtet: „Ich war selber magersüchtig, und so etwas zieht mich jedes Mal wieder runter."

Tatsächlich wächst die Risikogruppe junger Frauen stetig, die an Magersucht (dauerhaftes, zwanghaftes Hungern) und Bulimie (direkt nach dem Essen erbrechen) leiden; zunehmend weisen aber auch Jungen und erwachsene Frauen diese psychischen Störungen auf. Die Dunkelziffern sind hoch, aber nach

Staaten, aber auch in Deutschland, bestärken sich junge Mädchen in Chatforen, dass ihr Leben als „Pro-Ana" (als Befürworterin der Anorexia nervosa, also Magersucht) cool, ja eine „Mission" sei. Idole der Hungersüchtigen sind Schauspielerinnen wie die dürre Lindsay Lohan oder das klapprige Model Kate Moss.

Gunther Klosinksi, Jugend-Psychiater an der Universität Tübingen, warnt zwar davor, an der falschen Stelle nach Ursachen zu suchen: „Mediale Vorbilder oder Fernseh-Shows sind nicht die Ursache von Essstörungen." Einig ist er sich aber mit seinem Göttinger Kollegen Ulrich Sachsse, dass derartige Sendungen der Auslöser sein können für wahnhaftes Abnehmen. „Das ist menschenverachtend", sagt Sachsse, „wie da mit jungen Leuten umgegangen wird." Gestörte Selbstbilder würden so verstärkt,

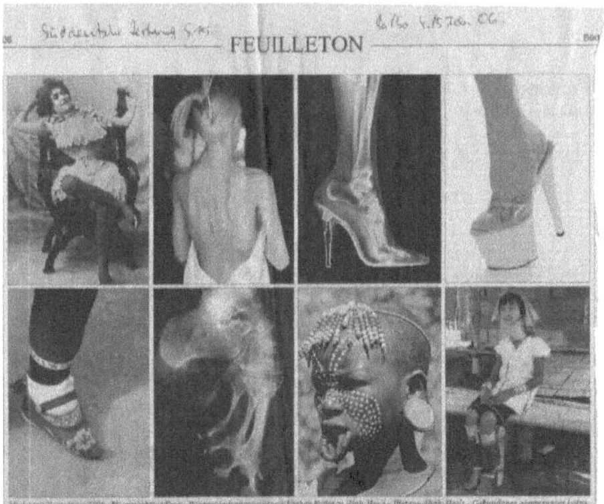

Der Repräsentationsmodus der Körperaktion zum Beispiel im Genre der Sportinszenierung liefert Kindern, so erstaunlich es klingen mag, einen Reflexionsraum, der Gewissheit liefert, weil die Reflexion an die unmittelbare und eigene Körpererfahrung gebunden ist. Im Trend zu körpernahen Repräsentationsmodi entwickelte sich auch die schnelle und hohe Akzeptanz des Handys. Der Siegeszug des Handys begann mit dem tragbaren Telefon, weil es seinem Nutzer oder seiner Nutzerin ermöglichte, sich seiner oder ihrer Einbindung in die Alltagsorganisation sicher zu werden. Der nächste Schritt führt hin zum zentralen Steuerungs-, Verknüpfungs- und Rezeptionsinstrument in individualisierten Lebenswelten. Dafür liefert vor allem die Multimodalität des Handys einen wichtigen Beitrag. Sicher ist maßgeblich, was die deutsche Sprache mit *Handy* als Bezeichnung geschaffen hat: ein kleines, nettes, in der Hand liegendes Etwas. ‚Handy' stellt die Körperlichkeit des in der Handhaltens in den Vordergrund. Auch die englische Sprache betont den Körper, indem sie mit *Mobile Phone* die Bewegung hervorhebt. Das Italienische stellt dagegen mit *Cellulare* die Technik der elektrischen Batterie heraus, die räumliche Mobilität ermöglicht. Körper plus Bildschirm-Display plus Tastatur mit Buchstaben und Zahlen plus Lautsprecher und Mikrophon für gesprochene Sprache und Musik als Repräsentationsmodi plus die mediale Fähigkeit, sich ins Internet einzuklinken, plus die Miniaturisierung der vertrauten Medien für Unterhaltung und Arbeit machen das Handy zum erfolgreichen Medium in riskanten Erlebniswelten. Seine Modalitätsvielfalt begünstigt die Individualisierung der Kulturzirkulation in den Diskursen der Lebenswelten. Die vielfältige und unmittelbare Körperlichkeit des Handys entspricht der Logik unseres Lebens, nämlich durch mich als Mittelpunkt meiner persönlichen Lebenswelt mir die weitere gesellschaftliche Wirklichkeit anzueignen.

Die kulturwissenschaftliche Literatur der 1980er und 1990er Jahre war sich ziemlich sicher, dass die mediale Entwicklung zu einer „Entdinglichung des Sozialen" (Giesen 1991) und zum „digitalen Schein" (Rötzer 1991) führt. Der Literatur- und Kulturwissenschaftler Hans Ulrich Gumbrecht (1988a, S. 916) betont die „Ent-Zeitlichung, Ent-Totalisierung und Ent-Naturalisierung von Wirklichkeit". Auch mir war das ein vertrautes Argument (1996, S. 309 ff.), um mediale Entwicklung einzuordnen: Die fortschreitende Fiktionalisierung der Welt: Bewegung, Verdichtung und Schein-Erlebnisweisen einer textuellen Welt. Dafür gibt es eine lange Tradition, zu der u.a. Günther Anders (1956/1987, S. 111 f.) beigetragen hat, z.B. mit einer von 10 Thesen:

> „Wenn es [ein Ereignis] erst in seiner Reproduktionsform, also als Bild sozial wichtig wird, ist der Unterschied zwischen Sein und Schein, zwischen Wirklichkeit und Bild aufgehoben."

Mittlerweile meine ich, das Handy liefert Hinweise dafür, dass diese Deutung unserer kulturellen Entwicklung vermutlich vor allem Ängste vor Veränderungen der vertrauten Repräsentationsmodi und ihrer Diskurse zum Ausdruck bringt.

4.2.2 Die Struktur der Kulturzirkulation: Medien als Kulturprodukte in Kulturpraktiken

Eine der wichtigen Funktionen von Medien in der Industriegesellschaft war und ist, die verschiedenen Lebensbereiche zu verbinden. Dabei lieferte die Industrieproduktion das Modell mit der zentralen Produktion von Medien und deren dezentraler Nutzung. Dies Modell beginnt eines neben anderen zu werden, weil sich Sendungen nicht nur über Internet verbreiten lassen, sondern in vielerlei Kulturkontexten wie z.B. in denen der soziokulturellen Milieus herstellen lassen. Das Handy ist dabei, das dafür adäquate Medium zu werden. Beide Formen, die alte und die neue Massenkommunikation, haben Wesentliches gemeinsam: Kulturelle Produkte entstehen als Repräsentationsmittel in den Kulturpraktiken der Menschen in ihren Lebenswelten. Bei der neuen Massenkommunikation zirkulieren Medien im Zusammenhang mit vielen anderen Produkten mit Repräsentationsfunktion recht offen in und zwischen Lebenswelten. Die alte Massenkommunikation transportierte zentral produzierte Medien zur Nutzung und Herstellung von Bedeutung zu ihrem konsumierenden Massenpublikum.

Das Encoding/-Decoding-Model

Stuart Hall, der führende Kopf der Cultural Studies, wollte in den 1970er Jahre als Soziologe die Beziehung von industriell produzierten Fernsehprogrammen und dem Publikum nicht im Sinne eines Transportmodells beschreiben, mit einem passiven Publikum, das sich ideologisch passiv abfüllen lässt. Deshalb entwickelte er ein Modell, das sich klar von dem der Medienwissenschaft in ihrer Startphase in den 1940er Jahren löste und abgrenzte. In den 1940er und auch noch in den 1950er Jahren stand das Modell des Transportes vom Sender zum Empfänger im Vordergrund. Die berühmte Frage von Harold D. Lasswell (1952, S. 12) bringt dieses Modell auf den Punkt: "Who, says what, how, to whom, with what effect?" Stuart Hall (1980) hatte dagegen Medienproduktion, Medienverbreitung und Mediennutzung als politischen Prozess gedacht. Deswegen entschloss er sich, Medienproduktion, Medienverbreitung und Mediennutzung („production, circulation, distribution/consumption, reproduction“, 1980, S. 128) als Handeln („practices“) zu verstehen, bei dem es um Bedeutungen und die mediale Vermittlung von Botschaften geht. Die mediale Vermittlung der Massenkommunikation hat ihre spezifische Organisation, indem sie innerhalb von Diskursketten Codes weitergibt. Damit bekommt die mediale Vermittlung ihre eigene Form, wie sie andere Kommunikationsformen oder die Sprache ebenfalls haben:

> „The 'object' of these practices is meanings and messages in the form of sign vehicles of a specific kind organized, like any form of communication or language,

through the operation of codes within the syntagmatic chain of a discourse“ (Hall 1980, S. 128).

Will man die mediale Vermittlung der Massenkommunikation verstehen und bewerten, dann gilt es, die Diskurse, ihre Art, wie sie innerhalb eines Mediensystems organisiert und verbunden sind, zu untersuchen und zu bewerten („the organization and combination of practices within media apparatuses“ Hall 1980, S. 128.)

Diese medial vermittelten Diskurse zerfallen im traditionellen Rundfunkmodell, dem BBC-Modell, wie jede andere Industrieproduktion auch, in die Bereiche der Medienproduktion („encoding“) und in die der Mediennutzung („decoding“). Spezifisch für die Medienproduktion ist die Herstellung eines kodierten, d.h. symbolischen Materials, weshalb Hall den Terminus „encoding“ benutzt. Die Mediennutzung ist so gesehen das Lesen des fertigen Medientextes, also ein Akt des Dekodierens: „decoding“. Die Medienprogramme sind dann Ergebnis des Produktionsdiskurses und Anlass für Nutzungsdiskurse. Die jeweiligen Herstellungs-/Encoding-Diskurse und Nutzungs-/Decoding-Diskurse finden in spezifischen Rahmen statt, beispielsweise unter den Bedingungen des gebührenfinanzierten öffentlich-rechtlichen Fernsehens oder im werbefinanzierten Privatfernsehen. Beim werbefinanzierten Fernsehen sind z.B. die Einschaltquoten der Zuschauer eine bestimmte Menge an Geld wert, die die Werbeindustrie für die Refinanzierung eines Senders zu bezahlen hat. Damit spielen die Konsumpraktiken der Nutzer eine direkte Rolle für die Produktionsstrategien werbefinanzierter Sender.

Start Hall (1980, S. 130) hat seine Argumentation über Herstellungs- und Nutzungsdiskurse zum folgenden Zirkulationsmodell verdichtet.

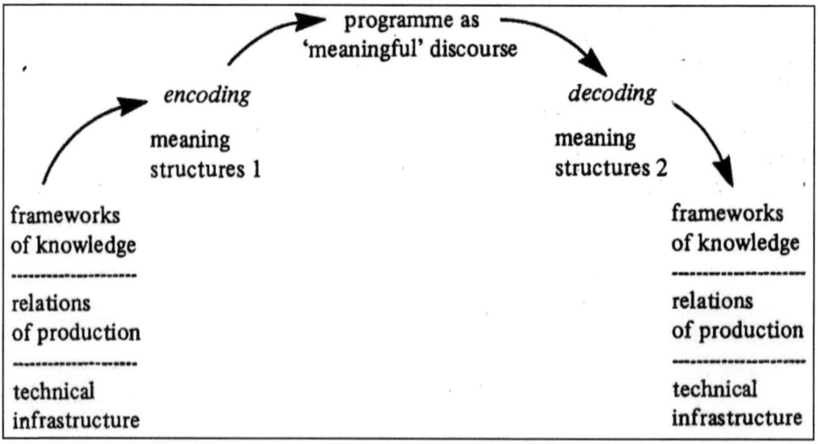

Dieses Zirkulationsmodell hat drei Schwerpunkte:

- Industrieproduktion der Medien (Encoding) als Herstellen von Bedeutungen (*Signifying Practices),*
- Medien als bedeutungshaltige kulturelle Produkte (Meaningful Cultural Objects),
- Mediennutzung, Rezeption (Decoding) als Herstellen von Bedeutungen (Signifying *Practices).*

Lesarten: Bedeutungskonstitution in der Kulturpraxis der Nutzer
Mediennutzung, also die Medienrezeption, ist nach Hall nichts wesentlich anderes als das Lesen von Büchern. (So sah das, wie oben schon erörtert, auch John Fiske, 1989.) Unterschiedlich sind vor allem die Textsorten; das sind der gedruckte Text, der Film-Text oder der Internet-Text. So gesehen gibt es auch typische Formen, Medien-Texte zu lesen. Lesen von Medien-Texten, das heißt ihnen Bedeutung zuzuschreiben, folgt Lesarten, die für unsere Kultur naheliegend bis typisch sind. Hall bestimmt diese Lesarten folgendermaßen. Es gibt Lesarten, die sich dem anschließen oder dem entgegensetzen, was die Medienmacher mit dem Medien-Text beabsichtigt hatten. In einer dritten Variante interpretieren Medienrezipienten die Medienangebote eigenständig innerhalb ihres jeweiligen Bezugsrahmens.

Hall identifiziert drei Lesarten (modes of reading, Hall 1980, S. 136):

- Die Vorzugslesart, die mit dem herrschenden ideologischen System übereinstimmt („dominant-hegemonic position"),
- die ausgehandelte Lesart („negotiated position"),
- die oppositionelle Lesart („oppositional position").

Stuart Hall hat die drei Lesarten als politisch argumentierender Soziologe formuliert und bewertet, und zwar ob und wie sich Mediennutzer die Ideologie eines Medientextes aneignen. Jedoch schon Erkan, der Listen in der Sendung *Formel 1* liest (Beispiel des 2. Teils), ist mit seiner Art, sich die Sendung anzueignen, nicht in ein so einfaches Lesartenmodell einzuordnen. So hat Erkan ein Thema, nämlich mit seinem Papa kompetent über Autos und Autosport zu reden. Auch Götz (siehe weiter unten) hat den Film-Text der Comicsserie *Captain Future* wesentlich komplexer *gelesen*, weil er sich das für ihn Wichtige in diesem Film über den Relevanzfilter seiner handlungsleitenden Themen aneignet.

Die Eigenheiten dieser Lesarten fasst Rainer Winter (1999, S. 52) folgendermaßen zusammen:

Die Vorzugslesart / „Dominant-hegemonic Position": Die Rezeption folgt dem, was im Medientext angelegt ist, weil es auch mit den vorherrschenden Vorstellungen übereinstimmt. Winter charakterisiert die „Vorzugslesart eines medialen Textes" folgendermaßen: Zuschauer „übernehmen voll und ganz" die „konnotative Bedeutung eines medialen Textes", z.B. einer Nachrichtensendung. „Die Botschaft wird dann im Sinne des Referenzcodes, mit dem sie codiert wurde, auch decodiert, der Zuschauer ist innerhalb der dominanten Ideologien, die durch den medialen Text artikuliert werden, positioniert". Es handelt sich um den „idealtypische Fall einer transparenten Kommunikation". Die Kulturbereiche von Medienherstellung und Mediennutzung entsprechen sich, Medientexte passen als kulturelle Produkte gleichermaßen in den Bereich der Produktion und den der Nutzung.

Die ausgehandelte Lesart / „Negotiated Position": Im Bezugsrahmen einer Mediendarstellung „akzeptieren die Zuschauer grundsätzlich die dominanten Definitionen von Situationen und Ereignissen, die diese in größere Zusammenhänge, nationale oder globale Problemlagen einordnen" (Winter 1999, S. 52). Innerhalb dieses Rahmens gehen die Medienrezipienten auch eigene Deutungswege. „Die ausgehandelte Lesart zeichnet sich nun dadurch aus, dass sie sich in diesem Rahmen bewegt, gleichzeitig aber oppositionelle Elemente enthält, da die Zuschauer gemäß ihren eigenen sozialen Erfahrungen die dominante Interpretation an lokale Situationsbedingungen" anpassen. Ein Zuschauer eines Films oder ein Nutzer einer Medienplattform übernimmt nicht die vorgefertigten Vorstellungen, Handlungsvorschläge oder Denkmuster, sondern „konstruiert in der Interaktion mit dem Text mittels seiner eigenen sozialen und lokalen Sinnsysteme aktiv eine Bedeutung. Dabei kann die Menge ausgehandelter Lesarten sehr groß sein (Winter 1999, S. 52).

Die oppositionelle Lesart / „Oppositional Position": Zuschauer oder Mediennutzer folgen nicht dem, was in der Medienproduktion als Verständnisrahmen oder Ideologie angelegt ist, sondern nehmen den Medientext zum Anlass, ihre eigenen und gegenläufigen Vorstellungen dem Medientext sozusagen überzustülpen und ein Programmangebot in die eigenen Lebenszusammenhänge einzufügen und als Material für die eigene Situation auszuwerten. Eine „oppositionelle Lesart liegt dann vor, wenn der Zuschauer die Vorzugslesart eines medialen Textes versteht, sie aber gänzlich ablehnt, da er die Botschaft im Rahmen eines alternativen Bezugsrahmens interpretiert. Diese Position wird insbesondere von Zuschauern eingenommen, die sich in direkter Opposition zum hegemonialen Code befinden (Winter 1999, S. 52).

Welche Erklärungsmöglichkeiten bietet dieses Modell der Lesarten? Rainer Winter betont, dass das Konzept der Lesarten („reading positions") einen Mittelweg bietet „zwischen der Vorstellung einer kausalen Beeinflussung durch die ideologischen Botschaften medialer Texte" und denen eines autonomen Zuschauers. Hall lokalisiert die Macht im kulturellen Zirkulationsprozess der Zeichen und Medien „zunächst auf Seiten der Encodierung, da Texte Vorzugsbedeutungen, Versuche, die dargestellten Ereignisse auf eine spezifische Art und

Weise zu rahmen, enthalten. Diese Bedeutungen werden aber ... nicht aufgezwungen, sondern lediglich ‚vorgeschlagen' bzw. ‚nahegelegt'. Die Zuschauer sind jedoch nicht in derselben Machtposition wie die Medienmacher. Denn die Kontrolle über den Signifikationsapparat der Medien führt zu einem bestimmenden Einfluss auf die Decodierung, die den Rahmen, den die Encodierung gesetzt hat, nicht überschreiten kann" (Winter 1999, S. 53).

In der Hallschen Theorie der Kulturzirkulation gibt es eine wichtige semiotische Voraussetzung für die Lesarten. So basiert die Eigenständigkeit der Mediennutzer in ihrem Decoding-Prozess auf der Polysemie. Polysemie bedeutet, dass ein Text auch im gleichen kulturellen Umfeld eine Vielzahl von Texten oder Subtexten enthält. Für Hall bietet vor allem die Uneindeutigkeit und Vielschichtigkeit von Zeichen den Mediennutzern die Möglichkeit, ja die Notwendigkeit, den Text selber zu interpretieren. Diese Vieldeutigkeit liegt heute in der Fülle der kulturellen Angebote unterschiedlichster Repräsentationsmodi, wie sie für Alltagsästhetik typisch ist.

Das Modell der Kulturzirkulation in Kultursphären hilft, Medien mit den anderen kulturellen Produktionen in ihrer Funktion als bedeutungshaltige kulturelle Produkte (meaningful cultural objects) und in Diskursen (Signifying *Practices)* zusammen zu sehen. Dieses Modell verlangt, die Aktivitäten und Perspektiven der Menschen in ihrer Lebenswelt als Bezugsrahmen für Medien und Konsum ernst zu nehmen. Zudem trägt es heute dazu bei, die Veränderung der Massenkommunikation hin zur symbolischen Kulturform der Alltagsästhetik zu erfassen.

4.2.3 Lesarten und Bedeutungskonstitution, Beispiele aus dem Bereich prekärer Kulturen

Das Lesartenmodell konkretisiert die Medienaneignung bei der Zirkulation kultureller Produkte. Die folgenden drei Beispiele zeigen, dass Medienaneignung ein komplexer, reflexiver Prozess der Bedeutungskonstitution ist, der, wie im 3. Teil skizziert, perspektivisch und in Bezugrahmen verläuft. So liegt Bedeutungskonstitution in der Perspektive und im Trend des jeweiligen Lebenslaufes und in der Zielrichtung die eigenen Themen. Es gibt zwei Bezugrahmen für die Bedeutungskonstitution, einmal die soziale Umgebung, zum anderen die Medienumgebung. Das Lesartenmodell legt dagegen seinen Schwerpunkt vor allem auf das Verhältnis von Mediennutzern zu dem, was in einem Medium angelegt ist.

Die folgenden Beispiele haben große Nähe zu prekären Kulturen, entweder weil die Kinder aus einem entsprechenden soziokulturellen Milieu kommen oder weil die Programmangebote zu prekären Kulturen zu passen scheinen. Beim dritten Beispiel geht es um die Befürchtungen der PISA-Studie, Jungen könnten mit ihren Medien- und Genrevorliebe zu Risikolernern werden. Das erste Beispiel stammt aus einer eigenen Untersuchung zu den Interpretations- und Verarbeitungsweisen von Medienerlebnissen von Grundschulkindern vom Anfang der 1980er Jahre, also der Zeit, in der Stuart Hall sein Encoding/Decoding-Modell entwickelte. In diesem Beispiel geht es um Missverständnisse in einer Gruppe von 9-jährigen Jungen, ob eine Filmszene eines Cartoons auf Gewalt ausgerichtet ist. Der Junge im Zentrum der Diskussion, die sich nur über wenige knappe Aussagen erstreckt, würde heute vermutlich mit der Rubrik *prekäre Kultur* etikettiert. Im zweiten Beispiel geht es um Fanpost an die Redaktion eines Fernsehsenders zum Thema *Wrestling*. *Wrestling* kam in den 1990er Jahren ins deutsche Unterhaltungsprogramm. Die Programmelemente reichen von Life-Shows bis zur vorgeblichen Sportsendung im Fernsehen. *Wrestling*, auch heute noch auf Sportspezialkanälen des Fernsehens zu finden, ist ein Programm, das einen spontan an Verwahrlosung denken lässt. Wild bis grotesk verkleidete Männer scheinen sich in einen Kampfring heftig zu bekämpfen (http://www.wwe.com/shows/raw/).

Das dritte Beispiel analysiert Hitlisten von Kindern zum Fernsehprogramm. Es geht dabei um die Jungen, zu denen die PISA-Studie 2000 auf der Basis von Selbsteinschätzung der 15-Jährigen zur Befürchtung kommt, die Jungen seien die Gefährdeten:

> „Es zeigt sich somit erneut, dass die Nutzungszeiten allein in keinem Zusammenhang mit dem Kompetenzerwerb stehen. Nicht die Zeit vor dem Bildschirm, sondern die konsumierten Inhalte sind hier von Bedeutung. Besonders große schulform-, aber insbesondere geschlechtsspezifische Unterschiede finden sich bei zwei Filmsparten: bei Porno-, Horror- und Gewaltfilmen einerseits, bei informativen Sendungen andererseits. Ein Blick auf die Häufigkeit des Konsums von Porno-, Horror- und Gewaltfilmen zeigt vor allem die massiven geschlechtsspezifischen Differenzen. ... Mädchen konsumieren diese Filme in allen Schulformen extrem viel seltener als ihre männlichen Klassenkameraden" (Tillmann, Meier 2001, S. 487 f.).

An dieser Stelle sind die sogenannten Fernseh-Einschaltquoten als empirisches Instrument hilfreich, da sie die Relevanz von Fernsehprogrammen für Altersgruppen und nach Geschlecht operationalisieren. Die Fernseh-Einschaltquoten sind die quantitativen Indikatoren für Fernsehzirkulation.

Anhand dieser Beispiele geht es darum, Mediennutzung, Rezeption und Reaktion auf Medienangebote als eigenständigen Diskurs zu sehen, innerhalb dessen Kinder oder Jugendliche ihre Bedeutung von den angebotenen und von ihnen ausgewählten Medien herstellen. Dieser Prozess der Bedeutungskonstitution ist perspektivisch gerichtet und stellt eine wesentliche Möglichkeit dar, kulturelle Produkte und unterschiedliche Situationen in der persönlichen Erlebnisperspektive zu bündeln. Damit öffnet sich eine integrative Brücke zwischen der Unterhaltungswelt der Medien und schulischen Lernwelten. Dazu gilt jedoch eine wichtige Voraussetzung. Um Lernwelten zu organisieren, braucht es ein Konzept, das an das Kulturzirkulationsmodell andockt. Es kann von einer konstruktivistischen Didaktik kommen, die letztlich davon ausgeht, dass Lernende in Lernsituationen ihre eigene Bedeutung von Lerngegenständen entwickeln. Anders formuliert geht es darum, Lernsituationen als diskursive Situationen im Sinne von *Signifying Practices* zu organisieren. Das gleiche Argumentationsmuster gilt für Erziehungssituationen.

1. Beispiel: Eigene Lesarten auch schwieriger Kinder als Anknüpfungspunkte zur kulturellen Förderung

Aus der Zeit, in der Stuart Hall die drei Lesarten eines Medientextes formuliert hat, stammt das folgende Beispiel aus einer Grundschule. Anfang der 1980er Jahre, also noch vor Einführung des Privatfernsehens, gab es prägnante Änderungen im Fernsehangebot für Kinder, beispielsweise mit der Zeichentrickserie *Captain Future(http://www.zeichentrickserien.de/future.htm)*, die auch heute z.B. auf einem privaten Fernsehsender zu sehen ist (http://www.premiere.de/premweb/cms/de/programm_specials_captain_future_kult_advent.jsp).

Medienpädagogisch ging es darum, Kindern in der Schule einen Diskursraum anzubieten, innerhalb dessen sie sich mit der rezipierten Fernsehserie assoziativ beschäftigen konnten. Eine Gruppe von Jungen einigt sich in einem Gespräch am Ende der Unterrichtseinheit nicht auf eine Lesart zu einer Episode aus der Zeichentrickserie. In der Unterrichtseinheit hatten die Kinder Requisiten für das kleine Theaterspiel *Weltraumreise* und den Plot dazu entwickelt. Einer der Jungen, der immer laute und für seine Mitschüler eher schwierige Götz, meint, dass sich *Captain Future* aus einem Glaskäfig mit Betäubungsgas mit dem Fuß befreit habe. Die anderen Jungen betonen, er habe es mit der Faust getan.

Götz sagt:	**Der Film zeigt**:
Und eins fand ich gut, wo der, wo dann die Hunde sich versteckt haben bei Captain Future, ne.	Die Tiere der Mannschaft des Captain Future haben sich als technisches Gerät getarnt und verwandeln sich wieder in Hund und Schildkröte.
Da habn sie die eingeeist, ich weiß nicht, wie das jetzt war.	Captain Future und seine Mannschaft werden aufrechtstehend in sargähnliche Glasvitrinen eingesperrt und mit Gas zur Erstarrung gebracht.
Da hat der son Loch reingebissen bei Captain Future, der hat irgendwie son Zeichen gemacht, irgendwie. Und da hat kaputtgebissen. Und da	Captain Future lockt den Hund mit Telepathie. Der Hund beist in den Sockel der Glasvitrine, wendet sich ab, weil ihm das Material nicht schmeckt.

hat er irgendwie was gemacht. Und da hat der Hund gefressen, etwas, ne.	
Und da hat der noch was so gemacht. Ich weiß auch nicht, wie ers gemacht hat.	Captain Future lockt ihn erneut und ermahnt ihn.
Und dann kam der Hund mit und hat alles noch mitgefressen.	Der Hund beißt dann ein Loch ins Glas, am Fuß der Vitrine, beim Fuß des Captain Future.
Da hat der da seinen Fuß bewegen können. Da hat er voll drangetreten, da war alles kaputt.	Das Betäubungsmittel entweicht explosionsartig Captain Future zertrümmert mit Faustschlägen seinen Glaskäfig und die der anderen
Und da hat er denn.	
Ein Junge: Mit der Faust hat er das gemacht.	
Götz: Mit dem Fuß.	
Ein Junge: Und mit der Faust. Und dann, er hat dann die anderen auch noch befreit.	

Snapshots aus der Szene in *Captain Future, die Götz* mit *„eingeeist"* etikettiert: Bild 1: Die Protagonisten stehen betäubt und wie eingeeist in Glaskäfigen. Bild 2: Ein Hund beißt unten in den Glaskäfig ein Loch. Das heftig ausströmende Betäubungsgas reißt den Hund mit sich fort. Bild 3: *Captain Future* zerstört das Glas mit der Faust.

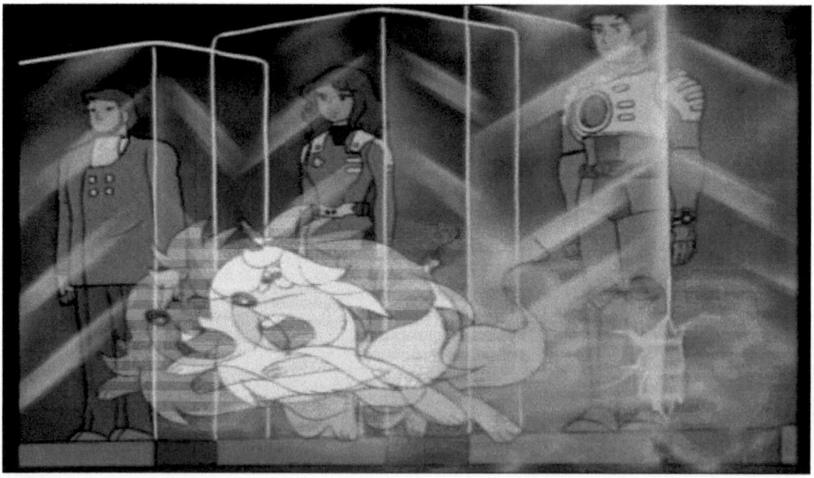

Bild 1

Bild 2

Bild 3

Götz hat die Filmszene und die Aktivitäten des Protagonisten *Captain Future* in der Perspektive des Hundes als Helfer gesehen, der ein Loch in den Glaskäfig im Bereich des Fußes von *Captain Future* beißt. Deshalb entweicht das Betäubungsgas, *Captain Future* kann sich wieder bewegen und zertrümmert mit seinen

Fäusten seinen Glaskäfig und die seiner Gefährten. Ein anderer Junge betont: „Mit der Faust hat er das gemacht. Und mit der Faust. Und dann, er hat dann die anderen auch noch befreit." Dieser Junge hat eine Lesart, die der Logik dieser Fernsehserie folgt, denn der Protagonist kämpft sich immer frei. Im Sinne des Konzepts der bevorzugten Vorzugslesart verwendete er die dominante Lesart („dominant-hegemonic position"). Götz dagegen hat die kleinen Tiere in der Szene wahrgenommen, von denen eines dem Protagonisten etwas unwillig hilft. Das entspricht seinem Wunsch, in seiner Schulklasse von den anderen Kindern wahr- und ernst genommen zu werden. Götz entwickelt also eine über sein persönliches Thema vermittelte Lesart („negotiated position").

Dieses Beispiel ermutigt, bei Götz oder Kindern, die ähnlich wie er ständig irgendwelche Medienversatzstücke aus sich heraus sprudeln, auch eigenständige Lesarten, ja, Lesarten zu vermuten und zu unterstützen, mit denen er seine eigenen Themen artikuliert. Man muss ganz und gar nicht unterstellen, Kinder, z.B. aus Familien mit hohem Konsum trivialer Medienangebote, wären nicht in der Lage, eine eigenständige bis oppositionelle Lesart zu entwickeln.

2. Beispiel: Fan-Post an eine Redaktion eines Fernsehsenders zum Thema Wrestling – reflexive Kommunikation innerhalb scheinbar prekärer Programme

Eine lang bekannte Form der Kulturzirkulation innerhalb einer Massenkommunikation, die in einen Encoding- und einen Decoding-Bereich zerfällt, ist die Leser- bzw. Zuschauerpost. Zuschauerbriefe sind der Versuch, die beiden getrennten Diskurssphären über die Nutzerperspektive zu verbinden und dabei gleichzeitig die eigene Bedeutungszuschreibung abzusichern. Im folgenden Beispiel *WWF-Wrestling* (heute: *WWE-Wrestling*) macht die Art des Medienangebotes es notwendig, für die eigene Bedeutungszuschreibung eine Diskurssituation zu schaffen. Dafür gibt es vor allem zwei Gründe, die mit der Art des Medienangebotes zusammenhängen.

- Das Programm *WWF-Wrestling* besteht aus einer Vielzahl von Elementen.
- Es fehlt der angestammte kulturelle Rahmen, der festlegt, worum es sich bei diesem Programm eigentlich handelt, ob es eine wilde Show von Akrobaten ist, die kämpfen, oder eine Sportveranstaltung, die die gängigen Sportregeln missachtet.

Üblicherweise schreiben Kinder oder Jugendliche keine Post, sondern erörtern ein neues Programmangebot mit ihrer Gleichaltrigengruppe (Fließt da wirklich Blut?), spielen Teile nach usw. Dies sind Diskurssituationen des „Decodierens" (Hall 1989), in der die Bedeutung des Programms und seiner Elemente im Lebensweltkontext entsteht. Die folgenden Schreiber der Briefe wollen ihren Diskurs mit dem der Medienproduktion („Encoding") zusammenführen.

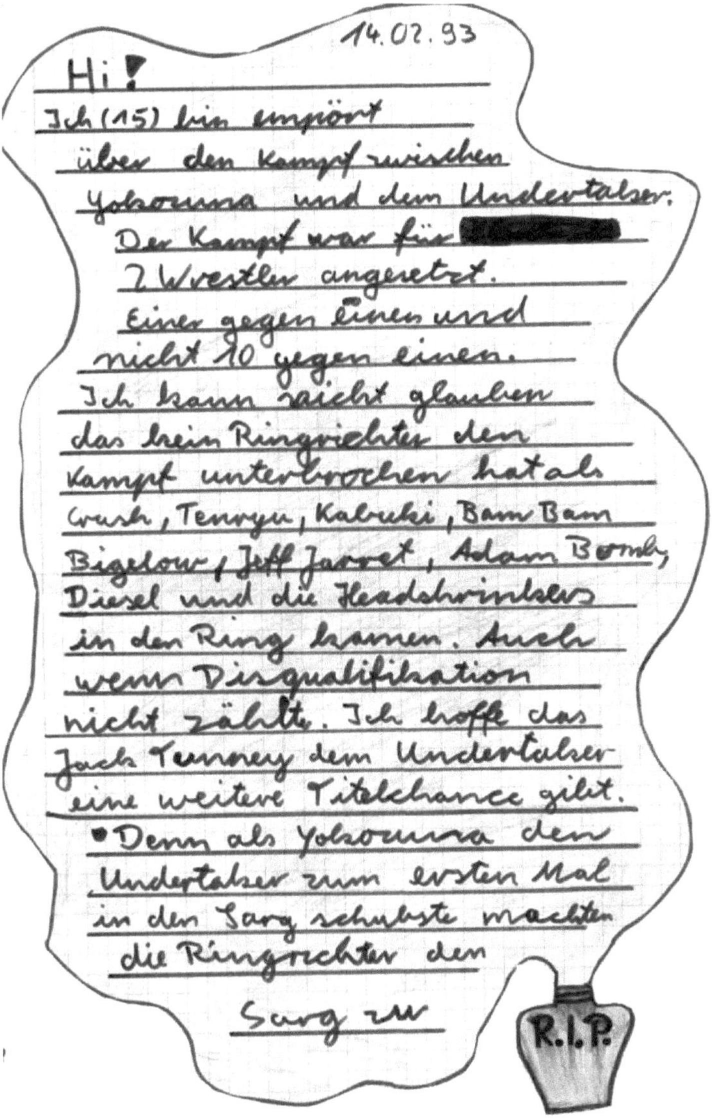

14.02.93

Hi!

Ich (15) bin empört
über den Kampf zwischen
Yokozuna und dem Undertaker.
Der Kampf war für [redacted]
2 Wrestler angesetzt.
Einer gegen einen und
nicht 10 gegen einen.
Ich kann nicht glauben
das kein Ringrichter den
Kampf unterbrochen hat als
Crush, Tenryu, Kabuki, Bam Bam
Bigelow, Jeff Jarret, Adam Bomb,
Diesel und die Headshrinkers
in den Ring kamen. Auch
wenn Disqualifikation
nicht zählte. Ich hoffe das
Jack Tunney dem Undertaker
eine weitere Titelchance gibt.
• Denn als Yokozuna den
Undertaker zum ersten Mal
in den Sarg schubste machten
die Ringrichter den
Sarg zu

R.I.P.

Brief 1

Brief 2

Der Schreiber oder die Schreiberin von Brief 1 gibt ihr Alter mit 15 Jahren an. Sie beschäftigt sich mit der Frage der Regeln und der Fairness. Dabei geht es um die Einordnung des Wrestling-Programms als Sport. Dafür ist der Ringrichter maßgeblich. Gilt sportliche Fairness, dann müsste es sich bei WWF-Wrestling eigentlich um Sport handeln. Die abschließende Zusammenfassung einer Szene, in der einer der Protagonisten den *Undertaker*, er erscheint in der Maske eines Beerdigungsunternehmers und hat einen Sarg dabei, in den „Sarg schubst", zeigt m. E., dass die Schreiberin doch eher nicht der Meinung ist, es handle sich um Sport. Da ein Ringrichter für die Einhaltung sportlicher Regeln zuständig ist, dürfte der Ringrichter eben nicht den Sarg zumachen. Damit legt sie sich in Richtung: keine Sportveranstaltung, fest. Die Aufzählung der Namen von acht Protagonisten, noch dazu orthografisch richtig geschrieben, zudem verwendet sie den Namen des Produzenten, belegt, dass sie sich als Expertin sieht und die Redaktion auch in der Position der Expertin anspricht. Hier hat jemand einen neuen Programmtyp durchschaut und will eine Expertendiskussion mit den Programmverantwortlichen beginnen. Der Schreiber oder die Schreiberin versucht also, die

Diskursgrenzen zu überspringen, um den Programmtyp zu dekonstruieren und damit in einen neuen kulturellen Bewertungsrahmen zu stellen.

Der Prozess der Bedeutungskonstitution des Jungen des Briefes 2, vermutlich ist er im Grundschulalter, nutzt zwar den gleichen Diskursrahmen, versucht jedoch, sich in seiner Einschätzung von *Wrestling* als einer Sportart zu bestätigen. Dazu zeichnet er den Ring der Kampfsportaktivitäten und ist präzise in der Darstellung der *Wrestling*-Protagonisten, deren Namen er auch richtig schreiben kann. Auch er stellt sich als Experte des Programms dar.

3. Beispiel: Einschaltquoten zu Programmpräferenzen. Neigen Jungen zu Problemprogrammen?

Einschalten oder Ausschalten eines Fernsehprogramms ist ein Akt, der den Encoding-Diskurs mit dem Decoding-Diskurs verbindet. Dieser Akt wird standardisiert als Einschaltquotenmessen mit dem Ziel erfasst, die Marktanteile der Fernsehsender am gesamten Fernsehpublikum zu berechnen. Auf der Basis dieser Markanteile errechnet sich u.a. der Preis für Werbung innerhalb eines Sendung. Zu jeder Sendung gibt es die entsprechenden Nutzungsdaten. Fasst man diese Marktanteile in einer Rangreihe zusammen, dann lassen sich die Favoriten bestimmter Nutzergruppen über Hitlisten identifizieren. Diese Hitlisten sind absteigend nach Sehbeteiligung der jeweiligen Alters- bzw. Geschlechtergruppe sortiert. Sie lassen eine schnelle Orientierung darüber zu, was Kinder, gegliedert nach Altersgruppen und nach Jungen und Mädchen, als ihr Programm bevorzugen. Es geht also um die inhaltlichen Präferenzen der Jungen und Mädchen. In welchem Maß sehen 15-Jährige Porno-, Horror- und Gewaltfilme (Fernseh- und Videoprogramm) und informative Sendungen (Nachrichten, Sportsendungen und politische Magazine)? Bei der Befragung im Rahmen der PISA-Leseleistungsstudie gaben weit mehr Jungen als Mädchen an, Porno-, Horror- und Gewaltfilme zu sehen (Tillmann, Meier 2001, S. 488). (Zu fragen ist, wie valide dieses Ergebnis ist, da einfache Pornographie nur zwischen 23 und 6 Uhr im Fernsehen laufen darf.) Die Auswertung der Sehbeteilung zeigt, dass Jungen entgegen der Ergebnisse der PISA-2000-Studie keine Sendungsformen und Sendungen wie Porno-, Horror- und Gewaltfilme bevorzugen. Vielmehr wählen sie Unterhaltung in Form von Comedy, Sitcoms, Familienprogrammen, Informations- und Wissenssendungen.

Hitliste (Top20) der 14- bis 19-jährigen Mädchen im Stichprobenzeitraum 2000

Rang	Sender	Titel	Datum	Uhrzeit	Dauer	Sendungsform	Seh. 14-19 Mädchen
1	RTL2	Big Brother – der Talk Folge 13 Teil 1	28. Mai. 00	21:15:12	0:09:49	Unterhaltungs-show	290.000
2	RTL2	Big Brother Folge 77 Teil 3	30. Mai. 00	20:59:33	0:07:10	Soap	280.000
3	RTL2	Big Brother Folge 77 Teil 2	30. Mai. 00	20:31:55	0:20:50	Soap	270.000
4	RTL	Wer wird Millionär ? Folge 17 Teil 3	28. Mai. 00	19:52:48	0:14:32	Gameshow	260.000
5	RTL	Gute Zeiten, schlechte Zeiten Folge 1992 Teil 3	30. Mai. 00	20:12:22	0:02:28	Soap	250.000
6	RTL2	Big Brother – die Woche Folge 13 Teil 3	28. Mai. 00	20:58:56	0:16:02	Soap	240.000
7	RTL	Gute Zeiten, schlechte Zeiten Folge 1992 Teil 2	30. Mai. 00	19:44:22	0:21:10	Soap	240.000
8	RTL2	Big Brother – der Talk Folge 13 Teil 2	28. Mai. 00	21:31:29	0:15:28	Unterhaltungs-show	240.000
9	RTL2	Big Brother – die Woche Folge 13 Teil 2	28. Mai. 00	20:32:22	0:19:49	Soap	220.000
10	RTL2	Big Brother – der Talk Folge 13 Teil 3	28. Mai. 00	21:54:49	0:15:00	Unterhaltungs-show	220.000
11	RTL	Wer wird Millionär ? Folge 17 Teil 2	28. Mai. 00	19:32:58	0:12:32	Gameshow	210.000
12	RTL2	Big Brother Folge 77 Teil 1	30. Mai. 00	20:15:09	0:09:06	Soap	210.000
13	RTL2	Big Brother – die Woche folge 13 Teil 1	28. Mai. 00	20:14:43	0:10:04	Soap	190.000
14	PRO7	Buffy – im Bann der Dämonen Teil 3	27. Mai. 00	17:23:29	0:20:02	Serie	190.000
15	PRO7	Buffy – im Bann der Dämonen Teil 2	27. Mai. 00	17:06:18	0:10:39	Serie	190.000
16	PRO7	Buffy – im Bann der Dämonen Teil 1	27. Mai. 00	17:01:16	0:03:02	Serie	190.000
17	RTL	Wer wird Millionär? Folge 17 Teil 1	28. Mai. 00	19:08:04	0:18:55	Gameshow	180.000
18	PRO7	Sabrina – total verhext Teil 2	27. Mai. 00	15:51:42	0:10:24	Sitcom	180.000
19	RTL	Medicopter 117 – jedes Leben zählt Folge 33 Teil 4	30. Mai. 00	21:10:55	0:04:30	Serie	180.000
20	PRO7	Charmed – zauberhafte Hexen Teil 4	27. Mai. 00	16:52:30	0:08:11	Serie	180.000

Seh.14-19 bedeutet Sehbeteiligung der 14-19jährigen
Quelle: Bestandsaufnahme Kinderfernsehen 2000, AGF/GfK PC#TV 2000

Hitliste (Top20) der 14-bis 19-jährigen Jungen im Stichprobenzeitraum 2000

Ran g	**Sen- der**	**Titel**	**Datum**	**Uhrzeit**	**Dauer**	**Sendungsform**	**Seh. 14- 19 Jungen**
1	PRO7	Die Simpsons Teil 1	30. Mai. 00	18:27:4 4	0:08:3 6	Serie	300.000
2	RTL	Waterworld Teil 3	28. Mai. 00	21:28:3 4	0:22:2 3	Film	290.000
3	PRO7	Die Simpsons Teil 2	30. Mai. 00	18:44:1 0	0:13:5 8	Serie	290.000
4	RTL	Waterworld Teil 4	28. Mai. 00	21:58:0 7	0:30:5 8	Film	280.000
5	RTL	Waterworld Teil 2	28. Mai. 00	20:54:4 4	0:26:3 9	Film	270.000
6	RTL	Waterworld Teil 1	28. Mai. 00	20:15:3 1	0:32:1 8	Film	260.000
7	RTL	Wer wird Millionär? Folge 17 Teil 3	28. Mai. 00	19:52:4 8	0:14:3 2	Gameshow	250.000
8	RTL	Wer wird Millionär? Folge 16 Teil 3	27. Mai. 00	19:57:3 8	0:09:1 5	Gameshow	250.000
9	PRO7	Die Simpsons Teil 2	30. Mai. 00	18:13:0 1	0:14:1 3	Serie	240.000
10	PRO7	Prosieben Kurznachrichten	30. Mai. 00	18:42:4 8	0:00:2 0	Nachrichten/ Wetter	230.000
11	RTL2	Big Brother – Der Talk Folge 13 Teil 3	28. Mai. 00	21:54:4 9	0:15:0 0	Unterhaltungs-show	230.000
12	RTL	Wer wird Millionär? Folge 17 Teil 2	28. Mai. 00	19:32:5 8	0:12:3 2	Gameshow	220.000
13	RTL	Waterworld Teil 5	28. Mai. 00	22:36:1 3	0:14:3 6	Film	220.000
14	RTL	Wer wird Millionär? Folge 16 Teil 2	27. Mai. 00	19:29:0 7	0:21:0 5	Gameshow	210.000
15	SAT1	Asterix bei den Briten Folge 5 Teil 5	27. Mai. 00	21:52:4 9	0:07:3 8	Film	200.000
16	SAT1	Die Wochenshow Folge 144 Teil 2	27. Mai. 00	22:27:1 8	0:20:2 2	Comedy	190.000
17	RTL2	Big Brother – Der Talk Folge 13 Teil 1	28. Mai. 00	21:15:1 2	0:09:4 9	Unterhaltungs-show	190.000
18	PRO7	Die Simpsons Teil 1	30. Mai. 00	17:59:2 6	0:07:4 0	Serie	190.000
19	PRO7	The Game Teil 4	27. Mai. 00	22:06:0 8	0:21:2 6	Film	190.000
20	SAT1	Die Wochenshow Folge 144 Teil 1	27. Mai. 00	22:00:4 3	0:17:3 5	Comedy	180.000

Seh.14-19 bedeutet Sehbeteiligung der 14-19jährigen
Quelle: Bestandsaufnahme Kinderfernsehen 2000, AGF/ GfK PC#TV 2000

Was sehen die Mädchen?

Die Top 20 der Mädchen bestehen hauptsächlich aus seriellen Formaten. Dabei dominiert das Format der Daily Soap, insbesondere *Gute Zeiten, Schlechte Zeiten* und *Big Brother*. An *Big Brother* scheint für Mädchen nicht nur die Hauptsendung interessant zu sein, sondern auch andere Sendungselemente, die zu diesem Medien- und Ereignisarrangement gehören, wie z.B. *Big Brother – der Talk* mit Interviews, Gästen im Studio und Hintergrundgeschichten zu den Darstellern, oder *Big Brother – die Woche*, ein Zusammenschnitt der Geschehnisse der vergangenen Woche. Diese Nachnutzungen von *Big Brother* lassen sich auch in gewisser Weise in die Kategorie Informationssendungen einordnen, da hier Hintergrundinformationen zum Komplex *Big Brother* geliefert werden.

Weiterhin fallen an der Liste die Reihe der Mystery- und Hexenserien auf. *Buffy – im Bann der Dämonen*, *Sabrina – total verhext* und *Charmed – zauberhafte Hexen* sind Serien bzw. Sitcoms, in denen es um besondere Fähigkeiten geht, die Mädchen und Frauen haben. Bei *Buffy – im Bann der Dämonen* und *Charmed – zauberhafte Hexen* steht eine Gruppe zumeist jugendlicher, weiblicher Personen im Mittelpunkt, die gemeinsam im Rahmen einer spannenden Geschichte Hexen, Vampire und Dämonen jagen. *Sabrina – total verhext* ist dagegen eine Sitcom mit einer Art von Familie, in der Sabrina mit ihren zwei Tanten unter einem Dach lebt. Alle drei können hexen, wobei immer wieder amüsante Missgeschicke passieren. Nicht zu vergessen ist die Sendung *Wer wird Millionär,* in der Allgemeinwissen auf eher schulische Art abgefragt wird.

Was sehen die Jungen?

In den Top 20 der Jungen fallen zunächst die großen Samstag- und Sonntagabendfilme auf. Für die Jungen ist dabei der Endzeit-Fantasyfilm *Waterworld* und der Thriller *The Game* interessant, d.h. sie schalten diese Sendung ein. Die Nutzungszahlen zum Zeichentrickfilm *Asterix bei den Briten* und zur Zeichentrickserie *Die Simpsons* deuten auf die Beliebtheit von Zeichentrick hin, was auch Birgit van Eimeren (2002) feststellt. Ähnlich wie bei den Mädchen, findet sich in den Top 20 der Jungen auch *Big Brother – der Talk* als Informationslieferant für Hintergrunddetails zu *Big Brother*. Wie bei den Mädchen, steht in den Top 20 der Jungen die Sendung *Wer wird Millionär*. Im weiten Sinne ist *Wer wird Millionär* eine Informations- und Wissensendung. Die Beliebtheit von Informations- und Wissensendung deckt sich mit den Erkenntnissen der PISA 2000-Studie und denen der zu dieser Zeit aktuellen Studie zur Mediennutzung Jugendlicher (*JIM*-Studie 98, Medienpädagogischer Forschungsverbund Südwest 1998). Als einzige Nachrichtensendung finden sich die *ProSieben Kurznachrichten* in den Top 20 der Jungen. Dieses Programmelement ist nur 20 Sekunden lang und liegt zwischen zwei Teilen der *Simpsons*. Es ist daher unklar, ob die

Jungen die Nachrichten nur deshalb nicht abschalten, weil danach die *Simpsons* gleich wieder weiterlaufen, oder ob sie die Nachrichten tatsächlich als Lieferant für Nachrichten des aktuellen Tagesgeschehens nutzen. Das gleiche Phänomen ist über die Jahre hinweg bei Kurznachrichten auf *RTL2* u.a. zu beobachten.

Grenzen des Lesartenmodells
Es ist pädagogisch ermutigend, sich im Rahmen der Kulturzirkulation den Umgang von Kindern in prekären kulturellen Lebensumständen auf ihre Formen der Lesarten, die in Prozesse der Bedeutungskonstitution („signifying practices" im Sinne von Stuart Hall) eingebunden sind, anzuschauen. Es zeigen sich Möglichkeiten der Kinder, sich bei der Programmauswahl, bei der Rezeption oder Folgekommunikation die für sie relevanten Medien in ihre Welt hereinzuholen und sie für ihre Themen verfügbar zu machen. Weniger optimistisch wird diese positive Interpretation jedoch, wenn man sich den Bezugsrahmen der *riskanten individuellen Lebenswelten* und ihrer Erlebnisrationalität gleichzeitig bewusst macht. Heute haben es Kinder und Jugendliche immer weniger mit einem überschaubaren Medienangebot und damit mit klaren Programmwahlen zu tun. Sie können nicht mit einfachen Lesarten reagieren, denn ein Medientext muss erst zusammengebastelt werden. Den riskanten Lebenswelten fehlt ein stabiler kultureller Rahmen, dem sich Kinder auch widersetzen können. Solch einen Rahmen gilt es jeweils herzustellen, indem Wrestling gegen die *Love-Parade* oder das Sportwettfressen von Hamburgern abzuwägen ist, so Beispiele aus dem 2. Teil. Es kommt die ökonomische Grenzen hinzu, denn der Erwerb von Waren und Medien sowie die Teilhabe an Events kostet Geld.

4.2.4 Globale Multimedia-Produkte, das Beispiel Pokémon

Über die Grenzen eines einfachen Lesemodells hinaus führt das Konzept der Londoner Medienpädagogen David Buckingham und Julian Sefton-Greens (2003), die medienpädagogisch auf das globale Programmsystem *Pokémon* reagieren. Auf einer allgemeinen theoretischen Ebene fragen sie nach der Beziehung von Strukturen des Kulturfeldes Medienproduktion und Medienverteilung im Rahmen der Globalisierung (Structure) und den Handlungsoptionen, Handlungsweisen und Kompetenzen der Kinder (Agency). Diese Frage entspricht der bisherigen Diskussion im 2. und 3. Teil, wie Kinder und Jugendliche Kompetenzen in den Strukturen des Medienalltags erwerben. Stichwort dazu war, dass sie Alltagsmedienkompetenz und Alltagsliteralität entwickeln. Die pädagogische Frage richtete sich dann auf die Möglichkeiten der Schule, in ihre Lernstrukturen Alltagsmedienkompetenz und Alltagsliteralität hereinzunehmen und zu entwickeln. Eine Erkenntnis von Buckingham, Sefton-Green zeigt, dass ein globales multimediales Angebot wie *Pokémon* auf die Strukturen von Kindheit, z.B. auf Lernen und Gender-Differenzierung sowie auf interaktive Handlungsformen der Kinder untereinander wie Tauschen ausgelegt ist. *Pokémon* ist so produziert, dass es nicht nur in die Strukturen von Kindheit als eigenständiges kulturelles Feld mit typischen Handlungsformen passt, sondern dass es diese Strukturen und Handlungsformen seinerseits aufgreift. Das Passiv-Aktiv-Schema der alten Massenkommunikation des Rundfunks mit einem Publikum, das sich mit typischen Lesarten ein eigenes Verhältnis zu den Medientexten innerhalb der eigenen kulturellen Praxis entwirft, wandelt sich. Es wird zur Zirkulation von Medien in und zwischen kulturellen Sphären. In der Sphäre der Medienproduktion greift Medienproduktion die Kultur- und Handlungsmuster von Kindern auf, die sie mit Hilfe ihrer multimedialen Angebote wiederum unterstützt, woraufhin sich in Kindheit neue Strukturen entwickeln und etablieren.

> „… the global success of Pokémon is partly a result of its ability to 'speak' to shared aspects of childhood experience, and of the ease with which it can be integrated within the routines of children's everyday lives“ (Buckingham and Sefton-Green 2003, S. 380).

Dieses neue Modell der Massenkommunikation, von den Strukturen und Handlungsweisen heutiger Kindheit auszugehen, sie mit der Produktion aufzugreifen und sie mit den Medienprodukten dann in der Lebenswelt der Kinder zu verstärken, bringt im Fall von *Pokémon* offensichtlich einen gigantischen wirtschaftlichen Erfolg. Wie sieht das im einzelnen aus? Da ist das Motto des Multimedia-Angebotes: *Catch them all,* das zum Sammeln ermutig. Neben dem Protagonisten, dem Jungen *Ash*, gibt es in *Pokémon* in der Anfangsphase 150 Fiction-Tiere (heute: 400), mit denen die Spieler umgehen sollen (fangen, trainieren, benennen, sammeln usw.). Multimediale Arrangements sind von ihrer Struktur her auf Sammeln, Tauschen und auf die Entwicklung von Expertenkompetenzen angelegt. Das bringt in die Fülle des Angebotes, dazu gehören digitale Spiele, Tauschkarten, TV-Sendungen usw., eine Ordnung, die über das bekannte Ordnungsangebot von Kindermedien, das sind vor allem die Geschichten, weit hinaus gehen. Da Kindheit deutlich nach Alter gegliedert ist, gibt es im Multimedia-Angebot auch die entsprechenden Schwerpunkte. Es sind Schwerpunkte, die das Medienmaterial über unterschiedliche Repräsentationsmodi setzt. Deshalb bietet *Pokémon* kuschelig weiche Spieltiere für die kleinen Kinder wie *Pikachu*, der weltweit bei den Kindern gefragt war, Sammelkarten für die 6- bis 10-Jährigen, das Computerspiel auf dem Gameboy für die 7- bis 12-Jährigen (Buckingham, Sefton-Green 2003, S. 382). Eine weitere Struktur von Kindheit heute ist deren Geschlechtsgliederung. So gibt es eine klar nach Geschlecht in Jungen und Mädchen gegliederte Kinderkultur. Buckingham und Sefton-Green sprechen von der blau-rosa Kinderkultur (blue-and-pink world of young children's culture, S. 382). *Pokémon*-Angebote bieten Gender-Anknüpfungspunkte, z.B. die Geschichte für Jungen vom Helden, der sich im immer währenden Kampf entwickeln muss. Die Fiction-Tiere brauchen jedoch auch Fürsorge und Erziehung, sind kuschelig und süß, was die Mädchenseite der Kinderkultur anspricht.

Lernen, eine wesentliche Struktur von Kindheit, ist voll in das *Pokémon*-Material eingeschrieben. So haben die 400 *Pokémons* eigene Namen. Da sich die Tiere entwickeln, Entwicklung ist ein typisches Kinderthema, haben sie in ihren Entwicklungsstadien auch eigene Namen, die es ebenfalls zu lernen gilt. Dazu gibt es z.B. ein Plakat, auf dem die *Pokémons* mit ihren Namen abgebildet sind. Die Namen befinden sich auch auf den Tauschkarten. Somit ergibt sich ein ständiger einfacher Spracherwerbsprozess auf der Basis einer Liste von Namen, denen Bilder in verschiedenen Zuständen zugeordnet sind. Will ein Junge oder Mädchen zum Experten bzw. zur Expertin für bestimmte Spielzusammenhänge werden, dann kommt zu dieser sprachlichen Organisation noch eine Fülle anderer Möglichkeiten hinzu, die vom Tauschen (Was ist mehr wert? Woran erkennt man den Wert?) bis zum interaktiven Umgang mit den *Nintendo*-Spielgeräten reichen. Sammeln und Ordnen sind ebenso wichtig. Das sind alles Kompetenzen, die für Außenstehende kaum erkennbar, vom Medien- und Materialangebot jedoch insoweit mit dem Ziel bedacht und offen angelegt sind, dass Kinder je nach Alter und Geschlecht unterschiedlich ihre Kompetenzen einbringen oder entwickeln können.

Warum, so fragen Buckingham und Sefton-Green (S. 396), gab es in den Schulen dann *Pokémon*-Verbote? Die multimediale *Pokémon*-Welt ist strukturell als „learning community" (S. 395) angelegt, was mit den für Kindheit typischen alltagsweltlichen und schulischen Strukturen korreliert. Kinderunterhaltung ist also auf eine lernorientierte Kindheit ausgelegt.

> „Pokémon could be described as 'educational', in that they involve teaching and learning. While some of this teaching is carried out by Pokémon texts, much of it is also carried out by children teaching each other; and, indeed, a great deal of the learning that takes place happens without any overt instruction at all. As with the fan cultures of adults, Pokémon could also be said to create or to facilitate 'learning communities'" (Buckingham, Sefton-Green 2003, S. 395).

Wenn man das Lesartenmodell von Stuart Hall anwendet, dann ist Lernen eine Vorzugslesart für *Pokémon*, die der Schule sehr gelegen sein müsste. Dagegen spricht in der Sicht der Schule die Trivialität des Lerngegenstands. Schule gewinnt ihre Lerngegenstände in einem komplexen Auswahl- und Legitimationsprozess, weshalb Schule zu Recht den Setzungen der Kulturindustrie gegenüber wachsam sein muss. Das ist kein Argument von Buckingham und Sefton-Green. Sie gehen vielmehr von einer Konkurrenz der Schule mit den Lernangeboten des Unterhaltungssektors der Kinderkultur aus, denn die Schule ist immer noch auf passives, nachvollziehendes Lernen ausgerichtet.

> „There is a vast gulf between the energy of children's playground engagements with Pokémon and the often deadening influence of the National Literacy and Numeracy Strategies now compulsorily imposed upon primary schools. We understand why many schools have sought to exclude Pokémon, by banning children from bringing their cards to school. Ultimately, however, such strategies are bound to increase its 'forbidden' appeal; and they prevent schools from building upon the enthusiasms children possess. Teachers could learn a great deal from the ways in which children use and engage with such phenomena; and this, in turn, could give them some more relevant and stimulating things to teach“ (S. 396).

Das ist eine provozierende Kritik, aus der sich ein pädagogischer Schluss ziehen lässt, den die öffentlich-rechtlichen Rundfunkanstalten sich schmerzhaft erarbeiten mussten, als bei der Einführung des Privatfernsehens in den 1980er Jahren die Kinder schlagartig zu den neuen Programmen wechselten und dort blieben, bis man sich auch im Qualitätsfernsehen auf die neuen Strukturen und Kompetenz von Kindheit einstellte. Dabei geht es um mehr als nur um unterschiedliche Lesearten: angepasst, eigenständig oder oppositionell. Die neuen Medien- und Ereignisarrangements fordern spezifische Kompetenzen als Strukturvoraussetzung für deren Nutzung. Dazu gehört ein hohes Maß an Flexibilität und Kreativität, um die Programmelemente sinnvoll in den eigenen Alltag zu integrieren. Kompetenz in selbst organisierter Bedeutungskonstitution ist ein weiteres entscheidendes Strukturmerkmal für Kindheit heute, die die neuen multimedialen Programmsysteme erfordern und als Struktur in der Kinderkultur verankern. Buckingham und Sefton-Green (S. 395) betonen dabei einen wesentlichen neuen Strukturzusammenhang: Anhand eines banalen, trivialen Lerngegenstands sind neue Lernformen entstanden.

> „Of course, for some critics, the learning that is at stake here is educationally worthless: children, it is argued, are simply developing an encyclopaedic knowledge of trivia. Yet, particularly in the light of contemporary social changes, learning must now be seen as more than simply a matter of the recall of information. In participating in the culture of Pokémon, children are learning how to learn – which may in itself be much more significant than what they actually learn“ (S. 395).

In der kulturellen Alltagspraxis der Kinder sind neue und lernrelevante Strukturen angekommen, die entwickelten und geforderten Kompetenzen der Kinder entgegen kommen. Eine Verbindung mit den schulischen Lernstrukturen ist eine der aktuellen didaktischen Aufgaben, die jedoch keinesfalls auf die Kritik dieser neuen Struktur und Kompetenzen verzichten darf. Dazu gehört, wie sich denn Erlebnisrationalität auf Lernen auswirkt, wobei die Kinder Unterstützung brauchen, um nicht funktionalisiert zu werden oder die Welt als banal und beliebig verfügbar zu funktionalisieren. Schule sollte sich jedoch nicht auf eine *oppositionelle* Lesart der neuen Multimedia-Arrangements beschränken und mit einer *bevorzugten* Lesart der Kinder in Konflikt geraten.

4.3 Fazit und Angebote zur Weiterarbeit

4.3.1 Zusammenfassung: Die Struktur der Zirkulation von Kulturprodukten und der subjektiven Erlebnisweisen als Folge der Enttraditionalisierung

Die Industriegesellschaft befindet sich im Umbruch. Das führt dazu, die Risiken der Lebensführung zu individualisieren, indem die Menschen ihre kleinen persönlichen Lebenswelten aufbauen und persönlich verantworten. Die Menschen eignen sich die Vielzahl und Vielfalt der Kulturprodukte in der persönlichen Erlebnisperspektive ihrer Lebensführung und Lebenswelt an, in der all das wichtig ist, was die Wirklichkeit der eigenen kleinen Lebenswelt bestätigt. Damit beschränkt sich Bildung auf die Aneignung von Kulturprodukten im Bezugsrahmen der kleinen persönlichen Welten und in der subjektiven Erlebnisweise. Die objektive, allgemein gültige Welt als Vorgabe für Bildung, das ist ein tragender Teil des Bildungsmodells, das dem Schulcurriculum zugrunde liegt, steht tendenziell im Widerspruch zur persönlichen Erlebnisperspektive, die heute die Aneignung der Kulturprodukte leitet. Diesen Widerspruch gibt es auch zwischen dem Schulcurriculum und den kleinen persönlichen Lebenswelten als Bezugsrahmen der Aneignung. Wie jedoch beim Thema der soziokulturellen Milieus diskutiert, gibt es, je nach Lebenslage und Wertorientierung, mehr oder weniger Übereinstimmung zwischen der jeweiligen Lebenswelt und der subjektiven Erlebnisperspektive.

Über die individualisierten Lebenswelten hinweg entstehen Integrationsmechanismen, die als Netzwerke und als diskursive, jeweils neu zu entwickelnde Bezugsrahmen funktionieren. Die Netzwerke sind auf funktionale Zweckmäßigkeit ausgerichtet und binden die individualisierten Lebenswelten in die Makromechanismen der Globalisierung ein. Das Internet ist medialer Teil dieser „globalen Netzwerke der Instrumentalität" (Manuel Castells 2001). Zweckmäßigkeit und Verfügbarkeit in Netzwerken wird damit auch zu einer Strukturvorgabe für die Aneignung von Kulturprodukten, die dann zu Ressourcen für die Teilhabe an Kultur und Gesellschaft werden, vorausgesetzt, sie passen mit den Mustern der

Erlebnisrationalität und den wesentlichen Mustern der jeweiligen Lebenswelt zusammen.

Weil die vertrauten Bezugsrahmen für Auswahl und Bewertung von Medien und anderer Kulturprodukte ihre allgemeine Gültigkeit für die Gesellschaft verloren haben, ersetzen Diskurse zu neuen Genres die früheren statischen Bewertungen. Diese Diskurse laufen auf der Makroebene der Gesellschaft oder auf der Mikro-Ebene des Alltags und der persönlichen Lebenswelten ab. Für die Mikro-Diskurse und die dabei entstehende Bewertung sind Handlungsmuster wie die des Experten wichtig. Die Mikro-Diskurse sind Teil der Aneignung von Medienangeboten und der damit einhergehenden Entwicklung von Medienkompetenz.

Medien sind in zwei wesentliche neue Strukturen der Kultur eingebunden, einmal in die Struktur der Repräsentation und die Struktur der Zirkulation von Kulturprodukten. Medien haben Repräsentationsfunktion wie viele andere Kulturprodukte wie Waren, Dienstleistungen, Ereignisse oder Orte, indem sie Bedeutungen objektivieren, die in Prozessen der Bedeutungskonstitution in kulturell definierten Situationen entstehen. In der alten Massenkommunikation verlief die Herstellung von Medien nach dem Modell der Industrieproduktion zentralisiert. Heute kommen zunehmend Situationen der alltäglichen Lebenswelten für die Herstellung von Medien hinzu. Die persönlichen Lebenswelten prägen mehr und mehr die Situation der Bedeutungskonstitution sowohl für die Produktion als auch für die Aneignung von Kulturprodukten. Die für die jeweilige Lebenswelt typischen Muster, z.B. das Muster des Experten oder Muster zur Verbindung von Alltag und Schule, gehen als Struktur in die Bedeutungskonstitution ein.

Medien waren bislang vor allem Teile eines linearen Verbreitungsprozesses, der dem Modell der zentralen Industrieproduktion folgte. Zunehmend mehr zirkulieren Medien als Repräsentation einer Kultursituation auch in anderen Situationen. Kultursituationen haben vielfältige Formen wie die des soziokulturellen Milieus und ihrer typischen Handlungsmuster, in denen Bedeutungen mit den für diese Handlungsmuster relevanten Kulturprodukte entstehen. Die alte Rundfunkordnung mit zentraler Medienproduktion und Verteilung der Programme an ein passives Massenpublikum beginnt eine Form der Zirkulation von Kulturprodukten unter anderen zu werden.

Die Aneignung von Kulturprodukten hat viel mit der Form des Lesens zu tun, auch wenn der Buch-Text zu einem unter vielen Kulturprodukten wird und Lesen zu einer Form der Bedeutungskonstitution neben anderen. Der Vergleich der Aneignung unterschiedlichster Kulturprodukte mit dem Lesen, was eine schlichte Vorstellung von Literalität nahe legen könnte, ist dann ungeeignet, wenn damit der Text des Buches und seine Aneignung zum allgemeinen Maßstab werden. Dann ist es nicht mehr hilfreich, sich am Lesen als einer paradigmatischen Aneignungsform zu orientieren, da unterschiedliche Modi der Repräsentation auch zu unterschiedlichen Aneignungsformen führen können. Eine heute wichtige Form der Aneignung ist die des Experten, weil sie der Individualisierung und Subjektivierung der Lebenswelten entspricht, in denen jeder der Experte seiner eigenen Kulturprodukte und ihrer Aneignung ist.

Die neuen Strukturen, die mit der aktuellen Enttraditionalisierung unserer Gesellschaft und Kultur entstehen, geben es in die Hand der Mediennutzer, in ihren Lebensweltkontexten aus Kulturprodukten ihre Ressourcen für ihre Teilhabe an Kultur und Gesellschaft zu machen. Je nach der für die persönliche Lebenswelt prägenden Struktur wie sozialökonomische Lebenslage und Wertorientierung werden Medien zu Ressourcen, die nur dann auch außerhalb der eigenen Lebenswelt hilfreich sind, wenn die Strukturen der jeweiligen Lebenswelt auch mit denen der Schule oder des Berufs zusammenpassen.

Der Trend zur Erlebnisrationalität als typische Form der Aneignung unterwirft den Eigenwert, anders formuliert, unterwirft den Eigensinn, der Kulturprodukte deren Funktionalität für die kleinen, persönlichen Lebenswelten. Es gehört deshalb zu den Aufgaben der Schule, den Eigenwert der Kulturprodukte als eigenständige Sachverhalte erkennbar zu machen. Dazu ist eine gezielte didaktische Verbindung der Lebensweltstrukturen mit den Strukturen der Sachverhalte notwendig. Dabei auf die Verbindlichkeit eines Curriculums zu vertrauen oder die Verbindlichkeit durchsetzen zu wollen, gelingt letztlich nur für Kinder solcher soziokultureller Lebenswelten, die Nähe zu Schule besitzen. Für die Kinder anderer soziokultureller Lebenswelten ist es notwendig, die Sachverhalte in deren Aneignungsperspektive zu bringen. Das kann gelingen, wenn die Schule in der Lage ist, die informellen Lernprozesse und Kompetenzen des Alltagslebens mit einem förmlichen Lernen zu verknüpfen. Eine Möglichkeit dazu, so das *Conversational Framework* (Laurillard 2002), ist die diskursive Verknüpfung von Situationen der Bedeutungskonstitution der Schule und der Lebenswelt.

Das ist eine Aufgabe, die der diskursiven Entwicklung von Bewertungsrahmen für Medien entspricht. Der aktuelle Prozess der Enttraditionalisierung hat nicht nur allgemeinverbindliche Maßstäbe untauglich gemacht, sondern auch allgemein verbindliche Aneignungsmuster wie z.B. das Lernen von Fakten im Rahmen eines für verbindlich betrachteten Curriculums. Das generelle Modell dafür ist die diskursive Verknüpfung der Schule mit Situationen der Bedeutungskonstitution in unterschiedlichen Kontexten der Gesellschaft und des Alltagslebens. Es eignet sich sowohl für die Bewertung von Medien in der Gesellschaft als auch für Lernen in der Schule.

4.3.2 Definitionen und Modelle

Enttraditionalisierung, Kulturprodukte und Risikogesellschaft
Die aktuelle Veränderung unserer Gesellschaft bringt das vertraute Verhältnis zu Medien und anderen Kulturprodukten als Träger bekannter Zeichen und Bedeutungen aus dem Lot. Damit gehen u.a. die Möglichkeiten verloren, Medien und ihre Programmangebote allgemein verbindlich zu bewerten. Individualisierung und Fragmentierung der Lebensweisen und Bezugsrahmen führt u.a. dazu, dass eine Fülle von Kulturprodukten in beschränkten Kulturpraktiken und Situationen mit den dafür jeweils typischen Handlungsmustern entstehen. Das Risiko, sich nicht die angemessenen Kulturprodukte in der jeweils richtigen Weise angeeignet zu haben, liegt bei den Nutzern und ihrer Art der Bedeutungskonstitution. In der neuen leitenden Gesellschaftsstruktur individuell aufzubauender und zu verantworteter Lebenswelten spielen Medien eine wesentliche Rolle, weil sie flexibel zu nutzen sind und die Ressourcen der Industriegesellschaft vergleichsweise schonen.

Erlebnisrationalität in persönlichen Erlebniswelten
Der Kultursoziologe Gerhard Schulze (1992) hat ein neues Verhältnis der Menschen heute zu ihrer Umwelt mit *Erlebnisrationalität* bezeichnet: „Erlebnisrationales Handeln zielt auf ein Zentrum, das im Handelnden selbst liegt. Was auch immer das Erlebnisziel sein mag, innenorientierte Konsummotivation will auf einen subjektiven Prozess hinaus." In dieser Erlebnisorientierung eignen sich Kinder und Jugendliche Medien und andere Kulturprodukte subjektiv im Bezugsrahmen ihrer persönlichen Lebenswelt mit in ihren typischen Handlungsmustern an.

Semiotik
Semiotik ist die Wissenschaft der Zeichen- und Bedeutungsprozesse. Das sind die Prozesse, in denen Zeichen „Wirkung entfalten" (Nöth 2000, S. 227). Der Begriff der Semiose (englisch: Semiosis) benennt diese Entfaltungsprozesse, in denen Zeichen Bedeutung bekommen.

Semiotische Kulturanalyse (Semiotic Approach)
Stuart Hall (1997) ist der Meinung, dass alle Kulturprodukte Bedeutungen vermitteln („all cultural objects convey meaning", S. 36). Deswegen funktionieren alle Kulturprodukte wie Zeichen einer Sprache. Diese Gleichsetzung führt zum semiotischen Paradigma, das alle kulturellen Produkte an einem Punkt als funktional gleichwertig sieht, nämlich in ihrer Funktion der Repräsentation in Diskur-

sen, obwohl sie beim ersten Blick auf die äußere Form kaum Gemeinsamkeiten haben.

> „The underlying argument behind the semiotic approach is that, since all cultural objects convey meanings, and all cultural practices depend on meaning, they must make use of signs; and in so far as they do, they must work like language works" (Hall 1997, S. 36).

Repräsentation
Der Begriff der Repräsentation kommt aus der Semiotik (vgl. Kress, van Leeuwen 1996; S. 5 ff., Nöth 2000; S. 131–226) und bezeichnet sowohl die kulturellen Produkte als auch die Konstitution ihrer Bedeutung in Kulturpraktiken und kulturellen Situationen. Weil nicht mehr klar ist, wie die Elemente unserer Lebenswelt als Zeichen aufeinander und auf die Menschen verweisen, empfiehlt sich der Begriff der Repräsentation.

Repräsentationsmodus
Repräsentationen unterscheiden sich vor allem nach ihren Medien und ihren Formen. Ein Medium wie ein Film hat Töne und gesprochene Sprache, Licht, Farbe als Darstellungsmodi. Eine Lehrerin hat ihre Stimme als Repräsentationsmodus ihrer Mitteilungen oder das Medium des gedruckten Buches mit den Repräsentationsmodi Schrift und bunte Bilder. Das Medium Handy bietet eine Fülle von Repräsentationmodi wie Druckknöpfe mit Ziffern, Klingeltöne, Bilder auf dem Display, gesprochene Sprache, getippte Sprache (SMS).

Multimediale und multimodale Literalität
Literalität als kompetente Nutzung von Medien als Kulturressourcen schließt ein, dass Nutzer die verschiedenen Repräsentationsmodi von Medien eigenständig verbinden. Bei der Aneignung oder Herstellung von Repräsentationsmodi steht die Übersetzung oder Transkription von einem Modus in einen anderen und die Übersetzung von einer kulturellen Praktik mit ihrem typischen Repräsentationsmodi in andere im Vordergrund. Die britische Diskussion (z.B. Gunther Kress, London) betont die Kompetenz zu transkribieren als Grundlage für die Verwendung multimedialer und multimodaler Kulturprodukte.

Bedeutungskonstitution (Meaning Making)
Herstellen, Entwickeln, Zuschreiben und die Aneignung von Bedeutungen geschieht in soziokulturellen Situationen mit den für diese Situationen typischen Praktiken. Wichtig für Bedeutungskonstitution ist die Einbettung in Handlungssituationen (Social Practices), die durch Strukturen wie die der Massenkommunikation beeinflusst oder geprägt sind. Heute ist für die Bedeutungskonstitution

die persönliche Erlebnisperspektive als Struktur entscheidend, wobei die aktuellen Themen der Menschen und ihre jeweilige Lebensgeschichte die Bedeutungskonstitution leiten.

Encoding/Decoding-Model der Kulturzirkulation
Stuart Hall (1980) hat Massenkommunikation als Beziehung der diskursiven Praktiken des Herstellens (Encoding) und des Aneignens (Decoding) beschrieben. Medienproduktion stellt im Rahmen ihrer Strukturen Medien als Objektivation von Bedeutungen her. Die Mediennutzer entnehmen Medien in der eigenen Dynamik der Aneignung die für sie und ihren Kontext relevanten Inhalte. Die unterschiedlichen Kontexte des Herstellens und des Nutzens von Medien haben trotz unterschiedlicher Strukturen gemeinsam, dass sie kulturelle Situationen der Bedeutungskonstitution (signifying practice) sind. Die zu Grunde liegenden Strukturen sind nach Hall der jeweilige Wissensrahmen, die Art wie produziert und wie die technische Infrastruktur genutzt wird. Das Kulturzirkulations-Modell hat drei Schwerpunkte:

- Industrieproduktion der Medien (Encoding) als Herstellung von Bedeutungen (Signifying Practices*)*,
- Medien als bedeutungshaltige kulturelle Objekte (Meaningful Cultural Objects),
- Mediennutzung, Rezeption (Decoding) als Herstellung von Bedeutungen (Signifying *Practices).*

Lesarten eines Medientextes („Modes of Reading“, Hall 1980, S. 136)
Hall (1980) schlug vor, die unterschiedliche Aneignung von Medien als Lesarten zu beschreiben. Das Modell der Lesarten bringt Übersichtlichkeit in die Aneignungsformen, indem es die Aneignung der Buch-Texte als generelle Möglichkeiten zur Beschreibung der Aneignung von Medien oder anderer Kulturprodukte nutzt. Hall meint, dass es drei typische Lesarten gibt. So kann ein Mediennutzer das übernehmen, was in einem Text angelegt ist, oder er kann sich dem entgegenstellen. Bei der dritten Lesart erschließt sich ein Nutzer oder eine Nutzerin einen Medientext eigenständig interpretierend. Für die pädagogische Praxis ergibt sich mit dem Lesartenmodell die pragmatische Möglichkeit, die Aneignungsmuster für alle möglichen Kulturprodukte mit dem Lesen von Texten zu vergleichen und dabei das Verhältnis des Lesers zum vorgegebenen Text zu bedenken. Problematisch ist das Lesartenmodell, wenn es dazu dient, die Aneignung des Buchtextes als typisch für alle Medien und Kulturprodukte zu definieren.

Entwicklungslinien der semiotischen Organisation der Erlebnisgesellschaft
Für die Entwicklung unseres aktuellen Typs von Kulturzirkulation in Richtung vielfältiger Repräsentationsmodi sind folgende zwei Linien wichtig:

- Die jeweiligen Lebenswelten brauchen eine semiotische Organisation, die viele Anknüpfungspunkte zu den standardisierten Konsumangeboten bietet. Das gewährleistet u.a. eine große Breite an Repräsentationsformen wie Texte, Bilder, Körper, Räume, Töne.
- Erlebnisrationalität ist der neue Typ des subjektiven Erlebens. Jede Art der Aneignung beruht auf der Funktion eines Kulturproduktes für die einzelnen Menschen und ihre persönliche Lebenswelt. Das Risiko, mit der Aneignung in der persönlichen Erlebnisperspektive gesellschaftliche Notwendigkeiten voll oder teilweise zu verfehlen, liegt bei den einzelnen Menschen.

Lernen als Strukturmerkmal globaler Multimedia-Programmangebote für Kinder
Lernen als eine wesentliche Struktur von Kindheit ist in Medienangeboten für Kinder objektiviert, so eine These von Buckingham und Sefton-Green (2003). Ein globales Beispiel dafür ist *Pokémon*, zu dessen Grundausstattung Lernen gehört, z.B. die Namen einer großen Zahl fiktionaler Tiere zu kennen und zu nutzen. Ordnungsformen wie Tauschen und Sammeln sind dabei wichtig. Zudem ist die multimediale *Pokémon*-Welt strukturell als „learning community" angelegt, Kinderunterhaltung ist Teil einer lernorientierten Kindheit.

4.3.3 Überblick über die Fallbeispiele

- Gespräch von Lehrern und Pfarrern über Wrestling im Fernsehen.
- Die kreativ eigenständige Lesart einer Zeichentrickserie gibt Anlass zu Missverständnissen.
- Briefe zu einer Wrestling-Sendung an die Redaktion eines Fernsehsenders.

4.3.4 Ausgewählte Texte zum Weiterlesen und zur Vertiefung

Zu 4.1.1 Enttraditionalisierung der Industriegesellschaft

Beck, Ulrich (1986): Risikogesellschaft. Auf dem Weg in eine andere Moderne. Auszug: „Individualisierung sozialer Ungleichheit. Zur Entraditionalisierung der industriegesellschaftlichen Lebensformen", S. 113–120

Zu 4.1.3 Die neue Form des Erlebens: die Welt in meinen Sinne

Schulze, Gerhard (1992): Die Erlebnisgesellschaft. Kultursoziologie der Gegenwart. Auszüge: Erlebnisrationalität, S. 40–42; „Spannungsschema", S. 153–157; „Erlebe dein Leben", S. 58-60; „Erlebnismarkt", S. 421–424

Zu 4.2.2 Die Struktur der Kulturzirkulation: Medien als Kulturprodukte in Kulturpraktiken

Hall, Stuart: Encodung/Decoding (1980). In: Hall, Stuart et al. (ed.): Culture, Media, Language, S. 128-139. Deutscher Text: Hall, Stuart (1999): Kodieren/Dekodieren, S. 92–110

Zu 4.2.1 Die Struktur der Repräsentation

Hall, Stuart (1997) (ed.): Representation. Cultural Representations and Signifying Practices. Auszug: "From language to culture: linguistics to semiotics", S. 36-39

Kress, Gunther, van Leeuwen, Theo (2001): Multimodal Discourses. Auszug: "Stratification of semiotic resources", S. 20-23

Zu 4.2.4 Globale Multimedia-Produkte, das Beispiel Pokémon

Buckingham, David, Julian Sefton-Green (2003): Gotta catch 'em all: Structure, Agency and Pedagogy in Children's Media Culture.

5 Analyse

Medien zirkulieren wie alle Kulturprodukte in und zwischen Kultursituationen wie Fernsehen, Medienplattformen im Internet oder Schule. Bei der Massenkommunikation verändert sich aktuell die Struktur, indem der Transport zentral produzierter Programme in den Medienalltag der Nutzer nur noch als eine Variante der Massenkommunikation neben anderen steht. Daneben gibt es Medien- und Ereignisarrangements, bei der die traditionellen Medien in der Fülle anderer Konsum- und Erlebnisangebote verschwimmen. Aber auch das Prinzip der professionellen, redaktionell verantworteten Produktion der Massenkommunikation verliert mit den Medienplattformen seine allgemeine Geltung. Mit den neuen Medienarchiven im Internet ist die professionelle Medienproduktion nur eine der Möglichkeiten neben den massenhaft verfügbaren Amateurangeboten. Wie lassen sich in diesen diffusen Kontexten der Massenkommunikation Medien kritisch analytisch erfassen und untersuchen? Dazu will ich wie schon im 4. Teil Medien als Kulturprodukte definieren und ein Modell entwerfen, das Medien als Kulturprodukte in ihren Kontexten analysiert.

5.1 Das Analysemodell: Zirkulierende Kulturprodukte in vertrauten und in neuen Kulturräumen

5.1.1 Analyse von Medien als Bestandteile fragmentierter und individualisierter Lebenswelten

Medien zirkulieren als Kulturprodukt neben vielen anderen Kulturprodukten in und zwischen persönlichen Lebenswelten. Persönliche Lebenswelten sind Kultursituationen mit typischen Praktiken und Kompetenzen. Wenn Medien zirkulieren, dann bekommen sie mit diesen situationsabhängigen Praktiken und Kompetenzen ihre Bedeutungen. In den Medien mit ihren Bedeutungen sind damit auch die Strukturen, Praktiken und Kompetenzen einer Kultur objektiviert. So gesehen ist dann die Analyse von Medien auch eine Kulturanalyse. Dazu gibt es viel wissenschaftliche Erfahrung, beispielsweise die Analyse der *Kulturindustrie* im Rahmen der *Kritischen Theorie* von Horkheimer und Adorno von 1944, die sich u.a. mit den Systemstrukturen der industrialisierten Medienproduktion und deren Übertragung auf die Freizeit der Menschen beschäftigte (siehe 4. Teil). Die *Kritische Theorie* ist hilfreich, um sich klar zu machen, dass man Medien in ihren kulturellen Umbrüchen beurteilen und bewerten muss. Für Horkheimer und Adorno war der entscheidende Umbruch die Industrialisierung der Medienherstellung und Mediennutzung in einem Systemgefüge. Als die Menschen ab der Mitte des 20. Jahrhunderts den Systemumbau der Industriegesellschaft nicht mehr als Enttraditionalisierung ihres Lebens, sondern als selbstverständliche Lebenswelt wahrnahmen, da fragten sich Berger und Luckmann (1966/1970) im Rahmen der Lebensweltheorie (Schütz 1931/1974), wie die Strukturen der Lebenswelt aufgebaut sind. Ihre Frage richtete sich darauf, wie Medien oder andere Kulturprodukte als „Objektivationen" menschlichen Handelns und menschlichen Ausdrucks funktionieren. Sie entwickelten dazu ein Ebenenmodell der Lebenswelt, mit dessen Hilfe sich die Funktionen von Medien für die Konstruktion der Lebenswelt verstehen und bewerten lassen. Berger und Luckmann (S. 100 ff.) schlugen eine hierarchische Gliederung der komplexen Räume des Alltags in Ebenen vor. Diese Ebenen unterscheiden sich u.a. im Grad der Komplexität der zu untersuchenden Phänomene, und zwar mit einem Komplexitätsanstieg von der ersten zu vierten Ebene.

1. Ebene: Inhalte und Formen der Elemente von Programmsystemen

In der Terminologie von Berger und Luckmann (1970) geht es nicht nur um die Weitergabe eines „Systems sprachlicher Objektivationen menschlicher Erfahrung", sondern um die „Objektivation menschlicher Erfahrungen" in heute wichtigen Medien. In die Medien sind *„Erklärungen"* „sozusagen in das Vokabular eingebaut" (S. 100 f.).

2. Ebene: Schemata und Muster, die Diskurse, Handlungsfelder und kulturelle Praktiken verbinden

Im Mittelpunkt der Analyse auf dieser Lebensweltebene stehen die in Medien oder in Programmelementen angelegten Muster, die Diskurse, Handlungsfelder und kulturelle Praktiken verbinden. Berger und Luckmann bezeichnen diese Muster als „theoretische Postulate in rudimentärer Form; verschiedene Schemata, die objektive Sinngefüge miteinander verknüpfen" (S. 101).

3. Ebene: Expertenmuster, reflexive Kompetenz und Literalität

Berger und Luckmann (101 f.) sprechen in ihrer Lebensweltanalyse von den Legitimationsformen einer Gesellschaft. Das ist vor allem die „explizite Legitimationstheorie" von Experten. In den verbundenen, konvergenten heutigen Medienangeboten stecken Angebote, die nicht nur die Welt erklären, sondern, die Handeln und Handlungsmuster bestätigen und legitimieren. Da die Menschen heute ihre Lebenswelten selber aufbauen müssen, statten die Medienangebote die Nutzer so aus, dass sie selber in der Lage sind, als Experten zu handeln. Dazu sind komplexe und reflexive Formen kultureller Praktiken notwendig. Auf Medien bezogen sind das Formen reflexiver Kompetenz und Literalität.

4. Ebene: Kinder- und Jugendwelten, soziokulturelle Milieus
Mit der Individualisierung und der damit einher gehenden soziokulturellen Gliederung unserer Gesellschaft leben Kinder und Jugendliche in unterschiedlichen Kultur- und Lebenswelten, in denen die alltagsästhetisch verbundenen Medien, Waren und Dienstleistungen weit mehr sind als eine Bereicherung des Lebens, sondern, ganz im Gegenteil, so etwas wie Lebensweltbausteine. In Medien und Programmelementen sind diese Anknüpfungspunkte zu Lebenswelten und Milieus enthalten, sozusagen eingeschrieben.

Sicherlich kann man mit solch einem Ebenenmodell der Struktur der Lebenswelt solange gerecht werden, als die Individualisierung nicht zu einer Vielfalt von Lebenswelten geführt hat, was jedoch heute typisch für die Lebensweltkonstruktion ist. Auf die Komplexität der fortschreitenden Individualisierung der Lebenswelten reagieren z.B. Ganguin und Sander (2006) mit einem sozialökologischen Modell, in dem Medien und medienbezogenes Handeln in vier Zonen aufgeteilt sind, die die Kinder von sich her gesehen aufeinander beziehen. Diese Lebensweltzonen stehen in unterschiedlicher Nähe oder Distanz zu den Kindern, die ihre Lebenswelt herstellen. Im Zentrum der Lebenswelt stehen die Kinder. Sie wirken ein oder reagieren auf ihren „ökologischen Nahraum“, auf die weiter von ihnen entfernt liegenden spezialisierten Räume („ökologischer Ausschnitt“) und auf die weit von ihnen entfernten Handlungsfelder („ökologische Peripherie der gelegentlichen Kontakte“, Ganguin, Sander 2006; 134 f.).

Aber auch ein solches Modell von Handlungszonen bildet nur unzureichend die Entwicklung der Strukturen der heutigen individualisierten Lebenswelten ab. Eine aktuell wichtige Struktur ist die der Kulturzirkulation, die dazu führt, dass Medien wie andere Kulturprodukte auch in und zwischen den Handlungssituationen der Lebenswelt wandern. Kulturprodukte bekommen in den jeweiligen Kultursituationen mit den dafür typischen Praktiken und Kompetenzen der Kinder oder Jugendlichen Bedeutung. An dieser Stelle der Argumentation ist der Gedanke der Repräsentation des vorausgehenden 4. Teils hilfreich, um zu einem einfachen Analysemodell zu kommen, denn die Logik der Repräsentation hat zwei Funktionsbereiche:

- Bedeutung zu tragen: Kulturprodukte, die Bedeutungen objektivieren, werden situationsübergreifend genutzt.

- Bedeutung zu bekommen: Produktion und Nutzung ist immer in kulturell gerahmte Situationen mit dafür typischen Praktiken und Kompetenzen eingebunden.

Von dieser doppelten Repräsentationsfunktion ausgehend lassen sich pragmatisch drei Schwerpunkte für die Analyse von Medien und anderen Kulturprodukten festlegen. Diese drei Schwerpunkte korrespondieren mit den Analyseebenen der Lebenswelt von Berger und Luckmann aus den 1960er Jahren und den kulturökologischen Zonen (Gauguin, Sander 2006), in denen Kinder oder Jugendliche in ihrer Lebenswelt handeln. Die drei Schwerpunkte sind jedoch vor allem eine Reaktion auf die aktuelle Fragmentierung der Lebenswelt, wobei Kulturprodukte in und zwischen Kultursituationen und ihren Praktiken zirkulieren.

5.1.1.1 Schwerpunkte einer Analyse der Kulturzirkulation

Aus den beiden Repräsentationsfunktionen, Bedeutung zu tragen und Bedeutung herzustellen, ergeben sich in der Kulturzirkulation die folgenden drei Analyseschwerpunkte:

(a) Kulturprodukte, die über Situationen hinweg zirkulieren
Hierzu funktionieren Kulturprodukte unabhängig von Situationen, weil in der Herstellungssituation etwas objektviert angelegt wurde. Der Gedanke, dass etwas anlegt und nicht festgelegt wurde, ist wichtig, weil den Nutzern ja eigenständige Lesarten zur Verfügung stehen. Dieser Analyseschwerpunkt wird im Folgenden an zwei Beispielen abgehandelt (Casting-Show *Popstars*, Selbstbilder im Internet), die typisch für die aktuelle Veränderung der Massenkommunikation sind.

(b) Muster der Repräsentation, die Medien, Situationen und Kompetenzen verbinden
Nicht nur die Produzenten objektivieren Inhalte eines Mediums oder anderen Kulturprodukten und stellen so Bedeutung her, dazu trägt ebenso maßgeblich das Muster bei, wie Herstellungssituation, Nutzungssituation, Handlungsweisen (Agency) und Handlungskompetenzen miteinander verknüpft sind.

Zu diesem Analyseschwerpunkt gibt es im Folgenden Beispiele, wie Orientierung als Muster entsteht und wie das Expertenmuster funktioniert. Orientierungsmuster und Expertenmuster haben in komplexen, fragmentierten Lebenswelten ohne allgemein verbindliche oder tradierte Bezugsrahmen hohe Bedeutung für die Aneignung und Nutzung von Kulturprodukten.

(c) Die Kulturräume der soziokulturellen Lebenswelten, in denen die Repräsentationsmuster zum Tragen kommen

Kulturprodukte zirkulieren in soziokulturell geordneten Lebenswelten, die ihre Repräsentationsmuster haben und damit auf die Aneignung der Kulturprodukte einwirken. Dabei liefert die Milieu-Organisation ein Strukturschema, so etwas wie eine kulturelle Grammatik. Die Forschungsergebnisse von *Sinus Sociovision* sind hilfreich die neuen soziokulturellen Strukturen aufzudecken. Dieser Analyseschwerpunkt beschäftigt sich mit Kinderzimmern als Orte kultureller Praxis, die Kinder wie Texte mit den Materialen der heutigen Kulturangebote anlegen. Im zweiten Beispiel geht es um Fernsehnutzung in soziokulturellen Milieus.

5.1.2 Ein Verfahrensvorschlag

Die Analyse folgt der Leitfrage, wie Kulturprodukte Bildung strukturieren. Dazu ist es hilfreich, mit einem Flächenmodell zu bestimmen, was im Mittelpunkt und was am Rande von Medien, Repräsentationsmustern und Lebenswelten steht. Was im Mittelpunkt und was am Rande steht, kann auch für die Aneignung wichtig oder eher randständig sein. Das hängt u.a. von den Lesarten der Mediennutzer ab. Zudem geht es darum, nicht nur die Oberfläche von Phänomenen, sondern auch deren Tiefenstrukturen herauszuarbeiten. Auf welche Themen sich die Analyse ausrichten soll, hängt von den Diskursen ab, innerhalb der die Analyse stattfindet, ob Schülerinnen ihre bevorzugten Kulturprodukte analysieren oder ob eine Lehrerin das Selbstbild eines Schülers im Internet verstehen will.

Die analytische Leitfrage

Eine pädagogisch angelegte Analyse stellt die Frage, wie Bildung in Kulturprodukten, ihren Kontexten und Praktiken angelegt ist. Diese Leitfrage der Medienanalyse richtet sich darauf, was in Medien und ihre Einbindung in die Strukturen der Lebenswelt für Nutzer potentiell enthalten ist. Die Frage: „Was ist angelegt?“ lässt sich auch anders formulieren: Was ist in Medien und anderen Kulturgütern eingeschrieben? Was ist in sie eingebettet? Es ist eine Fragestellung, die hilft, Nutzungs-, Handlungs- und Wirkungsmöglichkeiten herauszuarbeiten, die unter anderem von den Diskursen der Hersteller und der Nutzer abhängen. Weil Medien und kulturelle Güter oder Dienstleistungen auch wie Texte funktionieren, lassen sie sich je nach Nutzungskontexten und Nutzern mit ihren Sinnperspektiven auch unterschiedlich lesen.

Worum geht es dann in der hier maßgeblichen Perspektive der Bildung? Die Analyse von Kulturprodukten fragt, so die Diskussion im 3. Teil mit Hilfe Wilhelm von Humboldt, nach

- der freien Entfaltung der Kräfte der Kinder mit der Aneignung der kulturellen Produkte,
- den Chancen, die Vielfalt und die Widersprüche der fragmentierten, persönlichen Lebenswelt zu integrieren und die Lebenswelt mit eigenen Spuren zu gestalten.

Für mich steht dabei folgende Konkretisierung im Vordergrund:

- Literalität als kulturelle Teilhabe,
- Alltagsmedienkompetenz als Verbindung von Lebenswelt und Bildungseinrichtungen,
- Reflexive Persönlichkeitsentwicklung.

Die Analyse versucht also festzustellen, was in Kulturprodukten, Repräsentationsmustern und soziokulturell geordneten Lebenswelten an Literalität, Medienkompetenz und reflexiver Persönlichkeitsentwicklung angelegt ist.

Ein Flächenmodell der Analyse
Das Konzept des Flächenmodells folgt der Idee des kritischen Blickes über eine Kulturlandschaft. Dabei sollte man sich darauf konzentrieren, was im Mittelpunkt und was am Rande der Landschaft zu erkennen ist. Unter der per Augenschein erkennbaren *Text-Landschaft* liegen weitere Phänomene (Tiefenstrukturen) wie eine ideologische Verzerrung eines Textes, die der Erklärung und Kritik bedürfen. Orientierungsschema wie Listen oder Links gehören ebenfalls zu den Tiefenstrukturen.

Erste Auswertungsfläche: Das Offensichtliche, das ein nachdenklicher Menschen erfasst.
Medien, Events oder alltagsästhetische Inszenierungen sind etwas, was ein intelligentes und kulturell erfahrenes Mitglied unserer Gesellschaft deutlich wahrzunehmen in der Lage ist. Dabei steht etwas im Mittelpunkt oder eher am Rande eines Programmangebotes.

Leitfragen:
- Was ist offensichtlich?
- Was steht im Mittelpunkt eines Textes?

Für die Casting-Show *Popstars* ist offensichtlich, dass aus jungen Leuten eine professionelle Musik-Gruppe zusammengestellt wird und sich jeder zu diesen Wettbewerb anmelden kann.

Tiefer liegende Auswertungsflächen: Das Verborgene und Randständige, das sich nur analytisch erfassen lässt.

Leitfragen:
- Was verbirgt sich unter der Oberfläche?
- Was steht am Rande?

Bei *Popstars* ist es u.a. die multimodale Repräsentation, deren Nutzung Lesekompetenz voraussetzt.

5.2 Analyseschwerpunkt: Medien als eigenständig zirkulierende Kulturprodukte

Die folgenden zwei Beispiele beziehen sich auf Kulturprodukte (Programmsystem Casting-Show, Fotos mit Selbstbildern auf einer Website), die typisch sind für Massenkommunikation, die jedoch auch die laufende strukturelle Veränderung der Massenkommunikation zeigen. Das multimediale, multimodale Programmsystem *Popstars* gehört sowohl zur alten als auch schon zur neuen Struktur der Massenkommunikation, zur alten Struktur, weil es zentral von einer verantwortlichen Redaktion produziert ist und verteilt wird. Als Programmsystem ist *Popstars* neu, weil es eine Fülle interdependenter Medien, Waren, Dienstleistungen umfasst, also viel mehr ist als nur eine Fernsehsendung. Die Bilder auf der Internetplattform *MySpace* gehören zur neuen Form der Massenkommunikation mit Medienarchiven im Internet und den von Nutzern produzierten Inhalten.

5.2.1 Das Programmsystem Popstars

Die analytische Aufgabe, den Kompetenzen und Strukturen, die im *Medienvokabular* enthalten sind, auf die Spur zu kommen, ist bei Programmsystemen wie *Popstars* ausgesprochen komplex, weil es aus einer Vielzahl von Elementen besteht, die jeweils die von Berger und Luckmann angesprochenen Erfahrungen und Erklärungen beinhalten, die dann im Zusammenspiel der Elemente des Programmsystems nicht leicht aufzudeckende Schwerpunkte bilden. Obwohl das Programmsystem *Popstars* noch Teil der Struktur der alten Massenkommunikation mit zentraler Medienproduktion und dezentraler Mediennutzung ist, bietet und verlangt es von den Nutzern hohe eigene Interpretationsleistungen. Die Analyse von *Popstars* folgt der Leitfrage, was in den einzelnen Elementen von Medien- und Ereignisarrangements angelegt ist. Dabei sind nicht nur die Inhalte, sondern auch die Formen der Programmelemente und ihr Zusammenspiel zu berücksichtigen. Hier ist der Gedanke der Mediensemiotik wichtig, dass multimediale Programmsysteme von unterschiedlicher Form sind und sie sich in ihrer *Materialität* unterscheiden. So steht beim Casting-Event oder auf einer Party der eigene Körper im Vordergrund, der wie ein Text funktioniert. Bei einem Werbeplakat geht es um eine Text-Bildmischung, die üblicherweise zur Zustimmung einlädt oder drängt und möglichst wenig Raum für Nachdenken lässt, weshalb auch keine lange Erörterung als Text auf einem Werbeplakat steht.

Die nachfolgende Analyse des Medien- und Ereignisarrangements *Popstars* will herausarbeiten, welche Art von Kompetenz (lesen können, zivilisiert konkurrieren) in den Programmelementen jeweils angelegt ist. Zu fragen ist zudem, welche Eigenschaften und Kompetenzen Nutzer für das Programmsystem und seine Elemente brauchen, welche Eigenschaften und Kompetenzen sie vermutlich weiterentwickeln werden.

Die folgende Analyse basiert vor allem auf der Bestandsaufnahme zu *Popstars* von Fiona Sánchez Weickgenannt (2006; S. 144 ff.). Um die Tiefenstruktur zu erschließen, werden auf der Basis der dominanten Strukturen von *Popstars*, das sind Event und Multimedia, die einzelnen Multimedia-Elemente auf deren offensichtliche und zentrale Schwerpunkte hin untersucht.

Popstars bekommt seine prägende Struktur (a) als Event über eine Reihe von Programmelementen und (b) über die Multimedia-Elemente.

(a) Die Komponenten des offensichtlichen Event-Charakters

POPSTARS – Das Duell teilte sich auf in drei Phasen und ging vom August bis November 2003. In 13 Folgen berichtete der Fernsehsender *Pro7* über die Elemente des Events, was u.a. den Wirklichkeitscharakter des Events bestätigt.

- Casting: Die Castings sind so etwas wie Markenzeichen von *Popstars*. Nach den Castings gibt es die Entscheidungsshow, in der die ersten Teilnehmer ausscheiden. Es verbleiben 30 Teilnehmer, die zum Workshop eingeladen werden. *Gecastet* wurde in sechs deutschen Großstädten und in Wien. Jeder ab 16 Jahren, konnte ohne vorhergehende Anmeldung zu den Castings kommen. Ein Bewerber durfte beim Casting allein, aber auch in Gruppen von maximal drei Personen auftreten.
- Workshop: Die 30 Gewinner des Castings flogen mit einer kooperierenden Fluggesellschaft nach Orlando, USA. Sie nahmen dort an einem Workshop für Tanzen und Singen unter der Anleitung eines professionellen Trainers teil. Die Jury entschied am Ende jeder Folge, wer den Workshop verlassen musste.

- Roadshow: Am Ende des Workshops verblieben zwei Bands, eine *Girlgroup* und eine *Boygroup*, die jeweils eine Single-CD veröffentlichten. Die Single-CD gab es für 1,99 Euro exklusiv bei *McDonalds* zu kaufen. Beide Bands gingen in Deutschland auf Tournee, um den Verkauf ihrer CD zu unterstützen. Die Zuschauer bestimmten über die Verkaufzahlen der CDs und per Abstimmung, welche der beiden Gruppen Sieger wird. In der 90-minütigen Finalshow wurde dann die Sieger-Band gekürt, danach war das CD-Album des Siegers im Handel erhältlich.

(b) Die multimodalen und multimedialen Elemente

Die Elemente des Programms im Überblick

(1.) Logo

(2.) Fernsehprogramm
  - Die wöchentlichen Fernsehsendungen
  - Fernseh-Programmtrailer
  - Cross-Promotion im Fernsehen

(3.) Teletextangebot

(4.) Gedrucktes Material
  - Ankündigungsplakate
  - Fan-Magazin
  - Anzeige für die Popstars Party Tour in youngLisa
  - Flyer zur Mitglieder-Werbung im ProSieben Club

(5.) Online Elemente
  - Online Elemente zum Programminhalt
  - Popstars Community
  - Casting-Formular
  - Online Live-Chat mit den gerade in Orlando gekürten Band-Mitgliedern
  - E-Mail Newsletter vor der ersten Sendung
  - Information zum Downloaden von Text aufs Handy
  - Public Relations Lounge, Download für Journalisten

(6.) CDs und Merchandising-Produkte
  - CDs, mit denen man an der Abstimmung für die Siegergruppe teilnimmt
  - Merchandising-Produkte

(7.) Handy und Telefon

(8.) Live Events
  - Castings
  - Popstars Party Tour

Diskussion der Programmelemente mit der Frage, welche Kompetenzen Nutzer möglicherweise brauchen oder entwickeln

(1.) Logo

Das Logo enthält den Titel *Popstars – DAS DUELL* mit weißen und roten Buchstaben auf rotem Grund. *Star* ist zudem mit einem Stern symbolisiert. *Duell* legt nahe: Kampf, jedoch nicht brutal, sondern eher nobel und als Wettbewerb gedacht. Beleidigungen von Bewerbern wie bei *Deutschland sucht den Superstar* sind nicht akzeptabel. Der in kleinen Buchstaben gesetzte Untertitel *Lebe Deinen Traum!* ist als Imperativ formuliert.

Potentielle Kompetenzen

- Auch im Deutschen ist die Bedeutung von *Popstars* deutlich: Ein Star in der Welt der Popmusik zu werden, was auch das Symbol des Sterns unterstreicht. Um das Logo zu verstehen, ist Lesekompetenz, wenn auch in eher geringem Maße, notwendig.
- *Das Duell* verweist ziemlich stark auf Kampf, betont jedoch eine ritterlich adelige Seite des zivilisierten Kampfwettbewerbs nach kontrollierten Regeln. Unkontrollierte Aggressivität ist unerwünscht, kämpferischer Wettbewerb ist erwünscht.
- Den Wettbewerb rahmt der Imperativ, den persönlichen Traum zu realisieren, was im Kontext des Wettbewerbs eher auf einen realistischen, denn auf einen bloßen fiktionalen Traum hinweist.

(2.) Fernsehprogramm

(2.1) Die wöchentlichen Fernsehsendungen

> Bericht von Fiona Sánchez Weickgenannt (2006; S. 144 ff.)
> „Am Anfang des Auswahlprozesses für die Musikgruppe steht das Casting. Im Rahmen der Castings, die an fünf Terminen in großen deutschen Städten stattfinden, entscheidet eine Jury nach kurzem Vorsingen, wer ausscheidet und wer im Rennen bleibt. Die 30 besten Teilnehmer werden dann zum Casting nach Orlando, USA, eingeladen. Die Highlights der fünf Castings werden in drei Fernsehsendungen und einem Fernseh-Special aufbereitet. Die zweite Programmphase bildet ein Workshop

in Orlando, USA, der in vier Etappen untergliedert, nach denen jeweils wieder einige Teilnehmer ausscheiden. Am Ende des vierten und letzten Workshops fällt die Entscheidung, wer sich für die Bands qualifiziert hat. Aus den Ausscheidungen im Workshop resultieren zwei Bands, eine Girl- und eine Boyband, mit jeweils vier bzw. fünf Mitgliedern. Die Workshops werden in vier Sendungen zusammengefasst. Mit dem Ende des Workshops beginnt die letzte Phase des gesamten Casting-Prozesses, der Roadshow. Die beiden neugegründeten Bands begeben sich nun ins Studio, um ihren ersten Song aufzunehmen, woraufhin jede Band eine Single veröffentlicht. In den darauffolgenden Wochen gehen die beiden Bands getrennt voneinander auf Tour und promoten ihre Single. Am Ende der Roadshow-Phase wird im großen Finale diejenige Band zum Gewinner gekürt, die mehr Singles verkauft und im Zuschauer-Voting besser abgeschnitten hat. Diese Siegerband erhält einen Plattenvertrag eine Woche vor der zweiten Band."

Potentielle Kompetenzen

- Aufgrund eigener Aktivitäten und Leistung Star werden.
- Förmliches Lernen und Arbeiten sind Voraussetzungen, um Star im Unterhaltungsbereich zu werden.
- Konkurrieren, aber in einem sozialintegrativen Rahmen.
- Ein attraktiver Körper ist Voraussetzung für ein attraktives Leben.
- Ausdrucksstark sein und nie schüchtern.
- Aktives Handeln, Spannung, auf Modernität ausgerichtet zu sein, ist ein bevorzugtes Stilmuster.

(2.2) Fernseh-Programmtrailer

Ein Trailer verdichtet im typischen Stil der Werbung Bilder von Gruppeninteraktionen mit heftigen Emotionen der Freude und Spannung. Eine eher helle Männerstimme formuliert die eingeblendeten erschließungsmächtigen Schlagwörter: Hits, Fans, Erfolg, Ruhm, Glück und fordert auf, Popstar zu werden: „All diese Leute verbindet ein Traum. Doch nur für die Besten geht er in Erfüllung." Eine Gruppe junger Stimmen ruft *Popstars*. Der Sprecher formuliert: „Lebe Deinen Traum". Es folgt der Hinweis auf die erste Sendung im August.

Potentielle Kompetenzen

- Den sehr knappen Trailer zu verstehen, ist notwendig und dient als Schlüssel für die Zielrichtung des Gesamtprogramms und der Funktion einzelner Elemente. Den Trailer in seiner Dichte verstanden zu haben, gibt Zuschauern ein Relevanz- und Bewertungsinstrument.
- Der Trailer liefert die Kernbotschaft, also den Plot des Programms und ist für die Orientierung über und die Integration des vielfältigen Angebots und seiner subjektiven Bedeutung wichtig.

- Stimme und die Schlagwörter formulieren eine hoch aktuelle soziale Botschaft, die Leistung mit sozialer Integration, die Lebensglück und Leistung in der Konkurrenz verbindet.

(2.3)Cross-Promotion im Fernsehen
In einer Reihe anderer Fernsehprogramme des Senders laufen Sendungen mit Werbecharakter für *Popstars*

Potentielle Kompetenzen
- Da sich Unterschiede zwischen Programm und Werbung auflösen, liegt es bei den Zuschauern, die Relevanz eines Programms und deren Beziehungen zu erkennen und zu bewerten.

(3.) Teletextangebot

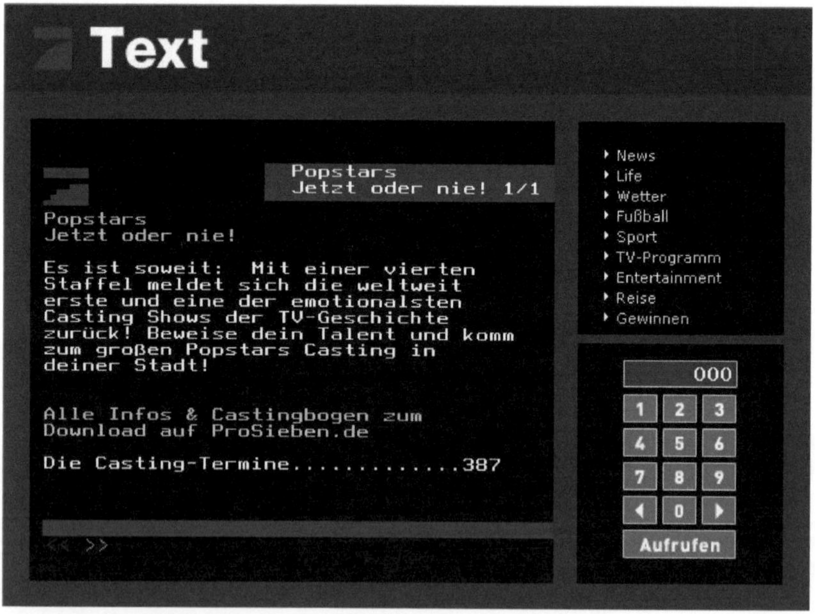

Potentielle Kompetenzen
- Lesekompetenz zu diskontinuierlichen Texten ist Voraussetzung, um Teletext zu nutzen.

- Sich zusätzliche geschriebene Informationen auf den Fernsehbildschirm holen, jedoch auf einem sehr schlichten Reflexionsniveau.
- Erfahrungen mit Teletext als Informationsquelle zum Fernsehunterhaltungsprogramm ist notwendig.

(4.) Gedrucktes Material

Ankündigungsplakat

Fan-Magazin für die Frauengruppe

(4.1) Ankündigungsplakate

Potentielle Kompetenzen

- Das Plakat setzt Vertrautheit mit Werbetexten und den darauf angegebenen Hinweisen auf das Fernsehprogramm voraus. Lesekompetenz im engen schulischen Sinne scheint notwendig, um die Programmhinweise eindeutig zu identifizieren und die Sendung auch einzuschalten.
- Auch ohne diese schulische Lesekompetenz sind die Definitionsmerkmale eines Stars deutlich.
- Der Gender-Unterschied ist wichtig. Es gibt ein männliches und ein weibliches Plakat.

(4.2)Das offizielle Fan-Magazin gibt es in zwei Versionen, eines für die Fans der Frauengruppe, eines für die der Männer.

Potentielle Kompetenzen

- Die Nutzung dieser Magazine setzt bei der Hauptzielgruppe, das sind die 14- bis 29-Jährigen, die Fähigkeit des Lesens diskontinuierlicher Texte voraus, die nur im schulischen Rahmen erworben werden kann.
- Die Fan-Magazine bieten eine einfache Reflexion im Boulevard-Stil, bei der die Personalisierung der Stars dominiert.
- Der Gender-Unterschied ist wichtig. Es gibt ein männliches und ein weibliches Fan-Magazin.

Werbung für die *Popstars Party Tour* in *youngLisa*

Antwortkarte an *ProSieben Club*

(4.3)Anzeige für die Popstars Party Tour in youngLisa

Potentielle Kompetenzen

- Star zu sein und Starkult sind mit der persönlichen Körpererfahrung, dabei zu sein, verbunden, womit Starkult ganz nah an die eigene Wirklichkeit herankommt. Verbindungselemente sind Magazin und die Anzeige in einem Magazin, das die Stars mit dem eigenen Alltag verbindet.
- Fiktion und Phantasie rücken nahe an die eigene Wirklichkeit, weil man auch zu den Events gehen könnte.

(4.4) Flyer zur Mitglieder-Werbung im ProSieben Club

Potentielle Kompetenzen

- Auch als Mitglied eines Fanclubs, der als Unterstützung eines Programms eines Fernsehsenders gedacht ist, ist Lesen notwendig, und zwar das Lesen diskontinuierlicher Texte. Das ist eine Kompetenz, die außerhalb von Schule kaum auf dem Niveau zu erlernen ist, das der Flyer verlangt.
- Der Bezug zum Programm ist sehr konkret in das Alltagsleben und seine Logik eingebettet, wenn man mit der Clubmitgliedschaft eine Eintrittskarte zu einem Live Event zum halben Preis bekommt.
- Der Club ist eine körperliche Brücke zum Live Event, bei dem man sehr nah an die real auftretenden Stars herankommt.

(5.) Online Elemente

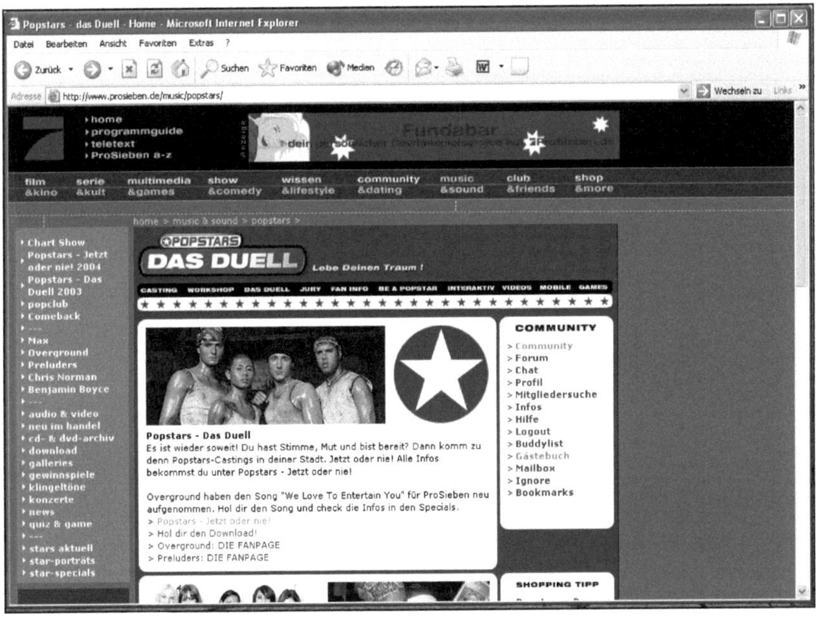

Online Elemente zum Programminhalt

(5.1)Online Elemente zum Programminhalt

Bericht von Fiona Sánchez Weickgenannt (2006; S. 144 ff.)
„Das Internetangebot des Senders ProSieben umfasst einen eigens für die Sendung Popstars – Das Duell eingerichteten Bereich. Ausgehend von der generellen Homepage des Senders www. prosieben.de hat der Internetnutzer die Möglichkeit, aus einem Menü die Sendung Popstars auszuwählen. Klickt er diesen Link an, gelangt er an die umfangreich bereitgestellten Informationen zum Programm. Der erscheinende Bildschirm ist in verschiedene Fenster, welche zusammengenommen die Gesamtseite ausmachen, unterteilt. Den oberen Rahmen bilden die allgemeinen Kategorien, die es auf der ProSieben Webseite zur Auswahl gibt. Diese reichen von „film & kino“ über „community & dating“ bis hin zu „shop & more“. Darunter ist auf rotem Hintergrund als Überschrift das große Popstars – Das Duell Logo mitsamt dem Zusatz „Lebe Deinen Traum!“ zu sehen. Darunter bietet ein Auswahlmenu Verlinkungen zu inhaltlichen Informationen die überschrieben sind mit den Begriffen „Casting“, „Workshop“, „Das Duell“, „Jury“, „Fan Info“, „Be a Popstar“, „Interaktiv“, „Videos“, „Mobile“ und „Games“. Wird einer dieser Reiter angeklickt, erscheint eine weitere Ebene an Begriffen, die der jeweiligen Kategorie zugeordnet ist. Beispielsweise erhält ein Nutzer, der den Bereich „Mobile“ auswählt, ein weiteres Wahlangebot zwischen „SMS News“, „SMS Quiz“, „SMS Quiz Teilnahmebedingungen“, „Klingeltöne“ und „Handy Logos“. Damit für den Nutzer jederzeit erkennbar ist, in welcher Subkategorie er sich befindet, bleibt das Auswahlfenster an der gewählten Stelle geöffnet und oberhalb des Logos wird der entsprechende Pfad angezeigt. Am Beispiel des ausgewählten Bereiches „SMS Quiz“ lautet dieser „home > music & sound > popstars > mobile > sms quiz“. Auf der rechten Bildschirmseite sind Popstars-spezifische Links zur Community sowie Shopping Tipps eingeblendet, während links des Hauptfensters Verlinkungen zu weiteren Angeboten der Kategorie „music & sounds“ zur Auswahl bereitstehen.

In den Kategorien „Casting“, „Workshop“, „Das Duell“ sind nähere Informationen zu den einzelnen Programmphasen sowie umfangreiches Bildmaterial enthalten. Einzelne Geschichten werden kurz aufgegriffen, beschrieben und mit einem entsprechenden Fotos bestückt, die Popstars-Seiten fungieren als Online-Nachschlagewerk zur Sendung. Insbesondere die nahezu 10.000 downloadbaren Fotos der Castings erfreuen sich großer Beliebtheit und verursachen bereits zum Startzeitpunkt der Sendung eine hohe Anzahl an Page Impressions. Je stärker die Personalisierung hinsichtlich der Casting-Teilnehmer im Sendungsverlauf voranschreitet, umso detaillierter Informationen werden zu den einzelnen Kandidaten bereitgestellt.“

Potentielle Kompetenzen

- Lesekompetenz für diskontinuierliche Texte.
- Sich orientieren, indem man nach zusätzlichen Informationen Ausschau hält.
- Schwerpunkte in der Fülle von Elementen und Optionen setzen und auswählen.
- Zusätzliche Informationen ermöglichen Reflexion auf einem einfachen Niveau.

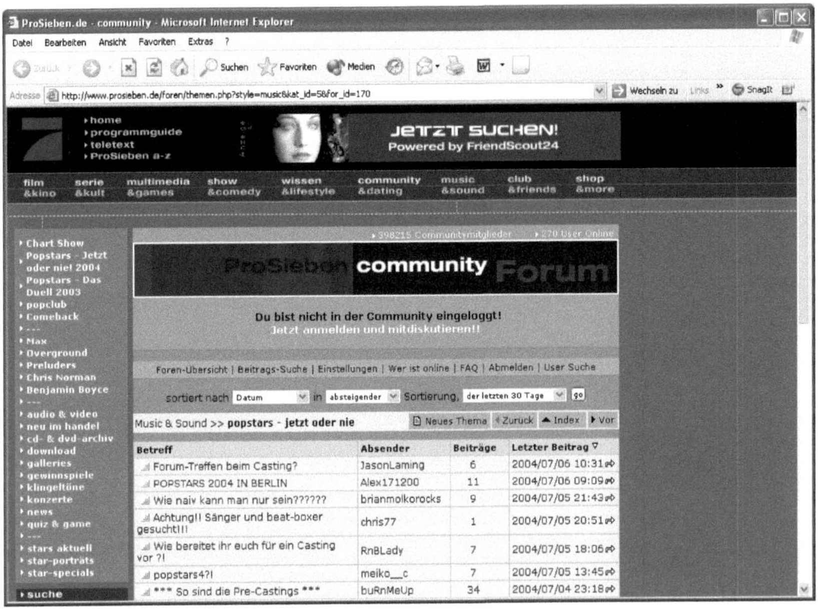

Popstars Community

(5.2)Popstars Community
Die Community-Website besteht aus Forum, Chat, Profil, Mitgliedersuche, Infos, Hilfe, Logout, Buddylist, Gästebuch, Mailbox, Ignore und Bookmarks. Nutzer müssen sich registrieren.

Potentielle Kompetenzen

- Angelieferte Medien-Texte und Events in eine selbstgewählte konkrete Kommunikation im Internet einbinden.
- Sich als Fan-Gruppe im Internet organisieren, was zu einer hohen, am favorisierten Programm ausgerichteten Reflexion führt.
- Grundsätzliche Kritik am Programm ist nicht intendiert. Emotionale Teilhabe steht im Vordergrund.
- Sich zu registrieren verlangt Verbindlichkeit.

POPSTARS
DAS DUELL

Castingnummer:

Name:________ Vorname:________

Geburtsdatum:________ Nationalität:________

Straße:________ Geschlecht:________

Plz.:________ Wohnort:________

TelPrivat:________ TelMobil:________

Schule:________ Abschlussart:________

Lehre/Studium:________ Beruf:________

TelJob:________ Agentur:________

Anschrift und Tel. der Agentur:________

Was singst Du heute für ein Lied vor?

Titel/Interpret:________

Spielst Du heute ein Instrument? Welches?________

Wie hast Du vom Popstars-Casting erfahren?________

Hast Du bereits Erfahrungen in den Bereichen Gesang / Tanz / Musikinstrument / Schauspiel etc. gesammelt? Wenn ja, wie lange und an welcher Schule / Ausbildungsstätte?

Bitte beachte folgendes:

Das Mindestalter für die Teilnahme am Auswahlverfahren beträgt 16 Jahre! Die Auswahl der Teilnehmer ist ausschließlich der Jury vorbehalten!

Einverständniserklärung:

Mit meiner Unterschrift erkläre ich mich einverstanden mit der unentgeltlichen Anfertigung von Ton- und Bildaufnahmen anlässlich der Produktion der TV-Serie POPSTARS – DAS DUELL. Gleichzeitig räume ich TRESOR TV Produktion GmbH und ProSieben Television GmbH an den angefertigten Ton- und/oder Bildaufnahmen und an jeder daraus resultierender Fernseh- oder sonstiger Produktion, insbesondere auch Tonträgerproduktionen gleich welchen Inhalts und gleich welcher Zweckbestimmung ebenfalls unentgeltlich alle bei den/dem Unterzeichnenden entstehenden oder entstandenen urheberrechtlichen Nutzungs-, Leistungsschutz-, Persönlichkeits- oder sonstigen Rechte (z.B. Merchandising, Drucknebenrechte, Online-/Internetrechte) einschließlich des Rechts am eigenen Bild sowie des Namensschutzes und allen Nutzungsrechte hieran ausschließlich ein. Dies gilt auch für die von mir mitgebrachten Bild- und Tonmaterialien. Der/die Unterzeichnende verzichtet sowohl im Hinblick auf die Erklärung seines/ihres Einverständnisses als auch im Bezug auf die bevorstehende Rechteübertragung und eine daraufhin möglicherweise erfolgte Verwertung der übertragenen Rechte auf die Geltendmachung von Ansprüchen im Wege der einstweiligen Verfügung oder des Arrestes sowie auf Zahlungsansprüche jeglicher Art.

Ich gebe mein Einverständnis für die entsprechende Auswertung der Ton- und/oder Bildaufnahmen uneingeschränkt und in ausschließlicher Form.

Ort / Datum **Unterschrift**

BamS TRESOR LTU

Formular zur Teilnahme am Casting

(5.3)Casting-Formular
Potentielle Kompetenzen

- Für die Realisierung der eigenen Ziele und der eigenen Entwicklung aktiv werden.
- Lese- und Schreibkompetenz einsetzen.

(5.4) Online Live-Chat mit den gerade in Orlando gekürten Band-Mitgliedern
Mit den schriftlichen Fragen wenden sich die einzelnen Beiträge direkt an Bandmitglieder und teilen Gefühle offen mit.

Marc ich liebe dich me-ga!!!!bitte lese diesen brief!!!	hi marc I LOVE YOU!!!Ich liebe dich wirk-lich mega!!!du bist sssssssssoooooo-oo süss und kannst so gut tanzen und singen!!! bitte chatte heute mit mir!!! wie alt muss deine freundin eigentlich sein?und wie muss sie aussehen? hast du eigentlich eine freundin? hdumfl deine lea schreibe bitte an: (es folgt die Email-adresse)	21.10.20 03, 18:13	
overground ihr seid einfach besser als die girls	Hallo overground ich mag alle von euch aber einen finde ich am coolsten maiko er ist einfach cool. könnt ihr von mir also coolerboy eienen naricht an fabrizio schi-cken es tut echt weh mitten in popstars einen schmerz fohlen naricht zu bekom-men aber eines ist klar er muss und muss weiter machen er hat voll die geile stimme . am montag den 20.10 habe ich popstar in fernsehen gekuckt ich finde das echt nicht gut ken das du über maiko sowas beschäu-ertest redest er ist einfach der coolste und marq natür-lich auch ken meinte am montag das maiko meistens nicht weiß ob wir ne band sind er meint das du dich immer nur mit fabrizio	21.10.20 03, 12:59	

	zusammen tust und alles mögliche zusammen mit ihn machst du kannst das ja nicht wissen maiko er redet ja übernicht ins kamera das alle das erfahren. aber lass ihn ich will nicht das ihr euch streitet maiko. euer song drehen war echt klasse .ich weiß das ihr gewinnen wird und wünche euch gute und erfolgreiche zukunft . ps:ich werde auch zu popstar gehen und das alles packen.		

http://www.prosieben.de/club_community/community/index.php?commFile=/foren/beitraege.php&kat_id=5&for_id=197&the_id=100478 (Download vom 08.09.2004)
http://www.prosieben.de/club_community/community/index.php?commFile=/foren/beitraege.php&kat_id=5&for_id=197&the_id=101620 (Download vom 8.9.2004)

Potentielle Kompetenzen

- Events in eine selbstgewählte konkrete Kommunikation in der Form des Internet einbinden.
- Zu Stars emotionalen und persönlichen Kontakt aufnehmen und dabei die eigenen Gefühle formulieren.
- Schriftlich geführte Folgekommunikation in einem konkret definierten Internet-Raum.

Weitere Online-Elemente

(5.5) E-Mail Newsletter vor der ersten Sendung.

(5.6) Information zum Downloaden von Text aufs Handy.

(5.7) *Public Relations Lounge*, die Informationen (Schrift, Audio, Video) zum Download für Journalisten anbietet.

Potentielle Kompetenzen

- Auch im Internet und als Dateien mit diskontinuierlichen Texten umgehen.

(6.) CDs und Merchandising-Produkte

CD

Merchandising-Produkte wie Kopfkissen und Kaffeetassen

(6.1) CDs, mit denen man an der Abstimmung für die Siegergruppe teilnimmt
Die CDs verkaufte *McDonalds*, und zwar noch während der Sendung mehr als 600.000 Kopien von der Gruppe *Preluders* (die Frauen) und mehr als 400.000 Kopien von der Gruppe *Overground* (die Männer). Beide Singles bekamen die goldene und die Platin-CD und erreichten die Nummer 1 in den Charts.

Potentielle Kompetenzen

- Kaufen als Voraussetzung für die Abstimmung.
- Konsumieren als Teilhabe.

(6.2) Merchandising-Produkte
Potentielle Kompetenzen

- Konsumieren als Teilhabe.
- Die richtigen Objekte vorweisen können, um Teil eines sozialen Ereignisses zu sein.
- Alltagsprodukte als Schnittstelle von Show-Programm und einfachem Alltagsleben.

(7.) Handy und Telefon
(7.1) Handy
Wenn man will, kann man über das Handy bekommen: SMS-Nachrichten, Klingeltöne, Logos fürs Handy, SMS-Gewinnspiele, SMS-Wettbewerbe mit anderen Fans.

Potentielle Kompetenzen

- Integration über Interaktion auf der Basis eines breit akzeptierten Programms.
- Sich mit dem Telefonieren sozial erkennbar machen.
- Sich unabhängig von einem Ort sozial einbinden.

(7.2)Telefon

Über das Telefon liefen Gewinnspiele, der Verkauf von Merchandising-Artikeln und die Schlussabstimmung über die Gewinnergruppe.

Potentielle Kompetenzen

- Immer aktiv teilnehmen und konsumieren.

(8.) Live Events

(8.1)Castings

Potentielle Kompetenzen

- Aktiv werden für den eigenen Erfolg und um im Mittelpunkt zu stehen.
- Den ersten Schritt für eine lange und riskante Entwicklung wagen.
- Wettbewerb und Kooperation.

(8.2)Popstars Party Tour

> Bericht von Fiona Sánchez Weickgenannt (2006; S. 144 ff.)
> „In der Zeit von Ende November bis Mitte Dezember 2003 findet freitags bzw. samstags in vier deutschen Großstädten eine Popstars Party statt. In Frankfurt, München, Köln und Stuttgart wird gefeiert. Als Veranstaltungsort werden Clubs und Diskotheken gewählt, die sich insbesondere in der Zielgruppe der jüngeren Teenager großer Beliebtheit erfreuen. Der Einlass zu den Veranstaltungen beginnt bereits um 20 Uhr, die offiziellen Programmpunkte starten um 21 Uhr und ermöglichen somit auch einem jüngeren Publikum die, wenn auch zeitlich limitierte Teilnahme an der Abendveranstaltung. Popstars das Duell eignet sich hervorragend für eine Formatverlängerung in den Party Bereich. Die Popstars Party Tour transportiert all das direkt an den Zuschauer, was Popstars auszeichnet: Musik und Tanz, Star-Glamour sowie große Gefühle und Wetteifern. Der Partyraum ist mit Elementen von vornehmlich roter Farbe geschmückt, auffallend sind hier die Banner mit dem original Popstars-Schriftzug sowie eine überdimensional große 7-Leuchtikone, die das Logo des Senders ProSieben präsentiert. Die Vor-Ort-Aktion, die darauf ausgerichtet ist, das Format Popstars und dessen Inhalte emotional erlebbar zu machen und die Besucher ein Teil dessen werden zu lassen, bietet den jungen Gästen eine Vielzahl von Aktivitäten. Als Highlight des Abendprogramms kann sicherlich die Anwesenheit der Popstars auf der Party gesehen werden. Für die Fans zum Anfassen nah stehen sie nach ihrem Auftritt für Autogramme und ein exklusives Meet & Greet, welches

direkt am Veranstaltungsort verlost wird, zur Verfügung. Um an dem Gewinnspiel teilnehmen zu können, muss sich der interessierte Gast eines der limitierten „Ich bin Popstar"-T-Shirts abholen. Wer das T-Shirt trägt, hat die Chance, als einer der fünf glücklichen Gewinner für das Meet & Greet ausgewählt zu werden. Über eine Leinwand wird die Popstars-Atmosphäre in die Location transportiert. Es wird abermals aufgezeigt, wie sich die Kandidaten zu den Popstars entwickelt haben. Ferner besteht die Möglichkeit, sich in der „Stylinglounge" Popstars-gerecht schminken und stylen zu lassen. Denjenigen, die gleich ihr gesangliches und tänzerisches Können unter Beweis stellen wollen, wird die Teilnahme an einem Live-Wettbewerb angeboten.

Für den veranstaltenden Sender ProSieben bietet das Partykonzept neben einer weiteren Vermarktungsmöglichkeit auch eine Refinanzierungsplattform. Sponsoren werden in einzelne Aktionen eingebunden und erhalten die Möglichkeit zur Vor-Ort-Inszenierung ihrer Produkte. So wird beispielsweise das Meet & Greet unter Einbindung des Automobilherstellers Fiat verlost, während die Zeitschrift youngLisa die Stylinglounge betreibt.

Beworben wird das Event im Rahmen der cross-medialen Kommunikation. Neben On Air- Ankündigungen werden Anzeigen in Printmedien geschaltet. Ferner wird die sogenannte Begegnungskommunikation vor Ort genutzt: Plakataushänge und Flyer vor Ort kündigen die Partys an und bieten abermals attraktive Integrationsmöglichkeiten für Sponsoren."

Potentielle Kompetenzen

- Die anfassbare Wirklichkeit ist ein Anker in der Welt der Unterhaltung und der Promis.
- Die Promis, zu denen man über das Casting aufschließen könnte, werden sichtbar und beobachtbar, und zwar innerhalb einer Party-Welt.
- Mit dem eigenen Erscheinen funktioniert man als Zeichen in einer Inszenierung. Die Fans sind letztlich nur Ausstattung in einer Inszenierung der Medien- und Event-Welt, die vor allem Werbefunktion hat.
- Soziales Lernen, wie man sich stilistisch richtig ausstattet und verhält.

(c) Potentielle Kompetenzen für das gesamte Programmsystem

- Ein Programm mit einer hohen Zahl sehr unterschiedlicher Elemente fordert sein Publikum heraus, in der eigenen Perspektive auszuwählen. Das heißt, die Nutzerdiskurse rahmen das Programm eigenständig mit ihrer jeweiligen Bedeutungszuweisung. Das beginnt mit der Auswahl dessen, was wichtig und was unwichtig ist.
- Das Gesamtangebot *Popstars* ist deutlich auf Teilhabe angelegt. Dabei hat auch die schulisch definierte Lesekompetenz einen erheblichen Stellenwert, ebenso das intuitive Erfassen von Symbolen.

- Mit kontinuierlichen und diskontinuierlichen Texten kompetent und für die eigenen Zwecke umgehen.
- Reflexion des Programms, jedoch ohne kritische Zielsetzung.
- Auswählende, auf die eigenen Ziele ausgerichtete Integration der großen Zahl an Programmelementen; Definition dessen, was persönlich wichtig und was eher nebensächlich ist.
- Erfolgreich sein wollen und sehen wollen, wie Erfolg funktioniert.
- Konkurrenz in das Leben einer Gruppe integrieren.
- Das Leben als Bühne, im Mittelpunkt stehen und so auch leben.
- Der Körper ist das Zentrum.

5.2.2 Selbstbilder eines Jugendlichen im Web 2.0

Der 18-jährige Cyrill, diesen Namen und das Alter gibt er auf seiner Website an, hatte mit drei anderen Jugendlichen am Hauptbahnhof einer Großstadt Obdachlose beobachtet, sich mit ihnen unterhalten, sie jedoch auch erschreckt (siehe dazu die Erörterung im 2. Teil). Ohne ihre Zustimmung einzuholen, hatte er Videos gemacht und sie auf der Videoplattform *YouTube* veröffentlicht, was zum Protest eines der Obdachlosen und zu einem Verfahren der Polizei führte. Die folgenden Bilder sind Teil eines sich drehenden Quaders (Bild 3) auf Cyrills Website auf *MySpace*, auf der die von der Polizei problematisierten Videos jedoch nicht mehr stehen. So ist auf der Website http://www.myspace.com/cypictures, 9. Jan. 2008, Cyrill als Rapper aus dem Ghetto zu sehen (Bild 1, oben Querformat). Darunter zeigt sich Cyrill distanziert, eher nachdenklich, im linken Bildteil zudem als sensibler, sich kreativ und hübsch darstellender Junge mit Trend zu einem afro-karibischen Stil. Zudem gibt er Informationen zu seiner Person. Ob die Bilder Fotos von Cyrill sind, ist nicht klar. Der Website-Autor Cyrill ordnet sie jedoch den Fotos mit der Unterschrift Cyrill zu (Bild 2).

Bild 1

Bild 2

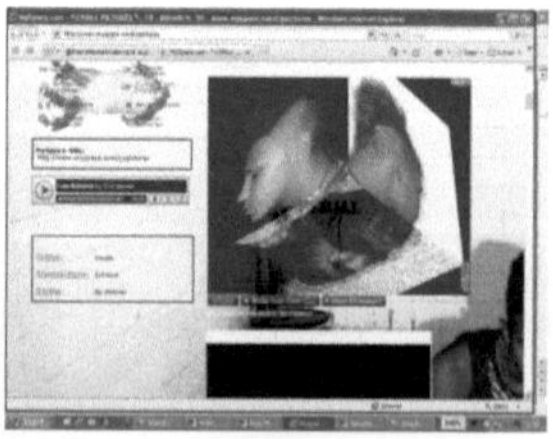
Bild 3

Die folgenden Bilder sind wie auch Bild 2 Standbilder des sich auf der Website drehenden Würfels mit verschiedenen Bildern auf den Würfelflächen (Bild 3). Bild 4 vermittelt Verletzlichkeit, u.a. indem es die ungeschützte Halspartie zeigt. Auf einer anderen Würfelfläche ist ein Graffiti zu sehen, vor dem vermutlich Cyrill mit einem Stock oder Degen in der Hand steht (Bild 5). Auf einer weiteren Würfelfläche ist eine Figur, die wie ein vermummter Straßenkämpfer aussieht (Bild 6).

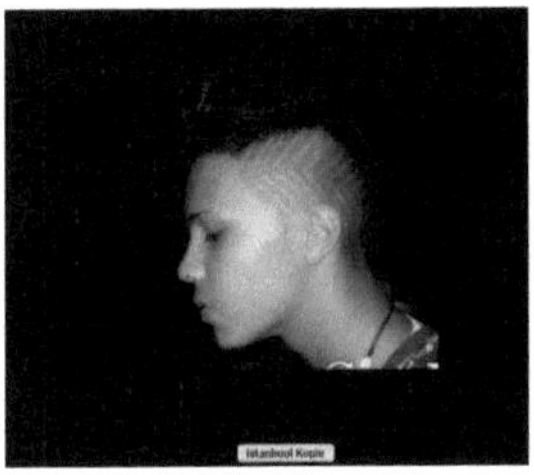
Bild 4

Bild 5

Bild 6

Eine Aussage auf einer seiner Websites (http://www.youtube.com/results?search_query=augsburg& search=Search 11_Sept_07, siehe auch 2. Teil) wie „Augsburg – Cyrill – Die Legende kehrt zurück“ passt zur Selbstinszenierung eines Helden oder Stars. Die Bilder haben unterschiedliche Inszenierungsrahmen für die deutlich auf die Person gerichteten Bilder. Der Alltag gehört nicht zum Inszenierungsrahmen. Cyrill stellt sich also als nichtalltäglich dar. Zur Inszenierung als Prominenter passt der sprachliche Verweis „hilton in jail“ auf seiner Seite bei *YouTube*. Die schriftlichen Aussagen „bimbofighter“, „schlägerei“, „steinigung“, „stoning“ auf dieser Seite bei *YouTube*, sind deutlich mit Gewalt besetzt. Dazu passt die Figur des bis auf die Augen vermummten Schlägers mit einer, vermutlich, Eisenstange (Bild 6). Es ist ein Bild, das zum Bild-Kontext von Hooligans oder politisch motivierten Gewalttätern passt. In diesen Kontexten erscheint Gewalt auch als politisch legitimiert. Das Bild mit dem dunklen bis schwarzen Gesicht, auf das sich aggressiv eine Hand drückt, zeigt Gewalt, die erlitten wird (Bild 7).

Diese erlittene Gewalt kommt in den Stichworten, die einen Deutungsrahmen liefern, nicht zum Ausdruck, vielleicht in „hilton in jail“. Ebenso fehlen in den Selbstdarstellungsbildern Hinweise auf Sexualität, die im sprachlichen Rahmen mit „anal lover“, „zuhälter“, „nutte“ auftauchen. Daraus lässt sich schließen, dass im Verbalen erhebliches Provokationspotential steckt. Nur in einem der Bilder (Bild 6), dem des Vermummten, ist Gewalt angelegt. Das Foto des rasierten Kopfes mit dem ungeschützten Hals macht dagegen den Eindruck des Verletzlichen, des Sensiblen. Dieser Eindruck verbindet sich mit dem Bild der aggressiven Hand auf dem Gesicht, das an Bilder des englischen Malers Francis Bacon erinnert, deren Themen der geschundene Mensch sind. Das Bild des Jugendlichen mit ausgebreiteten Armen in einer offenen, keinesfalls aggressiven Haltung vor bunten Graffiti ist einladend, zeigt einen offenen Jugendlichen in einer progressiven Jugendkultur, wenn auch Graffiti nicht gerade für die Einhaltung bürgerlicher Regeln stehen.

Bild 7

Die Nutzung von Medienplattform und Handy-Video zeigen, dass Cyrill die neuen Medienangebote und ihre Strukturen zur eigenen kulturellen Praxis macht, innerhalb derer er seine digitale Literalität breit und kompetent erprobt. Diese digitale Literalität ermöglicht ihm eine intensive Teilhabe an einer Lebenswelt, die in Konflikt gekommen ist mit Teilen seiner regionalen Lebenswelt. Den Eigenwert anderer kultureller Praktiken als den der eigenen zu akzeptieren, dürfte nicht in seinem Erlebnishorizont des provozierenden und sich inszenierenden Underdog vorhanden sein. In diesem Erlebnishorizont und der dazu passenden neuen Medienstruktur wie der einer Videoplattform bewegt er sich reflexiv, was die thematisch unterschiedlich angelegten Selbstbilder belegen.

Wie lässt sich von Seiten der Schule eine Verbindung der Schule mit dieser provokativen Medienpraxis in Gang setzen? Aus dieser Selbstdarstellung würde ich mir als Lehrer einer Berufsschule praktische Regeln herleiten. Dazu gehört, einen Rahmen zu suchen, der direkte sprachliche Provokationen in der Interaktion vermeidet. Für die sprachliche Provokation eignet sich dagegen das öffentliche Plakat oder eine Website. Graffiti-Wände liefern einen befriedenden jugendkulturellen Rahmen. Es lohnt sich darüber nachzudenken, ob sich nicht Verbindungen zwischen Graffiti-Jugendkultur und Schule finden lassen, die über den Kunstunterricht hinaus reichen. Das Handy als Teil der Jugendkultur bietet sich dafür an.

Wie soll man als Lehrerin oder Lehrer die Ängste des Geschundenen ernst nehmen und dabei eigene Vorstellungen hintan stellen, dass Cyrill diese Ängste in der Haltung des politisch legitimierten Schlägers ausagiert? Cyrill zeigt diese friedfertige Seite mit seiner Art, wie er die Video-Funktion seines Handys nutzt. Mit dem Handy-Video unternahm er eine vor allem beobachtende Feldstudie in der Sozialwelt der Schwierigen, der Außenseiter, der Underdogs. Das liefert natürlich noch keinen Zugang zum Mathematikunterricht, jedoch für alles, was mit Sprache, Beobachtung und Analyse zusammenhängt.

5.3 Analyseschwerpunkt: Repräsentationsmuster, die Verbindung von Medien, Situationen und Kompetenzen

Repräsentation hat zwei Seiten, Bedeutung zu tragen und Bedeutung zu bekommen. Die beiden diskutierten Beispiele *Popstars* und Cyrills Selbstbilder standen für die Analyse objektivierter Bedeutung, also für Repräsentation als Träger von Bedeutungen. Medien und Kulturprodukte bekommen für Nutzer Bedeutung, so die zweite Seite der Repräsentation, in Situationen mit den dafür typischen Handlungsweisen und Kompetenzen. Situationen, Handlungsweisen und Kompetenzen passen als Muster der Repräsentation zusammen und sind ihrerseits in Strukturen wie die der alten und neuen Massenkommunikation eingebunden. Repräsentationsmuster strukturieren, was und wie Kinder sich Kulturobjekte aneignen oder erstellen, und wie sie dabei ihre Kompetenzen entwickeln. In der bisher geführten Diskussion zur Medienbildung hatte ich schon eine Reihe solcher verbindender Repräsentationsmuster von Medien/Kulturprodukten, Situationen und Kompetenzen im Zusammenspiel mit Kulturpraktiken und Gesellschaftsstrukturen vorgestellt. (Der Überblick über ausgewählte und in diesem Buch erörterte Repräsentationsmuster findet sich in der Zusammenfassung unten.)

Bei der folgenden Analyse von Repräsentationsmustern setze ich zwei Schwerpunkte: Orientierungs- und Expertenmuster. Bei den Mustern der Orientierung geht es um Medienangebote wie solche, die die Zeitung zur täglichen Ankündigung des Fernsehprogramms nutzt. Orientierung ist eine wichtige Ordnungsleistung, welche die Individualisierung und Fragmentierung notwendig macht. Individualisierung und Fragmentierung sind zudem eine der wesentlichen Ursachen dafür, warum die Aufgaben von Profi-Experten, die Welt zu ordnen, zu gestalten und zu erklären, heute zu den Amateuren in die jeweilige Alltags- und Lebenswelt gewandert ist. Im Alltag sind Expertenmuster entstanden, die leitend für Repräsentation sind.

5.3.1 Muster mit Orientierungsfunktion

Die folgende Analyse nimmt Muster in Augenschein, die für eine alltagsästhetisch organisierte Lebenswelt von hoher Bedeutung sind. Es geht um angebotene Schemata, die Kindern, Jugendlichen, natürlich auch Erwachsenen helfen, um sich in ihren individualisierten und riskanten Lebenswelten zurecht zu finden. Im Folgenden geht es also um die Frage, welche Schemata oder Muster in Medien angelegt sind, die Kindern Orientierung in unterschiedlichen Medienkontexten bieten. Hier steht Literalität als persönliche Ordnungsleistung im Vordergrund, die in der kulturellen Alltagspraxis stattfindet. Das Orientierungsmodell der Bildzeitung für das Fernsehen ist, obwohl es den stereotypen Erwartungen gegenüber der Bildzeitung zuwider läuft, differenziert und erwartet von einem Zuschauer eigenständige Reflexion. Hier bieten sich Anknüpfungsmöglichkeiten zu schulischen Formen der Reflexion des eigenen Medienhandelns. Anschließend geht es um Trailer als Orientierungsformen im Kinderfernsehen, die in den letzten Jahren entstanden und die kaum bewusst wahrgenommen werden. Sie funktionieren wie Wegweiser im Medienalltag und gehören mittlerweile zur Alltagsmedienkompetenz.

Das Orientierungsmodell der Bildzeitung
Tageszeitungen hatten das Fernsehprogramm schon recht früh als etwas entdeckt, auf das sie verweisen und das sie durchsichtig machen wollen. Listen zum Fernsehprogramm, wie sie auch *Bild*, Deutschlands auflagenstärkste Tageszeitung, täglich druckt, erscheinen banal und selbstverständlich. Bei der Bildzeitung ist dennoch ein komplexes Modell zur Orientierung in Sachen Fernsehen entstanden, das sich an intelligente Leserinnen und Leser richtet, die über ihre Fernsehnutzung nachdenken. Was bietet eine Boulevardzeitung zum Fernsehprogramm? Wie will sie die Orientierung ihrer Leser in Sachen Fernsehen strukturieren? Schlägt sie nur die Brücke von einer Boulevardzeitung zu Boulevardsendern und Boulevardsendungen? Das Beispiel in *Bild* vom 5. Oktober 2000, Seite 4, ist bemerkenswert, weil die Boulevardzeitung einen scheinbar selbstverständlichen, trotzdem komplexen Typ eines Orientierungsangebotes nutzt. Ein distanzierter Blick zeigt einen erstaunlichen Text, der von einem anspruchsvollen Leser in Sachen Fernsehen ausgeht, der Programmentscheidungen vorbereitet und in einen breiten Bezugsrahmen einbezieht, der, wenn auch in einfacher Form, sich auf Rezensionen und Publikumspräferenzen bezieht, dabei jedoch an typische Elemente der Boulevardzeitung, das sind Prominente und deren Alltagsthemen, sozusagen andockt.

Werbung: Preis für Verona & Boris

Fritz Wepper – Geliebte warf ihn raus

Bei so einem Altersunterschied muss man sich rechtzeitig entscheiden

Big Brother: Das 24-Stunden-Telegramm

TV News

Millionen-Poker

DAS FERNSEH-PROGRAMM AM DONNERSTAG

ARD | ZDF | SAT.1 | RTL | PRO 7 | KABEL 1

Hessen | Südwest 3 | 3sat | arte | RTL 2 | TM 3

VOX | Premiere | Super RTL | Eurosport | DSF

TOPS | FLOPS

Bild 5. Oktober 2000, Seite 4

Im Mittelpunkt der Seite steht eine Liste, die mit „Das Fernseh-Programm am Donnerstag" überschrieben ist. Die Überschrift ist in roter Farbe; sie ist die einzige Farbe auf dieser Seite, die nur noch in wenigen Überschriften und Markierungen wie „Pro7", „TV", „Bildwoche" vorkommt. Alle anderen Texte sind schwarz, wobei der geschriebene Text die Seite klar bestimmt und die Bilder, davon ein größeres, integriert. Das Fernsehprogramm erscheint in Form einer Liste, die sich nach Sendern und nach der Tageszeit gliedert. Neben der Tageszeit steht der Filmtitel, daneben ein Zahlencode. Ausgewählte Filmangebote sind durch das Etikett „Film" mit Genrebezeichnung und Schauspielernamen hervorgehoben:

> 0.25 Demolition Man (2279202)
> Film Actionfilm mit Silvester Stallone, Wesley
> Snipes, Sandra Bullock

Sechs Bilder aus Sendungen mit der Anfangszeit 20.15 Uhr und einem kurzen erläuternden Text bilden den Mittelstreifen der Programmübersichtsliste.

Diese Liste ist wohl strukturiert, was es 20 Jahre früher zwar im Kern auch schon als Fernsehprogramminformation gab, jedoch nur als winziges Element eines scheinbar unstrukturierten Konglomerates von Textelementen, Bildern, Überschriften und Rahmen. Auf den ersten Blick scheint eine Liste mit minimalen Informationen zu den Programmangeboten von 17 Fernsehsendern naheliegend. Eine Liste beinhaltet ein geringes Maß an Lesersteuerung, weil Leser sich selber etwas, und zwar vergleichend, heraussuchen können. Das entspricht nicht dem stereotypen Bild von einem Bildzeitungsleser. Der Listenüberblick über das Fernsehprogramm geht von einem Leser aus, der sich für seine Entscheidung einen Überblick verschaffen will, der nicht mittels Werbestrategie zu einer Sendung geleitet oder sogar verführt werden soll. Der von diesem Textangebot implizierte Leser ist zudem in der Lage, mit solch einer langweiligen Bleiwüste angemessen umzugehen. Lesekompetenz ist alles andere als nur auf Bilder und riesige Überschriften reduziert. Der von der Liste unterstellte Fernsehnutzer wählt aus, macht sich seine Gedanken zum Programmangebot und bildet sich zudem nach einem Fernsehtag seine Meinung, indem er Vergleichsmaterial („TV-Kritik") liest. Dazu gibt es zwei Blöcke, die wie ein Rahmen die Liste ergänzen. In diesem Rahmen befindet sich ein anderer Typ von Information zum Fernsehen, der Fernsehen als Teil eines Mediengefüges erscheinen lässt. In der Rubrik „TV-Kritik" gibt es eine knappe und bewertende Einordnung einer Sendung vom Vortag, die im Sinne einer Rezension mit Autorenname zu lesen ist. Die Rubrik „Medien intern" informiert über personelle Veränderungen bei der *Süddeutschen Zeitung*, Verschiebungen zwischen Verlagen („WAZ Die Mediengruppe prüft laut ‚medien aktuell' die Übernahme des Gong-Verlages") und den Start eines „wöchentlichen Interviewformates". Der rechte Rahmen-Block listet die „besten Spielfilme" auf, gibt aber auch eine kleine Liste der „TOPS" und „FLOPS" von zwei Tagen zuvor (Dienstag). Zu sechs Sendungen gibt es die Einschaltquoten in Zuschauermillionen. Der Rahmen insgesamt unterstellt, die *Bild*-Leser seien nicht nur an der vernünftigen Programmauswahl, sondern auch an bewertenden und einordnenden Informationen zu Sendungen, Sendern und dem Medienumfeld interessiert. Dabei tauchen Einschaltquoten in der verhältnismäßig einfach zu lesenden Variante der Zuschauermillionen auf, die mit unterhaltenden „TV-Sprüchen" korrespondieren, die dem Genre des Boulevards entsprechen. Am unteren Ende der Einschaltquotenhinweise und zwischen der Programmwerbung von SAT.1 gibt es eine Zwischenform von Eigenwerbung und den Hinweis auf ein Medium, das ausführliche Programmhinweise gibt: „BildWoche. Farbig und übersichtlich: Das ausführliche Programm." Programmwerbung von *SAT.1* ist auch auf dieser Seite zu finden, und zwar als Block unterhalb der Programmliste, der sich grafisch deutlich von der übrigen Seite unterscheidet, denn die Schrift erscheint weiß, der Sendungstitel ist rot auf schwarzem Untergrund. Das Logo von *SAT.1* macht diesen Block mehr oder weniger als Werbung deutlich. In der Programmliste haben die Bilder zu den Sendungen um 20.15 Uhr zwar die Funktion, die Leseraufmerksamkeit zu lenken. Dieser Hervorhebung liegt jedoch auch die Annahme von der „Primetime" der Fernsehnutzung zugrunde.

Kennzeichnend für diese Art der Orientierungsliste ist die Annahme, *Bild*-Leser träfen Entscheidungen für die Programme, die sie sich anschauen, wobei die Senderfavoriten (ARD, ZDF, SAT.1, RTL usw.) und Sendungsfavoriten (Filme) sowie Anfangszeiten (20.15) mehr oder gewichtigeren Platz bekommen, kleinere und auch anspruchsvolle Sender wie „arte" dennoch erkennbar bleiben. Kindersendungen, die untertags laufen, fehlen, ebenso der Kinderkanal. Das Kinder- oder Familienpublikum ist nicht im Blick der Redakteure dieser Seite.

Das obere Viertel der Seite bringt Beiträge, die typisch sind für die Boulevardzeitung, indem sie auf Berühmtheiten und menschliche Alltagsthemen eingehen: „Fritz Wepper – Geliebte warf ihn raus". Unter der Überschrift „Werbung: Preis für Verona & Boris" gibt es einen kurzen Hinweis auf erfolgreiche Werbespots von zwei damals Prominenten, Verona Feldbusch und Boris Becker, die jeweils auf einem kleinen Porträtfoto zu sehen sind. Zu diesem „Prominenten"-Block gehören auch allgemeine Informationen zu bekannten Medienleuten, Sendungen und Ergebnissen einer Meinungsumfrage. Sie verbinden die boulevardtypischen Texte mit den Schwerpunkten *Berühmtheiten* und *Menschliches* mit Hintergrundinformationen zu Fernsehen, Medien, Bewertung von Programmen und der Vorbereitung der Programmentscheidungen der Leser.

Bild, sozusagen das Definitionsmedium für eine Boulevardzeitung, bietet also einen wohl strukturierten, schriftlichen und anspruchsvollen Text als Brücke zur Fernsehnutzung ihrer Leser. Ihnen traut *Bild* einen vorbereitenden und reflektierenden Umgang mit Fernsehen als Teil ihrer Medienwelt zu. Zu dieser Medienwelt gehören auch, jedoch nicht nur die typischen Boulevardformen. Wenn *Bild* in diesem Sinne die Beziehung zum Fernsehen aufbaut, zwar dabei immer wieder die Textformen ändert, lässt sich schon so etwas wie ein kulturell gewachsenes Modell der verweisenden Orientierung vermuten.

Programmorientierung im Fernsehen: Trailer

Da selbst die Angebote eines mittlerweile kulturell tradierten Mediums wie Fernsehen unübersichtlich sind, zudem jüngere Zuschauer sich kaum noch der Tageszeitung bedienen, um sich über das TV-Programm zu orientieren, haben die Fernsehsender eigene Orientierungsangebote geschaffen. Fernsehzuschauer, die die Entwicklung des Fernsehens im eigenen Lebenslauf als Erwachsene miterlebt haben, erinnern sich vermutlich an die merkwürdigen Logos, die auf den Bildschirmen erschienen, als in Deutschland neben den öffentlich-rechtlichen TV-Stationen erst vereinzelt, dann immer mehr private Sender hinzu kamen. Nach und nach gab es auch kurze Trailer, die das Publikum auf später laufende Filme hinwiesen (vgl. Bleicher 2001; Hickethier, Bleicher 1997). Diese Trailer richten sich heute auch an Kinder. Trailer sind Darstellungsformen des Fernsehens, die mit miniaturisierten Bildabläufen Hinweise auf Programme liefern. Daneben gibt es Logos, das sind zumeist Standbilder, die markieren, in welchem Sender, eventuell auf welcher Programmfläche, sich Zuschauer gerade befinden. Diesen Kurzangeboten liegt die Absicht zugrunde, das Publikum zu bestimmten Programmelementen zu führen oder es vom Umschalten abzuhalten. Am Anfang stand eine mehr oder weniger einfache Marketing-Idee, nämlich Zuschauer zu lenken. Die Sender verwendeten dazu die von den Printmedien entwickelte Programminformationsliste, wie sie auch die Bildzeitung einsetzt, benutzten dabei jedoch Darstellungsmöglichkeiten des Fernsehens.

Zuschauer lenken: Finde dein Programm, das für dich gemacht ist!

Auf der Basis von Programmlisten wie denen in der Bildzeitung lag auch ein fernsehinternes Leitsystem nahe, das Programmtitel mit weiteren Angaben verbindet. Ein mögliches Leitsystem sind Programmtrailer, die für das Programm eines Senders werben. Neben dem Programmtitel sind es zwei Arten von Angaben, die die wesentlichen und auch häufigsten Bestandteile von Programmtrailern zu sein scheinen und die zeitliche sowie inhaltliche Hinweise zum beworbenen Programm liefern. Dazu drei frühe Beispiele aus dem Jahr 2000:

RTL 2, 2000: Vorschau für den Monat Juni

RTL 2, 2000: Trailer zu *Bravo TV*

SAT.1, 2000: Trailer zu *Verratene Freundschaft*

RTL 2 wies in diesem Jahr Zuschauer auf sein Programm im Juni hin, ohne konkrete Uhrzeitangaben zu geben. Vielmehr stand im Vordergrund, mit einem Layout, das den Monat Juni in den Fokus rückt, geschlossen für das Programm innerhalb eines bestimmten Monats zu werben und es entsprechend in einem graphischen Rahmen zu präsentieren. Die Programmwerbung für *Bravo TV* ist mit dem Hinweis „SONNTAGS“ versehen. Hier wird interessierten Zuschauern unterstellt, sie wüssten um den Ausstrahlungszeitpunkt, sie informierten sich eigenständig über die genaue Uhrzeit oder schalteten sich dann in das Programm ein. *SAT.1* stellt den Titel der Sendung *Verratene Freundschaft* über die Sendezeit „Dienstag 20:15“. Zuschauer bekommen wie beim Trailer zu *Bravo TV* den Hinweis auf den Titel der beworbenen Sendung, den Sendetag, zusätzlich eine genaue Tageszeitangabe, die die Programmwerbung für *Bravo TV* nicht bringt.

Ähnlich wie bei *Bild* vom 5. Oktober 2000 wird von Zuschauern eine spezifische Art mit Texten umzugehen erwartet. Zuschauer müssen Sendungstitel in der Schriftform erfassen und den Sendezeiten zuordnen. Es ist eine Textkompetenz, die auf schulisch entwickelter Lesekompetenz mit Buchstaben und Wörtern aufbaut, die aber darüber hinaus zeichenhafte Bilddarstellungen in eine Texteinheit integriert.

Teilweise setzen die Trailer Erfahrungen mit umfangreichen Programmangeboten (z.B. Programmfläche am Abend) eines Senders voraus, wie z.B. bei der *RTL 2*-Fläche „Ich glaub’ ich bin im Feierabend“ oder bei Programmangeboten für Zuschauergruppen wie bei *Pro7*. *RTL 2* bot im Jahr 2000 eine Programmfläche an, die den Titel „Ich glaub’ ich bin im Feierabend“ trug. Hier wird mit einem Imagetrailer eine bestimmte Zuschauergruppe angesprochen, und zwar die der Arbeitnehmer, die zu der Zeit, zu der *RTL 2* die Programmfläche ausstrahlt, ihren Feierabend mit dem Programm von *RTL 2* gestalten soll. Inhalte werden nicht beworben, Programmkenntnis vorausgesetzt oder als nebensächlich erachtet.

Pro7 hatte im gleichen Jahr seine Programmtrailer in den Kinder-Flächen in einem Layout gestaltet, das sich von dem des restlichen Programms deutlich unterschied. Auf einem gezeichneten Holzverschlag war ein Bilderrahmen mit einem Ausschnitt aus der beworbenen Sendung zu sehen, darunter wurden der Zeithinweis z.B. „gleich" und der Titel der Sendung z.B. *Vier Hexen gegen Wall Street* gegeben. Ästhetik und Aufbau, die sich hier an Kinder wenden und ihnen möglichst klar den Vorschau-Charakter verdeutlichen, geben gleichzeitig die relevanten Inhalts- und Zeitangaben und machen es Experten unter den Zuschauern möglich, diesen Trailer einer bestimmten Programmfläche zuzuordnen.

Im Vergleich zu der oben diskutierten Programmvorschauliste der Boulevardzeitung steht die Werbung im Mittelpunkt, die auf die schulisch erworbene Lesekompetenz zurückgreift. Attraktivität steht im Vordergrund, die sich, wie beim traditionellen Typ von Werbung, nicht auf eigenständige Orientierungsleistungen des Publikums ausrichtet.

Multimodale Literalität als Voraussetzung für Programmauswahl

Eine Programmliste wie bei *Bild* hilft einer Leserin oder einem Leser, sich einen Überblick über ein Angebot zu verschaffen und sich gezielt eine Sendung herauszusuchen. Das Internet arbeitet ein Stück weit auch mit Listen, die in der Form des Menüs oder der Navigationsleiste auftauchen. Auch das Fernsehen geht ein Stück weit von den für Fernsehen typischen bewegten Bilder weg und nutzt vermehrt Listen für die Programminformation. Bei *Pro7*, aber auch bei der *ARD* überlagert sich die gedruckte Programminformationsliste, die Sendebeginn und Titel der Sendung als Gliederungs- und Darstellungsschema verwendet, mit dem typischen Fernsehbild. Es entsteht eine neue Form von Text, die bildhafte Vorschau mit der Liste verbindet.

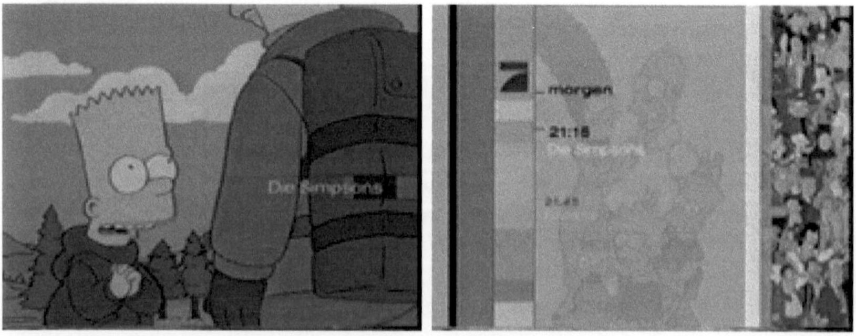

Pro7, 2001: Standbild aus dem Trailer zu *Die Simpsons*

Diese neue Form von Text, die auch bei der *ARD* schon zu finden war, führte *Pro7* dann mit neu gestalteten Programmtrailern ein, die zweigeteilt sind. Im ersten Teil bekommen Zuschauer eine Vorschau auf den Inhalt der beworbenen Sendung in Form eines kleinen Ausschnittes zu sehen. Das einzige, das dabei auf eine Vorschau schließen lässt, ist der Titel der Sendung in der rechten Bildhälfte. Als erstes ist ein Ausschnitt aus der Sendung *Die Simpsons* zu sehen, danach ein Ausschnitt aus *Futurama*. Im Anschluss an diese zwei Sequenzen erscheint eine Liste mit untereinander angeordneten Angaben zum Ausstrahlungszeitpunkt der beiden Sendungen und ihrem Titel:

„_morgen
¯21:15
Die Simpsons
¯21:45
Futurama“

Anfangs stehen das Wort „morgen“, die Zeitangaben zu den *Simpsons* und der Titel der Serie im Vordergrund. Am rechten Bildrand in einem schmalen Streifen sind die Figuren der Serie transparent hinter der Liste mit den Zeitangaben zu sehen. Danach rücken die Infos zu den *Simpsons* in den Hintergrund und die zu *Futurama* nach vorne. Jetzt sind neben den Zeitangaben und dem Titel der Sendung am rechten Bildrand und im Hintergrund Personen aus *Futurama* zu sehen.

Bemerkenswert ist sowohl der Reiz des Designs als auch die Differenziertheit von Farben und grafischem Aufbau. Der grafische Aufbau des Listenteils des Trailers ergibt sich aus der Übertragung der Listenstruktur in parallel laufende Bänder mit gemeinsamer farblicher Ausrichtung, z.B. in Ocker mit einer Differenzierung in Bänder, die den Zeitverlauf der Programmliste in eine Bewegungssequenz umsetzen. Unterlagert sind prägnante Bilder zu den Figuren oder zu Situationen, auf die der Trailer verweist. Der strukturelle und grafische Aufbau trennt zunächst inhaltliche von zeitlichen Informationen, führt die beiden dann aber durch grafische Spielereien wieder zusammen und signalisiert gleichzeitig eine Zusammengehörigkeit der beiden Sendungen *Die Simpsons* und *Futurama* zu einer Programm-Fläche. An dieser Stelle der Entwicklung eines Lenksystems lässt sich im Umriss auch so etwas wie eine multimodale Literalität ahnen. Sie basiert darauf, dass Zuschauer die typischen Gestaltungsmittel des Fernsehens mit Laufbild, Farben und Figuren aus Geschichten mit den in der Schule erworbenen Textformen wie denen der Liste verbinden.

Orientierung setzt dann die mit schulischer Lesekompetenz verbundene Tradition der Liste fort, verlangt jedoch zusätzlich die außerhalb der Schule angeeignete Kompetenz, mit den Darstellungsmitteln des Fernsehens oder des Computers umzugehen. Die schulisch erworbene Lesekompetenz unterstützt eine

Programmwahl im Sinne einer vergleichenden Entscheidung. Die Repräsentationsmittel des Fernsehens stellen die Nähe zum Programm her. Diese Nähe kann die Form haben, mit den Protagonisten vertraut zu sein, sie attraktiv zu finden bzw. sie abzulehnen. Ebenso ist es möglich, die Programmwahl mit Hilfe der Darstellungsmittel des Fernsehens zu führen, weil Zuschauer Erfahrungen mit dem Programm haben, auf die der Trailer verweist. Hier spielen dann Handlungs- und Aneignungsmuster wie die des Experten eine Rolle.

Überlagerung von Trailern mit Zitaten aus Medien- und Ereignisarrangements
Diese medial strukturierten Handlungs- und Aneignungsmuster dürften bei der Überlagerung mehrerer Medien noch wirksamer sein. Trailer wenden sich an ein Publikum, das sich alltagsästhetisch und nach medialen Erfahrungen segmentiert. Die dafür jeweils typischen alltagsästhetischen und medialen Erfahrungen, mit den jeweiligen Darstellungsmitteln *umzugehen*, ergeben sich aus dem Zusammenspiel von Medienangebot und Rezipienten. Dieses Zusammenspiel führt zu einer Kompetenz, Repräsentationsformen so zu nutzen, dass sich Gruppen von Rezipienten voneinander unterscheiden. Gemeinsam ist der Typ von Literalität, den sich Kinder oder Jugendliche außerhalb von Schule, z.B. im Umgang mit Spielkonsolen, erworben haben. Diese Literalität ist dann Voraussetzung, entsprechende Orientierungsangebote aufzugreifen. Bewegt man sich in den Bereich des expliziten Kinderprogramms, so treffen Kinder seit geraumer Zeit auf solche neuen Repräsentationsformen, die eine Folge des Zusammenwachsens des Fernsehens mit einer Fülle anderer Kulturprodukte sind. So zeigte z.B. *Pro7* die Sendung, die Kinder einschalten sollen, wie unter einer Lupe oder hinter einer Art Bullauge, das, je nach individueller Auslegung, auch ein Display sein könnte. *Fox Kids* wiederum präsentierte Sendungsausschnitte wie auf einem Abspielgerät. In einem Typ von Trailer ist das Bedienungsfeld eines Gerätes mit Monitor zu sehen, auf dem sich jemand (es könnte *Spiderman* sein) durch das Programm zappt. Eine andere Variante bietet eine Art von Bildschirm mit vier Knöpfen zum Abspielen, Vor- und Zurückspulen sowie zum Stoppen.

Fox Kids, 2001, Trailer zu Die kleinen Zwurze

Digimon

Gänsehaut

Die Programmtrailer von *Fox Kids* verzichten auf sichtbare Zeitangaben, geben auch nicht den Titel der Sendung an. Diese Trailer konzentrieren sich auf Innovationen und beziehen sich dabei auf andere Medien. Das Layout der Trailer macht es Kindern auch ohne Programmerfahrung leicht, die beworbene Sendung einem bestimmten Genre oder einer bestimmten Altersklasse zuzuordnen. So sind die stilisierten Schaltknöpfe eines Abspielgerätes bei dem Programmtrailer zu *Die kleinen Zwurze* groß, rund, verspielt und in matten, flächigen Farben gehalten. Technisches Layout überwiegt bei der Ankündigung zu *Digimon.* Ein Totenkopf und damit ein Hinweis auf etwas Gruseliges ist in der Programmwerbung zu *Gänsehaut* zu sehen, das für größere Kinder gedacht ist. Die Sendung selbst erscheint auf einer Art Display, um das die Knöpfe zum Vor- und Zurückspulen, Starten und Anhalten angeordnet sind. Andere Trailer von *Pro7* und *Fox Kids* spielen mit Verschachtelungen, die Kindern eine eindeutige Abgrenzung zwischen Vorschau und eigentliche Sendung ermöglichen. Auf diese Weise ist den Kindern sofort klar: Was gerade läuft, ist eine Vorschau und nicht die eigentliche Sendung.

Fox Kids, 2001, Trailer vom Typ *Rider*

Neben anderen Sendern setzt auch *Fox Kids* Trailer ein, die nicht an ein spezielles Programm führen, sondern dem Sender vielmehr ein typisches Image geben sollen. Diese Imagetrailer von *Fox Kids*, die *Fox Kids* als „Rider“ oder „Tunnel“ bezeichnet, haben den Charakter von Jump-and-Run-Spielen. Sie verlangen den Kindern im ersten Schritt keine Ordnungsleistung ab und bieten keine an, sondern betonen ihren eigenständigen Unterhaltungswert. Allerdings entfalten sie ihren Witz mit dem entsprechenden Expertenwissen aus dem Bereich von Computerspielen, womit dieses neue Genre zwischen Imagewerbung und Unterhaltung als Eigenwerbung durchschaubar wird. Trailer vom Typ der „Rider“ bieten Zuschauern kleine Abenteuer. In der Perspektive einer Spielfigur bewegt sich die Kamera durch computergenerierte Phantasielandschaften wie Wüstenregionen, Westernstädte, Märchenwälder, orientalische Paläste oder Goldminen. Auf dieser Tour durch Landschaften sammelt die Kamera Logos von *Fox Kids* ein. Logos erscheinen im unteren Bereich des Bildes als Display, auf dem die Gesamtzahl der gesammelten Logos zu sehen ist. Auch Schlüssel, Sprungfedern oder Fernrohre, die wichtig sind, um das Ziel zu erreichen, sind auf einem weiteren Bildschirm aufgeführt. Bunte Fantasiewesen weisen den Weg zum Ziel. Ein anderer Typ von Imagetrailern, die sogenannten „Tunnel", bietet rasende Fahrten in Höchstgeschwindigkeit durch Tunnelröhren und Gänge. Schaut man sich diese Tunnelfahrten mit einer 3D-Brille an, so fühlt sich ein Zuschauer dreidimensional im Mittelpunkt der Bewegung. Hindernissen wie Äpfeln, Blumen oder Engeln weicht man aus. Am Ende einer Fahrt trifft man auf Bienen, Würmer oder Höhlenmenschen und das Logo von *Fox Kids*.

Genau wie bei den Programmtrailern von *Pro7* und *Fox Kids* verändert sich bei diesen Trailern die vertraute Repräsentationsweise. Mit der neuen und subjektiven Darstellungsweise schlüpfen Zuschauer optisch in die Rolle der Spielfigur und sehen die Umgebung in der aktiven Spielerperspektive. Zuschauer bekommen keine Distanz, um sich zu orientieren, sie werden vielmehr in der Protagonistenrolle mitgenommen. Statt Orientierung gibt es Teilhabe. Damit kommt über eine neue Repräsentationsweise die ursprüngliche Werbefunktion von Trailern zum Tragen, jedoch nicht mehr im Sinne einer Zeit- oder Inhaltsinformation, die auf anderes Programm eines Senders verweist. Mit einem subjektiv erscheinenden Spiel- und Teilnahmeangebot integriert solch ein Imagetrailer das auswählende Publikum in das Programm. Die Idee der Bildzeitung vom auswählenden Zuschauer, der sich über die Fernseh- und Medienwelt seine Gedanken macht, ist nicht mehr vorhanden. Orientierung läuft nur noch über die Zuordnung zu Handlungsmustern oder zu Stilen, in die sich das Trailerangebot einbindet, z.B. aktiv, schnell, subjektiv und eigenwillig zu sein.

5.3.2 Das Expertenmuster

Individualisierung und Fragmentierung der Lebenswelten führt dazu, dass die Menschen in ihren Lebensbereichen zu Experten werden. Experten handeln auf der Basis differenzierten und legitimierten Wissens, für das es jedoch, ebenfalls als Folge von Individualisierung und Fragmentierung, keinen allgemein verbindlichen Bezugsrahmen gibt. Ein *Pokémon*-Experte ist nicht mehr oder weniger legitimiert als ein Auto-Experte (z.B. Erkan, siehe 2. Teil) oder Lotte als Expertin von GZSZ (siehe 3. Teil). In einer auf Differenzierung angelegten Gesellschaft gibt es viele Experten, die praktisch orientiert wie Handwerker ihre Konzepte und Muster der Erklärung, der Begründung oder der Legitimation liefern. Die Notwendigkeit von Expertenwissen verlagert sich mit der Individualisierung auf die handelnden Menschen selber, die zu Experten in den für sie wichtigen

Bereichen werden. Die Expertin oder der Experte des Alltags steht neben dem Wissensprofi. Das sind z.B. Wissenschaftler oder Journalisten. Deshalb gibt es die Experten des Alltagslebens, die sich u.a. mit Konsum und Medien besonders gut auskennen. Kennzeichnend für eine traditionelle Expertin wie eine Journalistin ist, dass sie einen Sachverhalt auf einer höheren Reflexionsebene beschreibt und auch in den dafür passenden Bezugsrahmen einordnet. Das läuft z.B. in der Form des Interviews, das eine Sportreporterin in den Pausen von Fußballspielen führt. Solch ein Interview hat u.a. die Funktion, die Spielstrategie der Mannschaften zu verbalisieren und diskutierbar zu machen. Damit wird das, was als Ereignis zu sehen war, auf eine höhere Reflexionsebene gebracht. Zunehmend mehr werden Mediennutzer zu Experten neuer Genres, insbesondere, wenn sich zu einem neuen Genre noch kein gültiges Deutungsmuster durchgesetzt hat.

Um Expertenmuster zu identifizieren, sollte man vor allem von der Vorstellung des Experten oder der Expertin als Berufsbild Abschied nehmen. Zudem sind Alltagsexperten eines neuen Genres das Gegenbeispiel zu der in der Schule typischen und praktizierten Form der Reflexion. Expertenmuster bieten jedoch Ansatzpunkte, Formen des informellen Lernens in die Schule hereinzuholen. Ein Ansatzpunkt ist der geschriebene Brief, der im Fall des *Wrestling*-Experten (siehe 4. Teil) sehr nah an Textsorten der Grundschule herankommt.

Im Folgenden geht es am Beispiel der kulturellen Praxis von Kindern mit *Pokémon* darum, Anknüpfungspunkte zu erkunden, über die sich die *Pokémon*-Experten in die Schule integrieren lassen. Gelingt es zum Beispiel, die von der *Pokémon*-Website geforderten sprachbasierten informellen Lernprozesse in die Grundschule zu integrieren, so bekommen die Alltagsmedienexperten, auch solche die dem Unterricht fern stehen, einen neuen Rahmen für Schreiben und Lesen, der für sie positiv besetzt ist. Das führt zu positiven Erfahrungen mit Literalität als Möglichkeit der Teilhabe an bisher eher verschlossene Kulturpraktiken. Voraussetzung für diese positive Erfahrung ist die strukturelle Entsprechung von Lesen und Schreiben in der Schule mit dem Lesen und Schreiben im Unterhaltungskontext *Pokémon*. Das ist eine Entsprechung, die ein Lehrplan nicht nahe legt und die eine Lehrerin bewusst herstellen muss. Sobald Kinder in der Schule als Experten ihres Kulturfeldes handeln dürfen und die Schule sie als solche akzeptiert sowie ihre Kompetenzen schätzt, weil Lehrerinnen eben keine *Pokémon*-Sachverständige sind, dann überlappen sich informelles und institutionalisiertes Lernen. Das Expertenmuster bietet also die Akkommodation von bislang abgetrennten Lernformen.

Pokémon-Experten

Zum Nintendo-Spiel *Pokémon* gehört Material, das ein Expertenmuster anbietet. Deswegen ist es nicht verwunderlich, dass sich auch ältere Grundschulkinder als

Experten mit dem Programmangeboten beschäftigen. So gibt es spezielle Figuren, die mit Kunstnamen voneinander unterscheidbar werden. Das Spiel bietet eine komplette Welt, das *Pokémon Universe,* die für einen Laien weitgehend unverständlich ist, in dem die Spieler jedoch kompetent agieren. Für einen Experten ist klar, dass die Hauptfigur, ein Junge, die Tiere nicht wie einen Fußball herum schießt, sondern trainiert. Die Tiere verwandeln sich, was an wechselnden Namen abzulesen ist. Über Plakate und Tauschkarten kommen die *Pokémon*-Namenslisten dann ins Kinderzimmer, was die beiden folgenden Bilder zeigen.

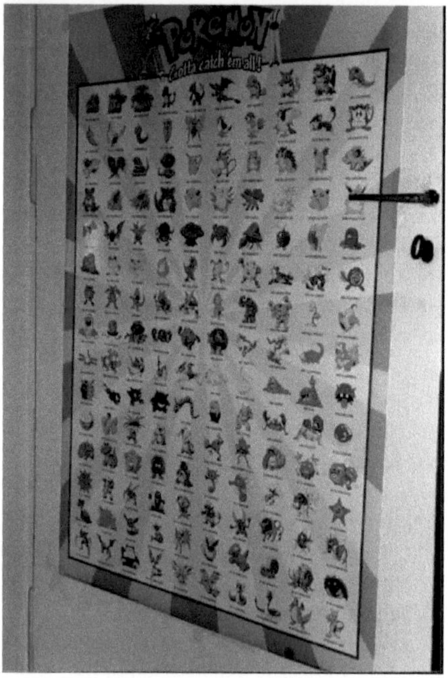

Plakat mit den *Pokémon*-Figuren im Kinderzimmer des *Pokémon*-Experten Luis

Das Plakat an der Tür präsentiert die Spieltiere wie in einem Lexikon. Damit lassen sich die Namen der etwa 150 Spielelemente auf dem Plakat lernen. Auf dem Plakat sind die Entwicklungsstufen der Tiere und die jeweiligen Namen in diesen Entwicklungsstufen zu lesen. Die Spielkarten sind vom Design her so aufgebaut, dass die Tiere in ihren Entwicklungsstufen deutlich als zusammengehörig wahrzunehmen sind. (Die Analyse des Kinderzimmers gehört zum Analyseschwerpunkt: Die Kulturräume der soziokulturellen Lebenswelten.)

Pokémon-Tauschkarten, dieLuis zum Vergleich der Entwicklungsstadien der *Pokémon*-Figuren ordnet

Die Website: Pokémon Universe

Das Plakat im Kinderzimmer ist nicht nur über das Spiel, sondern auch mit Hilfe des Expertenmusters mit der Website des *Pokémon Universe* (http//pokemon. nintendo.de/deDE) verbunden. Die Website *Pokémon Universe* ist für Experten ausgelegt und setzt Expertenkompetenz voraus und übt sie ein. Das ist eines der Phänomene, die in den letzten Jahren zur landläufigen Meinung führten, Kinder seien in den IT-Technologien per se den Erwachsenen voraus. Nein, die jeweiligen Angebotsfelder trainieren die Kinder als Experten eines Spiel z.B. auf der zugehörigen Website oder mit dem Digitalspiel.

Startseite des *Pokémon Universe*

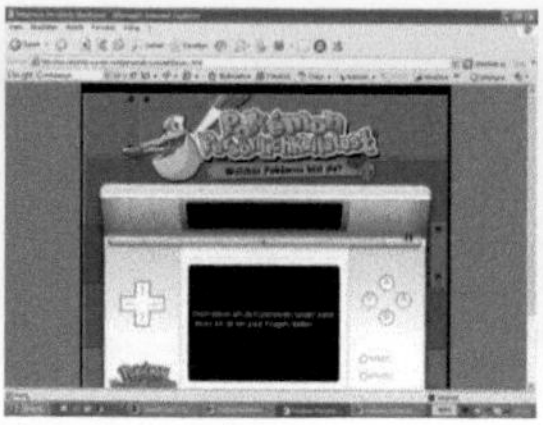

Der Bereich *Persönlichkeitstes des Pokémon Universe*

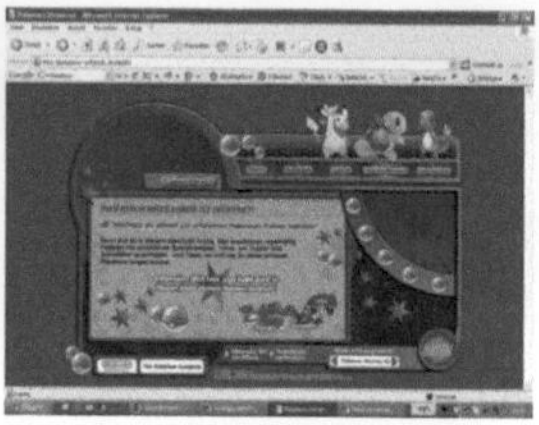

Der Bereich für *Trainer* im *Pokémon Universe*

Der Aufbau dieser Website mit den Bereichen „Persönlichkeitstest“, „Trainerbereich“, „Produkte“ mit einer „Magischen Welt voller *Pokémon*-Produkte“, „Galerie“, „*Pokémon*-Geschichte“ ist nur etwas für Experten. Laien wie Lehrer huschen bestenfalls über solch eine Seite, die schon mit einem Titel wie *Pokémon Universe* die erwachsenen Laien, die eventuell eine Spielanleitung suchen, abschreckt. Schon allein der Aufbau der Startseite braucht viel Kompetenz, um sie zu nutzen. Was ist nur nettes Design? Die Figuren sind sicher mehr als nur Design. Welches sind die informationstragenden Repräsentationselemente, die Schrift, die Gliederung wie ein technisches Gerät, die Farbe Blau wie ‚nur für Jungen’? Was soll die Umfrage, handelt es sich um Werbung? Wenn man auf der Seite „Persönlichkeitstest“ ankommt, dann ändert sich die Farbe und wird braun, grau, weiß mit wenig blau. Im „Trainerbereich“ dominiert wieder das Blau. Fachbegriffe wie „Lohgock“, „Waumpel“, „Latios“ oder „Spielregeln“ dominieren. Wer keine Lernmotivation oder Vorerfahrungen bzw. nicht die entsprechende Literalität mitbringt, scheitert hier. Für eine Lehrerin bleibt das ohne Konsequenzen, denn die Kinder erwarten von ihr sowieso keine angemessene Literalität zu diesem Thema. Für die Kinder geht es jedoch um Teilhabe. Wenn ein Produktsystem wie *Pokémon* sich auf dem Kindermarkt durchgesetzt hat, dann ist der Preis, inkompetent in Sachen *Pokémon* zu sein, der, aus der sozialen Umgebung der Kinder herauszufallen. Hier zählt nicht mehr die Definitionsmacht der Schule über Literalität, sondern die globale Definitionsmacht von *Nintendo*.

Grundschüler nutzen das Expertenmuster

Zwei Mädchen, Nora, sie geht in die 2. Klasse Grundschule, Paula, 3. Klasse, und zwei Jungen, David, 4. Klasse, Luis, ebenfalls in der 4. Klasse, versuchen, ihren Lehrer zu informieren, der etwas von *Pokémon* verstehen will. Dabei dreht sich die übliche Lehrer-Schüler-Beziehung um. Der Lehrer hat keine Ahnung, was all die Spezialbegriffe bedeuten. Die Kinder hingegen schöpfen aus einem breiten Wissensfundus. Da Paulas Eltern *Pokémon* für ziemlichen Quatsch halten, sie auch die nachmittägliche Fernsehserie zuhause nicht sehen darf, hört sie bei ihren Freunden interessiert zu. Auch sie will etwas vom Expertenwissen ihrer Freunde abbekommen, um mithalten zu können.

Luis hat sich nicht nur den Spezialwortschatz, das sind die Bezeichnungen für die 151 Fabelwesen und für die verschiedenen Spielzüge (z.B. Attacken) angeeignet. Er entpuppt sich als Eingeweihter der höheren Art. Er formuliert genau, worum es bei *Pokémon* im Kern geht. Auf die typische, scheinbar oberflächliche Weise von Kindern fasst er zusammen:

> „Und in der Serie drum geht's eigentlich um, das ist ein Jugendlicher, Teenager, der heißt Ash und der hat Pokémons. Und der tritt dann immer gegen andere Trainer an, um sich zu messen mit denen. Und zeigt halt seine Stärken und Schwächen. Und da gibt's halt auch Pokémon-Liga. Da kämpft der auch. Und wenn man verloren hat, dann ist man da ausgeschieden. Und er macht sich dann halt auf den Weg nach Jawandia, so heißen die ganzen Städte, und Azuria-City. Und da, da geht's halt immer drum, mit seinem Pokémon zu siegen. Und dann gibt's immer EPs, die die Pokémon kriegen, wenn se gewinnen. Und so versucht man möglichst, dass sie sich schnell weiterentwickeln."

Der Lehrer will wissen, worum es sich bei „EPs" handelt. Die Kinder, auch die weniger informierte Paula, haben die Sache mit der Weiterentwicklung verstanden und erklären gerne:

> „EP, das sind solche Punkte und wenn man jetzt, ich weiß nicht, ich glaub 10000 Punkte hat, dann kann man sich weiterentwickeln."

Wie gute Pädagogen werden die Kinder konkret und erläutern, dass *Ponita*, das *Feuerpferd*, sich zu *Galoppa*, einem stärkeren *Pokémon*-Pferd weiterentwickelt.

Es ist deutlich, die Kinder, sowohl die jüngeren Mädchen als auch die größeren Jungen, haben das Prinzip verstanden. Sie argumentieren so ernsthaft und sachlich wie im Sachunterricht der Grundschule, nicht wie bei einem fiktionalen Spiel- und Fernsehprogramm. Schön ist auch zu hören, wie sie versuchen, ihr differenziertes Wissen darzustellen und zu erläutern, ob sie nun von einem der Fabelwesen reden („groß und blau und ganz, ganz stark") oder das Prinzip vorstellen („die Weiterentwicklungen werden dann immer stärker." „Und größer eigentlich."). Sie sind mit dem Typischen („bei manchen *Pokémon* gibt es drei Entwicklungen") und den zugehörigen Ausnahmen vertraut („eins, das heißt Onix, das kann sich gar nicht entwickeln"). Die Kinder sind in der Lage, die vielen einzelnen *Pokémons* zu Gruppen zu ordnen:

Onix ist nen Stein-*Pokémon*.
Und es gibt dann noch Psycho-*Pokémon*. Die greifen mit Psychoattacke an.

Zu *Pokémon* Wissen vorzustellen, Prinzipien zu erläutern, einzelne Erscheinungsformen zu Gruppen zu ordnen und mit Ausnahmen umzugehen, all das sind konkrete Denkoperationen, von denen die Grundschule hofft, sie mit ihrem Lehrangebot bei den Kindern anzustoßen, nicht selten ohne Gegenliebe der Schülerinnen und Schülern. Das Fiction-Programm der Konsumwelt schafft das jedoch im wahrsten Sinne des Worte spielend.

Die Struktur des Expertenmusters
Das Expertenmuster besitzt folgende Struktur:

1. *Die konzentrische und hierarchische Sozialstruktur der Expertengruppe*
   Eine Expertengruppe hat eine Sozialstruktur, die sich über das Verhältnis der Gruppenmitglieder zum Gegenstand, das ist hier das Programm oder Programmsystem, bestimmt. Die Gruppenmitglieder haben eine unterschiedlich stark ausgeprägte Nähe oder Distanz zum Gegenstand sowie unterschiedlich wichtige Kompetenzen.
   Spezialisierung: Die Kinder Luis, David und Nora sind Experten mit unterschiedlichen Schwerpunkten. Paula ist interessierte Zuschauerin, in deren Schulklasse *Pokémon* keine wesentliche Rolle spielt, wie sie sagt.
   Konzentrische Sozialorganisation bezogen auf den Interessengegenstand: Paula bleibt als motivierte Lernende eher am Rande der Expertengruppe, was typisch ist für den konzentrischen Aufbau von Fangruppen, in deren Mittelpunkt die Wissenden stehen, weiter weg vom Gruppenzentrum die Motivierten und Lernenden. Gelegentlich Interessierte stehen am Rande. Lehrer z.B. sind Fremde. Diesem Fan-Aufbau mittels Gruppenzentrum und Gruppenrand entspricht auch die Logik des Spiels *Pokémon*, das die Protagonisten und seine Zuschauer/Nutzer vom Laienniveau auf ein hohes Kompetenzniveau bis zum Experten führt.
   Hierarchie der Interaktion nach Kompetenz: Die Kinder kooperieren miteinander, wobei eine deutliche Hierarchie des Wissens und der Dominanz, wie das Wissen vorgetragen wird, besteht. Dies ist auch typisch für Kindergruppen dieses Alters.
2. *Verbalisierungen von Einsichten in und Einschätzung von Spielelementen und deren Funktion im Gesamtkontext*
   Die Kinder verbalisieren ihre Einsichten in und Einschätzungen von Spielelementen und deren Funktion im Gesamtkontext. Die Spielmuster „Entwicklung“ und „Attacke“ sind wichtig. Nora brennt darauf, ihr Wissen über die „Entwicklung“ der Figuren zu formulieren. Sie spricht mehrfach von der Entwicklung einzelner *Pokémon*-Figuren. Die Kinder, vor allem die

Entwicklung einzelner *Pokémon*-Figuren. Die Kinder, vor allem die Jungen, stellen einzelne Teilerzählungen vor, auch deswegen, weil der Interviewer sich dafür interessiert.

3. *Differenzierte Wissensformen*
Die Kinder erwerben und nutzen unterschiedliche Wissenstypen wie Expertenwissen, lexikalisches Wissen, pragmatisches Know-how zum angemessenen Umgang mit den Programmelementen und deren Funktion im Programmgefüge.
Expertenwissen richtet sich auf die Struktur, den Plot von *Pokémon* als Gesamtereignis (Serie, Multimedia). Die Kinder haben sich kompetent gemacht, indem sie *Pokémon* als Gesamtereignis zusammenfassen. Dabei folgen die beiden Jungen unterschiedlichen Strategien. Die eine ist mehr ganzheitlich (Luis trägt eine Art von Theorie vor), die andere mehr wiederholend (David). Nora kann sich altersangemessen nur mit Teilaspekten wie „Entwicklung" zur Expertin sozusagen fortbilden.
Alle vier Kinder haben sich auf die Liste der Spielfiguren und der Spielzüge eingelassen und dazu die Terminologie als *lexikalisches, taxonomisches Wissen* erworben. Das entspricht der für das Alter wichtigen Aneignungsform des Sammelns und Tauschens.
Pragmatisches Know-how: Die Kinder sind in der Lage, mit der Verbindung von Fernsehserie und *Gameboy* kompetent umzugehen. Es handelt sich um eine Verbindung, bei der sich die bislang vorrangige Repräsentationsweise der Erzählung der des Computerspiels unterordnet. Mit dieser Veränderung der Repräsentationsmodi, bei der kulturell vertraute und dominante Muster wie die der Erzählung oder des Berichts dem des Spiels nachgeordnet oder eingeordnet sind, vertraut zu werden bzw. damit kompetent umzugehen, ist für die Kinder eine wichtige Qualifikation. Selbstverständlich tun sie sich damit leicht, weil sie, im Gegensatz zu Lehrerinnen und Lehrern, ja noch nicht die für unsere Kultur typische Literalität mit den dafür typischen und vorrangigen Repräsentationsformen erworben haben.

4. *Reflektiertes und integriertes Wissen, Theoriewissen*
Luis und David haben sich als Experten auch reflektierendes Wissen erworben, das sie geschlossen als Wissensbestand vortragen. Sie brennen darauf, dieses Wissen vorzutragen. Luis stellt sein Wissen in der Form einer zusammenfassenden Theorie vor. David präsentiert sein Wissen eher reproduktiv, indem er zentrale Regeln des Spiels mit der Spielkonsole *Gameboy* (z.B. „Attacke", „Entwicklung") und eine Liste der *Pokémon*-Figuren (Pokémons, Protagonisten wie „Ash") zusammenfassend vorträgt.
Luis und David haben sich die Struktur von *Pokémon* auf der Basis des *Gameboy*-Spiels angeeignet. Sie präsentieren keine Filmerzählung, auch

nicht den Erzählplot der TV-Serie. Sie stellen den Plot eines Spiels dar, in den Erzählelemente eingebaut sind. Zum Plot des Spiels bzw. der TV-Serie gehört ein taxonomisch lexikalischer Aufbau, der sich in den verschiedenen Repräsentationsformen von *Pokémon* prägnant wiederholt, so im Plakat der *Pokémon*-Figuren, in der Liste der Figuren des Gameboys, die David vorliest, in den Sammelbildern, die die Kinder zur Erläuterung des Spielgedankens „Entwicklung“ auf den Boden des Kinderzimmers legen.

5. *Reflexion und Bewertung der eigenen Vorlieben und der Bewertung durch Eltern und Schule*
   Die Kinder reflektieren ihre eigene Rezeption des Programms (wie oft; was) sowie auch die Bewertung durch die Eltern und die Schule.

Ein Expertenmuster wie im Fall von *Pokémon* korreliert deutlich mit schulischen Lernstrukturen, was Verbalisieren, Reflektion und das Verhältnis von Detailwissen zu Wissenskomplexen angeht. Die Kooperationsformen sind hierarchisch und konzentrisch nach der Verfügbarkeit des Wissens organisiert. Diese strukturellen Gemeinsamkeiten ermöglichen es, schultypisches Lernen mit informellem Lernen zu verbinden.

5.4 Analyseschwerpunkt: Medien in soziokulturell geordneten Lebenswelten

Kulturprodukte sind heute tragende Teile der neuen alltagsästhetisch gestalteten, soziokulturellen Lebenswelten, die sich die Menschen in ihrer Erlebnisperspektive selber bauen. Beispiele solch einer Lebenswelt und wie sich diese analysieren lässt, sind Cyrills Mediennutzung (siehe 2. Teil und weiter oben im Analyseschwerpunkt: Medien als eigenständig zirkulierende Kulturprodukte) oder Yvonnes Art und Weise, mit den konvergenten Medienangeboten umzugehen (siehe 2. Teil). Dazu im folgenden zwei Beispiele, einmal die Zimmer zweier Kinder, die das räumliche Zentrum ihrer Lebenswelt werden, weil auch die Medienvorlieben der Kinder in ihren Zimmern sichtbar sind. Zum anderen sind Kinderzimmer und Medienvorlieben Teil unterschiedlicher soziokultureller Milieus.

5.4.1 Kinderzimmer als räumliches Zentrum der Kinderwelt

Ein Kinderzimmer ist das räumliche Zentrum der „symbolischen Sinnwelt“ (Berger, Luckmann 1970, S. 102) von Kindern. In ihnen erscheinen auch materiell die Kulturpraktiken eines Kindes als Schüler oder als Mediennutzer.

Im Zimmer von Luis, dem Pokémon-Experten

Luis ist einer der vier Grundschüler, die sich über *Pokémon* unterhalten hatten. Wie sieht sein Zimmer aus? An der Wand, an der sein Bett steht, hat Luis eine Reihe von Tierbildern mit Tesafilm angeheftet. Tierbilder, dies ist nur auf den ersten Blick richtig. Neben zwei Hirschen hängen vier *Pokémons*, daneben ein Storch. Es folgt ein Hase, der an einer Sonnenblume schnuppert, und einer, der auf einem Waldboden sitzt. Die Reihe schließt das Plakat des örtlichen Naturkundemuseums ab, auf dem in tropischer Waldlandschaft ein Krokodil lauert. Luis hat also auch den distanzierten Museumsblick auf Tiere, die so niedlich wie Hasen sind. Daneben hängen Fabelwesen, die *Pokémons*, und das Krokodil, das etwas Unheimliches an sich hat. Luis distanzierter Museumsblick richtet sich aber auch auf Tiere wie Hirsch und Storch, die nicht leicht zu beobachten sind. Ein Krokodil ist für Luis wesentlich weiter vom Alltagsleben entfernt als die *Pokémons*. Sie alle mittels Bildern und Sprache zu ordnen, liegt für ihn auf der Hand. Den ersten Schritt hin zur Ordnung des Museums hat er auch schon getan. *Museum* ist selbstverständlich nur eine seiner Phasen bei der Erkundung der Welt. Schon etliche Monate später wird er ganz anders mit den vielen merkwürdigen Dingen seiner dann aktuellen Welt umgehen. Dann wird er *Gameboy* und *Pokémon*-Software verkaufen und vielleicht als Harry-Potter-Fan viel lesen.

Weitere Beispiele für symbolische Sinnwelten sind Medienfangruppen, Szenen oder Milieus, die sich auch mittels Medien- und Konsumangeboten konstituieren. Das Konzept der „symbolischen Sinnwelt" entspricht dem Gedanken der Lebenswelt bzw. der Konstruktion der Lebenswelt, die für die Menschen der Industriegesellschaft Chance und Zwang der individuellen Lebensgestaltung bedeutet. In der Theorie der Konstruktion sozialer Wirklichkeit geht es bei „symbolischen Sinnwelten" um Legitimation, die „mit Hilfe symbolischer Gesamtheiten erfolgt, die im Alltagsleben gar nicht erfahren werden können" (Berger, Luckmann 1970, S.102).

> „Diese „symbolischen Gesamtheiten" sind „Traditionsgesamtheiten, die verschiedene Sinnprovinzen integrieren und die institutionale Ordnung als symbolische Totalität überhöhen" (S. 102). „Die symbolische Sinnwelt ist als die Matrix aller gesellschaftlich objektivierten und subjektiv wirklichen Sinnhaftigkeit zu verstehen. Die ganze Geschichte der Gesellschaft und das ganze Leben des Einzelnen sind Ereignisse innerhalb dieser Sinnwelt" (S. 103).

Ein weiteres Beispiel für eine Analyse symbolischer Sinnwelten ist die Analyse von Marias Kinderzimmer. Eine Kinderzimmeranalyse in semiotischer Perspektive findet sich bei Kress, van Leeuwen (2001; S. 11–20): Stephanies Kinderzimmer als multimodaler Text. Den Komplex Kinderzimmer als Medienumgebung behandeln Bovill, Livingstone (2001). An den Gang durch Marias Kinderzimmer schließt sich die Lebensstilanalyse von Sinus als weitere Analysemöglichkeit an.

Ein analytischer Gang durch Marias Kinderzimmer

Maria ist 11 Jahre alt. Sie lebt mit ihren Eltern und ihrer kleinen Schwester in einer Reihenhaussiedlung. Sie hat ein kleines Zimmer, das sie deutlich als ihr eigenes gegenüber der Familie, insbesondere gegenüber ihrer kleinen Schwester markiert. Das macht sie z.B. mit einem Poster ihrer favorisierten Boy Group, das sie an die Glastür hängt, damit der Blick von außen nach innen verstellt ist.

Zwei junge Frauen, eine davon kannte Maria schon vorher, interviewten Maria und zeichneten das Interview auf Video auf. Anlass für das Interview war die damals in der zweiten Hälfte der 1990er Jahre enorm bekannte Boy Group *Caught in the Act.* Heute wäre das entsprechende aktuelle Pendant die Gruppe *Tokio Hotel.* Das Interview fand in Marias Zimmer statt, nicht nur wegen des theoretischen Interesses der Interviewerinnen an der Analyse eines Kinderzimmers. Maria nutzt die Gelegenheit, um ihre Materialien, die sie als Fan von *Caught in the Act* gesammelt hat, herzuzeigen.

Marias Zimmer ist ca. 8 Quadratmeter groß. Als Strukturelemente des Zimmers fungieren Wände, Couch mit Überbau, Schrankwand mit Fernseher, Schreibtisch, Vitrine und Tisch.

- An den Wänden hängen neben einem Bild mit Pferd, Fotos von ihrer Kindergartengruppe, eine Wanduhr, ein Kalender, 45 Poster von *Caught in the Act* (Gruppenbilder und Einzelbilder), ein Wandbehang von *Caught in the Act* und Zeitungsausschnitte von *Caught in the Act*,
- Auf der Couch mit Überbau sind Plüschtiere (*Mickymaus*, *Feivel*), eine Decke von *Caught in the Act*, zwei Puppen, ein Kissen, ein Wecker von *Caught in the Act*, eine Schmuckkiste, eine kleine Sammeltasse, eine Puppe in finnischer Tracht, Überraschungseierfiguren.
- In der Schrankwand mit Fernseher und Stereoanlage stehen Bücher (Mädchenromane, Walt Disney, Märchenbücher, *Ronja Räubertochter*, Kinderbibel, *Aladin*, *Caught in the Act*-Bücher, *Mein Körper-Was ist das?*) und CDs (*Gute Zeiten, schlechte Zeiten*, *Bravo Hits*, *Caught in the Act*, *Ronny's Pop Show*). An den Türen der Schrankwand sind Poster von *Caught in the Act.* Auf der Schrankwand ist eine Barbiepuppe. Auf dem Fernseher stehen Porzellanfiguren eines Hundes und zweier Bären, Überraschungseierfiguren (Zwerge, *Top-ten-Teddys*, *Die Dapsy Dino Familie*, *Bingo*) sowie *Birds*, *Happy Bunnys*, Elefanten, Nilpferde, Pinguine, Krokodile, Schildkröte.
- Auf dem Schreibtisch liegen bzw. steht ein noch nicht fertiges Puzzle mit dem Motiv des Dresdner Hafens und ein Globus.

- In der Vitrine befinden sich Parfüm und Hygieneartikel.
- Auf dem Tisch ist ein künstliches Blumengesteck.

Standbilder aus dem Video mit Marias Interview

Medien, von denen Maria im Interview spricht:

- *Gute Zeiten, schlechte Zeiten* (Serie, RTL, Mo-Fr: 19.40-20.15),
- *Beverly Hills 90210* (Serie, RTL, Sa: 16.55-17.55; oder RTL 2, Mo-Fr: 17.55- 8.55),
- TV-Roman (RTL, Mi: 20.15-22.00),
- Boxen (Sport, RTL, unregelmäßig. Sa: 20.00-23.00),
- Fußball (Sport, RTL, oder SAT1: ran, Sa: 18.00-20.15),
- Glücksritter (Spielshow, RTL, gelegentlich Sa: 20.15-22.00),
- *Superstrolche* (Spielfilm),
- *Mila* (Serie, RTL 2, Mo-Fr: 14.05-14.30),
- *Die tollen Fußballstars* (Serie, RTL 2, Mo-Fr: 14.30-14.55).

Vor dem Interview hat Maria schon erzählt, dass sie Walt Disney-Filme sieht, und zwar nicht die Zeichentrickfilme. Marias kleine Schwester sagt den Interviewerinnen, dass Maria *Notruf* (So: 19.10-20.15) anschaut.

Caught in the Act ist das sichtbare Zentrum

Maria ist seit fünf Jahren Fan von *Caught in the Act* und hat folgendes von dieser Gruppe in ihrem Zimmer: Ca. 45 Poster aus *Bravo*, *Hit* oder *Popcorn* / Wecker / Bettwäsche / Armbanduhr / zwei CDs / Pullover / zwei Videos / T-Shirt / eine Wanduhr / Tuch / Schal / Geldbörse.

In Marias Zimmer werden folgende Themen sichtbar:

- Jungen: Die enorme Fülle an Objekten zur favorisierten Boy Group macht in ihrem Zimmer das Thema Jungen, Gender, Schwärmen, Verliebtsein, Erotik dauerhaft sichtbar.
- In die nächste Lebensphase, das ist Jugend, schauen: Die TV-Serie *Gute Zeiten, schlechte Zeiten* und *Beverly Hills* thematisieren das pralle Jugendleben.

- Familie: An der Tür von Marias Zimmer hängt eine Plakat von *Caught in the Act*, das der Familie die Grenze zwischen Familienthemen und Marias Themen aufzeigt. Das eigene Zimmer mit dem Fernsehgerät bietet eine Rückzugsmöglichkeit, wobei sie meist mit der Familie im Wohnzimmer fernsieht. Marias Einrichtungsstil passt in den traditionellen Einrichtungsstil der Familie.
- Sport: Maria macht selber Sport und nutzt mehrere Medienangebote mit Sportthemen (*Mila*, *Subata*, Boxen). Damit bekommt sie einen thematischen Bezug zum Vater.
- Frauen: Der TV-Roman oder *Beverley Hills* liefert Angebote zur Beschäftigung mit alten und neuen Frauenbildern sowie mit dem Wandel der Frauenbilder.

Diese Themen bestätigt Maria auch im Interview. Das Interview ermöglicht einen breiten Blick in Marias Alltag, in dem alterstypische Themen wie das Thema Jungen („weil se gut aussehen“, „Benjamin“) zusammen mit dem Thema Musik („weil se gute Musik machen“) und Sport (Fußball) sich mischen. Beim Fernsehen geht es um die großen Geschichten (TV-Roman) und auch um Sport („Boxen“).

Maria: Un ich bin großer Caught in the Act-Fan.
Interviewerin: Aha, und was findest du an denen so toll?
Maria: Ja, weil se gute Musik machen, un weil se gut aussehen.
Interviewerin: Und welchen, den hier?
Maria: (Sie weist auf einen der Stars von Caught in the Act auf einem Poster an der Schranktür.) Benjamin.
Interviewerin: Benjamin, der is toll ne?
Maria: Ja.
Interviewerin: Ja, und so die Filme, was magst du noch so an Filmen? Vielleicht irgendwie was besonderes?
Maria: Ja mittwochs guck ich manchmal also TV- Roman.
Interviewerin: Mhm.
Maria: Von RTL, un manchmal Boxen.
Interviewerin: Mhm.
Maria: Jo un, un Fußball manchmal.
Interviewer: Fußball? Alleine?
Maria: Jo.
Interviewerin: Bist du Fußballfan?
Maria: Jo.
Interviewerin: Hast du nen Fußballliebling, irgendwie oder so, oder ne bestimmte Mannschaft?
Maria: Ne.

Sport ist für sie ein Thema, das sie mit dem Vater teilt, mit dem sie zum Fußballverein geht. Sport schaut sie sich mit dem Vater im Fernsehen an. Es ist ihr jedoch auch ein Thema außerhalb der Familie, denn sie wandert in einem Verein. Zum Thema Fernsehverbot befragt, betont sie, wie sehr ihr Wandern wichtig ist:

> Interviewerin: Wenn du nicht mehr Fernsehn gucken darfst?
> Maria: Ja, schlimmer wär, wenn se, wenn se mir verboten hätten, dass ich nicht wandern darf, weil ich wander jeden Monat und mit den Wanderfalken. Das mag ich eigentlich auch sehr gerne.
> Interviewerin: Mhm, also ist fernsehen nicht das Wichtigste für dich?
> Maria: Ne.

Als Zentrum ihrer Themen nutzt sie *Caught in the Act.* Mit den Postern von *Caught in the Act* betont sie zudem ihre Eigenständigkeit gegenüber der Familie. Die Abgrenzung von der Familie mit dem eigenen Thema kommt mit der Hängung der Poster im Interview kurz zur Sprache, denn zumindest das Poster von *Caught in the Act* an der Tür hängt nicht zufällig. Es schafft eine Sichtbarriere gegenüber der neugierigen kleinen Schwester. Mit der Massierung der Poster zum Thema Boy Group stellt sie ihr eigenes alterstypisches Thema gegenüber der Familie heraus.

> Interviewer: Ja gut. Aha. Ja Maria, und jetzt dein Caught in the Act, ne? Da hast du ja ziemlich viele Poster. Hast du das, hast du selber alle dran gemacht, oder?
> Maria: Ja.
> Interviewer: Haben die auch ne bestimmte Reihenfolge oder ist das jetzt wahllos?
> Maria: Nö, einfach so.
> Interviewer: Einfach so. Aber die großen im Mittelpunkt ne, ja jedenfalls
> Maria: (Lacht) Ja
> Interviewer: Hier an der Tür das Große.
> Maria: Ja eins. An die Tür mach ichs immer. Dann können se nich von draußen durchgucken, wenn jetzt nen Poster davor hängt.
> Kleine Schwester: Jaha, die hat das wegen mir gemacht, damit ich nich immer die Filme seh. Da kann ich nämlich der Mutti sagen, ob die Fernsehn guckt, obwohl se Hausaufgaben machen muss.
> (Lachen) Da guckt die nämlich manchmal heimlich Fernsehen – (Lachen) legt se sich aufn Fußboden, schreibt se immer die Aufgaben auf und grinst und guckt manchmal da auf den Fernsehen, na wie? Du guckst da auch gern Trickfilme und zwar Mila.

Die Beziehung zur Mutter läuft nicht über das Thema *Caught in the Act*, was Maria doch recht klar ist.

Interviewerin: Findet [deine Mutter] die Gruppen auch toll?
Maria: Nah, es geht. Manche Lieder findet sie davon auch schön, und manche nicht.
Interviewerin: Aha.
Interviewerin: Mhm. Deine Mutter war ja früher auch Fan, ne?
Maria: Mhm.
Interviewerin: Das hattest du uns vorhin auch schon gesagt.
Maria: Ja.
Interviewerin: Naja, vielleicht kann ses doch n bisschen verstehen, Mhm

Der gemeinsame Konzertbesuch von Mutter und Tochter hat nicht geklappt. Maria weiß jedoch recht gut, wie sie an Informationen zu den Konzerten kommt.

Interviewerin: Und auf so nem Festival, oder so? Warst du da, hast schon mal live jemanden gesehen?
Maria: Würd ich gern mal zum Caught in the Act Konzert. Einmal wär ich ja hingefahrn. Nur da ham wer keine Karten gekriegt. Aber Mutti gefällt das nich da so, weil das, da kriecht se Platzangst.
Interviewer: Wo war denn das Konzert?
Maria: E-Stadt.
Interviewerin: Mhm.
Maria: Und jetzt ist ja am 8.6. is wieder eins in E-Stadt, aber Mutti will halt nich.
Interviewerin: Wo sind, wo sind denn noch Konzerte? Hast du dich da mal? Weißt du wo da die Konzerte sind?
Maria: Ja.
Interviewer: In der Bravo informierst du dich da, ne?
Maria: Ja, in der Zeitung steht des.

Marias Zimmer ist eine eigene Welt, die stilistisch eine Einheit mit der Familie bildet. In Marias Zimmer-Welt sind ihre Medienpräferenzen deutlich erkennbar, womit sie sich als großes Kind nicht nur klar erkennbar macht, sondern ihre zwischen Kindheit und Jugend angesiedelten Vorlieben und Themen ausagiert. In den Gesprächen lässt sie erkennen, dass sie mit Medienbezügen die Beziehung zum Vater und der Mutter Gender spezifisch organisiert. Ihre Expertenkompetenz in Sachen Boy Group kommt im Gespräch nicht zum Ausdruck; sie versteckt sie sozusagen hinter der umfangreichen Sammlung einschlägiger Objekte. Natürlich zeigt diese Sammlung auch viel Zeitaufwand, den sie für die Nutzung der einschlägigen Medien braucht, vermutlich so viel, dass es auf Kosten des Zeitbudgets für die Schule geht. In der Perspektive der Schule kommt es darauf an, ob es gelingt, ihre Expertenkompetenz für die Entwicklung schulrelevanter Wissensbestände einzusetzen. Da sie Medien zur Pflege ihrer Beziehung in der Familie nutzt, und zwar zum Vater anders als zur Mutter, gehören zu ihrer Expertenkompetenz auch Erfahrungen, wie sich mit ihren Themen Beziehungen gestalten lassen. Deswegen dürften ihr Formen kooperativer Wissensaneignung nicht fern liegen.

5.4.2 Lebensstilmilieus – die Sinus-Milieus

Im Kinderzimmer konkretisieren sich Lebenswelten

Die von der Kultursoziologie (z.B. Ulrich Beck 1986, Anthony Giddens 1991) seit den 1980er Jahren festgestellte Enttraditionalisierung führt u.a. zu einer neuen gesellschaftlichen Gliederung. Für den Standort in unserer Gesellschaft ist nicht mehr der Beruf mit dem jeweiligen Einkommen und unterschiedliche schulische Bildung allein prägend, sondern ebenso wichtig ist die von den Menschen stilistisch gestaltete Lebenswelt. Beruf, Einkommen, Schulbildung waren und sind den Menschen sozusagen von außen heran getragene oder aufgedrückte Prägungen, die ihnen ihren gesellschaftlichen Status zuschreiben. Diese Art der Prägung war ein gesellschaftlicher Ordnungsmechanismus der Moderne, den jetzt die „reflexive Moderne“, so Ulrich Becks Etikett für die aktuelle gesellschaftliche Entwicklung, mit dem dominanten Mechanismus der Individualisierung überlagert. Diese Individualisierung hat als Dynamik die von Gerhard Schulze beschriebene *Erlebnisrationalität.* Die Menschen ordnen die gesellschaftliche Wirklichkeit so, dass sie persönlich und im eigenen Erleben subjektiven Sinn macht. Die objektive Welt wird so zur subjektiven Lebenswelt der Lebensstile. Dabei macht u.a. der Wohnstil, tatsächlich die Wohnungseinrichtung, diese Lebenswelt als subjektive gesellschaftliche Wirklichkeit erkennbar.

Schauen wir uns in dieser Perspektive Marias Kinderzimmer und das des *Pokémon*-Experten Luis an. Beide Zimmer unterscheiden sich nicht nur geschlechtsspezifisch, sondern im soziokulturellen Stil. Bei der 11-jährigen Maria kommt man in eine Umgebung, die die Sinus-Studie (Sinus, AGF 2002, Sinus Sociovision 2007) als „traditionelles Milieu“ mit der Ausprägung „DDR-Nostalgie“ bezeichnet. Marias Familie hat im Sinne der Sinus-Definition der Lebensstile eine traditionelle Lebensausrichtung. Sie lebt in einem Milieu mit dem Schwerpunkt der „DDR-Nostalgie“ (SevenOne Media, SINUS Sociovision GmbH 2001, S. 16), das zu den „traditionellen Milieus“ gehört. Dazu die für dieses Milieu typische Wohnzimmereinrichtung (Bild 1).

Zimmereinrichtung zweier Sinus-Milieus
(SevenOne Media, SINUS Sociovision GmbH 2001, Bild 1 von S. 16, Bild 2 von S. 10) Bild 1: „DDR-Nostalgische“, Bild 2: „Moderne Performer“

> „Traditionelle Milieus
> Sinus A12 (Konservative): Das alte deutsche Bildungsbürgertum: konservative Kulturkritik, humanistisch geprägte Pflichtauffassung und gepflegte Umgangsformen.
> Sinus A23 (Traditionsverwurzelte): Die Sicherheit und Ordnung liebende Kriegsgeneration: verwurzelt in der kleinbürgerlichen Welt bzw. in der traditionellen Arbeiterkultur,
> Sinus AB2 (DDR-Nostalgische): Die resignierten Wende-Verlierer: Festhalten an preußischen Tugenden und altsozialistischen Vorstellungen von Gerechtigkeit und Solidarität“(Sinus, AGF 2002, S. 8).

Diesem Familienstil entspricht in Marias Zimmer die Schrankwand mit Fernseher und Stereoanlage. Auf ihrem Fernsehgerät stehen die Figuren eines Hundes und zweier Bären aus Porzellan. Ihr Zimmer spiegelt jedoch auch ihre Medienvorlieben und Mediennutzung. Als Expertin und Fan einer Musik-Gruppe überlagern sich in ihrem Zimmer die Poster und Merchandising-Objekte dieser Gruppe mit dem Wohnstil ihrer Eltern. Hinzu kommt Marias Vorliebe für Sportsendungen, um ein gemeinsames Thema mit ihrem Vater zu haben. Zugleich grenzt sie sich mit ihren Medienvorlieben eines größeren Mädchens – *Gute Zeiten, schlechte Zeiten* (RTL), *Beverly Hills 90210* (RTL oder RTL 2), TV-Roman (RTL) – von ihrer kleinen Schwester ab.

Der gleiche Mechanismus, sich im stilistischen Milieu der Eltern die eigene Lebenswelt auch mit Medienvorlieben und Nutzungsmustern aufzubauen, findet sich ein paar Jahre später beim 10-jährigen Luis, der Experte für das gerade aktuelle Programm *Pokémon* ist. Er stattet mit den zugehörigen Postern und weiteren Merchandising-Produkten nicht nur sein Zimmer aus, sondern organisiert sich zudem mit seinen Freunden und mit Hilfe der *Pokémons* ein ziemliches

Stück gemeinsamen Tagesablaufs und Soziallebens, was für einige Wochen und Monate funktioniert.

Wie wohnt Luis, so die erste Annäherung an das Milieu der Eltern? Sein Zimmer liegt in einem geräumigen Reihenhaus in guter Lage. Mit seiner Zimmerausstattung greift er das gepflegt moderne Wohnzimmer der Eltern auf, die der erfolgreichen Leistungselite angehören. In den Kategorien der Sinus-Milieus sind sie „moderne Performer". Das Foto aus der Sammlung der Sinus-Milieus (oben Bild 2) bietet einen Blick in ein entsprechendes Zimmer (SevenOne Media, SINUS Sociovision GmbH 2001, S. 10).

> „Gesellschaftliche Leitmilieus
> Sinus B1 (Etablierte): Das selbstbewusste Establishment: Erfolgs-Ethik, Machbarkeitsdenken und ausgeprägte Exklusivitätsansprüche
> Sinus B12 (Postmaterielle): Das aufgeklärte Nach-68er-Milieu: liberale Grundhaltung, postmaterielle Werte und intellektuelle Interessen
> Sinus C12 (Moderne Performer): Die junge, unkonventionelle Leistungselite: intensives Leben – beruflich und privat, Multi-Optionalität, Flexibilität und Multimedia-Begeisterung" (Sinus, AGF 2002, S. 8).

In solchen Milieus wachsen heute Kinder auf, nehmen deren Orientierung auf oder grenzen sich davon ab. Sie verwenden die Milieus auch als Muster, innerhalb derer sie Medienpräferenzen entwickeln.

Milieu-Einbettung von Mediennutzungsmustern

Zur Zeit bilden sich neue Mediennutzungsmuster heraus, wie aktuelle empirische Forschungen zeigen (Hartmann, Neuwöhner 1999, Dehm, Storll 2003, Dehm u.a. 2006, Gebel 2006). So unterscheiden sich Kinder nach den Super RTL-Studien zur Medienwelt der Kinder (SuperRTL Medienforschung 2002) deutlich danach, wie sie Fernsehen in ihre jeweilige Art der Außenorientierung und in ihr Aktivitätsniveau einbinden. Es bilden sich sehr unterschiedliche Handlungsmuster, wie Kinder mit welchen Medien- und Konsumangeboten umgehen. Katharina Kuchenbuch (2003) hat die Fernsehpräferenzen von Kindern nach der Einordnung ihrer Familien in die Sinus-Milieus untersucht und dabei bemerkenswerte Zusammenhänge zwischen Lebensstilausrichtung der Familien und den Fernsehvorlieben der Kinder festgestellt. Dazu einige markante Ergebnisse:

Kinder gibt es vor allem in zwei Milieus, im „statusorientierten Milieu" (Benennung nach 2001: „Etablierte" und „Bürgerliche Mitte") und im „adaptiven Milieu" (Benennung nach 2001: „Moderne Performer").[3] Je nach ihrer Werteori-

3 2001 gab es bei den Sinus-Milieus einen Modellwechsel, der sich auch in der Benennung der Milieus niederschlägt. Die Daten der Untersuchung von Kuchenbuch stammen aus dem Jahr 2000, beziehen sich also auf die Milieudefinitionen vor dem Modellwechsel.

entierung unterscheiden sich die Milieus in der Zeitmenge, die die Kinder fernsehen: „Je moderner die Milieu-Grundorientierung, desto weniger sehen die Kinder fern“ (Kuchenbuch 2003, S. 4). Auch die Fernsehnutzungszeiten unterscheiden sich: „Kinder aus Milieus der niedrigen sozialen Lagen sowie aus Milieus mit konservativer Grundorientierung“ sehen „besonders vor- und nachmittags überdurchschnittlich viel“ fern, „während die Kinder aus Milieus der höheren sozialen Lagen mit moderner Grundorientierung einen deutlicheren Schwerpunkt bei der Nutzung am Abend haben“ (Kuchenbuch, S. 5). Zudem gibt es milieubezogene Sendervorlieben und damit auch verbundene Programm- und Formatpräferenzen. Die „kleinen Privatsender sprechen insbesondere Kinder aus modernen Milieus der mittleren und unteren sozialen Lagen an“. Dazu gehören Kinder aus dem „hedonistischen Milieu“ und dem „modern bürgerlichen Milieu“, die weniger zu den öffentlich-rechtlichen Programmen schalten. „Kinder und Erwachsene aus diesen modernen Milieus erwarten vom Fernsehen stärker fiction- und unterhaltungslastige Programme“ (Kuchenbuch, S. 5). Die *Sendung mit der Maus* hat deshalb ein deutlich größeres Kinderpublikum im Milieu der Intellektuellen, *Pokémon* dagegen in konsummaterialistischen und postmodernen Milieus.

Die verschiedenen soziokulturellen Strukturen der Lebenswelten von Kindern und Jugendlichen haben unterschiedlich viel Gemeinsamkeiten mit der Lernwelt der Schule, für Luis mehr, für Maria weniger. Unabhängig von den unterschiedlichen Einstellungen zu Modernisierung und Schule haben die zwei soziokulturellen Milieus eine grundlegende Gemeinsamkeit: Die Kinder nutzen das Muster des Experten bzw. der Expertin. Das Expertenmuster beinhaltet vor allem ein Verbalisierungspotential, die Nutzung differenzierter Wissensformen und Reflexion sowie Bewertung der eigenen kulturellen Praxis. Die Inhalte des Wissens von Alltag und Schule sind jedoch beileibe nicht kompatibel. Luis (*Moderne Performer: Die junge, unkonventionelle Leistungselite, Sinus, AGF 2002, S. 8*) wird das beim Lernen in der Schule weniger stören als Maria (*DDR-Nostalgische: Die resignierten Wende-Verlierer, Sinus, AGF 2002, S. 8).* Luis soziokulturelles Erfahrungsfeld ist auf „Multi-Optionalität, Flexibilität und Multimedia-Begeisterung“ ausgelegt, womit er bessere Chancen hat, sich auf divergierende Strukturen und die wandelnde Relevanz von Wissensbeständen einzustellen. Maria hat vermutlich nicht nur wegen ihrer kindheits- und jugendkulturellen Praxis einen deutlichen Abstand zur Schule, sondern vor allem wegen der für Familien ihres soziokulturellen Lebensstils typischen Widerstände zur Schulkultur, sobald Schule nicht die tradierten Wissensbestände in tradierten Aneignungsformen reproduziert.

5.5 Fazit und Angebote zur Weiterarbeit

5.5.1 Zusammenfassung

Medienanalyse ist Teil der Analyse vielfältiger Kulturen und Lebenswelten, denn Kinder und Jugendliche machen Medien zu Teilen ihrer persönlichen Lebenswelt. Dazu nutzen sie ihre Kompetenzen als Teil ihrer Kulturpraktiken innerhalb der Strukturen der sich verändernden Massenkommunikation. Ohne kulturelle Lebenswelten und ihre typischen Praktiken entfalten Medien keine Wirkungen. Hinzu kommt, dass die heutigen Medien kaum noch isoliert angeboten werden. Medien sind integrierte Elemente in Medien-, Produkt- und Ereignisarrangements, die in den Handlungszusammenhängen der Lebenswelt Bedeutung bekommen. Um mit dieser vielfältigen Einbindung zurecht zu kommen, empfiehlt es sich der Logik der Repräsentation entsprechend, Analyseschwerpunkte festzulegen. Repräsentation hat zum einem den Funktionsbereich, Bedeutung objektiviert zu tragen und zu transportieren. Diese Repräsentationsfunktion steht im Vordergrund, wenn man Medien analysiert, die situationsübergreifend produziert und genutzt werden. Zum anderen gibt es die Repräsentationsfunktion, Bedeutung in Situationen und mit den dafür typischen Praktiken und Kompetenzen zu schaffen. Von dieser doppelten Repräsentationsfunktion ausgehend lassen sich pragmatisch drei Schwerpunkte für die Analyse sowohl von Medien als auch von anderen Kulturprodukten festlegen. Analyse von:

- *Kulturprodukten, die über Situationen hinweg zirkulieren.* Weil Kulturprodukte unabhängig von Situationen zirkulieren, soll die Analyse herausarbeiten, was in der Herstellungssituation in einem Medium oder in komplexen Programmen objektviert angelegt wurde. Exemplarisch wurde ein Multimedia-Programmsystem und Selbstbilder im Internet analysiert.
- Muster der Repräsentation, die Medien, Situationen und Kompetenzen verbinden. Je nachdem wie Kulturprodukte und vor allem Kulturpraktiken und Handlungskompetenzen miteinander verknüpft sind, öffnen oder verschließen sich für Kinder Bedeutungsmöglichkeiten. Diskutiert wurden Programminformationen als Orientierungsmuster in Medienangeboten und das Expertenmuster, das sich Kinder für die Aneignung von Medien und anderen Kulturprodukten entwickeln.
- Kulturräume der soziokulturellen Lebenswelten, in denen die Repräsentationsmuster zum Tragen kommen. Exemplarisch wurden Kinderzimmer und deren Anbindung an soziokulturelle Milieus untersucht.

Eine pädagogisch ausgerichtete Medienanalyse fragt,

- was in Medien und Medienarrangements für die Entwicklung der Kinder potenziell vorhanden ist. Welches Potential ist in den Medien und den damit verbundenen kulturellen Praktiken für die reflexive Beziehung der Kinder zu sich und zu ihrer kulturellen, sozialen und faktischen Umwelt angelegt?
- Welche Möglichkeiten der Teilhabe an der Kultur eröffnen oder verschließen Medien, welche Literalität fördern oder verhindern Medien und ihre Kontexte?

5.5.2 Definitionen und Modelle

Ebenen der Lebenswelt nach Berger und Luckmann (1970; S. 100 ff.)

- 1. Ebene: Weitergabe eines „Systems sprachlicher Objektivationen menschlicher Erfahrung“, „*Erklärungen* sind sozusagen in das Vokabular eingebaut“.
- 2. Ebene: „Theoretische Postulate in rudimentärer Form; verschiedene Schemata, die objektive Sinngefüge miteinander verknüpfen“.
- 3. Ebene: „Explizite Legitimationstheorie“ der Experten.
- 4. Ebene: „Symbolische Sinnwelten“.

Sozialökologisches Modell der Zonen des Handelns nach Ganguin, Sander (2006)

Kinder handeln in Zonen der Lebenswelt, die unterschiedlich nah bzw. von den Kindern entfernt sind. Im Zentrum der Lebenswelt stehen die Kinder. Sie wirken ein oder reagieren auf ihren „ökologischen Nahraum“, auf die weiter von ihnen entfernt liegenden spezialisierten Räume („ökologischer Ausschnitt“) und auf die weit von ihnen entfernt liegenden Handlungsfelder („ökologische Peripherie der gelegentlichen Kontakte“ (Ganguin, Sander 2006; 134 f.)

Leitfrage für die Medienanalyse

Wie ist Bildung in Kulturprodukten, ihren Kontexten und Praktiken angelegt? Im Vordergrund stehen die Möglichkeiten

- der freien Entfaltung der Kräfte der Kinder mit der Aneignung der kulturellen Produkte,
- Vielfalt und Widersprüche der fragmentierten, persönlichen Lebenswelten zu integrieren und diese Welten mit eigenen Spuren zu gestalten.

Analyse von Medien und anderen Kulturobjekten nach einem Flächenmodell
Erste Auswertungsfläche: Das Offensichtliche, das ein nachdenklicher Menschen erfasst.

Medien, Events oder alltagsästhetische Inszenierungen sind etwas, was ein intelligentes und kulturell erfahrenes Mitglied unserer Gesellschaft deutlich wahrzunehmen in der Lage ist. Dabei steht etwas im Mittelpunkt oder eher am Rande eines Programmangebotes.

Leitfragen:
- Was ist offensichtlich?
- Was steht im Mittelpunkt eines Textes?

Tiefer liegende Auswertungsflächen: Das Verborgene und Randständige, das sich nur analytisch erfassen lässt.

Leitfragen:
- Was verbirgt sich unter der Oberfläche?
- Was steht am Rande?

Zusammenfassender Überblick über Repräsentationsmuster
Repräsentationsmuster entstehen im Zusammenspiel von Handlungssituationen und den dafür typischen Kompetenzen, Kulturpraktiken und allgemeinen Gesellschaftsstrukturen. Sie strukturieren, was und wie Kinder sich Kulturobjekte aneignen oder erstellen und wie sie dabei ihre Kompetenzen entwickeln. Der folgende Überblick fasst die in den vorausgehenden Teilen dieses Buches diskutierten Repräsentationsmuster zusammen. Der Überblick beginnt mit Repräsentationsmustern, bei denen schwerpunktmäßig die Gesellschaftsstrukturen im Vordergrund stehen, und schließt mit Repräsentationsmustern, bei denen Handlungsmuster dominieren.

Kinder und Jugendliche leben in *fragmentierten Lebenswelten*, die eine Individualisierung von Bewertungsrahmen in Diskursen notwendig macht.

Erlebnisrationalität in persönlichen Erlebniswelten ist das vorrangige Prinzip der Aneignung.

Soziokulturelle Milieus (Sinus Sociovision 2007)
- Gesellschaftliche Leitmilieus mit Etablierten, Postmateriellen und Modernen Performern,
- Traditionelle Milieus mit Konservativen, Traditionsverwurzelten und DDR-Nostalgischen,

- Mainstream-Milieus mit Bürgerlicher Mitte und Konsum-Materialisten,
- Hedonistische Milieus mit Experimentalisten und Hedonisten.

Soziokulturelle Migrantenmilieus (Sinus Sociovision 2007a)
- Religiös-verwurzeltes Milieu,
- raditionelles Gastarbeitermilieu,
- Statusorientiertes Milieu,
- Entwurzeltes Milieu,
- Intellektuellkosmopolitisches Milieu,
- Adaptives Integrationsmilieu,
- Multikulturelles Performermilieu,
- Hedonistisch subkulturelles Milieu.

Schwerpunkte der Umgestaltung der Massenkommunikation
- Individuelle Verfügbarkeit und Miniaturisierung,
- Innovation durch Überlagerung mit kulturell Vertrautem,
- Alltagstauglichkeit,
- Nutzergenerierte Medieninhalte und Medienkontexte, non-lineare Mediennutzung auf der Basis von Archiven.

Massenkommunikation mit dem Web 2.0
- Verbindung mit Alltagsfunktionen wie Online-Banking, Skype-Telephonieren, Nutzung von Lexika.
- Angebot von Sozialräumen wie Chats, Communities, Blogs, Skype-Telefonkonferenzen, Studienplattformen.
- Verschiebung der Schwerpunkte der Massenkommunikation vom Push- zum Pull-Modell mit öffentlich verfügbaren Programmarchiven.
- Verschiebung hin zu Inhalten, die die Nutzer herstellen und gezielt verfügbar machen (user generated content).
- Verschiebung hin zu Nutzungs- und Kommunikationskontexten, die die Nutzer selber herstellen (user generated contexts).

Reflexiven Aneignung von Medien
- in der Perspektive des eigenen Lebenslaufs und der eigenen subjektiven Themen,
- bezogen auf die vorhandene oder gesuchte soziale Umgebung als Bezugsrahmen,
- mit dem, was im jeweiligen Medien-Text angelegt ist,
- wobei die aufeinander bezogenen Medien in spezifischen kulturellen Kontexten einen Bezugsrahmen liefern.

Aneignungs- und Handlungsmuster in konvergenten Medienumgebungen (Wagner u.a. 2004)

- Nach der Konzentration auf Medienangebote: „Breitnutzenden", „Musikfans", „Actionfans", „Vielspielenden".
- Nach der Nutzung der Angebotsfülle als Kulturraum: Spezialisierung, Konsum, Sozialleben, Präsentation eigener Vorlieben, medialer Gestaltungsraum.

Die Erlebnisdimensionen der Mediennutzung
Emotionalität, Orientierung, Ausgleich, Zeitvertreib und Soziales Erleben (Dehm, Storll 2003; S. 429).

Strukturmerkmale einer Online-Community (Marotzki 2003)

- Leitmetapher/Leitidee der Community,
- Soziographische Struktur der Mitglieder,
- Struktur der Partizipation,
- Kommunikation der Mitglieder,
- Information zum Leitthema der Community,
- Selbstpräsentation der Community,
- Verhältnis von Online und Offline.

Strukturmerkmale von Medien-Communities (Jörissen 2007)

- Soziographische Struktur,
- Partizipationsstruktur,
- Informationsstruktur.

Strukturelemente einer Videoplattform

- Doppelter Medienzugang mit multimodalen Darstellungen,
- Kommunikative Ordnung für Video, Texte und Konversationsketten,
- Internationale Kommunikation und gemeinsames Zeichenmaterial aus der internationalen Jugendkultur,
- Regionale Kommunikation mit Videos im Amateurstil in der thematischen Perspektive der Nutzer und mit globaler Veröffentlichung,
- Vorrang der Darstellungsmöglichkeiten vor den Kommunikationsinhalten.

Kulturelle Doppelstruktur der Medienaneignung (Livingstone 2001; S. 331), Überlagerung von

- regionalen, kulturellen Traditionsstrukturen mit
- globaler Jugend- und Unterhaltungskultur.

Lernen als Strukturmerkmal globaler Multimedia-Programmangebote für Kinder
(Buckingham, Sefton-Green 2003)

Digital Divide

- zwischen gesellschaftlichen Gruppen beim Zugang zu Online-Diensten und Online-Kommunikation (Bonfadelli 2005),
- zwischen den Interneterfahrungen von Migranten-Kindern oder -Jugendlichen und der traditionellen Wohnbevölkerung (Bucher, Bonfadelli 2007).

Bedingungen für erfolgreiche Lesesozialisation (Bachmann 2004; S. 101)

- „Passung der literalen Sozialisationsfelder“,
- „Bedeutung der literalen Motivation“,
- „Bedeutung der literalen Praxis“,
- „Unerwartete Ressourcen und *Brüche*“.

Lesarten eines Medientextes (Hall 1980)

- Die Vorzugslesart,
- die ausgehandelte Lesart,
- die oppositionelle Lesart.

Entwicklungstrend zu Multimodalität und Multimedia als Verknüpfungsmöglichkeiten

- zu standardisierten Konsumangeboten und
- zur Aneignung in der persönlichen Erlebnisperspektive und in fragmentierten Lebenswelten.

Orientierungsmuster ermöglichen Ordnungsleistung zu Medienangeboten z.B. mit Listen, Trailern, Links.

Expertenmuster

- Konzentrische und hierarchische Sozialstruktur der Expertengruppe: Spezialisierung: Die Kinder sind Experten mit unterschiedlichen Schwerpunkten, Konzentrische Sozialorganisation bezogen auf den Interessengegenstand, Hierarchie der Interaktion nach Kompetenz.
- Verbalisierungen von Einsichten in Medien, deren Inhalte und funktionalen Zusammenhänge.
- Differenzierte Wissensformen: Spezialwissen, Expertenwissen, Lexikalisches, taxonomisches Wissen, Pragmatisches Know-how-Wissen.
- Reflektiertes und integriertes Wissen, Theoriewissen.
- Reflexion und Bewertung der eigenen Kompetenzen und Vorlieben.

5.5.3 Überblick über die Fallbeispiele

- Casting-Show *Popstars,*
- Selbstdarstellungen des 18-jährigen Cyrill auf seiner Seite auf der Videoplattform *Myspace,*
- Das Schema der Bildzeitung für die Orientierung zum Fernsehprogramm,
- Trailer im Kinderprogramm als Orientierungsangebote,
- Website *Pokémon Universe*, die sich an Experten richtet,
- Kinderzimmer eines *Pokémon*-Experten,
- Marias Kinderzimmer.

5.5.4 Ausgewählte Texte zum Weiterlesen und zur Vertiefung

Hepp, Andreas, Winter, Rainer (2006) (Hrsg.) Kultur – Medien – Macht. Cultural Studies und Medienanalyse. 3. Teil: Analyse der heutigen Medienkultur, S. 269-454

Lothar Mikos und Claudia Wegener (2005) (Hrsg.): Qualitative Medienforschung. Ein Handbuch. 5. Teil: Auswertung, S. 416-560

Literatur

Adami, Elisabetta (2009): „Do YouTube?" When Communication Turns into Video Enteraction. In Toretta, D.: Forms of Migration – Migrations of Forms. Atti del XXIII Convegno Nazonale A/A. Bari (Progedit)

Anders, Günther (1987): Die Antiquiertheit des Menschen, Band 1: Über die Seele im Zeitalter der zweiten industriellen Revolution. München (Beck)1. Auflage 1956

Archiv der Jugendkulturen (2001) (Hrsg.): Reaktionäre Rebellen. Rechtsextreme Musik in Deutschland. Berlin (Verlag Thomas Tilsner)

Aufenanger, Stefan: Die Vorstellungen von Kindern vom virtuellem Raum. In: Diskurs. Studien zu Kindheit, Jugend, Familie und Gesellschaft. 10 (2000), Heft 1, S.25-27

Baacke, Dieter (1973): Kommunikation und Kompetenz. Grundlegung einer Didaktik der Kommunikation und ihrer Medien. München (Juventa)

Baacke, Dieter (1996): Medienkompetenz – Begrifflichkeit und sozialer Wandel. In: A. von Rein (Hrsg.): Medienkompetenz als Schlüsselbegriff. Bad Heilbrunn (Klinkhardt), S. 112-124.

Baacke, Dieter (1996a): Medienkompetenz als Netzwerk. Reichweite und Fokussierung eines Begriffs, der Konjunktur hat. In: medien praktisch Heft 2, S. 4-10.

Baacke, Dieter (1999): Medienkompetenz als zentrales Operationsfeld von Projekten. In: Baacke, Dieter, Kornblum, Susanne, Lauffer, Jürgen, Mikos, Lothar, Thiele, Günter A. (Hrsg.): Handbuch Medien: Medienkompetenz. Bonn (Bundeszentrale für politische Bildung), S. 31-35.

Baacke, Dieter (1999a): Projekte als Formen der Medienarbeit. In: Baacke, Dieter, Kornblum, Susanne, Lauffer, Jürgen, Mikos, Lothar, Thiele, Günter A. (Hrsg.): Handbuch Medien: Medienkompetenz. Bonn (Bundeszentrale für politische Bildung), S. 86-93

Bachmair, Ben (1979): Medienverwendung in der Schule: Analyse und Planungsbeispiele für den Unterricht mit audiovisuellen Medien. Berlin (Spiess)

Bachmair, Ben (1979a): Ethnomethodologie als handlungstheoretische Grundlage einer Didaktik der Kommunikation. In: Bildung und Erziehung, Heft 3, S. 229-240

Bachmair, Ben (1980): Mit eigenen Augen sehen – der Versuch, Fernsehen didaktisch zu zähmen. In: medien+erziehung, Heft 4, S. 194-204

Bachmair, Ben (1984): Symbolische Verarbeitung von Fernseherlebnissen in assoziativen Freiräumen, Teil 1: Fernsehspuren im Handeln von Kindern. Kassel

Bachmair, Ben (1989): Thematisch und situativ integrierte Fernsehrezeption im Kindergarten. In: Erlinger, H.-D. (Hrsg.): Kinderfernsehen II. Essen (Die blaue Eule), S. 35-54

Bachmair, Ben (1993): TV Kids. Ravensburg (Ravensburger Buchverlag)

Bachmair, Ben (1994): Handlungsleitende Themen: Schlüssel zur Bedeutung der bewegten Bilder für Kinder. In: Deutsches Jugendinstitut (Hrsg.): Handbuch der Medienerziehung im Kindergarten. München, S. 171-185

Bachmair, Ben (1996): Fernsehkultur. Subjektivität in einer Welt bewegter Bilder. Opladen (Westdeutscher Verlag)

Bachmair, Ben (1998): Medienspuren in der Schule. Wie in der Schule mit der Medienwelt der Kinder und Jugendlichen umgehen? In: Krause-Vilmar, Ditfried, Dauber, Heinrich (Hrsg.): Schulpraktikum vorbereiten. Pädagogische Perspektiven für die Praxis. Bad Heilbrunn (Klinkhardt), S. 55-69

Bachmair, Ben (1997): Ein Kinderzimmer als Text. In: Medien Impulse (Wien), Heft 2, S. 59-62. und Kinderfernsehen im Umbruch?

Bachmair, Ben (2001): Abenteuer Fernsehen. Ein Begleitbuch für Eltern. München (Deutscher Taschenbuch Verlag)

Bachmair, Ben (2005): Mediensozialisation im Alltag: In: Lothar Mikos und Claudia Wegener (Hrsg.): Qualitative Medienforschung. Ein Handbuch. Konstanz (UVK Verlagsgesellschaft mbH), S. 95-114

Bachmair, Ben (2007): Mediensozialisation – die Frage nach Sozialisationsmustern im Kontext dominanter Medienformen. In: Sesink, Werner, Kerres, Michael, Moser Heinz (Hrsg.): Jahrbuch Medienpädagogik 6. Medienpädagogik – Standortbestimmung einer erziehungswissenschaftlichen Disziplin. Wiesbaden (VS Verlag) 2007, S. 118-143.

Bachmair, Ben (2007a): M-learning and media use in everyday life. In: Pachler, Norbert: Mobile Learning. Towards a Research Agenda. Occasional Papers in Work-based Learning. WLE Centre. London, S. 105-152

Bachmair, Ben, Kress, Gunther (1996) (Hrsg.): Höllen-Inszenierung Wrestling. Beiträge zur pädagogischen Genre-Forschung. Opladen (Leske + Budrich)

Bachmair, Ben, Seipold, Judith (2003): Intertextuelle und intramediale Bezüge als Orientierungsangebot – systematische Überlegungen und exemplarische Untersuchungen zu Verweisen auf das Fernsehangebot. In: Bachmair, Ben, Diepold, Peter, de Witt, Claudia (Hrsg.): Jahrbuch 3 der Kommission Medienpädagogik der Deutschen Gesellschaft für Erziehungswissenschaft. Opladen (Leske und Budrich), S. 51-81

Bachmair, Ben, Burn, Andrew (2008): Medienerziehung in den sich ändernden Kulturen von Kindheit und Jugend – David Buckinghams Integration der Medienerziehung in die Cultural Studies. In: Hepp, Andreas, Krotz, Friedrich, Thomas, Tanja (Hrsg.): Schlüsselwerke der Cultural Studies. Reihe: Medien – Kultur – Kommunikation. Wiesbaden (VS Verlag für Sozialwissenschaften), (in Vorbereitung)

Bachmair, Ben, Diepold, Peter, de Witt, Claudia (2003) (Hrsg.): Jahrbuch Medienpädagogik 3 der Kommission Medienpädagogik der Deutschen Gesellschaft für Erziehungswissenschaft. Opladen

Bachmair, Ben, Diepold, Peter, de Witt, Claudia (2005) (Hrsg.): Jahrbuch Medienpädagogik 4 der Kommission Medienpädagogik der Deutschen Gesellschaft für Erziehungswissenschaft. Opladen (Leske + Budrich)

Bachmann, Thomas, Schneider, Hansjakob (2004): Elif, Tim, Adrian und Johanna – Falldokumentationen. In: Bertschi-Kaufmann, Andrea, Kassis, Wassilis, Sieber, Peter (Hrsg.): Mediennutzung und Schriftlernen. München (Juventa.), S. 97-174

Bauer Media AG (2002): Bravo Faktor Jugend 6. Lebenswelten und Konsum. Oktober 2002. www.bauermedia.com

Baumert, Jürgen, Schümer, Gundel (2002): Familiäre Lebensverhältnisse, Bildungsbeteiligung und Kompetenzerwerb im nationalen Vergleich. In: Deutsches PISA-Konsortium (Hrsg.): PISA 2000 – die Länder der Bundesrepublik Deutschland im Vergleich. Opladen (Leske + Budrich), S. 159-202

Beck, Ulrich (1986): Risikogesellschaft. Auf dem Weg in eine andere Moderne. Frankfurt a. M. (Suhrkamp)

Benjamin, Walter (1981): Das Kunstwerk im Zeitalter der technischen Reproduzierbarkeit. 12. Auflage 1981. Frankfurt 1981, 1. deutsche Fassung in: Walter Benjamin: Schriften. Frankfurt 1955; Originalausgabe als französische Übersetzung in Zeitschrift für Sozialforschung Jg. 5, 1936

Berger, Peter, Luckmann, Thomas (1970): Die gesellschaftliche Konstruktion der Wirklichkeit. Eine Theorie der Wissenssoziologie. Frankfurt a. M. (S. Fischer), Amerikanische Originalausgabe New York (Doubleday) 1966

Bernstein, Basil, Henderson, D (1973). : Social class differences in the relevance of language to socialization. In: Bernstein, Basil (ed.) Class, Codes and Control. Volume 2. Applied Studies towards a Sociology of Languages. London and Boston (Routledge & Kegan Paul), S. 24-47

Bertschi-Kaufmann, Andrea, Kassis, Wassilis, Sieber, Peter (2004) (Hrsg.): Mediennutzung und Schriftlernen. München (Juventa)

Bertschi-Kaufmann, Andrea, Kassis, Wassilis, Schneider, Hansjakob (2004a) (Hrsg): Literale und mediale Sozialisation – Übereinstimmung und Abweichung. In: Bertschi-Kaufmann, Andrea, Kassis, Wassilis, Sieber, Peter (2004a) (Hrsg.): Mediennutzung und Schriftlernen. München (Juventa), S.23-39

Bleicher, Joan (2001): Nur ein toter Zuschauer ist ein guter Zuschauer. Programmverbindungen als Paratexte des Fernsehens. In: NAVIGATIONEN. Siegener Beiträge zur Medien- und Kulturwissenschaft. Jahrgang 1, Nr. 1, Juni 2001, Siegen, S. 77-86

Blumer, Herbert (1973): Der methodologische Standort des Symbolischen Interaktionismus. In: Arbeitsgruppe Bielefelder Soziologen (1973) (Hrsg.): Alltagswissen, Interaktion und gesellschaftliche Wirklichkeit. Band 1. Symbolischer Interaktionismus und Ethnomethodologie. Reinbek (Rowohlt), S.80-146

Blumler, Jay G., Katz, Elihu (1974) (Hrsg.): The Uses of Mass Communications. Current Perspectives on Gratifications Research. Beverly Hills, London (Sage)

Böcking, Saskia, Klimmt, Christoph, Vorderer, Peter (2004): „Die drei Klassiker“: Medienrepertoires von Vorschulkindern in konvergierenden Medienumgebungen. In: Hasebrink, Uwe, Mikos, Lothar, Prommer, Elisabeth (2004) (Hrsg.): Mediennutzung in konvergierenden Medienumgebungen. München (Verlag Reinhard Fischer), S. 271-296

Bonfadelli, Heinz (1999): Leser und Leseverhalten heute – Sozialwissenschaftliche Buchlese(r)forschung. In: Franzmann, Bodo, Hasemann, Klaus, Löffler, Dietrich, Schön, Heinrich (1999) (Hrsg.) Handbuch Lesen. München, S. 86-144

Bonfadelli, Heinz (2005): Digital Divide. Von Zugangsbarrieren zu Wissensklüften in der Informationsgesellschaft der Schweiz. Ein Update. In: Berthoud, Gérald, Kündig, Albert, Sitter-Liver, Beat (2005) (Hrsg.): Informationsgesellschaft. Geschichten und

Wirklichkeit. Schweizerische Akademie der Geistes- und Sozialwissenschaften. Fribourg (Academic Press), S. 167-198

Bronfenbrenner, Uri (1979): The Ecology of Human Development: Experiments by Nature and Design. Cambridge, Mass. (Harvard University Press)

Brown, John Seely, Collins, Allan, Duguid, Paul (1989): Situated Cognition and the culture of learning. In: Educational Researcher 18 (1), 1989, S. 32-42

Buchen, Sylvia, Helfferich, Cornelia, Maier, Maja S. (2004) (Hrsg.): Gender methodologisch. Empirische Forschung in der Informationsgesellschaft vor neuen Herausforderungen. Wiesbaden (VS Verlag)

Bucher, Priska, Bonfadelli, Heinz (2007): Jugendliche mit und ohne Migrationshintergrund. Gemeinsamkeiten und Unterschiede im Umgang mit Medien. In: Lothar Mikos, Dagmar Hoffmann, Rainer Winter (2007) (Hrsg.): Mediennutzung, Identität und Identifikationen. Die Sozialisationsrelevanz der Medien im Selbstfindungsprozess von Jugendlichen. Weinheim und München (Juventa Verlag), S. 223-245.

Buckingham, David (2003): Media Education: Literacy, Learning and Contemporary Culture. Cambridge (Polity Press)

Buckingham, David (2007): Beyond Technology. Children's Learning in the Age of Digital Culture. Cambrige (Polity Press)

Buckingham, David (2007a): Digital Media Literacies: Rethinking Media Education in the Age of the Internet. In: Research in Comparative and International Education, Volume 2, Number 1, S. 43-55

Buckingham, David (2007b) (ed): Youth, Identity and Digital Media. Cambridge, MA (MIT Press)

Buckingham, David (2008a): Childhood In The Age Of Global Media. Institute of Education, University of London. Norwegian Centre for Child Research. NTNU, Trondheim, Norway. In: Children's Geographies. Vol. 5 (1&2). London (Routledge, Taylor & Francis), S. 43-54

Buckingham, David (2008b): Children And Media: A Cultural Studies Approach. In: Drotner, Kirsten, Livingstone, Sonia (2008b) (eds): Handbook of Children, Media and Culture. London (Sage)

Buckingham, David, Sefton-Green, Julian (1994): Cultural Studies Goes to School Reading and Teaching Popular Culture. London (Taylor and Francis)

Buckingham, David, Julian Sefton-Green (2003): Gotta catch 'em all: Structure, Agency and Pedagogy in Children's Media Culture. In: Media, Culture & Society. Vol. 25, 2003 SAGE Publications (London, Thousand Oaks and New Delhi), p. 379-399

Buckingham, David, Willett, Rebekah (2006) (ed.): Digital Generations. Children, Young People, and New Media. Mahaw, New Jersey (Lawrence Erlbaum)

Bourdieu, Pierre (1989): Die feinen Unterschiede. 3. Auflage. Frankfurt a.M. (Suhrkamp)

Bourdieu, Pierre (1991): Zur Soziologie der symbolischen Formen. 4. Auflage. Frankfurt a. M. Französische Originalausgabe 1970

Bovill, Moira, Livingstone, Sonia (2001): Bedroom Culture and the Privatization of Media Use. In: Livingstone, Sonia, Bovill, Moira (2001) (eds): Children and Their Changing Media Environment. A European Comparative Study. London (Lawrence Erlbaum), S. 179-200

Cassirer, Ernst (1990): Versuch über den Menschen. Einführung in eine Philosophie der Kultur. Frankfurt a. M.. Englische Originalausgabe: An Essay on Man, New Heaven (Yale University Press) 1944 und 1972

Castells, Manuel (2001, 2002, 2003): Das Informationszeitalter. Band I (2001): Die Netzwerkgesellschaft. Opladen. Band II (2002): Die Macht der Identität. Opladen. Band III (2003): Jahrtausendwende. Opladen (Leske + Budrich)

Center for Knowledge Societies (CKS) (2005): Learning Lab: Inclusive Education using Mobile Devices. Paper presented on the International conference on inclusive design Royal College of Art, London, UK, 5-8 April 2005. Available from http://www.hhc.rca.ac.uk/archive/hhrc/programmes/include/2005/proceedings/pdf/soodadityadev.pdf Accessed: 28 February 2008a

Center for Knowledge Societies (CKS) (2008): Learning Lab Initiative. Project report. Available from http://www.cks.in/html/cks_pdfs/learninglab_ppt.pdf>. Accessed: 28. Feb. 2008

Charlton, Michael, Bachmair, Ben (1990) (Hrsg.): Medienkommunikation im Alltag – Interpretative Studien zum Medienhandeln von Kindern und Jugendlichen. Schriftenreihe des Internationalen Zentralinstituts für das Jugend- und Bildungsfernsehen. Bd. 24. München (Saur Verlag)

Dehm, Ursula, Storll, Dieter (2003): TV-Erlebnisfaktoren. Ein ganzheitlicher Forschungsansatz zur Rezeption unterhaltender und informierender Fernsehangebote. In: Media Perspektiven. Heft 9, S. 425-433

Dehm, Ursula, Storll, Dieter, Beeske, Sigrid (2006): Das Internet: Erlebnisweisen und Erlebnistypen. In: Media Perspektiven. Heft 2, S. 91-101

Deutsches PISA-Konsortium (2001) (Hrsg.): PISA 2000. Band 1: Basiskompetenzen von Schülerinnen und Schülern im internationalen Vergleich. Opladen (Leske + Budrich)

DGB-Bundesvorstand Bereich Jugend (2007) (Hrsg.): Index Gute Arbeit 2007. Arbeitsqualität aus Sicht von jungen Beschäftigten (unter 30 Jahren). Sonderauswertung des DGB-Index Gute Arbeit 2007. Berlin 2007. Konzeption und Ausarbeitung: Tatjana Fuchs (Soziologin), Internationales Institut für Empirische Sozialökonomie. Stadtbergen, November 2007

Dörner, Andreas (1999): Medienkultur und politische Öffentlichkeit: Perspektiven und Probleme der Cultural Studies aus politikwissenschaftlicher Sicht. In: Winter, Rainer, Hepp, Andreas (1999) (Hrsg.): Kultur – Medien – Macht. Cultural Studies und Medienanalyse. Opladen/Wiesbaden (Westdeutscher Verlag), S. 319-335

Du Gay, Paul (1997): Production of Culture/Cultures of Production. London (Open University)

Eckert, Roland, Vogelgesang, Waldemar, Wetzstein, Thomas A., Winter, Rainer (1989) (Hrsg.): Videowelten und ihre Fans. Die Bedeutung von Horror und Pornofilmen für die Konstitution von Spezialkulturen. Vervielfältigtes Manuskript vorgelegt beim Bundesministerium des Inneren. Trier

Eckert, Roland, Vogelgesang, Waldemar, Wetzstein, Thomas A., Winter, Rainer (1991a) (Hrsg.): Grauen und Lust – die Inszenierung der Affekte. Eine Studie zum abweichenden Videokonsum. Pfaffenweiler (Centaurus-Verlagsgesellschaft)

Eckert, Roland, Vogelgesang, Waldemar, Wetzstein, Thomas A., Winter, Rainer (1991b) (Hrsg.): Auf Digitalen Pfaden. Die Kulturen von Hackern, Programmierern, Crackern und Spielern. Opladen (Westdeutscher Verlag)

Eimeren, Birgit van (2002): Mediennutzung und Fernsehpräferenzen der 10- bis 15-Jährigen, In: Internationales Zentralinstitut für das Jugend- und Bildungsfernsehen (IZI), TELEVIZION, 13/2000/2, München, S. 45-51

Europäische Kommission (1997): Grünbuch zur Konvergenz der Branchen Telekommunikation, Medien und Informationstechnologie und ihren ordnungspolitischen Auswirkungen
http://ec.europa.eu/avpolicy/docs/library/legal/com/greenpaper_97_623_de.pdf 4.12.2007; KOM (97) 623

Farin, Klaus (2005) (Hrsg.): Skinhead – A Way Of Life. Neuauflage. Berlin (Verlag Thomas Tilsner)

Farin, Klaus (2007): Buch der Erinnerungen – Die Fans der Böhsen Onkelz: Berlin (Archivs der Jugendkulturen)

Faux, Fern, McFarlane, Angela, Facer, Keri, Roche, Nel (2006): Handhelds. Learning with handheld technologies. Futurelab. 2006, Download www.futurelab.org.uk/research

Ferchhoff, Wilfried (1993): Jugend an der Wende des 20. Jahrhunderts. Lebensformen und Lebensstile. Opladen (Leske + Budrich)

Fiske, John (1989): Reading the Popular. London, New York (Routledge), second impression 1990, 1992

Fiske, John (2006): Populäre Texte, Sprache und Alltagskultur. In: Hepp, Andreas, Winter, Rainer (2006) (Hrsg.): Kultur – Medien – Macht. Cultural Studies und Medienanalyse. 3. Auflage. Wiesbaden (VS Verlag), S. 41-60

Fiske, John, John Hartley (1978): Reading Television. London, New York (Routledge)

Flusser, Vilém (1991): Digitaler Schein. In: Rötzer, Florian (1991) (Hrsg.): Digitaler Schein. Ästhetik der elektronischen Medien. Frankfurt a.M. (Suhrkamp),S. 147-159

Ganguin, Sonja, Sander, Uwe (2005): Medienökologie. In: Mikos, Lothar; Wegener, Claudia (2005) (Hrsg): Qualitative Medienforschung, Ein Handbuch, (UVK), S. 130-140

Gebel, Christa (2006): Die Konvergenzstudie. In: Wagner, Ulrike, Theunert, Helga (2006) (Hrsg.): Neue Wege durch die konvergente Medienwelt. Studie im Auftrag der Bayerischen Landesanstalt für neue Medien (BLM). BLM-Schriftenreihe Band 85. München (Verlag Reinhard Fischer), S. 35-60

Georg, Werner (2006): Kulturelles Kapital und Statusvererbung. In: Georg, Werner (2006) (Hrsg.) Soziale Ungleichheit im Bildungswesen. Konstanz (UVK), S. 123-146

Gibson, Eleanor J., Pick, Anne D. (2000): An Ecological Approach to Perceptual Learning and Development. Cambridge. (Oxford University Press, OUP)

Giddens, Anthony (1991): Modernity and Self-Identity. Self and Society in the Late Modern Age. Cambridge, Oxford (Polity Press, Blackwell Publishers)

Giesen, Bernhard (1991): Die Entdinglichung des Sozialen. Eine evolutionstheoretische Perspektive auf die Postmoderne. Frankfurt am Main (Suhrkamp)

Glotz, Peter (2006) (Hrsg.): Daumenkultur, das Mobiltelefon in der Gesellschaft. Bielefeld (Transcript)

Götz, Maya (1996): Medien- und Ereignis-Arrangement. In: Bachmair, Ben, Kress, Gunther (1996) (Hrsg.): Höllen-Inszenierung Wrestling. Beiträge zur pädagogischen Genre-Forschung. Opladen (Leske + Budrich), S. 50-62

Grimm, Petra, Rhein, Stefanie (2007): Slapping Bullying, Snuffing. Zur Problematik von gewalthaltigen und pornographischen Videoclips auf Mobiltelefonen von Jugendlichen. Berlin (VISTAS)

Gruner+Jahr (2008): Medienmentalitäten heute: Zwischen Virtualisierung und Bodenhaftung:http://www.gujmedia.de/_components/markenprofile/mapro12/medienmentalitaeten/medienmentalitaeten.html

Gumbrecht, Hans Ulrich (1988): Materialität der Kommunikation? In: Gumbrecht, Hans Ulrich, Pfeiffer, K. Ludwig (1988) (Hrsg.): Materialität von Kommunikation. Frankfurt a. M. (Suhrkamp), S. 15-28

Gumbrecht, Hans Ulrich (1988a): Flache Diskurse. In: Gumbrecht, Hans Ulrich, Pfeiffer, K. Ludwig (1988) (Hrsg.): Materialität von Kommunikation. Frankfurt a. M. (Suhrkamp), S. 914-923

Habermas, Jürgen (1990): Strukturwandel der Öffentlichkeit. Neuwied 1962, Vorwort zur Neuauflage, Frankfurt

Habermas, Jürgen (1971): Vorbereitende Bemerkungen zu einer Theorie der kommunikativen Kompetenz. In: Habermas, Jürgen, Luhmann, Niklas (1971) (Hrsg.): Theorie der Gesellschaft oder Sozialtechnologie – Was leistet die Systemforschung? Frankfurt a. M. (Suhrkamp), S. 101-141

Hall, Stuart (1980): Encodung/Decoding. In: Hall, Stuart et al. (eds.): Culture, Media, Language. London (Hutchinson) Working papers in cultural studies, 1972-1979, eds. S. Hall et al. [This article comprises an edited extract from Hall, S. (1973) 'Encoding and decoding in television discourse'. CCCS Stencilled Paper no. 7.] London (Hutchison), S. 128-139.

Hall, Stuart: Kodieren/Dekodieren (1999). In: Bromley, Roger, Göttlich, Udo, Winter, Carsten (1999)(Hrsg.): Cultural Studies. Grundlagentexte zur Einführung. Lüneburg (zu Klampen), S. 92-110

Hall Stuart (1999): Cultural Studies. Zwei Paradigmen. In: Bromley, Roger, Göttlich, Udo, Winter, Carsten (1999) (Hrsg.): Cultural Studies. Grundlagentexte zur Einführung. Lüneburg (zu Klampen), S. 113-138. Original in: Media, Culture and Society Vol. 2, 1980, S. 57-72

Hall, Stuart (1997) (ed.): Representation. Cultural Representations and Signifying Practices. London (Sage)

Hanks, William F.(1990): Foreword. In: Lave, Jean, Wenger, Etienne (1990) (eds.): Situated learning: Legitimate peripheral participation. Cambridge (Cambridge University Press.), S. 13-24

Hartmann, Peter H., Neuwöhner Ulrich (1999): Lebensstilforschung und Publikumssegmentierung. Eine Darstellung der MedieNutzterTypologie (MNT). In: Media Perspektiven. Heft 10, S. 531-539

Hasebrink, Uwe (2002): Konvergenz aus medienpolitischer Perspektive. In: Helga Theunert, Ulrike Wagner (2002) (Hrsg.) Medienkonvergenz: Angebot und Nutzung. Eine Fachdiskussion veranstaltet von BLM und ZDF. BLM-Schriftenreihe Band 70 Bayerische Landeszentrale für neue Medien (BLM) München. (Verlag Reinhard Fischer), S. 91-101

Hasebrink, Uwe, Mikos, Lothar, Prommer, Elisabeth (2004) (Hrsg.): Mediennutzung in konvergierenden Medienumgebungen. München (Verlag Reinhard Fischer)

Hasebrink, Uwe, Mikos, Lothar, Prommer, Elisabeth (2004): Mediennutzung in konvergierenden Medienumgebungen: Zur Einführung. In: Hasebrink, Uwe, Mikos, Lothar, Prommer, Elisabeth (2004) (Hrsg.): Mediennutzung in konvergierenden Medienumgebungen. München (Verlag Reinhard Fischer), S. 9-17

Heidtmann, Horst, Bischof, Ulrike (2000): Förderung von Medienkompetenz. In: Zerfass, Ansgar, Hoffmann, Claus, Wunden, Wolfgang, Klingler, Walter (2000) (Hrsg.): Medienkompetenz in der Informationsgesellschaft. Perspektiven in Baden-Württemberg. Stuttgart.(MFG Medienentwicklung, SWR Südwestrundfunk), S. 37-45

Hepp, Andreas (1999): Cultural Studies und Medienanalyse. Eine Einführung. Opladen, Wiesbaden (Westdeutscher Verlag)

Hickethier, Klaus, Bleicher, Joan (1997) (Hrsg.): Trailer, Teaser, Appetizer. Zu Ästhetik und Design der Programmverbindungen im Fernsehen. Hamburg (LIT Verlag)

Hitzler, Ronald, Bucher, Thomas, Niederbacher, Arne 2005): Leben in Szenen. Formen jugendlicher Vergemeinschaftung heute. 2. Auflage. Verlag Leske+Budrich, Opladen

Hodge, Robert, Kress Gunther (1988): Social Semiotics. Cambridge (Polity Press)

Höflich, Joachim R., Gebhardt, Julian 2003): Mehr als nur ein Telefon. Jugendliche, das Handy und SMS. In: Bug, Judith, Karmasin, Matthias (2003) (Hrsg.): Telekommunikation und Jugendkultur. Eine Einführung. Opladen (Westdeutscher Verlag), S. 125-144.

Horkheimer, Max, Adorno, Theodor W. (1969): Kulturindustrie, Aufklärung als Massenbetrug (1944/1969). In: Horkheimer, Max, Adorno, Theodor W .(1969): Dialektik der Aufklärung. Frankfurt (Fischer) 1969; S. 128-176, Originalausgabe New York 1944

Humboldt, Wilhelm von (1792/2002a): Ideen zu einem Versuch, die Gränzen der Wirksamkeit des Staates zu bestimmen. In: Flitner, Andreas, Giel, Klaus (2002) (Hrsg.): Wilhelm von Humboldt. Werke in fünf Bänden. Band I: Schriften zur Anthropologie und Geschichte. Stuttgart (Wissenschaftliche Buchgesellschaft) 4. Aufl., S. 56-233

Humboldt, Wilhelm von (2002b): Theorie der Bildung des Menschen. Bruchstücke. In: Flitner, Andreas, Giel, Klaus (2002) (Hrsg.): Wilhelm von Humboldt. Werke in fünf Bänden. Band I: Schriften zur Anthropologie und Geschichte. Stuttgart (Wissenschaftliche Buchgesellschaft) 4. Aufl., S. 234-240

Humboldt, Wilhelm von (1797/2002c): Plan einer vergleichenden Anthropologie. In: Flitner, Andreas, Giel, Klaus (2002) (Hrsg.): Wilhelm von Humboldt. Werke in fünf Bänden. Band I: Schriften zur Anthropologie und Geschichte. Stuttgart (Wissenschaftliche Buchgesellschaft) 4. Aufl., S. 337-375

Hurrelmann, Klaus (1998): Einführung in die Sozialisationstheorie. Über den Zusammenhang von Sozialstruktur und Persönlichkeit. 6. Auflage. Weinheim (Belz Verlag) , 1. Auflage 1986

Hurrelmann, Bettina (1997): Familie und Schule als Instanzen der Lesesozialisation. In: Garbe, Cristine, Graf, Werner, Rosebrock, Cornelia, Schön, Erich (1997) (Hrsg.) Lesen im Wandel. Lüneburg (Universität Lüneburg), S. 125-147

Jenkins, Henry (2006): The War between Effect and Meaning: Rethinking the Video Game Violence Debate. In: Buckingham, David, Willett, Rebekah (2006) (eds.): Digital Generation. Children, Young People and New Media. London (Erlbaum), S. 19-31

Jörissen, Benjamin (2007): Informelle Lernkulturen in Online-Communities. Mediale Rahmungen und rituelle Gestaltungsweisen (2007). In: Wulf, Christoph, Althans, Birgit u.a. (2007) (Hrsg.): Lernkulturen im Umbruch. Rituelle Praktiken in Schule, Medien, Familie und Jugend. Wiesbaden (VHS), S. 184-219

Kress, Gunther (1996): Der Körper als Zeichen. In: Bachmair, Ben, Kress, Gunther (1996) (Hrsg.): Höllen-Inszenierung Wrestling. Beiträge zur pädagogischen Genre-Forschung. Opladen (Leske + Budrich), S 81-103

Kress, Gunther (2007): Learning and Environment of Learning: What might be constant: Podcast, Centre of Excellence in Work-based Learning for Education Professionals, Institute of Education, University of London, 20 Bedford Way, London WC1H 0AL; May 31 2007 http://svl.ioe.ac.uk/dpx_enterprise/dpx.php?dpxuser=dpx_v12

Kress, Gunther (2008): „Literacy" in a Multimodal Environment of Communication. In: Flood, James, Heath, Shirley Brice, Lapp Diane (2008) (eds.): Handbook of Research on Teaching Literacy Through the Communicative and Visual Art. Volume II. New York, London (Lawrence Erlbaum), S. 91-100

Kress, Gunther, Bachmair, Ben (1996): Genres, kulturelle Konfigurationen und die pädagogische Aufgabe der Literalität. In: Bachmair, Ben, Kress, Gunther (1996) (Hrsg.): Höllen-Inszenierung Wrestling. Beiträge zur pädagogischen Genre-Forschung. Opladen (Leske + Budrich), S. 32-48

Kress, Gunther, van Leeuwen, Theo (1996): Reading Images. The Grammar of the Visual Design. London (Routledge)

Kress, Gunther, van Leeuwen, Theo (2001): Multimodal Discourses. The Modes and Media of Contemporary Communication. London (Arnold)

Kübler, Hans-Dieter (1999): Medienkompetenz – Dimensionen eines Schlagwortes. In: Schell, Fred, Stolzenburg, Elke, Theunert, Helga (1999) (Hrsg.): Medienkompetenz. Grundlagen und pädagogisches Handeln. Reihe Medienpädagogik. München (KoPäd), S. 25-47

Kübler, Hans-Dieter (2002): PISA und die Medienkompetenz: Warum empirische Begründungen mehr als dringlich sind. In: Medien praktisch. Heft 2, 2002, S. 4-7

Kübler, Hans-Dieter (2004): Medienbildung zwischen „Medienverwahrlosung" und Informationsdidaktik (information literacy). http://www.mediaculture-online.de

Kuchenbuch, Katharina (2003): Die Fernsehnutzung von Kindern aus verschiedenen Herkunftsmilieus. In: Media Perspektiven. Heft 1, S. 2-11

Kukulska-Hulme, Agnes, Traxler, John (2005) (eds.): Mobile Learning. A handbook for educators and trainers. London, New York (Routledge)

Lasswell, Harold D., Lerner, D., Sola Pool, I. D. (1952): The Comparative Study of Symbols. Stanford (University Press)

Laurillard, Diana (2002): Rethinking university teaching: A conversational framework for the effective use of learning technologies. 2nd edition. London (Routledge)

Laurillard, Diana (2007): Pedagogical forms for mobile learning: framing research questions. In: Pachler, Norbert (2007) (ed.): Mobile Learning. Towards a Research Agenda. Occasional Papers in Work-based Learning. WLE Centre. London, S. 153-175

Lave, Jean, Wenger, Etienne (1990): Situated learning: Legitimate peripheral participation. Cambridge (Cambridge University Press)

Livingstone, Sonia: Children and Their Changing Media Environment. In: Livingstone, Sonia, Bovill, Moira (2001): Children and Their Changing Media Environment. A European Comparative Study. London (Lawrence Erlbaum), p. 307-333

Livingstone, Sonia (2002): Young People and New Media. Childhood and the Changing Media Environment. London: (Sage publications), reprint 2003

Livingstone, Sonia (2007): Engaging with media – a matter of literacy? In: Transforming audiences: identity/creativity/everyday life, 6-7 September 2007, University of Westminster, London, UK. Available at: http://eprints.lse.ac.uk/2763

Livingstone, Sonia, Bovill, Moira (2001): Children and Their Changing Media Environment. A European Comparative Study. London (Lawrence Erlbaum)

Marotzki, Winfried (2000): Neue kulturelle Vergewisserungen: Bildungstheoretische Perspektiven des Internet. In: Sandbothe, Mike, Marotzki, Winfried (2000) (Hrsg.) Subjektivität und Öffentlichkeit. Kulturwissenschaftliche Grundlagenprobleme virtueller Welten. Köln (von Halem), S. 236-258

Marotzki, Winfried (2002): Zur Konstitution von Subjektivität im Kontext neuer Informationstechnologien. In: Jahrbuch für Bildungs- und Erziehungsphilosophie 4. Hohengehren (Schneider), S. 45-61

Marotzki, Winfried (2003): Online-Ethnographie- Wege und Ergebnisse zur Forschung im Kulturraum Internet. In: Bachmair, Ben, Diepold, Peter, Witt, Claudia de (2003) (Hrsg.): Jahrbuch Medienpädagogik 3 der Kommission Medienpädagogik der Deutschen Gesellschaft für Erziehungswissenschaft. Opladen, S. 149-166

Marotzki, Winfried (2004): Von der Medienkompetenz zur Medienbildung. In: Brödel, Rainer, Kreimeyer, Julia (2004) (Hrsg.): Lebensbegleitendes Lernen als Kompetenzentwicklung. Bielefeld (wbv W. Bertelmann Verlag), S. 63-73

Marotzki, Winfried (2006): Qualitative Bildungsforschung – Methodologie und Methodik erziehungswissenschaftlicher Biographieforschung. In: Pongratz, Ludwig, Wimmer, Michael, Nieke, Wolfgang (2006) (Hrsg.): Bildungsphilosophie und Bildungsforschung. Bielefeld (Janus Presse), S. 125-137

Marotzki, Winfried (2007): Forschungen im Kulturraum Internet – Weiterentwicklungen und Herausforderungen. Vortragsmanuskript für die Frühjahrstagung März 2007 der Kommission Medienpädagogik. Ludwigsburg

Marotzki, Winfried, Meister, Dorothee M., Sander, Uwe (2000) (Hrsg.): Zum Bildungswert des Internet. Opladen (Leske + Budrich)

Marotzki, Winfried, Nohl, Arnd-Michael, Ortlepp, Wolfgang (2005): Einführung in die Erziehungswissenschaft. Wiesbaden (VS-Verlag)

Mead, George, H. (1968): Deutsch: Geist, Identität und Gesellschaft. Frankfurt a. M. (Suhrkamp) 1968, englisches Original 1934

Meder, Norbert (2007): Theorie der Medienbildung. Selbstverständnis und Standortbestimmung der Medienpädagogik. In: Sesink, Werner/Kerres, Michael/Moser, Heinz (2007) (Hrsg.): Jahrbuch Medienpädagogik 6. Medienpädagogik – Standortbestimmung einer erziehungswissenschaftlichen Disziplin. Wiesbaden (VS Verlag), S. 55-73

Medienpädagogischer Forschungsverbund Südwest (1998): JIM 98, Basisuntersuchung zum Medienumgang 12-19jähriger in Deutschland. Baden-Baden

Meister, Dorothee M., Hagedorn, Jörg, Sander, Uwe (2005): Medienkompetenz als theoretisches Konzept und Gegenstand empirischer Forschung: In: Bachmair, Ben, Diepold, Peter, de Witt, Claudia (2005) (Hrsg.): Jahrbuch Medienpädagogik 4 der Kommission Medienpädagogik der Deutschen Gesellschaft für Erziehungswissenschaft. Opladen (Leske + Budrich), S. 169-186

Metcalf, David, S. (2006): mLearning: Mobile Learning and Performance in the Palm of Your Hand. Amherst, Massachusetts (HRD Press)

Mikos, Lothar, Feise, Patricia, Herzog, Katja u.a. (2000) (Hrsg.): Im Auge der Kamera. Das Fernsehereignis Big Brother. Berlin (Vistas Verlag)

Mitchell, Claudia, Reid-Walsh, Jacqueline (2002): Researching Children's Popular Culture. The Cultural Space of Childhood. London (Routledge)

Moser, Heinz (2006): Einführung in die Medienpädagogik. Aufwachsen im Medienzeitalter. 4. überarbeitete und aktualisierte Auflage. Wiesbaden (VS)

Moss, Gemma (1996): Wie Jungen mit Wrestling umgehen. In: Bachmair, Ben, Kress, Gunther (1996) (Hrsg.): Höllen-Inszenierung Wrestling. Beiträge zur pädagogischen Genre-Forschung. Opladen (Leske + Budrich), S 202-234.

Mößle, Thomas, Rehbein, Florian, Kleimann, Matthias (2007): Bildschirmmedien im Alltags von Kindern und Jugendlichen. Problematische Mediennutzungsmuster und ihr Zusammenhang mit Schulleistungen und Aggressivität. Baden-Baden (Nomos)

Müller, Hans-Peter (1992): Sozialstruktur und Lebensstile. Der neuere theoretische Diskurs über soziale Ungleichheit. Frankfurt (Suhrkamp)

Naismith, Laura, Lonsdale, Peter, Vavoula, Giasemi, Sharples, Mike (2004): University of Birmingham, Literature Review in Mobile. Technologies and Learning. Report 11: Futurelab Series

Nöth, Winfried (2000): Handbuch der Semiotik. 2., vollständig neu bearbeitete und erweiterte Auflage. Stuttgart, Weimar (Metzler)

Oehmichen, Ekkehardt, Schröter, Christian (2000): Fernsehen, Hörfunk, Internet: Konkurrenz, Konvergenz oder Komplement? Schlussfolgerungen aus der ARD/ZDF-Online-Studie 2000. In: Media Perspektiven. Heft 8, S. 359-368

Otto, Hans-Uwe, Kutscher, Nadia, Klein, Alexandra, Iske, Stefan (2005): Soziale Ungleichheit im virtuellen Raum: Wie nutzen Jugendliche das Internet? Erste Ergebnisse einer empirischen Untersuchung zu Online-Nutzungsdifferenzen und Aneignungsstrukturen von Jugendlichen Überarbeitete Version. Kompetenzzentrum Informelle Bildung (KIB), Universität Bielefeld

Pachler, Norbert (2007) (ed.): Mobile Learning. Towards a Research Agenda. Occasional Papers in Work-based Learning. WLE Centre. London

Patten, Bryan, Arnedillo-Sánchez, Inmaculada, Tangney, Brendan (2006): Designing collaborative, constructionist and contextual applications for handheld devices: Virtual Learning? In: Computers & Education, 46 (3), p. 294-308

Pepels, Werner (1997): Mit Erwin und Wilhelmine planen. Typologien zur Zielgruppenbeschreibung auf dem Prüfstand. In: Media Spectrum. Heft 6, S. 30-35

Pfeiffer, Christian (2006): Medienverwahrlosung als Ursache von Schulversagen und Jugenddelinquenz? Papier des Kriminologischen Forschungsinstitut Niedersachsen e.V. Download November 2006 http://kfn.de/kfnveroeffentlichungen.shtml

Pfeiffer, Christian, Mößle, Thomas, Rehbein, Florian, Kleimann, Matthias (2006): Medienkonsum, Schulleistung und Jugendgewalt. Papier des Kriminologischen Forschungsinstitut Niedersachsen e.V. Download November 2006 http://kfn.de/kfnver oeffentlichungen.shtml

Pietraß, Manuela (2002): Medienbildung. In: Tippelt, Rudolf (2002) (Hrsg.): Handbuch Bildungsforschung. Opladen (Leske + Budrich), S. 393-407

Pietraß, Manuela (2006): Mediale Erfahrungswelt und die Bildung Erwachsener. Bielefeld (W. Bertelsmann Verlag)

Pietrass, Manuela (2007): Digital Literacy Research from an International and Comparative Point of View. In: Research in Comparative and International Education, Volume 2, Number 1, p. 1-12

Pietraß, Manuela, Schmidt, Bernhard, Tippelt, Rudolf (2005): Informelles Lernen und Medienbildung. Zur Bedeutung sozio-kultureller Voraussetzungen. In: Zeitschrift für Erziehungswissenschaft. 8. Jahrgang. Heft 3, S. 412-426

Polhemus, Ted (1994): street style. from sidewalk to catwalk. London (thames and hudson)

Puleri, Cristiana (2008): Kaum ein Tag ohne Fernsehen – Das Fernsehen als regelmäßiger Zeiträuber für alle Bildungsschichten. Die Entwicklung der Fernsehhäufigkeit pro Woche in Abhängigkeit von der Bildung von 1977 bis 1999 (nur Werktage). In: Hagenah, Jörg, Meulemann, Heiner (2008): Medientrends und sozialer Wandel. MLFZ-Reihe mit aktuellen und historischen Medientrends (Quelle: Media-Analyse). Ausgabe 1/2008 (erstellt am 04.01.2008). http://www.mlfz.unikoeln.de/asset/files/Medienends/MLFZ_Meidenrends_1_2008.pdf

Raabe, Claudia (2007): Soziale Orientierung durch Fernsehen? Eine Annäherung aus der Perspektive kindlicher Fernsehnutzung. Kassel (Kassel University Press)

Rasche, Julia (2008): Alltagsoffene Medienpädagogik in der Schule. Dissertation Kassel

Richardson, Kay (2000): Intertextuality and Situative Contexts in Game Shows. In: Meinhof, U. Smith, J. (2000) (eds): Intertextuality and the Media. From Genre to Everyday life. Manchester, New York (Manchester University Press), p. 76-97

Rötzer, Florian (1991) (Hrsg.): Digitaler Schein. Ästhetik der elektronischen Medien. Frankfurt a. M. (Suhrkamp)

Rummler, Klaus (2005): Realitätsnähe von Kinderfernsehprogrammen und geschlechterspezifische Fernsehnutzungspräferenzen. Magisterarbeit. Eingereicht am Fachbereich Erziehungswissenschaft/Humanwissenschaften an der Universität Kassel. Kassel

Sánchez Weickgenannt, Fiona Anne (2006): Multimediale, multimodale Programmangebote in der Perspektive von Ökonomie und Sozialisation. Eine empirische Betrachtung von Popstars – Das Duell. Kassel (Kassel University press)

Schachtner, Christina (2003): Mediale Konstruktionen – Lernmedium Computer. In: Bachmair, Ben, Diepold, Peter, de Witt, Claudia (2003) (Hrsg.): Jahrbuch 3 der

Kommission Medienpädagogik der Deutschen Gesellschaft für Erziehungswissenschaft. Opladen (Leske + Budrich), S. 107-122

Schulze, Gerhard (1988): Alltagsästhetik und Lebenssituation. Eine Analyse kultureller Segmentierung in der Bundesrepublik Deutschland. In: Soeffner, Hans-Georg (1988) (Hrsg.): Kultur und Alltag. Göttingen (Otto Schwartz & Co.), S. 71-92

Schulze, Gerhard (1992): Die Erlebnisgesellschaft. Kultursoziologie der Gegenwart. 2. Auflage. Frankfurt a.M. (Campus)

Schütz, Alfred (1931/1974): Der sinnhafte Aufbau der sozialen Welt. Eine Einleitung in die verstehende Soziologie. Frankfurt a. M. (Suhrkamp), englische Originalausgabe 1932

Schütz, Alfred, Luckmann, Thomas (1984): Strukturen der Lebenswelt. Band 2. 3. Auflage. Frankfurt a. M. (Suhrkamp)

Scardamalia, Marlene, Bereiter, Carl (1999): Schools as Knowledge-Building Organizations. In: Keating, D. and Hertzman, C. (1999) (eds.): Today's children, tomorrow's society: The developmental health and wealth of nations. New York (Guilford), p. 274-289

Scardamalia, Marlene, Bereiter, Carl (2005): Knowledge Building: Theory, Pedagogy, and Technology. In: Sawer, K. (2005) (ed.) Cambridge Handbook of Learning Sciences. Cambridge (Cambridge University Press), p. 91-118

Sefton-Green, Julian (2004): Literature Review in Informal Learning with Technology Outside School. Futurelab Series, Report 7. Accessed at http://www.futurelab. org.uk/resources/documents/lit_reviews/Informal_Learning_Review.pdf

Seipold, Judith (2005): Fördert Fernsehen Medienkompetenz? Eine empirische Fernsehprogrammanalyse zum Angebot an Sendungen zur Medien- und Genrekompetenz. Magisterarbeit. Fachbereich Erziehungswissenschaft/Humanwissenschaften, Universität Kassel. Kassel

Sesink, Werner (2007): Bildungstheoretische Spurensuche auf dem Felde der Medienpädagogik. In: Sesink, Werner/Kerres, Michael/Moser, Heinz (2007) (Hrsg.): Jahrbuch Medienpädagogik 6. Medienpädagogik – Standortbestimmung einer erziehungswissenschaftlichen Disziplin. Wiesbaden (VS Verlag), S. 74-100

SevenOne Media GmbH in Zusammenarbeit mit SINUS Sociovision GmbH (2001): Die Sinus-Milieus® 2001. Das neue gesamtdeutsche Modell. Unterföhring, Heidelberg. (ViewCode® 500230 Zahlencode, der auf www.sevenonemedia.de direkt auf weiterführende Informationen und aktuelle Downloads zum jeweiligen Thema führt.)

Sharples, Mike (2007) (ed.): Big Issues in Mobile Learning file:///Sharples-2007_BIG_ISSUES_REPORT_PUBLISHED.pdf; %20big_issues.pdf js, 27.05.2007

Sharples, Mike, Taylor, Josie, Vavoula, Giasemi (2007): A theory of learning for the mobile age. In: The Sage Handbook of E-learning Research. London (SAGE Publications Ltd), p. 221-247

Sieber, Peter (1998): Parlando in Texte. Zur Veränderung kommunikativer Grundmuster in der Schriftlichkeit. Tübingen (Niemeyer)

Sinus-Milieus® (2001): Das neue gesamtdeutsche Modell. Quelle Mediennutzung allgemein: Typologie der Wünsche Intermedia 2001/02. Quelle für alle Fernsehauswertungen: AGF/GfK-Fernsehforschung /pc#tv aktuell, E14+,Zeitraum: 01.01. – . –

30.09.2001. Quelle Internet-Nutzung: @facts/SevenOne Interactive/forsa, Zeitraum: 25.09.-09.10.2001

Sinus Sociovision GmbH, AGF Arbeitsgemeinschaft Fernsehforschung (2002): Texte und Bilder, Sinus Milieus im Fernsehpanel, das Gesamtdeutsche Modell. Gestaltung und Produktion: DiehlDesign GmbH, September

Sinus Sociovision (2007): Sinus-Meta-Milieus®, http://www.sinus-sociovision.de/grafik/everyday-life-segmente.jpg, 4. September 2007

Sinus Sociovision (2007a): Die Milieus der Menschen mit Migrationshintergrund in Deutschland. Eine qualitative Untersuchung von Sinus Sociovision. Auszug aus dem Forschungsbericht. Heidelberg, 16. Oktober 2007

Sinus Sociovision (2007b): Die Sinus-Milieus® 2007. Kurzcharakteristik Informationen zu den Sinus-Milieus 2007 Stand: 01/2007 Internet: http://www.sinus-sociovision.de

Spanhel, Dieter (2006): Medienerziehung. Erziehungs- und Bildungsaufgaben in der Mediengesellschaft. Stuttgart (Klett-Cotta)

SuperRTL Medienforschung (2000): Kinderwelten 2000. Studienbericht Köln (RTL Disney Fernsehen GmbH & Co. KG). Durchführung der Studie: IJF Institut für Jugendforschung, München. Datenanalyse und Redaktion des Studienberichtes: Transferzentrum Publizistik und Kommunikation. Köln

SuperRTL Medienforschung (2002): Kinderwelten 2002. Studienbericht Köln (RTL Disney Fernsehen GmbH & Co. KG). Durchführung der Studie: IJF Institut für Jugendforschung, München. Datenanalyse und Redaktion des Studienberichtes: Transferzentrum Publizistik und Kommunikation. München

Textor, Frauke (2005): Schulmedientauschbörse, ein Projekt zur Nutzung des Internets in der Grundschule. Wissenschaftliche Hausarbeit zur Ersten Staatsprüfung für das Lehramt an Grundschulen. Universität Kassel

Tillmann, Klaus-Jürgen, Meier, Ulrich (2001): Schule, Familie und Freunde – Erfahrungen von Schülerinnen und Schülern in Deutschland. In: Deutsches PISA-Konsortium (2001) (Hrsg.) PISA 2000. Basiskompetenzen von Schülerinnen und Schülern im internationalen Vergleich. Opladen (Leske + Budrich), S. 468-509

Treumann, Klaus Peter, Baacke, Dieter, Haacke, Kirsten, Hugger, Kai Uwe, Vollbrecht, Ralf (2002): Medienkompetenz im digitalen Zeitalter. Wie die neuen Medien das Leben und Lernen Erwachsener verändert. Opladen (Leske + Budrich)

Treumann, Klaus Peter, Burkatzki, Eckhard, Strotmann, Mareike, Wegener, Claudia (2005): Hauptkomponentenanalytische Untersuchungen zum Medienhandeln Jugendlicher. In: Bachmair, Ben, Diepold, Peter, de Witt, Claudia (2005) (Hrsg.): Jahrbuch Medienpädagogik 4 der Kommission Medienpädagogik der Deutschen Gesellschaft für Erziehungswissenschaft. Opladen (Leske + Budrich), S. 145-167

Tulodziecki, Gerhard, Herzig, Bardo unter Mitarbeit von Silke Grafe und Maria Herrlich (2004): Mediendidaktik. Band 2. Handbuch Medienpädagogik. Stuttgart (Klett-Cotta), S. 109-157

Vahey, Phil, Crawford, Valerie Vahey (2002): PalmTM Education Pioneers Program: Final Evaluation Report. Accessed at http://palmgrants.sri.com/PEP_Final_Report.pdf. Palm, Inc

Vogelgesang, Waldemar (1991): Jugendliche Video-Cliquen. Action- und Horrorvideos als Kristallisationspunkte einer neue Fankultur. Opladen (Westdeutscher Verlag)

Vogelgesang, Waldemar (2000): Das Internet als jugendkultureller Erlebnisraum. In: Marotzki, Wilfried, Meister, Dorothee M., Sander, Uwe (2000) (Hrsg.): Zum Bildungswert des Internet. Opladen (Leske + Budrich), S. 363-385

Wagner, Ulrike, Theunert, Helga, Gebel, Christa, Lauber Achim (2004): Zwischen Vereinnahmung und Eigensinn – Konvergenz im Medienalltag Heranwachsender. BLM-Schriftenreihe Band 74. München (Verlag Reinhard Fischer)

Wagner, Ulrike, Theunert, Helga (2006) (Hrsg.): Neue Wege durch die konvergente Medienwelt. Studie im Auftrag der Bayerischen Landesanstalt für neue Medien (BLM). BLM-Schriftenreihe Band 85. München (Verlag Reinhard Fischer)

Wagner, Ulrike, Gebel, Christa, Eggert, Susanne (2006): Muster konvergenzbezogener Medienaneignung. In: Wagner, Ulrike, Theunert, Helga (2006) (Hrsg.): Neue Wege durch die konvergente Medienwelt. Studie im Auftrag der Bayerischen Landesanstalt für neue Medien (BLM). BLM-Schriftenreihe Band 85. München (Verlag Reinhard Fischer), S. 83-124

Williams, Raymond (1958): Culture and Society. London 1958

Williams, Raymond (1958/1999): Schlußbetrachtung zu Culture and Society 1780-1950. In: Bromley, Roger, Göttlich, Udo, Winter, Carsten (1999) (Hrsg.): Cultural Studies. Grundlagentexte zur Einführung. Lüneburg (zu Klampen), S. 57-74 (Auszug aus William 1958)

Winter, Rainer (1993): Die Produktivität der Aneignung – Zur Soziologie medialer Fankulturen. In: Holly, Werner, Püschel, Ulrich (1993) (Hrsg.): Medienrezeption als Aneignung. Methoden und Perspektiven qualitativer Medienforschung. Opladen (Westdeutscher Verlag), S. 67-79

Winter, Rainer (1999): Cultural Studies als kritische Medienanalyse: Vom „encoding/decoding"-Modell zur Diskursanalyse. In: Hepp, Andreas, Winter, Rainer (1999) (Hrsg.): Kultur, Medien, Macht. Cultural Studies und Medienanalyse. 2. Auflage. Opladen (Westdeutscher Verlag), S. 49-65

Wenger, Etienne (1998): Communities of Practice. Learning, Meaning, and Identity. Cambridge, New York etc (Cambridge University Press)

Wenger, Christian (2003): Ich bin ein Trekkie: In: Winter/Thomas/Hepp (2003) (Hrsg.) Medienidentitäten. Identität im Kontext von Globalisierung und Medienkultur. Köln (Halem Verlag), S. 347-361

Zacharias, Wolfgang (1999): Auf der Suche nach einer pädagogisch akzentuierten „Medienökologie" zwischen „senses & cyber". In: Zacharias, Wolfgang (1999) (Hrsg.): Medienökologie zwischen Sinnenreich und Cyberpsace. Neue multimediale Spiel- und Lernumwelten für Kinder und Jugendliche. München (kopäd) S. 50-81

MIX
Papier aus verantwortungsvollen Quellen
Paper from responsible sources
FSC® C105338

If you have any concerns about our products,
you can contact us on
ProductSafety@springernature.com

In case Publisher is established outside the EU,
the EU authorized representative is:
Springer Nature Customer Service Center GmbH
Europaplatz 3, 69115 Heidelberg, Germany

Printed by Libri Plureos GmbH
in Hamburg, Germany